U0498508

论语绎解

刘毓庆　著

商务印书馆
The Commercial Press

2017年·北京

图书在版编目（CIP）数据

论语绎解 / 刘毓庆著. —北京：商务印书馆，2017
ISBN 978-7-100-14934-1

Ⅰ.①论… Ⅱ.①刘… Ⅲ.①儒家②《论语》－研究
Ⅳ.①B222.25

中国版本图书馆CIP数据核字（2017）第159985号

权利保留，侵权必究。

论语绎解

刘毓庆 著

商 务 印 书 馆 出 版
（北京王府井大街36号 邮政编码 100710）
商 务 印 书 馆 发 行
三 河 市 尚 艺 印 装 有 限 公 司 印 刷
ISBN 978 - 7 - 100 - 14934 - 1

2017年7月第1版 开本 710×1000 1/16
2017年7月第1次印刷 印张 26 3/4

定价：66.00 元

总　序

　　2008 年，为奉养老母，我在太原东山店坡村购置了一套带小院的小区住宅。此地距城区约四公里的路程，是现代城市的喧嚣声尚未波及之所。在村中听到久违的鸡鸣声，备觉亲切。空气也比闹市清新许多。远处，村民用方言交谈的声音，时而透过清静传入耳中，好像就在耳边。只有夜里的群狗乱吠，令人讨厌。不过这也无妨，总比听闹市噪音要好受得多。因为喜欢这个小院，于是做了精心布置。大门的左右两边，栽植了两棵树，一棵是椿树，一棵是楸树，先师姚奠中先生给题写了"椿楸园"三字，作为门匾。小院里布置了石径菜畦，小亭曲池，袁行霈先生给题写了"榆亭"二字。进屋的第一道门用磨砂玻璃装饰，玻璃上是姚先生的书法作品。门楣"复性堂"三字由我自己题写。自己想，经过了半生劳累，应该静下心来休息，好好思考人生的问题了。现代生活使人失去了自我，人只有在宁静中才能找回自己，故有了"复性"之思。此后，椿楸园便成了我读书、写字、种菜、思索的地方。自己曾写过一首小诗："读罢诗书艺菜田，此生难得此清闲。东山有室和云卧，鸟语声中好午眠。"可以看出当时的心境。本来想，已经出版的书和即将出版的书已有二十多种，这也可以交代此生了，不必再写。以前为功利而著书，实非人生之最佳选择；从现在开始，应该做自己愿意做、应该做的事情了。

　　但是，"树欲静而风不止"，自己已经很难停手了，多年思考的未曾有结果的问题在脑海里还不时泛起。不得已而为之，又出版了几本书。不过此时自己觉得很需要做的是"回真向俗"的工作。先师姚奠中先生曾为我题写过八个字"由博返约，回真向俗"。这是我当下的选择方向。转眼之间，在椿楸园中已度过了八个春秋。作为对椿楸园的纪念，想想如今已年过花甲，也该对自己半生学术生涯做个总结了，也算是对在椿楸园的时光做个纪念。这总结并不意味着结束，而是意味着更成熟，我觉得自己是 45 岁以后才渐渐走向成熟的。近十年的思考，很大部分是否定前几十年的想法的。由此想来，做学问真难！

现在我便把自己这几年没有发表的著作，连同以前发表和未发表的论文选编，整理成八本书，冠以"椿楸园著作系列"之目付梓。也算是对历史的纪念吧！这八本书列序如下。

《中国历史的三次大循环》

这是一部宏观中国史，是笔者思考了三十多年的问题，入住椿楸园后才动笔的。笔者参照人生童年（神性）、青年（诗性）、壮年（理性）思维变化的内在生命逻辑，将社会年龄分为神性、诗性、理性三个不同的思维时代。又发现了这三个时代不断循环的规律，从而揭示了中国历史的三次大循环，即从五帝至战国是第一次循环，秦汉至宋是第二次循环，元明至今是第三次循环。每一次循环周期都遵循着神性、诗性、理性变化的逻辑运行，周而复始，充满生机。五帝及夏商、秦汉魏晋、元明为神性思维时代，两周、晋唐、清代为诗性思维时代，战国、两宋、20 世纪为理性思维时代。相同的时代必有相同的历史趋向与特征。如社会转型、文化转型、技术革命、商业革命之类的重大历史变化，必然发生在理性时代。而文化人格的铸型、功业欲望的强烈追求、艺术人生的外在表现、影响世界秩序的大国气象等特征，则多出现在诗性时代。通过对三次循环相互对应的时间节点上的历史现象的综合分析、研究，补充或纠正了一些传统的、既定的历史结论。

《论语绎解》

此书初稿由讲义笔录整理。特点有三：一是突破了传统征引的范围，开启了东亚《论语》研究的新视野，不仅征引了众多很少为人关注的中国古代注本，如《论语通》、《论语学案》、《日讲四书解义》、《四书讲义困勉录》之类，而且大量采集了国内学者难以见到的如日本、朝鲜、越南前代学者关于《论语》的研究成果，其数量达数十种之多，这在此前的国内注本中是很少有的。二是于每则之前冠一小标目，标目之立灵活变化，不拘一格，目的在于帮助读者把握要义，领悟其中的意义。三是以阐发义理为重点，不做过多的文字考证。并于阐发之中渗入对当下的关怀，着力建立《论语》与当代人生之间的意义联系，使读者能亲身感受到其意义的存在。

《五经与中国传统价值观》

"五经与中国传统价值观"视频课，入选国家第八批精品课。本书是在精品课录音的基础上整理、补充、修改而成的。旨在阐明中国传统价值观的形态，以求在与西方价值观的比较中，体现其于当代的价值和意义。其中突出的有两点：第一，用通俗浅显的语言对五经价值核心及文化精神做了最简要的说明，不做烦琐的论证，要言不烦，但力求简而不空，字字有根。第二，对当下某些流行关键词，如竞争、自我价值实现等进行辩证分析，要唤醒人们，这些被欧美强行在世界推行的所谓"普世价值"，其中潜藏着威胁人类生存与永久和平的祸根。从而提出中国经典中以道义为核心的价值观念和以万世太平为终极目标的生存智慧，这是人类积累了数千年才得以形成的文明之果，对人类的继续生存有不可或缺的意义。

《汉字浅说》

此书是在讲义基础上形成的，其初是"小学"课程的一部分内容，后来独立成书，回真向俗，以使一般读者都能阅读。书中融入了《说文》百家及近现代古文字学诸名家研究的成果，以及笔者四十多年来对中国文字的理解。从汉字中蕴藏的远古人类秘密入手，论述了汉字对于民族历史与民族文化的创造性意义。并根据汉字的构成特征，分为《汉字的形符与部首》和《汉字的声符及其意义》两部分，对汉字进行解说。形符部分中，以《汉语大字典》两百个部首为基础，将部首分门别类，对其在字的构成中的意义进行解释，同时以常用字为例，进行说明。声符部分中，则将相同声符的字综合于一处，根据"右文说"提供的思路进行解释。在说解中，将文化知识贯穿其中。

《神话与历史论稿》

这是笔者三十多年来关于神话和历史研究的论文选集。有少部分文章未曾发表。关于神话研究，笔者经历了由西方理论为指向回归到中国传统学术体系的过程。从最初将神话作为初民观念形态的研究，到"神话是一种思维形态和叙事形态而非文化形态"结论的提出，反映了笔者舍弃概念回归事物本身的学术经历与研究思路。通过对论文的倒时序排列的方式，以反映学术历程，并诉说自己三十多年的研究体会：用西方概念规范中国学术，只能是死路一条；中国学术只有回归到中国文化的本位上，才能获得生机。关于历史研究，关注点主要在中国上古史上。强调上古史研究的独立性，不过度依赖考古。方法上的特点是：以先秦文献为基础，以秦汉以下文献为辅助，广泛参考考古资料、民俗资料和民间传说，即以文献为主体，以考古与民俗为两翼，多重证据，以证其成。

《诗骚论稿》

这是笔者三十多年来有关于《诗经》与《楚辞》研究的论文选，其中部分文章未曾发表过。笔者早年受闻一多先生的影响很深，《诗经》研究基本上是沿着闻一多的路子走。近十年来，则逐渐反思，发现了闻一多在研究方法上存在的问题，无论其所开创的文化人类学研究方法，还是所谓的新训诂学方法、回归文学本位的研究，都存在着严重缺陷。故而笔者对闻氏的研究，从方法论的角度，做了深刻的检讨，从而走出了自己的一条新路。论稿中对《诗经》学史上的诸多问题给予了特别关注，而其基点是文献，即在文献上超越了前人所把握的范围。对《诗经》中涉及水和鸟的诗篇的解读，基本上是在文化人类学研究方法和思路的启示下进行的。所不同的是，笔者不喜欢推衍，觉得用文化模式无限推衍是很难服众的，故而用归纳法，即先对文献中相关的记载做归纳、分析，探其机微，然后用文化形态比较的方法，呈现其原貌。关于《楚辞》，笔者更侧重把屈原作为一种文化现象研究，并且是放在历史文化大背景下来研究，充分尊重清以前学者的观点，摆脱20世纪文化思潮的影响。故见解多与主流观点相左。

《治学论稿》

这是笔者关于中国文学理论问题和两汉以降文学研究的论文选，也有部分是关于文化的。大多数文章体现着方法论意识。从研究主体，到研究方法、研究对象等几个方面，反映了笔者对中国文学及文化的认识和理解。其中较突出的是：第一，强调古代文学研究者不能只有职业角色，更应该有社会角色意识，故而其研究中每蕴有当代意识。第二，强调文学研究应该抛弃西方理论的制约，走近文学本身，走进文学的心灵世界。其中《汉赋作家的心态研究》，发表于20世纪80年代，是国内最早的一篇研究文人心态的文章。第三，对于问题研究，不满足于"具体问题具体分析"，更强调"具体问题整体分析"，从而在更广阔的视野下，分析和把握文学现象的来龙去脉。有两篇是关于姚奠中先生课堂教学和学术思想、实践的文章，使人们能从前辈学者的身上，看到当下学者学术研究的缺失。另外有一组是用中国传统价值观念与生存智慧对当下社会问题的思考，体现出的是忧患意识。

《诗经考评》

这是一部通俗性与学术性兼顾的《诗经》新注本。笔者研治《诗经》40年，早年曾对《诗经》做过全注，先后出版过《诗经图注》、《诗经讲读》、《诗经译注》等几种注本。中华书局"中华经典名著全注全译丛书"中的《诗经》，2011年3月至2014年9月连续九次印刷所用的译注本，均出自笔者之手。《诗经考评》即是在旧注本的基础上不断修改而成的。"考"主要体现在文字训诂与史实考据上，"评"主要体现在内容及艺术评说上。但笔者的原则是，充分尊重前人研究成果，尽可能择善而从。不得已处，则出己见。书中征引中国、日本、朝鲜《诗经》研究的成果多种，但都是采其精义，不做烦琐引证。从文字训诂、史实考据、经学意义、文学理解等多个角度，尽可能地发现其当代价值，让《诗经》走进现代人的生活。

"椿楸园著作系列"得以面世，赖有商务印书馆及丁波先生的大力支持，借此谨谢！

前　言

　　《论语》是两千多年前的一部白话文语录，应该说是很浅白、很好懂的。因为它记的是圣人的言行，故后人把它当作了经，觉得它里面一定有奥秘，等待着后人去理解、去发掘。于是研究的人越来越多，注释文字越来越繁。西方思潮涌入以后，不少学者又把一套舶来的概念与理论用在了《论语》研究上，特别是所谓哲学的解读，使得《论语》有了更新更深的意义。老实说，这些新概念、新理论、新意义，多半我看不懂。我想不只我看不懂，恐怕孔夫子本人及其弟子也看不懂。把本来浅白的东西，搞得深不可测，这确能体现一个人的水平，但这水平在学术上可能是创新，对于理解《论语》的精神，就很难说有多少意义了。

　　因此，如果想研究《论语》，研究《论语》学史，则做别论。如果想读《论语》，理解其中的意思，则可以抛开那些烦琐的考据和那些由概念理论构建起的新说，认真阅读文本，涵咏文字，理解孔子，领会《论语》的人生实践意义便可以了。

如何理解孔子

　　孔子姓孔名丘，字仲尼，生于公元前 551 年，卒于公元前 479 年。其先祖是宋国人，因避仇家，逃到了鲁国，所以书上说他是鲁国人。这是大家所熟知的，但孔子为什么要姓孔呢？这则是关系到把握孔子思想根脉的问题，不可不深究。

一般研究者认为，因为孔子的六世祖叫孔父嘉，所以这个家族就以孔为姓氏了。据《孔子家语·本姓解》说：

> 孔子之先，宋之后也。……宋公生丁公申，申公生缗公共及襄公熙，熙生弗父何及厉公方祀，方祀以下，世为宋卿。弗父何生宋父周，周生世子胜，胜生正考甫，考甫生孔父嘉。五世亲尽，别为公族，故后以孔为氏焉。一曰，孔父者，生时所赐号也，是以子孙遂以氏族。孔父生子木金父，金父生睪夷，睪夷生防叔，避华氏之祸而奔鲁。防叔生伯夏，伯夏生叔梁纥。①

《史记·孔子世家》也说：

> 防叔生伯夏，伯夏生叔梁纥，纥与颜氏女野合而生孔子。祷于尼丘得孔子。鲁襄公二十二年而孔子生，生而首上圩顶，故因名曰丘云。字仲尼，姓孔氏。②

叔梁纥即孔子的父亲。《说文》说："孔，通也，嘉美之也，从乙子。乙，请子之候鸟也，至而得子，古人名嘉，字子孔。"《说文》最后一句，是为了证明"孔"字"嘉美"之义的。在《左传》中，楚成嘉，字子孔；郑公子嘉，字子孔。孔子的先人"孔父嘉"，也是以嘉为名而取字曰"孔"的。"孔"字从"乙"，《说文》说："乙，玄鸟也。"即燕子。《商颂》说："天命玄鸟，降而生商。"《史记·殷本纪》也说商人的祖先契是因其母含玄鸟之卵而生下的，故而商人姓"子"。由此看来"孔"字中蕴含了玄鸟生商的神话，"嘉美"之义便由此而生。

虽然从以上引述的《孔子家语》看，好像孔子的家族从孔父嘉以后，就以孔为氏了。但为什么文献中出现的孔子的父祖两代都不提"孔"字，偏偏

---

① 杨朝明、宋立林主编：《孔子家语通解》，齐鲁书社 2009 年版，第 455、456、457 页。
② （汉）司马迁撰，（宋）裴骃集解，（唐）司马贞索隐，张守节正义：《史记》，中华书局 1959 年版，第 1905 页。

到孔子却开始标榜"孔氏"呢？为什么《史记·孔子世家》在介绍了孔子上三代及孔子名字后，还要特书"姓孔氏"三字呢？我想，强调"孔氏"，是孔子的意思，这与孔子的宗族观念有关。孔子正是以"玄鸟"为图腾的商族的子孙，他本是"子"姓，在他生命行将结束的时候，曾声称"而丘也，殷人也"（《礼记·檀弓》）。这一声明正好反映了他强烈的宗族意识。据桂馥研究，春秋时有四支出自不同姓的孔氏，如姞姓之孔、姬姓之孔等（《札朴》卷九）。姞姓、姬姓等三支孔氏后皆沉默无闻，只有子姓的孔子一支繁衍不衰，这自然与孔子显赫的声名及对血缘的强调有关。正是由于孔子强烈的血缘意识，所以才以"血缘关系"为基础，建立了他以"仁"为核心的道德思想体系。

　　众所周知，孔子的思想核心是"仁"，"仁"的始发点则是"孝"。孔子说："孝，德之始也；悌，德之序也。"（《孔子家语·弟子行》）孔子的高足曾子说："孝弟也者，其为仁之本与！"（《论语·学而》）而"孝"正是在血缘的链条上生发出来的人性萌芽。人来到世界上，首先接触到的人就是自己的父母。人性之爱便在对父母的关系中萌芽，其体现便是"孝"。孝于父母，爱及于兄弟姐妹、宗族、祖先，便有了"和睦九族"的社会群体。即如《礼记·大传》所云："上治祖、祢，尊尊也；下治子、孙，亲亲也；旁治昆弟，合族以食，序以昭缪，别之以礼义，人道竭矣。"[1] 再由此展开，推向所有的人，这便有了"博爱"之"仁"。故韩愈说："博爱之为仁。"（《原道》）孔子以"仁"为核心的伦理道德学说，正是在这样的逻辑推衍中产生的。孔子要取"孔"为姓氏，并将其确定下来，正是"君子反古复始，不忘其所由生"的"孝"之精神的体现（《礼记·祭义》）。而其以"礼"为核心的政治学说，正是在此基础上建构的。《祭义》言："天下之礼，致反始也，致鬼神也，致和用也，致义也，致让也。致反始，以厚其本也。致鬼神，以尊上也；致物用，以立民纪也；致义，则上下不悖逆矣；致让，以去争也。合此五者，以治天下之礼也，虽有奇邪，而不治者则微矣。"请注意，众多的人在"不忘其所由生"的祖先祭拜中，一种亲和力便会由之而生，而在这

---

① （清）孙希旦撰，沈啸寰、王星贤点校：《礼记集解》，中华书局1989年版，第905页。

血缘的链条上，一种长幼有序的结构秩序便由此形成，相互间的仁爱便会呈现，一个和谐的群体便由此诞生。再由此而推衍于社会，便为礼乐制度的形成与落实准备了条件。

其次是关于孔子的历史地位问题。

"文化大革命"期间，人们把孔子叫作孔老二。说他是没落奴隶主阶级的代表。现在虽然不这么说了，但仍然有人认为孔子的一套是腐朽的，甚至有人发表高论说："一百个孔子，也不如一个姚明。"这主要原因是不了解孔子对于中国历史的意义。要想到，如果孔子像"文化大革命"期间说得那么糟糕，立场上代表没落奴隶主阶级，政治上反对社会改革，制度上主张恢复周礼，经济上反对新兴的富有者，生活上强调奴隶主阶级的情调，阶级态度上看不起"小人"，性别上歧视女性，如此之"坏"的人，为什么当时竟然有三千人跟随他呢？他死后弟子们竟然为之服丧三年，还有的服丧六年，竟然一百余户人家在他的墓旁安了家，为他守墓。难道当时的人都没有认识到孔子的"反动本质"吗？还有两千多年来，人们一直把他当作"圣人"，竟然没有人发现他是坑害百姓的"坏人"，这不太奇怪了？反过来说，历史上还有哪一个"好人"能让人如此服膺呢？

因此我们必须重新理解孔子。孔子一生主要进行着三项活动：一是恢复礼乐文明制度，二是教书，三是整理文献。第一项活动带有政治性，他是一个政治上的失败者。也许正是政治上的失败玉成了他在教育和学术上的大成功。他教授有三千弟子，这等于开了一个"孔子学院"。这三千弟子对于中国文化的传播和战国学术的繁荣，起到了很大的作用。战国诸子百家，有相当一批人都是七十二子的弟子或再传、三传弟子。如墨家创始人墨子，本来是"学儒者之业，受孔子之术"的。战国最早的法家代表人物吴起，是孔子弟子曾子的学生。法家最大的代表韩非，是大儒荀子的学生。道家一派的大师庄子，韩愈以为出自子夏一派，也有人认为出自颜回一脉，这也并非没有可能。人们常赞叹先秦百家争鸣创造了中国文化思想史上最辉煌的一页。可是假如没有孔子，这一页能否如此辉煌，还很难说。

再说，没有孔子，就没有中国文化；没有孔子，就没有今天的中华民族。孔子最大的功绩，在于他通过整理文献，建立了代表华夏文明正脉的

"经典文化体系"，这就是我们所说的"五经"。孔子当时之所以要建立这个体系，就是要救华夏文明于危机。中国大陆从尧舜以来积累起来的文明成果，发展到周代，产生了"礼乐文明"这种高级的文明形态，使周代社会表现出了盛世气象。孔子曾赞叹这种文明说："郁郁乎文哉！"但到孔子时代，这种文明受到了来自两个方面的冲击：一是周边蛮夷入侵，二是诸夏礼崩乐坏。这两种冲击使得数千年文明智慧之果悬于一线。要想使这种文明得以承传，唯一可行的办法就是建立代表这种文明的"经典体系"。一旦这个体系确立，就可以使中华文化的命脉得以延续。也正是因为有了孔子建立的"经典体系"，中华民族才能历经劫难而不衰。世界上四大文明古国，其他三国的古文明皆已中断，唯中国文明独存，原因正在这里。元朝郝经曾说过一句非常经典的话"能行中国之道者，则能为中国之主"。"中国之道"就是指五经所承载的中国文化之道。不管哪个民族入主中原，只有首先接受这个文化体系，中原人才能接受他。像鲜卑、蒙古、满族等在中原建立政权，都走的是这条路。这些民族接受了"中国之道"，自己的文化却走向消失，作为某些元素融入到了中国文化系统中。最后的结果是，汉族政权虽然灭亡了，可是汉族没有亡，反而在民族融合中更加强大了。汉族不是血统概念，而是文化概念。孔子作《春秋》，辨夷夏，但有一点很值得注意，夷狄用中国之礼，便被视为中国之人；相反若用夷狄之礼，则便被视为夷狄。所以韩愈《原道》说："孔子之作《春秋》也，诸侯用夷礼则夷之，进于中国则中国之。"显然夷、夏之分主要在文化上，而不是血统上。汉族能成为世界上人口最多的民族，就是因为他在文化上融合了诸多的民族，他是世界上血统最混杂的民族。显然，中国文化能够历久不断，中华民族能够成就其大，都离不开孔子。直到今天，孔子仍是海内外炎黄子孙的精神领袖，充满着无限的凝聚力。

可以说，不懂中国历史，就不知孔子对于中华民族存在的意义，不读《论语》，就无法了解孔子。"经典文化体系"的基本精神，通过《论语》中孔子及其弟子的言行，活生生地表现了出来，为中国人确立了人格楷模，使世代读书人为之奋斗。在中国，一个人想脱离低级趣味，不读《论语》，是很难想象的。这也就是我们今天为什么还要读《论语》的一个原因。

《论语》的读法

《论语》是一部教人如何做人的书。宋代大理学家程颐说："读《论语》，旧时未读是这个人；及读了后，又只是这个人，便是不曾读也。"（《二程遗书》卷十九）① 这就是说，《论语》不是古典知识，读不到心上，落实不到行动上，那等于白读。

明末清初学者冯班在他的《钝吟杂录》中说："最难读者《论语》。圣人说话简略，说得浑融，一时理会不来，是难读也。亦最易读。读一句是一句，理会得一分是一分，是易读也。不似他书，读错了要误人。"② 这话说得很有道理。阅读《论语》难点主要不在训诂，而在"理会"，因为它的"简略"和"浑融"，使得许多似是而非的解释有了存在的空间。如何才能突破"简略"和"浑融"的障碍，让它变得澄明，这是一道摆在我们面前的难题。前人曾设计过多种解题的方案，也多有创获。"条条道路通罗马"，在此我们不必强调"唯一"。就《论语》一书的编辑而言，编撰者一定有意义方面的构想，即如元胡炳文所说："始之以'人不知而不愠'，终之以'不患人之不己知'（《学而》末章），此《学而》一篇终始也。始之以'不亦君子乎'，终之以'无以为君子也'（《论语》末章），始则结之以'患不知人'，终则结之以'不知言无以知人'，《论语》一书终始也。门人纪之，岂无意欤？"③ 就《论语》的每一章而言，记录者一定有意义方面的考虑。我们从三个方面设问：时人为什么要如此问？孔子为什么要如此说？弟子们为什么要如此记？只要如此追问下去，多半是可以探得骊珠的。同时如程颐所说："读《论语》者，但将诸弟子问处便作己问，将圣人答处，便作今日耳

---

① （宋）程颢、程颐：《二程遗书》，《影印文渊阁四库全书》第 698 册，商务印书馆 1986 年版，第 211 页。

② （清）冯班：《钝吟杂录》，见《清代学术笔记丛刊》第 1 册，学苑出版社 2005 年版，第 393 页。

③ （元）胡炳文：《四书通·论语通》，《影印文渊阁四库全书》第 203 册，商务印书馆 1986 年版，第 119 页。

闻，自然有得。"此处提出阅读《论语》的三个基本方法，希望能对读者有所帮助。这三种方法是：

一，把握《论语》的核心精神。《论语》的核心，是讲做人的。进一步讲，就是如何做一个有高尚道德情操的"君子"。

孔子认为，做人的基本原则是坚持道德自觉。人的具体行为可以根据环境条件，灵活掌握，唯道德意识不可须臾离弃，仁、义、礼、智、信应该时刻铭记在心。即所谓"君子之于天下也，无适也，无莫也，义之与比"。

做人的目标是君子人格。孔子反复强调的"仁"，就是君子人格的最高境界。孔子之所以讲"杀身成仁"，就是因为对君子而言，仁比生命更重要，所以为了仁可以抛弃生命。

做人要达到的社会效果是"和谐"，即减少与外界环境的摩擦，减少人与人之间的摩擦，创造一种良好的生活环境与欢快祥和的氛围。即所谓"和而不同"、"礼之用，和为贵"。

"道德"是内心必须坚守的原则，"和谐"是道德坚持下的外在表现，"君子"是要追求的人格目标。这三者共同构成了《论语》"如何做人"这一问题的基本内容，也成了阅读《论语》一书的纲领，纲举才能目张。

《论语》在对孔子及其弟子们的言行记述中，既明确地回答了"如何做人"的问题，也充分地展现了这个圣贤集团，是如何在道德坚持中，妥善处理周围事物，达成"和为贵"的社会效果，而实现君子人格的理想追求的。由此为我们树立了典范。虽然为了述说的方便，我们把道德意识、和谐方式、君子人格三者分作内在坚持、外在表现、目标追求而论述，实则这三者是一体的。在《论语》所记述的圣贤典范中，这三者已内化为圣贤典范的内在精神，共同体现着圣贤们的人生境界。

其实不只《论语》，孔子之后产生了汗牛充栋的文化典籍，其所谈的最基本的问题之一就是"如何做人"，且大多是接着《论语》来谈的。他们所坚持的核心价值是"道德"，所把握的核心精神是"和谐"，所追求的人格目标是"君子"。这一切都是围绕着人的精神提升而进行的。这也正是人的发展方向。

二，还原孔子及其弟子言行的语境。《论语》是孔子及其贤徒言行的记录，是过了若干年，经过历史的淘汰、筛选后，才由孔门后学编辑而成的。因此只有对孔门后学留下深刻记忆和印象的言行才能被记录下来。同时，这些只言片语的记录，是伴随着背景故事在孔门中流传的。因为当时的书写工具是竹帛，不仅造价高，而且书写也比较困难，所以很难将背景故事记下来，只有老师教学生时，才能通过口授将事情说清楚。《礼记》中的《檀弓》篇记有这样一则故事：

> 　　有子问于曾子曰："问丧于夫子乎？"曰："闻之矣。丧欲速贫，死欲速朽。"有子曰："是非君子之言也。"曾子曰："参也闻诸夫子也。"有子又曰："是非君子之言也。"曾子曰："参也与子游闻之。"有子曰："然。然则夫子有为言之也。"曾子以斯言告于子游。子游曰："甚哉，有子之言似夫子也。昔者夫子居于宋，见桓司马自为石椁，三年而不成。夫子曰：'若是其靡也，死不如速朽之愈也。'死之欲速朽，为桓司马言之也。南宫敬叔反必载宝而朝，夫子曰：'若是其货也，丧不如速贫之欲也。'丧之欲速贫，为敬叔言之也。"曾子以子游之言告于有子。有子曰："然。吾固曰非夫子之言也。"曾子曰："何以知之？"有子曰："夫子制于中都，四寸之棺，五寸之椁，以斯知不欲速朽也。昔者夫子失鲁司寇，将之荆，盖先之以子夏，又申之以冉有，以斯知不欲速贫也。"

"丧欲速贫，死欲速朽"，意思是：丢了官最好快点贫穷了，死了最好快点腐朽掉。曾子在传达孔子这话时，没有交代言说的背景，由此而引起了有子的怀疑。这话乍听起来，确实不合常理。待子游补充了背景故事后，有子才确信这是孔子说过的话，也才明白了这话是有很强的针对性的。这是发生在两千五百年前的故事，当时孔子去世不久，因为背景被曾子隐去，孔子的另一位学生有子便不能明白其意义，更何况在《论语》的背景故事全部失传的两千五百年后的今天呢？

　　因此要真正理解《论语》，就必须对它进行语境还原，恢复当时的情境。清代就有学者发现了这个问题。如《论语·阳货》篇说：

> 　　佛肸召，子欲往，子路曰："昔者由也闻诸夫子曰：亲于其身为不

善者，君子不入也。佛肸以中牟畔，子之往也如之何？"子曰："然，有是言也。不曰坚乎？磨而不磷。不曰白乎？涅而不缁。吾岂匏瓜也哉？焉能系而不食！"

这是孔子晚年发生的事情。佛肸是赵简子的叛臣，他想招揽孔子为他办事，孔子也有点蠢蠢欲动。子路劝止，孔子却突然冒出了一个："难道我是老葫芦吗？怎能只挂起来看而不能吃？"孔子怎么一下子想到了高悬的葫芦呢？显然让人感到意外。清人邹弢在《三借庐笔谈》中说：

> "吾岂匏瓜"章，朱泾渭"匏瓜系于一处"云云，模糊了事。今学者转昧真诠。好奇者谓匏瓜在天为星，在地为物，仍与孔子立言之旨相悖。即作现身说法，则"匏瓜"两字，无端引入，未免无理。此句当作"视斯"、"指掌"神情讲去，便得其窍。孔子以子路之言，自明坚白，说至"不缁"句，适见庭中有匏藤瓜系其上，即指之曰："吾非此系而不食之物也。"此即用我有为之意。若谓不能饮食，岂匏瓜之自能饮自能食耶？[1]

这样做情境还原后，显然就好理解多了。

有些章节，不做情境还原，几乎不能理解。如《学而》篇说：

> 子曰："君子不重则不威。学则不固。主忠信。无友不如己者。过则勿惮改。"

一段共五句话，一句话一个意思，不相连贯。让人不可捉摸。所以日本学者伊藤仁斋认为，《论语》中"有并录异日之语者，有缀辑数言以为一章者"。[2]如此章，便是"孔门诸子，缀辑夫子平生格言，以为一章"。但这个解释并不

---

[1] （清）邹弢：《三借庐笔谈》，见《笔记小说大观》第26册，江苏广陵古籍刻印社1983年版，第372页。

[2] 〔日〕伊藤仁斋：《论语古义》，合资会社六盟馆，明治四十二年（1909）版，第9、10页。

能让人信服。因为《论语》中数字作一章者并不少见。如："有教无类"，四字一章；"辞达而已矣"，五字一章；"君子贞而不谅"，六字一章。最有可能的是：这是孔子与弟子们一次交谈时提到的几个观点。弟子们在记录时，只记录了孔子的话，而把对方的提问给略掉了。假如虚拟如下的一个情境，可能就好理解了：

> 子路问："君子何以贵重（《法言》有四重之说）？"
> 子曰："不重则不威。"
> 子路曰："然威则生畏，民畏从之，则易萌自是之心，固一己之见。何耶？"
> 曰："学则不固。"
> 问："学当以何为主？"
> 曰："主忠信。"
> 问："忠信所以进德也，须与师友切磋而后有进。如此，于友何择焉？"
> 曰："无友不如己者。"
> 问："友有非我者何？"
> 曰："过则勿惮改。"

这样，每一句话便都有了着落，也就不难理解了。

这当然需要一定的考据功夫，但更重要的是揣摩人情事理。千古人情不相违，只要把握住人情，从中绎其事理，把只言片语放于一定的情景之中来考虑，其中的意义大半也就呈现出来了。

三，确认孔子言说所针对的事物。清人魏象枢《庸言》说："圣人是天地一大医，有病在人心性间，或在事物间者，一病必有一方，治无不效者。"[①] 被后世奉为药王的孙思邈，撰有"妙尽古今方书之要"的《千金方》（叶梦得《避暑录话》）。《论语》可以说就是一部医治精神疾病的《千金

---

① （清）魏象枢：《庸言》，见《清代学术笔记丛刊》第 3 册，学苑出版社 2005 年版，第 235 页。

方》。它的每一则语录，都是对症下的药。既可切中当事人的症候，也有普济世人的普遍意义。对孔子及其弟子的这些言论，如果不考虑它所针对的病候，只做一般的理解，虽然也能说通，但很难发现它的精妙之处。比如《为政》篇说：

> 子曰："吾与回言终日，不违，如愚。退而省其私，亦足以发。回也不愚。"

杨伯峻先生翻译说："孔子说：'我整天和颜回讲学，他从不提反对意见和疑问，像个蠢人。等他退回去自己研究，却也能发挥，可见颜回并不愚蠢。'"[①]如果仅仅这样理解，那么，这段话要说明的核心问题就是"颜回不是笨蛋"。但这有什么意义呢？是有人说颜回笨，孔子给颜回辩护呢？还是孔子开始觉得颜回笨，后来发现他不笨了呢？有人又说："孔子喜欢内向性格的人，故赞扬颜回。"但这段话仅仅是为了表示孔子的情感倾向吗？显然这样的理解都是有问题的，因为它没有普遍性的意义，没有让孔门后学世代相传的价值，更不能成为经典语录。如果我们考虑到，孔子这话是说给弟子们听的，是要给弟子们树立一个学习的榜样，这意义就大不同了。

再如《学而》篇有言：

> 子曰："巧言令色，鲜矣仁！"

嘴说得很好听，态度也和蔼可亲，这样的人有什么不好呢？于是就有人做了如下的读法："巧言令色鲜矣，仁！"意思是巧言令色这样的仁人太少了。裴斐先生的《裴斐〈论语〉讲评》则举了更有意思的例子，他说：

> 我想先提个问题：你们认为擅于辞令、和颜悦色的人好呢？还是沉默寡言、面带凶相的人好呢？比如走进一个商店，我想谁都愿意遇见前一种

---

① 杨伯峻：《论语译注》，中华书局 2002 年版，第 16 页。

售货员，不愿遇见后一种售货员。但是，从古到今，中国人都瞧不起巧言令色的人，用朱熹的话说，他们是"务以悦人"；其实让人高兴又有什么不好？就拿商店售货员来说，取悦于人总比让使人生气的好！大概孔子和朱熹都没有遇见过凶神恶煞似的售货员，他们没有这种体会。[①]

像这样的理解，这句话不但没有了经典意义，而且也违背了常理，为什么还有人世代学习呢？其实我们只要想一想平时交往中，初次见面就说得天花乱坠、和颜可掬的人，就什么都明白了！他们往往巧舌如簧，大包大揽，但有几人能履行诺言的呢？又有几人不为之上当受骗呢？孔子此言就是针对此种人而发的。老子从一个智者的角度也谈过同样的问题："信言不美，美言不信。"漂亮话信不得！还原当时的语境，应该是有一"巧言令色"的人偶然出现，过后大家都觉得这人很好，而孔子则从长期的阅人经验出发，告诉大家：这样的人不可靠。当然"巧言令色"也有可能指乡愿式的、没有是非原则的好好先生。因为没有是非原则，一味地充好人，对善的事物不能坚持，对恶的事物不去反对，尽管普通人都说他是好人，也很难配得上一个"仁"字。

以上所谈，可说是进入《论语》殿堂的三条路径。明白此道，对《论语》的理解才有可能会深入。当然作为一部经典，它是永远解释不完的。有一千个读者，就可能有一千部《论语》。此间自然会有不同的理解，也难免会有"误读"，但只要不背离《论语》的核心精神，能够从误读中滋生出有益于人类健康发展的思想来，这也是允许的。《韩非子》里记有一个故事：一个楚国人给燕国的相国写信。因是夜里写信，光线昏暗，他就吩咐家人把烛举高点。当他吩咐家人"举烛"的时候，他不由地就把"举烛"两个字写在了信上。这本来是误记的两个字，可燕国相国却理解为"尚明"，认为是要他任用贤明之人。由此燕国获得了好的治理。这是一个典型的误读例子。但这种误读却是十分有意义的。尽管说是"误"，但这"误"与楚人信的基本内容一定不会矛盾，否则燕相也不会由"举烛"联想到"举贤而任之"上去。

---

① 裴斐：《裴斐〈论语〉讲评》，凤凰出版社 2007 年版，第 9、10 页。

《论语》的当代意义

《论语》在中国古代是一部经典，即所谓"恒久之至道，不刊之鸿论"。在今天，虽然中国古代经典体系已经被彻底颠覆，但《论语》也没有变成只作为古典知识存在的"文物"，它所呈现出的以孔子为代表的圣贤集团形象，像一座倚天耸立的灯塔，照耀着当代人的生存之路和心灵世界，更重要的是为人类的继续生存提供了宝贵的思想资源和价值选择。

在以孔子为代表的中国文化思想中，有两点特别值得我们关注，第一是对于社会永恒性稳定秩序的思考。孔子考虑的不是眼前的利益，而是永恒的利益。因而在孔子的思想中看不到"功利"的色彩，而是把稳定人类和谐的"仁"、"礼"放在了核心位置。第二是对人类整体利益的思考。在孔子的思想中很少有国家、民族的观念，即使有，也是重在"文化"或善恶的区分上，而不在血统上。他是面对天下的"人"来说话的，而不是为某些人、某个国家或某个民族服务的。日本学者伊藤仁斋评论孔子说："其作《春秋》也，诸侯用夷礼则夷之，夷进于中国则中国之。盖圣人之心即天地之心，遍覆包涵，无所不容，善其善而恶其恶，何有于华夷之辨？"（《论语古义》卷二）《吕氏春秋·贵公篇》说："荆人有遗弓者，而不肯索，曰荆人遗之，荆人得之，又何索焉？孔子闻之，曰：去其荆而可矣。"① 这个故事充分表现了孔子的大胸怀。

要考虑人类长远的利益和整体的利益，就必须要解决人的问题，即人心、人性的问题。在西方人的观念中，人心是靠上帝来管理的。因此人人都必须有宗教，凭着对上帝的敬畏和虔诚，来收敛自己的不规之心。罪犯可以通过向上帝的忏悔，求得内心的安慰。但因宗教信仰、宗教派系的不同，不时会发生冲突，甚至诉诸战争，同时宗教也无法解决人们对物质利益的贪求。而孔子，则是要在上帝缺席的前提下，来提出自己理论的。他要人自己

---

① 王利器：《吕氏春秋注疏》，巴蜀书社 2002 年版，第 107 页。

做主，自己解决自己的问题，在道德自觉中达成相互和谐，实现人类的持久和平。

人类的发展，应该说就是人的发展，人性的发展，是人类精神在道德领域的不断提升。这正是孔子所主张和坚持的人类发展方向。可是在我们这个时代，中国传统的价值观念完全被颠覆了，并批判其落后、保守。人们把物质利益放在了首位，而且将此当作了天经地义，在追求物质利益最大化的过程中，绞尽脑汁地思考着发展先进的科学技术，包括最先进的杀人武器，以求向异己的个体和群体，向自然索取更大的利益。在先进的科学技术给人类带来种种危机（如能源危机、生态危机、战争危机等）的当下，更多的人不但没有意识到人类覆灭的危险，反而把科学技术的不断革新，当作了人类发展的方向，幻想着用新的科学技术来克服因科技带来的问题，甚至提出了一种美好的人类未来理想蓝图。如发展医疗技术，使得人的寿命延长到八百、一千岁，甚至更长；开发新的能源，使人类取之不尽，用之不竭；智能开发技术，使未来的人类比现在的人类聪明百倍千倍；发展航天技术，在地球崩溃之日，进行星球大移民。这个构想确实是伟大的，然而细细思考一下理想实现之后的人类处境，却让人不寒而栗。

我们姑且顺着今人的思路来设想一下：医学的发展，可以使病人随意更换新器官；人体器官克隆工厂，也可以随时提供材料。人体的五官、五体、五脏、六腑等，什么坏了都可以更换新的，使之永远保持着健康体格，于是长生不老的超人类出现了。

智能的开发，使人可以将已故的伟人大脑复制、复合、拷贝到现在人的大脑中。甚至还可以把人脑合成像电脑一样的运算机器，储存大量的电子版图书，而且可以根据需要随时调出。于是智商超过现在人千百倍的超人类出现了。

新能源的开发，使人类发明了新的交通工具，既可以上天，又可以入地，还可以下水，在拥挤堵塞的干道上，根据需要飞向天空，以一百米、二百米、三百米不等的高度，在空中交叉飞行。三小时内即可到达地球的任何一个地方。于是，以每小时数千公里的速度飞行的超人类出现了。

航天技术的发展，使人类发现了太空中比地球适宜生命生存的星球，并且也制造出了可以运载百人千人的星球交通工具，于是可以实现星球移民梦想的超人类出现了。

寿命等于现在人的十几倍乃至几十倍，智商高于现在人千百倍，可以日行数万里，可以移民别的星球，这显然与现在的人已经不是一个概念，只能视作"超人类"。

根据这个构想，超人类实在太美了！那是天堂中的生命，还有谁不愿意呢？但问题的关键在于：移植、更换人体器官、拷贝大脑储存信息、驾驶调整飞行器、移民别的星球，无论哪一项，对具体的人来说，都需要一笔惊人的费用。就拿目前肝脏手术来说，一次大约需要上百万人民币，是普通农民一辈子都积攒不够的钱。要想进入"超人类"的级别，需要昂贵的代价，是否地球上所有的人都可以成为"超人类"呢？如果不能，人类与超人类必然根据今天存在的贫人与富人分化为两种不同的生命存在。超人类与人类的关系，就相当于人类与猿猴的关系，谁能保证超人类不会像人类对待猿猴一样地对待人类呢？这样，人类的命运不是很可悲吗？

这是在未来。那当下又如何呢？科学技术确实给现在的人类带来许多便利，使人类感受到了它的意义。但在物质利益最大化的价值追求中，人性倒退、道德沦丧。顾炎武所说的"仁义充塞，而至于率兽食人"的情景出现了！儿子为了钱，不惜与养育自己长大成人的父母对簿公堂，外甥不惜向疼爱自己的姨妈下毒手，生死兄弟反目成仇，同胞姊妹如同路人；三聚氰胺、苏丹红、瘦肉精之类有害人体健康的化学药物，带着美化商品色泽的任务，大批量地添加入食品之中；见死不救，被众多的人认作是理所当然；见义勇为者却不时受法律的责罚，人与人之间逐渐失去原有的那份温情，更多的变成了利益关系。这样的现实，还有多少幸福可言？电视台"你幸福吗"的节目播出，导致了社会上大多数人的嘲讽。紧张的生活节奏，无休止、无限度的利益角逐，使人类处在了焦虑、恐惧、疲惫不堪之中。人已经失去了生活的方向，失去了人生的目标，不知道为什么活着、活着的意义在哪里。于是心理疾病、精神患者、自杀寻短者越来越多。这难道不是令人忧虑并悲哀的吗？

因此，对人类当下的"发展"，我们必须做认真思考。看看《论语》树起的灯塔，它所指引的才是一条光明之路，是人类健康、幸福、快乐之路。对物质的单方面追求或过度欲望就像鸦片的毒瘾，会使人在不断追求欲望满足之中夭亡。只有伴随精神不断提升的物质发展，才能引人类脱离低级趣味的生活，步入快乐的伊甸园。

要明白，幸福不在欲望的满足中，因为满足是暂时的，它会使你因更大的欲望诱惑而痛苦。幸福在如何做人中，在精神提升中，在《论语》所说的"学而时习之"中。读书的境界与层次，就是人生的境界与层次，层次越高，天地就越宽，所获得的幸福快乐就越多。

人情、人心像一块田地，用《论语》所教的方法、所提供的种子和肥料耕种，才能使这片田地不因杂草而荒芜，才能享受丰收的喜悦。这丰收便是幸福的资本；这喜悦，就是幸福达到的境界。日本江户时代的学者伊藤仁斋称《论语》为宇宙第一书，岂不然哉！岂不然哉！

凡　例

一、本书以《十三经注疏》本为底本，参酌朱熹《四书集注》本。个别地方，则采纳了历代学者的研究成果。凡此等处，皆有说明。

二、在分章上，则在《十三经注疏》本与《四书集注》本二者之间，择善而从。个别地方则根据文脉，参酌众说，断以己意。总之以通畅无碍、内容完足而无赘尤为原则。

三、每章的小标题为作者所加，目的是便于读者把握章旨，领悟其精神，且有益于联系实际。

四、每章先疏通文字大意，再阐述其中意义。在文字训诂方面，只要不影响对其大意的把握，则不做过多纠绕。而于章旨所向，则必穷力以求。

五、《论语》是一部教人如何做人的书。故此书用力处，便在使《论语》走进当代人生。而于有利于修复世道人心者，必三致志焉。

六、本书对于前贤成果多有采取，为免烦琐，一般非引及原文者，不加说明。详情请见后记。

七、古代日本、韩国学者的《论语》研究成果，大陆学者不易见到，也鲜有引及，而其对于《论语》的理解，每有精到处，有国人所未能思量处。故书中多引及之。

八、本书主要是针对社会上一般读者而撰写的，故对于学术问题，只出观点而不做讨论。其中不乏一己之见，研究者读之，自可发现，但绝不做无根之谈。

目 录

论语绎解上

论语绎解下

论语绎解上

学而第一

1.1 君子的心境：祥和

子曰："学而时习之，不亦说（yuè）乎？有朋自远方来，不亦乐乎？人不知而不愠（yùn），不亦君子乎？"

这一章是孔子自道其意中之事的。

"子"指孔子，是孔门弟子对孔子的尊称。为什么称"子"？我想这应该与商人子姓有关。商时有微子、箕子，即因其姓子封于微、箕而得名。周灭商后，商人毕竟是先王之后，子姓其血统仍高贵于一般弱小诸侯之国。故"子"便有了尊敬之意，变成了男子的美称，犹如"姬"本周贵族之姓，被变为女子的美称一样。时人有称"夫子"者，是"大夫"的敬称。孔子曾为鲁国大夫，所以得称"夫子"。"学"是学习，"习"是温习，"说"同"悦"，开心。"有朋"当读作"友朋"。"有"、"友"古通，"有"一本即作"友"，是指志同道合的朋友。"愠"是怨的意思，有人说是"怒"，这恐怕有点过重了。人不了解自己，就要发怒、动气，这不太小肚鸡肠了吗？一般人也不至于如此，何况君子呢？因此"愠"作怨恨讲，较为妥帖。大意是说：学得知识，时时温习，一遍又一遍的新获，则学识日进，这是很开心的。有志同道合的朋友远道而来，谈学论道，畅所欲言，这也很快乐的。人不理解或误会自己，自己坦然对之，无一毫怨恨，这才是君子的风度。

本章分三节，第一节讲学习之乐。

对于"学而时习之"这句话，现在人不好理解，因为信息时代，人重在捕捉信息，而不是领会精神。一本书能读一遍也就不错了，何来时时温习？如果像小学生那样，一篇课文读五遍写三遍，自然也只有"苦"，没有"悦"！但古人不同，特别是孔子，他对新知识，不是浅尝辄止，而是要反复温习，务求领会其中的真实意义。《史记·孔子世家》中有一段记载，可谓此章的最佳注脚：孔子跟师襄学琴，已经十天了，他还在反复琢磨那支旧曲。师襄一再催他学习新内容，他先是说自己还没有把握乐曲的节奏速度，接着又说自己还没有把握乐曲的思想情感，直至有一天，他突然感受到了音乐中呈现出一个巍然屹立的高大形象才罢休。原来他学习的曲子是《文王操》，那高大的形象便是周文王。他在反复练习、体会中，发现了一个没有人潜入的意义世界。而在这个世界所获得的无穷趣味，是在世俗生活中根本找不到的。"不亦说乎"的精神感受，便来自意义世界的发现中。这样的"学而时习"，难道不愉快吗？

第二节讲交友之乐。

现在交通通讯的发达，已使人们感受不到朋友到来的欢乐。今天三小时可达的路程，从前需要半年。朋友间一旦见面，多日积蓄的思念之情，便会喷涌而出，恨不得同榻夜谈。"不亦乐乎"的感受，正产生在此种情景中。对于孔子来说，更多了一层切磋学问的乐趣。人生精神的提升，一是靠自己学习，二是靠与朋友相互切磋、劝勉。有同道相谋，自知德之不孤，以励上进之心；以"学而时习"的方式，领悟事理，不断提升，以求实现君子人格。这是此章言学习、言朋友的意义所在。

第三节讲心灵境界，是由学而时习、朋友切磋达到的境界。

孔子说："古之学者为己，今之学者为人。"荀子说："君子之学也，以美其身；小人之学也，以为禽犊（赠人之物）。"君子学习是为了提高自己的精神境界，使自己的心灵更美好，自己的言行更文明。故即便世莫知我，我也不会怨天尤人，而是泰然自若，这表现出的是一种境界。小人之学在牟利，牟利不成，工作无着，便会有"读书无用"之怨，或"人莫我知"之愠。

全章所描绘的乃是君子未用于世的生活状态和精神状态。君子有化民易俗、达济天下之志，有修齐治平的理想。但这样的志向和理想，不是每一个读书人都能实现的。这就要求读书人以修炼君子人格为基础，在读书学习与朋友切磋中，体悟大道，成德成人。读书是快乐的，交友是快乐的，人莫我知，而我"不愠"，仍然是快乐的。"学"而"悦"，乐在心中；"朋"而"乐"，乐在状貌；与人而"不愠"，乐在境界。精神始终呈现出祥和的气息，这便是君子的心境。也是孔子追求达到的一种境界。

代表中国文化主流精神的儒家一派，非常重视学习。他们认为人性怀慧，非积学而不能成。只有学习，人才能进步，才能不断提升自己。君子人格的目标，只有在不断的学习与实践中才能实现。因此《论语》以讲学开头，荀子的第一篇是《劝学》，《法言》的第一篇是《学行》，王符《潜夫论》的第一篇是《赞学》。《礼记》有《学记》、《大学》，徐干《中论》有《治学》，刘昼《刘子》有《崇学》，颜之推《颜氏家训》有《勉学》。故《学记》说："君子如欲化民成俗，其必由学乎！"竹添光鸿说："此章描出一个成德君子来与人看，其旨深矣。学者深体切求，涵养之久，有得于中，则心德玲珑，四面照彻。在顺境，则光风霁月；在逆境，亦止水平衡，莫不往而安命乐天之地。孔门之学，用力于仁，亦所以求诣此也。而孔子一生遭遇，实不出于此。故编《论语》者，以此章冠之一部之首。"（《论语会笺》）

1.2　人不能没有良心

> 有子曰："其为人也孝弟，而好犯上者，鲜矣；不好犯上而好作乱者，未之有也。君子务本，本立而道生。孝弟也者，其为仁之本与。"

此章谈孝弟问题。

有子姓有名若，是孔门的一位高足。孔子过世后，曾一度被弟子们当作孔子的替身。这一段话是他通过对孔子思想的体会，而领悟到的修己成仁的法则。"孝"指敬顺父母。"弟"通"悌"，指尊敬长者。冒犯比自己地位高的人谓之"犯上"。"鲜"是少的意思。"作乱"指叛乱造反。务，专力。本，根本、基础。道，事物之理，人所当行之道，大路，如宋儒所说的天理。大意是说：为人处世能孝敬父母，善事兄长，就很少去干那种冒犯上级的事了。不愿冒犯上级而爱好为非作乱的人，是不存在的。君子做事，要在根本上下功夫，根本确立了，事理也就自然明白了。孝悌就是成仁的根本。

孝悌之心就是良心。这一章有两层意义。第一层是从逻辑上讲"孝悌"是成为一个良民的起点。人性的起点来自于对父母兄弟的爱。人一生下来首先接触的人就是自己的父母，而其爱心的萌芽，便是在与父母的相处中展现的，这爱的具体体现便是"孝"。其次便是对哥哥姐姐及其他长辈的爱 —— "悌"。在家庭环境中培养起来的爱心，是人生道德的基础。推而至于社会，便会表现为对所有人的尊重、关切，如对上司、同事的尊敬与友善，等等。因此这良心是人成为人的基础。在世界上对自己最有恩的人就是父母，如果连父母都不能孝敬，那么他对其他人的情义都是假的了，不可能成为良民、忠臣、好官。

第二层是从理论上讲孝悌是进身于"仁"的基础。有人把这个"仁"字认作是"人"的借字。不妥。因为此章是在两个不同层次上说话的。前半截讲"其为人"，是就一般做人而言的。后半截讲"仁之本"，是就君子而言的。君子要进身于仁的境界，就必须从根本做起。这根本就是"孝悌"。"君子务本"，只有在这个基础上下功夫，由"孝悌"的亲亲之道，推己及人，由近及远，就可逐渐进身于人格最高境界 —— 仁的境界。

这两层意思，实际上也是讲两个不同的人生层次。第一个层次讲做人的底线，第二次层次讲成"仁"的基础。无论是做一般的人，还是做"仁人"，都不能没有以孝悌为内核的良心。所以孔子说："孝，德之始也；悌，德之序也。"（《孔子家语·弟子行》）不知孝悌，便失去了做人的起码资格，连起码的人都不够格，自然难成为仁人。

1.3 要提防巧言令色的人

> 子曰："巧言令色，鲜矣仁。"

这一章谈的是"鉴人术"。

巧，好；令，善；鲜，少。文字不难懂，但人们在解释上却出现了相反的理解。一种认为"巧言令色"的人，很少有美德；一种则认为"巧言令色"才是"仁",可这样的人太少了。这两种解释孰是孰非,这要"还原语境"。这应当是为具体人而发的警戒。可以设想:有一个能言善辩、和颜悦色的人,初次接触,大家都觉得这人不错。而孔子则凭自己丰富的人生经验和智慧,警告大家:花言巧语而又媚态可掬的人,很少有真心向善的。因为"巧言"的关键在顺人之意以为说辞,"令色"的关键在承人之好以温顺其态,其目的都是在以媚人、讨好人的方式,达到个人的目的,而不是要与人为善。这也可以说是孔子在若干次的上当受骗中获得的教训。这与老子所说的"信言不美,美言不信;善者不辩,辩者不善",是一个道理。朝鲜魏伯珪说:"巧善在言与色,其心已外矣,安能仁乎?"(《读书札义·论语》)其追求表演悦人,自然无心修仁了。

胡宏说:"上章'好犯上作乱'是刚恶,此是柔恶。"(胡广《论语集注大全》引)"柔恶"有欺骗性,比"刚恶"可恶。世之骗子,有几人不是"巧言令色"者?又有几人不被"巧言令色"所惑?古人言:"贤人寡言。"与"巧言鲜仁"正相反成义。因此如遇"巧言令色",一定要提高警惕,小心被骗。

1.4 修身大法:反省

> 曾子曰:"吾日三省吾身。为人谋而不忠乎?与朋友交而不信乎?传不习乎?"

此章所谈为修身之法。

曾子是孔子的学生,名参,字子舆。省,察,反思,此指反思、检察自己的行为,有无不当。"忠"是竭诚尽力,为别人办事像为自家办事一样用心;"信"是无欺瞒虚诈,与理无违,与情不伪,以心相交;"传"是从书本或老师那里得到的新知,"习"是细心领会,用心践行。大意是说:自己每天要多次地检察自己,看是否有什么为事不周的地方,如为人谋事是否尽心尽力,与朋友交往是否守信,老师或书本所传授的知识,是否已反复温习过等。

这里提到三点反思的内容,"忠"是对上而言,"信"是对友而言,"习"

是对知识而言。对君忠，对友信，对师尊，这是一个君子行事的原则。"传而习"即是尊师重道的基本表现。

有人在"三"上下功夫，研究"三"究竟是言三次，还是多的意思。其实本章的要害不在"三"，而在"省"，"反省"是人修身的大法。人的进步是在不断地反省中获得的，不知道反省，便永远不会进步。至于反省几次，并不重要。清儒何焯说："须认取'省'字。盖省察工夫必加意于易忽之处，乃为至精至密。人生为己谋无不尽，为己之私愿谋亦无不尽，至于泛泛悠悠之人，则容有不忠者矣。人于父兄之前，不敢不以实；君上之前，不敢不以实；至于相狎相等之友，则容有不信者矣。人于苦心劳力所得，未有不益求精熟者，至于见成传授，出口入耳，得之甚易，视之无难，则容有不习者矣。于此日加省察，乃不惟日用要务皆反身而诚，且至精至密，他人易忽之处，工夫无所遗矣。"（《义门读书记》卷三）

1.5　做官安民的五项要则

子曰："道千乘之国，敬事而信，节用而爱人，使民以时。"

此章谈治国安民之道。

"道"是治的意思。古代以出兵车之数以计国之大小，"千乘"指能出千辆兵车之国，即一般诸侯。敬，严肃慎重；节，节省；使，役使。大意是说：治理一个能出千乘兵车的国家，要谨慎从事，讲究信誉，节省开支，爱护大众。调用民力要掌握节候，不要在农忙时乱拉差，耽误了生产。

治国安民属于政治事务，涉及了制度、政策、法规等方面的诸多问题。但孔子在这里丝毫没有谈政治，而谈的是与人民生活相关的问题。具体讲了五项事宜。第一项工作态度要"敬"。妄动一念，妄行一事，都会累及千万民众，导致国家危乱。《老子》说："治大国若烹小鲜"，就是这个意思。第二项工作作风要"信"。一言一行，无不守信，说到做到，而不是哄骗百姓，为一时之安。事无信不成，只有取信于民，才能令行禁止，国家大治。第三项在经济开销上要"节"。节用财物，量入为出，绝不奢侈，才能保证财源不会枯竭，并能应济天灾人祸之变。第四项在与大众关系上，要突出一个"爱"字。一人饥如己饥，一人寒如己寒，关心众生，爱护下属，这样才能获得大众的拥护。第五项在工作安排上，要"使民以时"。国家有事，难免要动用民力，但一定要掌握好时令，不能妨碍农务，这样才能不使百姓疲惫。

这五项事宜，其核心在安民。只有获得人民的拥护，才会出现国泰民安的治世景象，这里所体现的正是"民为邦本"的政治思想，也是孔子所说的"道之以德"的治国方策的具体实施，同时也是评价官吏善恶的五项原则。违背这五项原则，非但缘木求鱼，且将有罪于民。

1.6　孔门六条守则

子曰："弟子入则孝，出则弟，谨而信，泛爱众，而亲仁。行有余力，则以学文。"

这一章可作"弟子规"看。清人李子潜、贾木斋的《弟子规》，即是以此为纲编写的。

前人多以为"弟子"就是子弟，弟对兄而言，子对父而言。这种解释恐怕有问题。弟子其初当是后生之称。后生为弟，子是美称，故尊先生称"夫子"，美后生称"弟子"。谨，慎重；信，诚信；泛，广泛；仁，指有仁德的人；文，文献知识。

孔子对其弟子们的要求，是要其成为真正的君子。要实现这个目标，就要有具体的行为要求。孔子在这里提出了六条学生守则：一、回到家里，要孝顺父母；二、在外要尊敬长者；三、承诺要慎重，言必有信；四、要有博爱之心；五、多与有仁德的人交往；六、有空闲则读书学习，提高素养。只要做到这六条，无疑是一位好青年，这是把自己培养成一个有教养的大雅君子的基础。除此别无他途。朝鲜林泳说："弟子入孝出悌章，盖为弟子之职尽于此，其轻重次第自然可见，而其不可偏废之意亦甚切至，学者终身服之可也。总而言之，孝悌、谨信、泛爱、亲仁为重，而学文为轻。就重者更分言之，则孝悌是人道之本，为重之重者；谨信乃持身之大方，故次之；泛爱、亲仁为接人之要法，故又次之。……世间万事宁有重于此数事者耶？"（《读书札录·论语》）

1.7　并非读书才是学习

子夏曰："贤贤易色；事父母，能竭其力；事君，能致其身；与朋友交，言而有信。虽曰未学，吾必谓之学矣。"

此章所谈是学习的性质问题。

子夏是孔子一位出类拔萃的弟子，他姓卜，名商，文献功底很好，据汉儒说，在经典的传播中，他的功劳最大。第一个"贤"字，做动词讲，有看重、重视的意思，易，轻视。色指容貌。事是侍奉，致是奉献。大意是说：对妻子的选择，注重品德，忽略容貌；孝敬父母，竭力尽心；侍奉君主，能舍得性命，勇于奉献。与朋友交往，能说到做到。这样的人，虽然他自称自己不学习，我也一定认为他学习了。

这里谈学习，不是从正面谈，而是从行为表现上来认识学习的本质。在儒家那里，"学"和"行"是联系在一起的。所谓"学以致用"、"活学活用"、"知行合一"，等等，所讲的都是"学"和"行"的关系。只有把学到的知识落在行动上，才能体现学习的意义。学习的第一意义指向是修身，而修身的具体表现便在行为的文明化程度上，即修正自己不合于人伦道德的行为表现，使心存仁义，行合礼仪。

关于"学"与"未学"的问题，在这里子夏是从四个方面来认识的。第一、对妻子，重德不重貌 —— 人伦之道，造端于夫妇，所以这里第一个谈的就是妻子的选择问题。有夫妇而后有父子，所以第二个方面讲的是在对待父母上。所谓竭力，就是尽力，无论贫富，只要尽自己的力量而为之，心中时常惦记着父母，这也算尽孝了。有父子而后有君臣，所以第三个方面讲对待君主上，舍得其身，这是忠的表现。第四个方面是与朋友交往，言而有信。重视妻之德行，是齐家的表现（清儒冯班有言：齐家重在齐妻子）；孝敬父母，是在家庭中的表现；忠于君主，是政治上的表现；与朋友讲信誉，是在社会上的表现。这是有联系的四个方面，也有一个由近及远的逻辑进展（有人把"贤贤易色"解释为好德胜于好色。这虽然也能解释通，但这段话就没有了逻辑）。这样具备了孝弟忠信品格的人，即使他自称不学习，人们也不会相信。因为他的行为已经表明了他对经典精神的把握。孔门所学习的主要内容是《诗》、《书》、《礼》、《乐》，《诗》、《书》者义之府，《乐》、《礼》者德之则。孝弟忠信的行为表现，正是《诗》、《书》、《礼》、《乐》精神的具体体现。

　　最后"虽曰未学"几句，一般都译为"虽说没有学过，我一定说他已经学过了"。这样翻译是很难理解的，到底是谁说他没有学过呢？没有学过的又是什么呢？显然有问题。"虽曰未学"的"曰"，应当不是别人"曰"，而是他自己"曰"，"未"是"没有"，自称自己不学习，这是谦虚，也是不自满的表现。同时"未学"，也是针对孔门"行有余力，则以学文"而言的。"吾必谓之学"，是表示对其自称"未学"的否定，对其行为的肯定。

1.8　君子的学行问题

　　子曰："君子不重则不威。学则不固。主忠信。无友不如己者。过，则勿惮改。"

这一章谈的是君子的学行问题。

这里的君子，当是指在位者，即官老爷们。重是持重、沉稳，威指威严，固是固执、鄙陋，主指注重，友指结交朋友。"不如己"就是不与自己相似。如，相似。这可参见孔子所说的"亲仁"。大意是说：君子不持重就没有威严。常学习就不会固执己见。学习以忠信为主。不和与志趣不同的人交朋友。有过就勇于改正。

　　这一章内容很分散，几乎是一句一个意思，因此伊藤仁斋以为是弟子们把孔子几次谈话的内容辑成了一章。我觉得这种可能性不大，当是孔子与人一次谈话的内容。本来是相互问答对话，但弟子们记录时，只记下了孔子的话，把对方的话都给省略掉了，于是就成了现在的样子。他谈话的中心，当是谈关于君子学行问题的。有五点意思：第一，态度应该严肃庄重，否则就树立不起权威，不能让人服从。第二，要不断学习，只要学习，就会明白事理，不会固执己见。第三，学当以忠信为主，作为一个社会的人无忠信则不能立身。第四，不与道不同志不合的人交朋友，因为不利于自己上进。第五，有过错不怕改正，即使再艰难，也要改，这是正身的必要。

　　性格持重沉稳，在群众中有威信，爱好学习，通明事理，注重忠信品格，不与不忠不信之人交往，知错能改，这不是一个"好官吏"的形象吗？相反，轻浮佻巧不知自重，没有威仪，不爱学习，孤陋寡闻，没有忠信概念，所结交的是些狐朋狗党，有过错还自以为是，这样的人，像一个"官吏"吗？这最多只能算一个平庸的凡夫俗子。想来在孔子的时代，官场凡庸的人太多了，所以孔子才提出君子的行为问题。

1.9　丧祭礼的意义

　　曾子曰："慎终，追远，民德归厚矣。"

　　这一章讲丧祭之礼意义。

　　"慎终"指慎重地为老人送终，即为父母办丧事。"追远"指"追念远祖"，即祭祀祖先。朝鲜丁若镛说："终者，亲之末也；远者，亲之逝也；慎者，防其有差失，谓丧礼也；追者，若将逮及然，谓祭礼也。"（《论语古今注》）归，趋向；厚，敦厚。这里指民风趋向于敦厚。

　　这里表面上谈的是关于丧礼与祭礼的问题，而实则是一个价值取向问题。在丧礼及祭祀问题上，有多种不同的态度，即多种不同的价值取向。一是认为，为死去的人破费，完全不必要，不如把钱留给活着的人。像墨子主张节葬，就是这个意思。今人也多如此认为，这是出于功利的考虑，其所关注的是眼前的物质利益。另一种则是从道德上考虑的，关注的是人类社会长治久安的问题。曾子这里所谈的即是这个问题。父母为自己付出的太多了，他们去世后根据自己的条件和能力，认真慎重地举行送终丧葬仪式，这表达的是一种感恩情怀。也只有这样，才能表达对亲人的感念，才能使自己的灵魂得到安定。感恩是历史记忆的反映，记住给自己以生命的祖先，以及生养自己的父母恩德，推而广之，记住不忘记在前进道路上帮助过自己的每一个人，并用不同方式进行报答，这是一个人应有的道德。感恩不能用经济尺度衡量，而是以良心的安定为原则的。因此，"慎终追远"的仪式，有利于人民德行的培养，可以建立起社会的道德理念，有效地遏制忘恩负义、背信弃义行为发生的频率，使人民的道德意识加强，变刻薄为敦厚，社会风气也会由逐利而转为重义。"慎终追远"虽有损于眼下的物质利益，但有利于长远的世道人心的修复。所以儒家很重视丧礼和祭祀。需注意的是，"慎终"只是讲严肃认真地对待丧事，并不需要过多破费。时下大款办丧事或扫墓，动则费数十万上百万，实有背"慎终追远"之旨。不可不慎思。

1.10　孔子是如何采集信息的

> 子禽问于子贡曰："夫子至于是邦也，必闻其政，求之与？抑与之与？"子贡曰："夫子温、良、恭、俭、让以得之。夫子之求之也，其诸异乎人之求之与？"

此章是孔子门弟子关于老师的一个小型讨论会，讨论的具体问题是孔子采集信息的方式、手段，而所涉及的核心问题则是孔子的为人。

子禽姓陈名亢，臧庸以为即《史记·仲尼弟子列传》中的原亢禽。子贡姓端木，名赐。他们都是孔子的学生。至，到；是邦，这些国家；闻，听到，得知；政，政治事务情况；求，求取；与，欤，疑问助词；抑，还是……；与，给予；温，温和；良，善良；恭，恭敬；俭，俭朴；让，谦逊；其诸，或者，表示推测。大意是说：子禽问子贡，老师每到一个国家，都必然能很快获得这些国家政治状态方面的信息，这些信息是他自己搜集来的呢？还是别人主动告给他的呢？子贡的回答是，老师是以他那美好的品格获得的。他求得的方式是和别人不一样的。

孔子每到一个国家，都能很快知道那个国家的政治情况。对这一点，跟随他周游列国的弟子们感到很惊奇，因此子禽才就此问题问子贡。子贡的回答披露了两个信息，第一，夫子不必要专门去搜集政治信息；第二，夫子是靠温、良、恭、俭、让的美好品格获得的信息。这五种品格是仁厚之心的外在表现形式，也可以说是工作作风、人格表现。这种表现会产生很大的人格魅力，使人尊敬、信任、依赖，从而视他为自家人，愿把心里的话告诉他，并希望从他这里获得解决的办法。因而此章表面上是探讨孔子获取信息的方式，实际上讲的是孔子的为人，是孔子为人方式的楷模意义。

1.11　遵父之道谓孝

子曰："父在，观其志；父没，观其行；三年无改于父之道，可谓孝矣。"

此章重在解释"孝"，但不是从理论上解释，而是从具体行为上来说明。

志指志趣，没指死，行指行为。大意是说：一个人是否孝，不同情况下有不同的认识角度。父亲在世时要看他的志趣，父亲去世后要看他的行为。三年能不改变父亲原来的做法，这也可称得上是孝了。

在《论语》中可以看出孔子对于事物的解释，往往有很强的针对性。像忠、孝、仁、义之类，他不是去定义概念，而是根据具体事物、具体对象来做回答。像这一章，应当是有所指的，很可能就是指孟庄子。《子张》篇说孟庄子之孝，"其不改父之臣与父之政，是难能也"。凡是这样的回答，都带有局限性，难做普遍的推衍。因而不可将此作为孝的标尺来衡量每一个人。但在这里要特别注意的是在对孝的认识上，即对其思亲之情的把握上。

"观其志"，是观察他的理想；"观其行"，是观察他对于父道的坚持。"三年无改于父之道"，并不是不管父亲的做法正确与否都坚持，而是不能彰父之过，要用和缓的方式调整方向，纠父之过于不知不觉之中，以此表示对父亲尊严的维护。

1.12 礼与和的关系

> 有子曰："礼之用，和为贵。先王之道斯为美，小大由之。有所不行，知和而和，不以礼节之，亦不可行也。"

此章所讲是礼与和的关系问题。

用，功用；和，和谐；贵，重要；先王之道，指尧、舜、禹、汤、文、武之道；斯，此；美，好；由，从；节，节制。大意是说：礼的功用，最重要的在和谐。先王之道在这方面表现的最好，无论大事小事，都能处理得恰到好处，达到和谐状态。但搞和谐不是没有原则的，为了和谐而和谐，放弃了礼的规定、要求，这也是不行的。

"礼"是行为需遵循的规则，"和"是应该达到的客观效果。对"礼"来说，"和"是功用，也是在礼的操作中最值得注意的一点。所谓"贵"，就是可贵，最值得看重、关注。先王治理国家，所以能有条不紊，井然有序而实现"和"的目的，就是因为有礼。"礼"是体，"和"是用，二者是本与末的关系，不可颠倒。如果礼行不通，为了达成和谐而将就行事，违背礼的原则，这也是不行的。有人把"和"释作恰当，似乎有些说不通。因为如果说礼的可贵之处在于遇事做得恰当，那么恰当本身具有适度、合理的意思，"为恰当而求恰当"本身就是合于礼的，这有何不可呢？周人讲礼乐，礼强调的是节，乐强调的是和，《乐记》说："乐者，天地之和也；礼者，天地之序也。"又说："大乐与天地同和，大礼与天地同节。"乐从属于礼，和必以礼节之。因此此章在说礼与和的关系中，亦隐括了礼与乐的关系。

1.13　信、恭要有原则

　　有子曰："信近于义，言可复也；恭近于礼，远耻辱也。因不失其亲，亦可宗也。"

这一章主要讲的是行为当以礼义为原则的问题。

　　与人言语相约谓之"信"，日后去兑现诺言为是"复"，敬以待人谓之"恭"，声誉受损谓之"耻辱"。近是切近，义是道义，礼是行为规定。因，通"恩"，恩惠；亲，亲属；宗，尊崇，取法。大意言：约信承诺，只有在不违背道义的前提下，才可以兑现。恭敬行为，只有在不违背礼的前提下去做，才能远离耻辱。惠爱别人，只有在不疏离亲属关系的前提下，才值得取法。

　　讲究诚信，为人恭敬，惠爱他人，这似乎是美德，是礼义行为。实则信似义而非义，恭似礼而非礼，恩似亲而非亲。不考虑道义，而盲目地讲究诚信，这样便有可能保护了自己，而却危害到了他人或社会。谦恭固然是善行，但违背礼的规定，一味地谦恭，低三下四、献媚取宠，这样虽可能获得一己私利，而却令声誉受损，为君子不齿。给他以恩惠，固然是可以的，但舍弃自己的亲人不管，如今之一些大阔，可救济穷孩子上学，而却不孝于父母，不亲于兄弟姐妹，无疑是沽名钓誉，违背了亲亲之道，违背了礼义。而这三者，恰恰是世人容易犯的毛病，故有子对症下药，提出了"近义""近礼""不失亲"的原则。

1.14　好学的三方面表现

　　子曰："君子食无求饱，居无求安，敏于事而慎于言，就有道而正焉，可谓好学也已。"

这一章主要讲好学的问题。

饱是满足，安是安逸，敏是勤快，慎是谨慎，正是匡正。大意是说：如何才算好学呢？对君子来说，吃饭不追求满足口舌之欲，居住不追求舒适安逸，做事勤快（多做事），说话谨慎（少说话），主动靠近有道德的人，向他们求教，匡正自己的言行，这样便称得上好学了。

这应当是有人请教"好学"的问题，孔子根据提问的对象，做出的回答。提问的人其身份应该是"君子"，故孔子以君子好学作答。孔子在这里讲了三层意思，第一层是关于生活追求的，涉及了价值取向问题。学习是一个追求道的过程，而食务求饱、居务求安此一人之所欲，恰恰是求道的最大障碍。所以君子在生活上必须抛开对物质利益的追求，诚心向道。第二层是关于言行的，学习的目的在实践，最终要落实到言行上，要多做少说，抛弃掉世俗之人那种嘴勤手懒的不良作风。第三层是关于心态的，抱着学习的态度，常向有道德的人求教，匡正自己的错误，抛弃掉世俗之人师心自用的毛病。诚心向道，言行不苟，虚心求教，这样就称得上是好学了。朝鲜魏伯珪说："饱与安亦非君子所恶，但求之则不可。有一分之求，丧心一分；有二分之求，丧心二分。初头以一分为所枉者尺所得者寻而求之，毕竟无所不求，全丧心性。"（《读书札义·论语》）

1.15 富人更要注意守礼

子贡曰："贫而无谄（chǎn），富而无骄，何如？"子曰："可也，未若贫而乐，富而好礼者也。"子贡曰："《诗》云'如切如磋（cuō），如琢如磨'，其斯之谓与？"子曰："赐也，始可与言《诗》已矣。告诸往而知来者。"

这一章讲贫富的问题。

无，不；谄，奉承；骄，傲慢。诗，指《诗经》，这里引的是《诗经·卫风·淇奥》中的诗句。加工骨料叫切，加工象牙叫磋，加工玉料叫琢，加工石料叫磨，这里是比喻品德修养。其，应当；斯，此；赐，子贡的名字；诸，之。

往，过去的事，即已知者；来者，未来的事，即未知者。大意是说：子贡向孔子请教关于贫富的问题，贫穷了还能有骨气，不去巴结人；富有了也不骄纵傲慢，看不起别人，这样做怎么样。孔子说，这样也可以，但不如贫穷时保持快乐的心境，富有时能以礼自持的人。子贡马上领悟到了孔子要他"以礼自修"的意思，于是说《诗经》上所说的切磋琢磨，是否就指的这种情况。孔子马上高兴地赞扬了子贡的悟性，认为他能举一反三，可与自己一同谈论《诗》了。

　　这里，表面上讲贫富两种身份在多种不同的境遇中应该持有的人生态度，实则主要强调富者应该坚守的原则。要明白《论语》中的每一句话都是经过历史筛选的，都有很强的针对性和实践意义。此章也不例外。子贡是孔子门中的一位大款，据司马迁说，他家累千金，结驷连骑，束帛之币以骋诸侯，所至，国君无不分庭与之抗礼。孔子名扬于天下，实赖子贡之力（见《史记·仲尼弟子列传》、《货殖列传》）。子贡问孔子"贫而无谄，富而无骄"的行为如何，意思很明显，这就是他的人生态度，而且是他自己引以为自豪的，但他不好意思直说，所以拿"贫而无谄"为"富而不骄"作陪衬，作为一般性问题，向孔子请教。在常人看来，财大气粗，这是通病，若能"富而无骄"，便是高人。可能子贡希望自己如此能得到老师的肯定并赞许。而孔子却借此机会，含蓄地向他提出了更高的要求："贫而乐，富而好礼。"所谓"贫而乐"，就是忘却物质层面上的追求，在道中获得精神的快乐，也就是安贫乐道。但孔子回答的主体不在此，而在"富而好礼"，这是针对子贡而言的。"无骄"只是不傲慢，"礼"则是严守规矩，不能有僭越行为。这一点却是富有者最容易犯的大毛病。孙奇逢说："夫贫者气慑，不期谄而谄至；富者气隆，不期骄而骄至。"（《四书近指》）自己的钱多了腰粗了，虽说没有瞧不起哥们儿，但在行为上却强势了许多。在钱能通神观念导引下，许多事情都不按规矩来了，也不知道加强自身的修养了。春秋时礼崩乐坏，根源就在有钱人。所以孔子提出一个"礼"字，要子贡警惕，注意以礼修身，以礼行事。子贡是极聪明的人，因此在应答中，抛开了"贫"字，专谈礼的修养问题，但他不是明言礼，而是引《诗经》上的话，含蓄地表达了自己对老师意思的领会。切、磋、琢、磨，是加工骨角、象牙和玉石的四种方法，在这里的意思是，人以礼修身，就像加工象牙玉石之类一样，要不断打磨，精雕细琢。孔子读《诗经》的原则是"思无邪"，而子贡能把《诗》与以礼修身联系起来，正是"思无邪"的表现，所以得到了孔子的赞许。朝鲜林泳说："此不惟贫富之间，凡位势高下交际俯仰之间，皆可验察。才有一分奉陪之意，便是谄；才有一分简忽之念，便是骄。常人之情能免此者极寡。若未免此，虽有醇行高材，终为俗物矣。无谄无骄切不查容易看，学者当从此立脚，然能乐而好礼，则无谆无骄又不足言。盖无谄无骄是就贫富上着力，乐而好礼是就本原处用功。自家胸中实有所乐，实有所好，则自当超然于事物，贫不知贫，富不知富，岂复有谄骄之患耶？"（《读书札录·论语》）

1.16　理解万岁

子曰："不患人之不己知，患不知人也。"

这里讲的是人与人之间的相互理解。

患，忧虑；不己知，不了解自己。意思是：不怕别人不理解自己，只怕自己不理解别人。

这一章可从两个层面理解，第一不要怕"人之不己知"。君子立身，贵在内修，不在浮名。别人不了解、理解我，错在他不在我，我有何患？第二要了解、理解人。人有美德，而我不能知；或其有邪曲之心，而不我能察，这错在我，它会影响我对事物的处理和判断，这岂能不患？人不知我，与我无损；我不知人，其害能测。再从生活中的常情言，与人相处中，最重要的是理解人。在理解别人的基础上，求得别人的理解，这是一种明智的处世方式，故说"理解万岁"。如果一味地责怪别人，自己却不做反思，不能以一种同情的方式对待别人，这样，关系就会搞僵。戴溪说："人不知我，在我不害其为贤；我不知人，在我则不贤矣。此固君子之所患也。"（《石鼓论语答问》卷上）

为政第二

2.1 民心向德

子曰："为政以德，譬如北辰，居其所而众星共之。"

这一章是谈治国的。

"为"是施行，"以"训用，"北辰"指北极星。古人认为北极星在天的中央，固定不动，其他的星星都围绕着它转。"共"同"拱"，是环绕的意思。大意是说：能以德治国，就好像北极星一样，居于其位，众星就会绕着他转。

"德"是与"智"、"力"相对立存在的概念。韩非子说："上古竞于道德，中世逐于智谋，当今争于气力。"（《韩非子·五蠹》）即是把德、智、力分成了三个不同层次。德是顺道而行，从民所愿，施民以恩泽，这样就可以得到民众的拥护。所以孔子以众星拱北辰来作喻。朝鲜魏伯珪说："北辰居其所，非有意于众星之共也，只是理当如此而星自共之。众星之共，亦非为北辰之居所而必共之也。彼既居所，则理不得不共。"（《读书札义·论语》）

不言而喻，如果不是以"德"，而是以"智"玩弄百姓，其结果只能是越治越乱。若用"力"镇压民众，最终必然导致灭亡。治国以德则昌，以智则乱，以力则亡。这三种不同的方法，也反映了对民众的三种不同认识。德治的前提，是将百姓作为可以感化的良民，反映了对百姓的尊重；智治则是将百姓作为愚民，力治则是将百姓作为刁民。愚民、刁民只治其身，不必治其心，孔子则强调的是得民心，故要"为政以德"。只有以德安民，才能感化百姓，天下向心，归于正道。

2.2　读《诗》心法

> 子曰:"《诗》三百,一言以蔽之,曰:思无邪。"

这里讲的是学《诗》的心法。

"《诗》三百"指的是《诗经》。"一言以蔽之"就是用一句话来概括。"思无邪"是《诗经·鲁颂》中的诗句。

关于"思无邪",前人有多种理解,或以为"邪"读"馀",言诗穷尽事物情伪曲折变幻,无有遗馀;或以为"邪"读"圉",通"圉",言诗之内容广阔无边,包罗万象;或以为指诗在现实生活中的应用是不可穷尽的。我的意见还是传统的解释较为合理,"邪"就是邪曲。"思无邪"就是说不要想歪了,要从正道上理解。《诗经》中收集了当时不少地方的情歌,这些情歌表达了男女正常的健康之爱,即《诗序》所说的"发乎情,止乎礼义"。也就是说,它们是符合当时道德规范的。有些诗是在特殊场合唱出的,如周礼规定的大会男女的节日里,男女自然会讴歌爱情。这部分歌,人们很容易理解歪,甚至理解为黄色小调,像宋明以来就有不少学者把其中的好些诗视作是淫诗,认为是孔子删掉而被汉儒再度编辑时补入以充三百之数的。像闻一多更是把其中的一部分诗认作是纯粹表现性交的。这样就把诗想歪了。像这样想歪的人不是一个,而是很多。他们所犯的错误是脱离了诗歌演唱的背景,纯粹从诗之文本出发,结合民间男女偷情的事例来思考问题,忽略了周礼对那个时代人行为的制约,忽略了《诗经》"止乎礼义"的情感原则,使《诗》失去了应有的教化意义,所以孔子提出了"思无邪"的谈诗心法。

2.3　法治与德治

> 子曰:"道之以政,齐之以刑,民免而无耻;道之以德,齐之以礼,

有耻且格。"

这里谈的是两种不同的治国方略。

道是治理或引导的意思；政指政策，法令；免指免罪、免刑；德指道德教育；礼指礼义；格是至或正的意思，这里指归服或归于正道。"有耻"指有廉耻之心。大意是说：用政策、法令引导人，靠刑法规范人的行为，百姓虽然由于惧怕受刑不敢犯法，免去了受刑之苦，但却不懂得什么是廉耻，没有是非观。用道德教育来引导人，用礼义来规范人，百姓便明白了是非，有了廉耻之心，并且能主动归于正道。

这里存在一个法术与道术的问题，道术以德为核心，重在治本；法术以刑为手段，重在治表。法令刑罚，出于智慧，是从整治人的角度出发的，其逻辑起点是把每一个人设定为不同程度的坏人，故要操弄智慧——用技术手段，制定出让坏人都能遵循的法规。再有不能，则刑法相加。刑法像一把剪刀，把不能遵守政策法令的人或行为裁掉，使社会保持正常秩序，所以古人言：刑者，型也。这也就是今天西方推行的"法治"。在这种治世方略下，民众与政府之间暗中进行着斗智斗勇的较量，百姓除了遵守政策法规外，还要想办法逃避法律的制裁，而不敢去触犯警戒线。所以孔子说百姓虽免去了刑法之辱，却没有廉耻之心，他们为恶之心还在萌动。与"道之以政"不同，"道之以德"则是把每一个人都设定为善人，用施民以惠的方法教化百姓，让百姓从内心相信政府，达到君民一体的效果，在行为上都懂得以礼自律，懂得廉耻，懂得是非，这样自然也就归于正道了。"政"治关注的是人的行为，"德"治关注的是人的内心，而人心才是事物的根本。一个人想钻法律的空子很容易，而要钻良心的空子则很难。刑在治表，礼在治本，孔子是主张治本的，故这里特别强调了"德"、"礼"两个字。

2.4　孔子的人生历程

子曰："吾十有五而志于学，三十而立，四十而不惑，五十而知天命，

　　六十而耳顺，七十而从心所欲，不逾矩。"

　　这一章是孔子自道其人生历程。

　　"志于学"，有志于学习；立，自立；惑，疑惑；天命，天意，即自然法则对人的支配；耳顺，对任何话能听得过去，心不介意；从，顺从；逾，越过；矩，规矩。朝鲜丁若镛说："'志'谓心有定向；'立'谓安身不动；'不惑'谓见理明确无攸迷也；'知天命'谓顺帝之则，穷通不贰也；'耳顺'谓言不逆耳，和顺积中，虽非理之言，无所逆耳也。"（《论语古今注》）

　　人生是一个不断学习、提升自己人生境界的过程。孔子把自己的人生分了六个阶段：

　　第一个阶段"志于学"。十五岁有志于学，这是学习的开始。孔子说"古之学者为己"，"为己"就是以学问修养提升自己。

　　第二个阶段是"立"。"三十而立"是学习的基本成效。孔子说"不学礼，无以立"。"而立"是因为把握了礼乐的基本精神和做人的基本准则，有所建树，私欲不能侵，外物不能夺，定见在胸，坚守正道，即所谓"学立德成"阶段。

　　第三个阶段是"不惑"。人生学问修养积十年而有一进。"惑"是因为"智"之不足，学问日进，经明修行，对事物有了充分的理性判断，即所说"知者不惑"。孟子说："我四十不动心。"（《孟子·公孙丑上》）指的也是"不惑"。"不惑"与"不动心"，都是在理性支配下的心理状态。在这种状态下，就可以从纷乱中理出头绪，辨清方向，灵活地处理问题，即苏轼所说的"四十不惑，可与权变"。

　　第四个阶段是"知天命"。累积的"知"发生质变，则是对天命的彻悟，这便进了新的一层境界。对于"命"，学术界有各种不同认识，或以为指人性的生命中所蕴有的道德性，或以为指天数。我以为二者皆有。准确地说，是自然法则对人的规定。孔子曾说过："为之者人也，生死者命也。"（《孔子家语·在厄》）孔子高足子夏也曾说："死生有命，富贵在天。"（《论语·颜渊》）清儒有言：人生显达尊贱，乃有天数，学问修养，则在自为。孔子在奔波半生之后，始明白有些事情非人力所能改变。像人的政治地位，官位尊卑，人的各方面的因素都对其有规定作用，有时是无可奈何的，这就是命。人只有在这种规定中，明白自己的位置，懂得自己应该如何，能够如何，这便叫知天命。孔子五十而学《易》，他学《易》之年在知天命之年，正是因为他明白了天道对人事的规定性，故而学《易》，推天道以明人事，不妄为，不无为，很好地把握自己，做自己应该做的事，能够做的事，以达到人生的更高境界。而不知天命者，则会完全忽略天道对人事的规定性，悖理妄为，任贪欲所驱动，势必南辕北辙，故孔子又说："不知命，无以为君子也。"（《论语·尧曰》）

第五个阶段是"耳顺"。这是一个更高的层次。所谓"耳顺"，指闻其言而知其微旨，无须思考，我自因为对人生的各种问题，都已做过思考，对人生的修养目标早已设定，各种外在的议论和压力，都早已预知在心，不思而得，即王弼所云"心在闻前"，自然无法干扰自己的行为方向。

第六个阶段是"从心所欲，不逾矩"。境界所习之道已成己性，道与心融为一体，因而随心所欲，都可以不越礼法，这是一个完美的人生境界。

"志学"之年有志于学，而尚未能得道；"而立"之年得道、守道，而不能融通理事；"不惑"之年事理明澈，但只知其所当然，而不知其所以然；"知天命"之年，虽知其所以然，但需假之思索，方能明悟；"耳顺"之年，虽不思而得，理与心会，但在行为上尚不能出自自然；七十岁则涵养纯熟，道、心、行一体，至于化境。孔子对人生历程的这种体验，可能我们每个人或多或少都会有相同的感受。但要达到"不逾矩"，则非有克己复礼的硬功夫不能完成。孔子之所以能成为万世师表，原因正在于此。竹添光鸿说："此夫子追忆前此经历处，约略次第说出，非自誉，非自谦，俱是一生切实说话，其意在诱迪后进。"（《论语会笺》卷二）

2.5　孝行之一：事亲以礼

孟懿子问孝，子曰："无违。"樊迟御，子告之曰："孟孙问孝于我，我对曰'无违'。"樊迟曰："何谓也？"子曰："生，事之以礼；死，葬之以礼，祭之以礼。"

以下几章都是谈孝的问题的。但每次谈的内容都不一样，因孔子讲话有很强的针对性，发问者好像是就诊者，他是要对症下药的。

孟懿子是鲁国贵族，鲁桓公的后代。孟孙是他的姓氏，懿是他死后的谥号，本名叫何忌。"无违"即"不违"，在这里指不违背礼的规定。樊迟是孔子的学生，名须，字子迟。御，驾车，这里指为孔子驾车。大意是说：孟懿子向孔子请教关于孝的问题，孔子回答说：不违背礼的规定行事就是孝。告别孟懿子出来，孔子就把这事告诉了为自己驾车的弟子樊迟。樊迟不理解孔子所说的不违背礼制是什么意思，孔子告诉他说：父母在世时，饮食起居的奉养，都要按礼的规定标准来进行；父母去世办理丧事，不能越出礼制的规定；死后祭祀，也要按礼行事，不能有非分之为。

对孟懿子来说，孝敬父母，尽衣食之奉，自然不成问题，难的是以礼行事。这与孔子对子贡讲"富而好礼"是一个意思。但孟懿子毕竟不是子贡，他没有子贡那样追求上进的心，所以孔子回答他用了"无违"两个字。孔子的这个回答，孟懿子是否理解？他做了何种反应？都没有记录。从孔子告诉樊迟的情况看，孟懿子有可能是似懂非懂的，故孔子才向学生解释"无违"的意思。生事、死葬、终祭之所以要以礼行事，是因为当时贵族越礼行为太普遍了，他们总想追求更高一级的享受和待遇。生时生活腐化，葬礼铺张浪费，这表面上是对父母的孝，实是陷亲人于不义，招人臭骂。因此孔子提出：不违背于礼的规定就是孝。当然这个"违"字，不只指超越礼的规定而追求奢华，也包括不足礼数而敷衍塞责，对父母先人失去应有的尊重。因为"礼"本含有"理之不可易"的意义，只要违背了它，就会失去合理性，使生者难安，死者不宁。孔子"无违"的告诫，不只是针对孟孙氏一人，而且也适合于所有的贵族和暴发户。

2.6　孝行之二：忧父母之疾

> 孟武伯问孝，子曰："父母唯其疾之忧。"

同说一个"孝"，上一章单强调一个"礼"字，这一章强调的则是一个"忧"字，由此更可以看出孔子对症下药的苦心了。

　　"父母唯其疾之忧"，有人译为"父母只忧心儿女的疾病"，此说固然也通，但不若解释为"忧父母之疾"为妥。因父母为子女所担忧的事很多，如工作、学习、生活、婚姻、前途，等等。而子女忧父母者，唯疾病为甚。即如伊藤仁斋所说："人子事父母之间，其当忧者甚多矣，然不若疾病之最为可忧也。"（《论语古义》）这一点，现在工作在外远离父母的人，恐怕感受最深。父母老矣，生日无多，一旦染疾过世，欲孝不能，则悔之晚矣，这样岂能不担心？《论衡·问孔》解释孔子的这句话说："武伯善忧父母，故曰唯其疾之忧。"也以为是子忧父母之疾的。《孝经》说："孝子之事亲也，居则致其敬，养则致其乐，病则致其忧，丧则致其哀。"《淮南子·说林训》说："忧父之疾者子，治之者医。"从语法上讲，这句话语气上，"父母"后应该停顿一下。就相当于说：对父母嘛，时时关注他们的身体状况，这就是孝了。

　　孟武伯是孟懿子的儿子。父子都向孔子问孝，这是奇事，说明父子都把行孝道当作了人生一件大事。孔子回答各有不同，对孟懿子强调礼，是对所有贵族说的；对孟武伯强调关心父母身体健康，是从普遍人情说的。孔子对孟武伯不谈礼而讲忧父母之疾，是因为孟武伯若行孝以礼，可能就要遭到父亲的不满，因为礼是节制过分要求的，这很不合于当时贵族的胃口。对孟武伯来说，行孝最好的方式就是关心父母的身体，担忧他们的疾病。

　　对一个人来说，有父母在堂，可行孝道，这是一种福气。孝并不仅仅是付出，更是获得，是对心灵的安慰。否则就像欠了债不能偿还，会内疚终身的。

2.7　孝行之三：养而能敬

　　　　子游问孝，子曰："今之孝者，是谓能养。至于犬马，皆能有养，不
　　　　敬，何以别乎？"

　　这一章强调的孝要尽一个"敬"字。

　　子游是孔子晚年的学生，姓言名偃，比孔子小四十五岁。其他情况不详。大意是说：子游向孔子请教关于孝的问题，孔子说：现在所谓的孝，只是养活父母。

人们对于狗和马也能养活，如果只养活，不恭敬，这和对畜生有什么区别呢？

孝是分层次的，孔子这里是针对普遍人说的，因此谈的是最基础的孝。对生活贫困的人来说，好像给父母口饭吃就是孝了，其实这是远远不够的。在现实生活中这样的情况屡见不鲜，而很多人却不自以为非，所以孔子要特别提出一个"敬"字来，作为孝的一个最基本的要求。并提出了一个参照系统：饲养畜生。人养畜生是为了使唤，所以给他们食料吃就可以了。而父母则是给自己生命的人，是培养自己成长的人，如果对待父母像对待畜生一样养而不敬，忘记了父母对自己有过多的关爱，说穿了就是一个忘恩负义的人。人之所以异于禽兽者，很关键的一点在于人有记忆，若忘恩负义，则与禽兽相差无几。因此对父母敬，是对自己人格的认定。朝鲜魏伯珪说："能养而不敬者，其罪犹至于同亲于犬马，况不能养又不能敬者，视其亲犬马不若也，其罪通于天矣！"（《读书札义·论语》）

2.8　孝行之四：和颜事亲

子夏问孝。子曰："色难。有事，弟子服其劳；有酒食，先生馔（zhuàn）。曾（zēng）是以为孝乎？"

这一章讲孝很特殊，显然是对包括子夏在内弟子下的药。

"色"指和颜悦色。能和颜悦色地侍奉父母，这是很难的，所以说，"色难"。"弟子"、"先生"，以前人多解作子弟与父兄，但子弟与弟子显然不一样，在血缘的链条上，应该是先子后弟，而不能称弟子。"弟子"应该是和"夫子"相对应的概念。"弟"表示后生，"子"是美称、敬称，犹如日语中称学生为"君"，应该是老师对学生的礼貌称呼。像"先生"、"学生"的生，可能原先也有敬的意思，与"子"相类，所以汉代才称有学识的人为"生"。馔，吃喝；曾，竟然；是以，以是。大意是说：子夏请教关于孝的问题，孔子回答说：难在从表情上表现出对父母的爱怜之心来，不向父母发脾气。你以为老师有事学生代劳，有好酒让老师先尝，这就是孝了吗？意思是对父母也应该这样。

就人伦关系而言，"天地君亲师"，师是与父排在同一个位置上的。俗话说"一日为师，终身为父"。就说明了这种关系。因此对老师也存在一个"孝"的问题了。但人们对老师，一般会很尊敬，因为不敬则无法受教。所以顺从老师，并积极帮助老师干活，给老师买礼物，这在今天也是常可见到的。对父母就不然了。因为父母对自己的溺爱，往往会使自己失去对他们的敬畏，无所拘束，自然就有发脾气、使性子的情况。这就是孔子所说"近之则不逊"。大概包括子夏在内的孔门弟子中就出现了这种情况。所以孔子在回答子夏问孝时，就特意强调了"色难"的问题。朝鲜鱼周宾说："上章主敬，此章主爱。爱而不敬，则非真爱；敬而不爱，则非真敬。必须爱而敬，敬而爱，然后可谓孝矣。"（《论语说》）

2.9 "如愚型"学生最好

> 子曰："吾与回言终日，不违，如愚。退而省其私，亦足以发。回也不愚。"

这一章表面是对颜回不是傻瓜的辩护，实际上是对颜回的高度赞扬。

回指颜回，字子渊，是孔子最得意的弟子。在孔门中悟性也最高。"不违"指不提疑问或反对意见。"退"指退后，"省"指察看，"私"是独处时，"发"指发挥。意思是说：他与颜回谈话，谈一整天，颜回都不提问题、质疑或反对，像傻瓜似的。但过后观察他的行为，他不但是理解了，而且还有所发挥。这自然不是傻了。

在教学过程中有几种特殊的学生。第一种是"自作聪明型"，老师刚说完上句，他就急着想接下句，或者附和教师说"对对对"、"是是是"，并举事引证，加以发挥，好像很聪明，完全理解了老师的意思，其实未必，可能只是把别人的藤牵到了自己的树上。第二种"不自量力型"，对老师讲授的知识，不是经过认真思考再提问，而是迫不及待地提问，或者是提不同意见，甚至与老师辩论，这实际上是用自己固有的观念对抗老师讲授的知识，而不知道自己的知识储备还远远不足与老师抗衡。这两种学生在听老师讲之前，都不是"虚怀若谷"，而是"自满"，故急于表现，这恰恰是学习的大敌。这样就不可能认真接受、理会、消化老师所教授的知识。第三种是颜回式的"如愚型"。老师讲授时，他们如痴如醉，恨不得把老师讲得每一句都装在肚子里。不懂的地方回去再慢慢琢磨，而后把自己的理解从行为上表现出来。这样的学生才是最有出息的，这也是孔子最喜欢的学生。颜回就是这样，而且是一个很好的榜样。孔子这段话的目的，就是要给学生树立一个榜样，让大家向颜回学习。清人梁章钜《退庵随笔》引李颙云："颜子之不违如愚，正颜子聪明绝人处。盖本心既空，则受教有地，入道有机。吾人生二千载之下，不获亲炙颜子，玩'如愚'二字，恍若亲其遗像，不觉口耳尽丧，心形俱肃，然后知平日之喋喋辩论，孜孜发明者，特浅夫小慧，道听途说。视颜子之潜体默会，不言而喻，贤不肖之相去，何啻天渊！此不愚正所以为愚也。"

2.10　识人三要诀

子曰："视其所以，观其所由，察其所安，人焉廋（sōu）哉！人焉廋哉！"

这一章谈的是识人术。

"以"训"与"，这里指交友；"由"训"路"，这里有行为的意思。"安"指心之所安，也就是内心喜好。"廋"训"隐藏"。意思是：观察他所交的是些什么人，察看他的行为走的什么路，再看内心所追求的是什么东西，就明白他是什么人了，他想隐藏自己也隐藏不住。

在人生交往中，最难的是认识人，大奸若忠，巧言似仁，择友不慎，就有可能上当。有的人交往多年，竟不知其心，关键时刻，为友所卖，致使世人感叹人心叵测。这类事情孔子自然也遇到过，他想把自己的识人经验传递给学生，因此总结了三条识人要诀：第一，看他的交友，即"所以"。物以类聚，人以群分，世所谓"近朱者赤，近墨者黑，欲知其人，先观其友也"，即是此。第二，看他的行为，即"所由"。行为表现是最直观的，可以看到他的价值取向。第三，看他的爱好，即"所安"。友有君子小人之别，事有义利之分，心有善恶之辨。如果从这三方面观察一个人，即使他没有与你有过交往，他的真相也很难隐瞒。朝鲜鱼周宾说："'所以'，先就其事上而言也；'所由'，就其心所发而言也。既就事上而视之，又从所发而观之，则可知其人之贤否也。'所安'，就其心之全体而言也。盖所发虽善，犹出于勉强，则非安也。'由'与'安'虽皆指心而言，论其气象功效，则迥别矣。"（《论语说》）可备一说。

2.11　教师的素质要求

> 子曰："温故而知新，可以为师矣。"

这里谈的是作为一位老师应具备的基本素质和能力。

"温"指"温习"，"故"指旧的知识。意思是说：能不断从对旧有知识的反复温习中，领悟到新的知识，这就具备了作为一位老师的资格。

"故"是不变的，但不同的人，不同的知识背景，都会对"故"有不同的理解。从"故"中获取新知，或能从"故"的把握中认识新问题，这不仅反映了一个人的知识水平，也反映了他不断学习、不断对新知识的追求。因为"知新"有一个条件，必须自己有所提高，才有可能对旧的知识产生新的认识。而只有不断学习，不断追求上进的人，才具备为人师的素质，才有为人师长的资格。反言之，凡不知学习上进者，皆不配为人师。

2.12　君子的本质

> 子曰："君子不器。"

这一章是就君子的本质而言的。

有人说器指器皿，言君子不能像器皿一样，只有一种用途。那么是否该有三种五种用途才行？肯定不是。"器"与"工欲善其事，必先利其器"的"器"字同训，指的是工具。《礼记·学记》说"大道不器"，也是这个意思。君子不是工具，是指君子是成德之人，有思想、有主见、有抱负、有理想，即康熙儒臣所谓"其心虚能具众理，其心灵能应万事"（《日讲四书解义》）。像时下不知德行修养而徒以专业知识自夸的工具性人才，那便是"器"，而不可入于君子之列。

2.13 君子的言行

子贡问君子，子曰："先行其言而后从之。"

上章就君子的本质言，此章就君子的行为言。

"先行其言而后从之"，意思是先做后说，做多少说多少，言与行相从。正常地说法应该是"先行而后其言从之"，孔子为了向子贡强调"言"与"行"的深层关系，有意把"言"字提前了。

君子的行为表现有多方面，为何这里要特意讲言行关系问题呢？虽然言行关系的处理是每个人都会遇到的，但在子贡尤其特别。因为子贡是孔门四科中，言语科的高材生，特别善于辞令。司马迁说子贡姓端沐（一作木）名赐。少孔子三十一岁。"利口巧辞，孔子常黜其辨。""先行其言而后从之"就是针对子贡的"利口巧辞"下的药方。孔子曾多次谈到言行问题，如《学而》篇说"敏于事而慎于言"，《礼记·缁衣》说"君子寡言而行"。但无论是"慎言"还是"寡言"，对于"利口巧辞"的子贡来说，都很难。先做后说则是可以的。凡自己想讲的想倡导的东西，先实践了，然后发为言论，这议论是由自己的切身体验中发出的，自然比空谈要好得多，切实得多。孔子以此来点化子贡，乃是因材施教，对症下药的教育方式之一例。对子贡，这是一剂良方；对我们每一个想成为君子的人来说，又是一面镜子。我们可以追问自己，先行后言，我做到了吗？孔子曾说："有其言而无其行，君子耻之。"（《孔子家语·好生》）我们是否有耻于心呢？

2.14　君子的用心

子曰："君子周而不比，小人比而不周。"

这一章谈的是君子、小人用心之异。

《论语》中多次将君子与小人对举，君子指有德者，小人指无德者。"周"和"比"都有亲密的意思，《说文》训周、比，都说："密也。"故有时周比也联用。但析而言之，二者是有区别的，"周"之"密"，是严谨、周全而不疏漏；"比"之"密"，是偏私而亲附。

君子、小人用心不同。君子以天下道义为原则，用心常公，处理事物，一视同仁而无偏私，故说"周而不比"。小人以一己之私利为原则，不顾天下公义，唯因利益而亲附、交结以为援，故说"比而不周"。对于掌握权力的人来说，最需要的是"周"，最可怕的是"比"。孔子此言之价值，在于其具有指导意义。第一，可以指导我们鉴别君子、小人，知其善恶。第二，可以指导我们成为君子。只要努力做到"周而不比"，便有望进身于君子之域。

2.15　获取知识的基本方法："学"与"思"

子曰："学而不思则罔（wǎng），思而不学则殆。"

此章主讲获取知识的方法。

这里提出了两个概念，即"学"和"思"。"学"是获取前人已有知识的方式，"思"是把学得的知识变为己有的方式。"罔"同"惘"，是迷惑无知貌；"殆"是困乏的意思。"学"相当于吃饭，"思"相当于消化。只学不思，不能消化，会越学越糊涂。我们在教学中也常遇到这样的学生：一个问题由于不同的书中给出了不同的答案，他便觉得都有道理，不能辨明是非，感到无所适从。这就是所谓的"罔"，是不会"思"的结果。还有的学生在写毕业论文时，绞尽脑汁也想不出论文题目来，就像消化功能虽好，但没有吃食物，肚中空空，自然就感到困乏无力了。这便是所谓的"殆"。孔子这话就是针对这两类情况而言的。

"学"和"思"二者缺一不可。只有"学"，才能摄取"热量"；只有"思"，才能把学得的知识变成一种能力、智慧，在行动上表现出来。《中庸》说："博学之，审问之，慎思之，明辨之，笃行之。""博学"、"审问"都是学，是获取知识；"慎思"、"明辨"都是思，是将知识转化为能量的方式。"笃行"是目的，是归结点。越南范阮攸说："博闻多识而不求诸心，则情欲交蔽，反移所学而入于偏邪，昏罔之所必至也。……研究搜索而不习其事，则践履无实，反移所思而入于空寂，危殆之所必至也。"（《论语愚按·力行类》）

这一章本来很简单，但历来解释分歧很大，最大的原因就是脱离了教学实践，忽略了孔子"对症下药"的原则。

2.16　关于价值观的教育

> 子曰："攻乎异端，斯害也已。"

这一章表面上是讲异端学说之害，实则讲的是价值观教育问题。

"攻"是"攻读"、"专研"，"异端"指有悖于传统以道德为核心的价值体系的学说，有人解释为与孔子不同的思想学说，这不免太狭隘了，也显得孔子气量太小了。斯，则；害，有害；也已，语助词，表示肯定。大意是说：钻研、攻读异端学说，是有害的。

孔子讲这话的对象是学生，而不是一般学者。对学者而言，研究无禁区；对学生而言，最重要的便是价值观教育。如果一开始学习，便接触那些宣扬不正确价值观的东西，即所谓"异端"，势必在价值判断上出问题。而不正确的价值观一旦形成，就很难纠正，害莫大焉。所以荀子强调"始乎诵经，终乎读礼"。我们当下的教育就遇到了这样的问题，部分青少年把西方人的利己主义当作天经地义，而把克己奉公的高尚行为认作违背人性。学校只教知识，不教做人，而不知做人比知识更重要。当下用高科技技术供人为奸者，有几人不是大学培养出来的？又有哪个不是在价值观上出的问题？荀子说"权不正，则祸托于欲，而人以为福"，当下正是如此。孔子为教育而警示的异端之害，于今日昭然可见。值得反思。

2.17   知与智

> 子曰："由，诲女！知之乎？知之为知之，不知为不知，是知也。"

这一章主要讲对"知"的态度。

子路是孔门中张飞式的人物，姓仲名由，字子路。"诲女知之乎"句，一般连读，中间不断句，也有把"诲"字单独断开的，但仔细琢磨，还是从"女"字断开为好。意思是：告诉你说，（你）懂吗？知道就说知道，不知道就说不知道，这才是聪明之举。

子路为人率直、粗野、好逞能、不知谦逊，孔子问话时，在众弟子中，他每每抢先发言。而且有时自己一知半解，也敢乱说一通。这个行为是做领导工作的大忌，而子路偏偏又是"政事"科的学生。所以孔子要严厉地教训他。

"知"作为名词，表示的是知识。作为动词，表示的是对知识的把握。作为形容词，通作"智"，表示的是由知识储备量呈现出的贤能形态。故刘熙《释名》说："智，知也，无所不知也。"围绕"知"字，可从三个面表现出不同的人生状态。一是在知识的把握上，知识储备量的多少，反映着人不同的知识水平。"知"便是"智"的体现，"不知"便意味着知识上的欠缺。二是在对待知识的态度上，因为"知"和"智"相联系，故便有了以不知为知、不懂装懂的虚伪表现，这就体现出了诚实与虚伪的两种不同的人生态度。三是在人生智愚的表现形态上，因为知识与人的成就、地位、威望、处理事物的方式等密切相关，因此古人把"无所不知"之智，认作五常之一，成了人生追求的一个目标。正是因为这样，人们都想以"智"的姿态出现，但有人却弄巧成拙。因为知识是不能有半点虚伪的。强不知以为知，只能糊弄无知的人，搞不好就会闹出笑话，甚至犯错误。

孔子这剂药方表面上是针对子路的病症开的，实则更重要的是对那些行政长官开出的一剂猛药。一些人，官做大了，就觉得自己学问也大了，表现出一副无所不通、无所不能的模样来，不懂装懂，一知半解便要横发议论，指手画脚，结果是笑话百出，屡屡犯傻。真正聪明的领导是，自己不懂就谨言慎行，虚心向人请教。这样既表现了自己的谦虚、诚实，树立了很好的道德威信，也学到了新的知识，提高了自己。所以孔子说"是知也"。孔子是仁者，故谈"知"时，要提出与道德相联系的诚实态度。关于"知"的问题，老子也谈过，但却纯粹是"智"者之言，他说："知，不知，尚矣；不知，知，病也。"本来知道，看上去好似不知道，这才是高明的。如果不懂装懂，那就犯傻了。显然这有点近于权谋了。

2.18　做官保身心决

> 子张学干禄。子曰："多闻阙疑，慎言其余，则寡尤；多见阙殆，慎行其余，则寡悔。言寡尤，行寡悔，禄在其中矣。"

这一章讲为官之道。

子张是孔子晚年的弟子，姓颛孙，名师，字子张，小孔子四十八岁。"学干禄"即学做官，干是求取，禄是禄位。《史记·仲尼弟子列传》作"问干禄"，《大戴礼记》和《孔子家语》有子张"问入官"之事，看来作"问"字更合适。"阙"是空缺，这里有搁置、放下的意思。"疑"和"殆"都是疑问的意思。"尤"是过失，"悔"是后悔，二者的意思都指犯错误。朝鲜鱼周宾说："言者，与人相接，故曰尤；行者，自己行之，故曰悔。"（《论语说》）孔子的意思是多听、多看别人怎么说、怎么做，有疑问的地方先放下，不要盲从。其余没问题的，则小心地说、小心地做，这样就会避免犯错误，少吃后悔药。只要不犯错误，就意味着能保官晋爵。

孔子的话，可分四层意思来理解：

第一，多闻、多见，全面了解情况，做到胸中有数，切忌盲信盲从，这是思维方法。

第二，在全面了解情况的基础上，慎言慎行，以免失误，这是行为方式。

第三，"寡尤"、"寡悔"，这是慎言慎行达到的效果。

第四，"禄在其中"是要达到的目的。

从思想到行为、到效果、目的，这中间有一种内在的逻辑关系。

需要特别提到的是：孔子的这番教导和他平日讲的修己治人大异其趣，因此有人为孔子不因子张的俗气发火感到意外。其实从这里正可以看到孔子面对现实思考问题的作风。想做官，在儒家看来这并不俗气，而是士者应有的人生目标。这可以从多个方面来认识。第一，要想大有作为，必须有权，这只有做官。第二，无恒产的士要摆脱生活的困境，也需要做官。《孟子》说"不孝有三"，而其二便是"家贫亲老，不为仕禄"，但官场自古多险恶，孔子便是一位官场"败将"，他从别人的经验与自己的教训中提炼出一个字来，这就是"慎"，只有言行慎之又慎，才可能保官守爵。《孔子家语》中记载，子张问入官时，孔子的回答是："安身取誉为难。"意思是为官的难点在于稳定地位，获得声誉。先秦时的另一位大儒荀卿，也是从官场败下阵来的学者，他在谈做人、做君时，谈得堂堂正正，表现出一身正气来。可是一谈做官，便大讲固宠全身之术，让人把握谨慎处事的方式。试看古今许多胸怀大志的清官良吏，有几人不因失慎而败阵的？不干事的官，不会犯错误，地位也稳如泰山；想有作为者，放手大干，却因一事不慎，被对立面抓住把柄，结果在民众的一片惋惜声中下了台。不能"安身"，何谈作为？因此学会保护自己，这在官场特别重要，"慎"字便是官场保身心诀。

2.19　官正则民服

哀公问曰："何为则民服？"孔子对曰："举直错诸枉则民服，举枉错诸直则民不服。"

这一章讲干部路线。

哀公是鲁国后期的一位国君，姓姬名蒋，哀是他的谥号。"举"是推举，提拔；"直"是指正直之人，即心中光明，行事端正的人；"直"的反面则是"枉"，"枉"便是邪曲，指内怀奸心，行为曲邪的人。"错"同"措"，即措置。意思是提拔正直的人做领导，让不正直的人服从于他，百姓就会信服。相反，若以邪曲不直的人做领导，老百姓就不会信服了。有人释"错"为"罢黜"，认为这里讲的是"提拔正直，罢黜邪佞"。恐怕不妥，《论语·颜渊》说："举直错诸枉，能使枉者直。"显然"错"是"置于其上"的意思，

从哀公的问话中披露出的信息是：一是君民关系紧张，哀公的权力受到了威胁；二是哀公急于求治民新招，解决眼下矛盾。孔子的回答披露的信息是：哀公的用人路线出了问题。哀公希望得到的是技术层面上的"治术"，而孔子指给他的则是理论层面上的"治道"，是解决根本问题的"服民方"。哀公是鲁国的最高统治者，他不可能事必躬亲，必须由官吏来管理。官吏是实际掌权人。"权"是衡量轻重掌握公平的，人正则权正，则公平，百姓便会心悦诚服；人不正则权不正，就会是非颠倒，百姓自然不服。这是千古定则。

本来哀公只问怎样才能使老百姓诚服，只要回答出"民服"之法来即可。可是孔子却连老百姓不服的原因也一并拖了出来。显然这就是哀公的病根，所以孔子要特别强调一下，希望引起他的特别关注。

2.20　有好官才有好民

> 季康子问："使民敬忠以劝，如之何？"子曰："临之以庄则敬，孝慈则忠，举善而教不能则劝。"

与上一章一样，这一章也是讲治民的。

季康子是鲁国的执政大夫，季孙氏的后裔，名肥，康是他的谥号。敬，恭敬；劝，努力。"临"有由上视下之意，这里指面对下民。庄，庄重严正；举，

提拔；善，指品质好的人；不能，能力低的人。大意是：季康子希望百姓敬重、忠于他，为他努力工作，就此问题他请教孔子。孔子回答：对他们庄重，他们就恭敬；能尊老爱幼，他们就忠诚；能举用有才德的人，并对能力弱者进行帮助、教诲，他们就努力。

显然季康子遇到了和哀公一样的难题，感到百姓不好对付，因此希望孔子给他支招。不同的是哀公是国君，不直接面对百姓，因此只要个"民服"的结果。而季康子是具体管理者，因此他对百姓提出了三个具体的要求：敬、忠、劝，也就是希望有办法使百姓态度上恭敬，用心上忠诚，工作上努力。

如何才能使百姓做到这三点，孔子针对性地提出了三道方案：第一道方案是"庄"。意思是要有一种正大之气，树立起威仪堂堂的形象来，百姓就会心生敬畏。而这"庄"——衣冠端庄，容貌严正，本身是自重的表现，也是对百姓的敬。确实，一个没有威仪、流里流气的官员，要想让百姓敬重，是根本不可能的。第二道方案是"孝慈"。在这里，孝慈并不是专指子孝父慈，而是指对长辈的顺从和对晚辈的慈爱，《魏书·甄琛传》说："慈惠爱民曰孝。"只要仁爱百姓，百姓就会对自己竭诚尽忠。第三道方案是"举善"。提拔有才能的人到领导岗位上，训导那些能力低的人。这样，从修身、爱民、用人三个方面努力，就可以收到使百姓貌恭、心忠、行动的效果。季康子的意思是责民，孔子的意思是要他责己。这实际上是要季康子树立一个理念：治民在己不在人，官好民便良。以身化民，是最好的办法。

2.21　并非做官才算从政

或谓孔子曰："子奚不为政？"子曰："《书》云：'孝乎唯孝，友于兄弟，施于有政。'是亦为政，奚其为为政？"

这一章讲为政的本质。

"或"是"有人"的意思，日本田中颐《论语讲义》说："凡称或者，率皆妄意作不当之言，而其事不足揭其名者，略之曰或也。"这个理解很妙。奚是何、为什么的意思。"为政"就是从政，指做官。《书》指《尚书》，这里所引的是《尚书·君陈》中的话，意思是：唯有孝顺父母的人，能在通常情况下爱兄弟，也能将孝友之道用到政事上。但孔子这里并不是用《尚书》的原意，而是断章取义，这是当时人的一个习惯。他的目的只是为了最后一句"施于有政"。"施"字有影响、延伸的意思。"施于有政"也可以理解为影响政治。奚其，什么；为，是。大意是有人问孔子为什么不从政，孔子说，什么是从政？只要能影响政治决策，也是从政的一种方式，不一定做官才叫从政。

参与政治有多种方式，一是做官，直接处理政治事务；二是以言行影响政治决策，这是间接的从政。官不是每一个人都能做的，而通过言行影响政治则是只要努力就能做到。孔子是给更多想做官而不能，而又想关心政治的人指了一条路。政治关系到大众的利益，因此人人都应该关心，可以用不同的方式，使国家决策向着有利于大众的方面发展。儒家倡导的"治平"理想，也可以通过"施于有政"的方式来实现。

2.22　信非小事

> 子曰："人而无信，不知其可也。大车无輗（ní），小车无軏（yuè），其何以行之哉！"

这一章重在信的重要性。

大车是牛拉的车，主要用来拉货物；小车是马车，是人乘坐的。牛车和马车中间都有一辕木，辕的前端有一横木叫"衡"，衡于辕连接处有插销，这插销，大车上的叫"輗"，小车上的叫"軏"，作用是把衡木固定在辕木上，这样横木就可以承力，驾在牛马的颈部，通过辕的引力，拉动车体。輗和軏虽是小零件，但少了却不行。"可"读为"何"，怎么办的意思。意思是这样在生活的道路上是无法行走的。意思是：人要没有诚信，不知他怎么办。就像大车没有了輗，小车没有了軏，它怎么行走呢？

信用在日常生活中，往往会被人忽略，以为大事不能含糊，小事则不必拘泥。如约会，九点约十点到；如承诺人的事，不能兑现，而用种种借口开脱，这都是常见的事。但这种事积累的多了，就会使一个人的信誉受到质疑，随而影响到与人的合作。孔子的这番话，就是针对这种情况说的。他认为信用看似小事，实则关系甚大。就像车子上的辊和轨，虽然很小，少了它却不行。近走几步还勉强，但绝对不能致远。天地无信，万物不生；人而无信，事业难成。

2.23　把握历史可认识未来

　　子张问：“十世可知也？”子曰：“殷因于夏礼，所损益可知也。周因于殷礼，所损益可知也。其或继周者，虽百世可知也。”

这一章谈的是历史沿革问题。

世就是代，“百世”即“百代”。“因”是沿袭，“礼”指国家制度、法规，“损”是减，“益”是增，“其或”可解释为“如有”。虽，即使。大意是：子张问十代以后的情况能否预知。孔子回答，历史总是在前代的基础上发展的。商朝沿袭夏朝的礼制，在夏制的基础上有增有减，情况大致可知。周又在因袭商代礼制的基础，根据时代要求斟酌增损，情况也大致可以知道。如果有谁继承周朝，也不会违背继承与变通的规律，因此虽历百代，也还是可以知道的。

　　子张提出的是一个如何把握历史的大问题，这种问题只有绝高智慧的人才能回答。孔子的回答中，蕴含着三个意思。第一，历史是在不断变化的；第二，这种变化只能是在旧的基础上进行，而不可能建起空中楼阁；第三，只要把握历史变化的规律，就可以知道未来。就其根本言之，历史有不断变易的一面，也有其“不易”的一面。在历史中，“不易”的那个东西是人情，是礼的核心。而变易的则是形式层面上的制度。千古人情不相违，圣人依人情而制礼，周礼是在夏周两代的基础上完善起来的，其后的变化也只能以周礼为基础，故说“百世可知”。

2.24　行为当以礼义为准则

子曰："非其鬼而祭之，谄（chǎn）也。见义不为，无勇也。"

这一章主要讲违礼弃义的问题。

"鬼"是人神，"谄"是讨好，"义"指正义之事，"勇"指勇敢。大意是说：不是自己的鬼神而去祭祀，即是献媚；遇到正义的事而不去做，那是不勇敢。

前一句讲了一个"礼"字，后一句讲了一个"义"字。"礼"和"义"应该是人行为的原则。"义"是对事物在道德意义上的认定，但认定的要害重在"为"，就是去做，即所谓"见义勇为"。这是一种美德，否则便是"无勇"，对"义"的认定便失去了意义。"礼"的核心精神是敬，但不能过度，否则便是"谄"。前人根据郑玄"非其祖而祭之者，是谄求福"的解释，以为这"谄"指讨好鬼神，即讨好别人家的祖先神以求福佑。这显然是有问题的。请想有谁会傻到跑到别人家祠堂叩头求福的程度呢？这里的"谄"，讨好的是人而不是鬼。这是违背礼的。孔子强调"恭近于礼"，也是针对类似的情况说的。在西周，天子祭祖，诸侯助祭。可能到了春秋，大小贵族之间也出现了助祭的现象。即士大夫为了讨好权贵，去到权贵家庙助祭，或以为恭敬，而孔子则指出此种行为的本质是"谄"。"谄"是违礼，不当为而为；"无勇"是弃义，当为而不为。行事不知其所当，何以为君子？

若试作情景还原，这当是有一士大夫中人，人们觉得他温恭克让，像个君子。孔子则举其行事，指明了他违礼、弃义的本质。说明他是乡愿式的人物，不值得称道。

八佾第三

3.1　僭礼乐者必有野心

孔子谓季氏：“八佾（yì）舞于庭，是可忍也，孰不可忍也！”

此章是针对季氏僭越行为发的感慨。

季氏是鲁国的执政大夫。“谓”是评论，“佾”是舞蹈用的量词，一行八人为一佾，八佾是八八六十四人的大型舞蹈。周制规定：天子八佾，诸侯六佾，大夫四佾，士二佾。庭，庭院。是，此；孰，何；忍，忍心，一说容忍。大意是说：季氏在庭院里举行只有天子才能举行的六十四人的大型舞蹈，这是一种严重的越轨行为。孔子认为：季氏连天子的礼乐都敢用，还有什么事不敢做呢？

这一则表达了三重意义：第一，表达了孔子对季氏僭用礼乐行为的态度，隐含谴责之意。第二，表达了孔子见微知著的洞察力。他知道，凡有僭越行为的人，必有更大的野心。季氏既然自拟于天子，心中必无国君，当有更大的越轨行为发生。第三，表达了孔子对“僭必生乱”这一规律性后果的担忧。季氏的行为最终导致鲁昭公出走，客死异国，事实证明了孔子的远见。孔子弟子记述此事，目的便在于表现孔子的先见之明和忧患意识，这也正是一个政治家应具备的基本素质。同时也给后人以警示。康熙儒臣说：“人臣越礼犯分，起于一念之敢忍，而其后肆行无忌，遂至横决而不可制。而为之君者，又不能防微杜渐，始于一事之容忍，而其后优柔不断，遂至威福下移而不悟。所当取孔子责季氏之言，而深思之也。”（《日讲四书解义》）

3.2 僭礼乐者必昧于名实之义

> 三家者以《雍》彻，子曰："'相维辟公，天子穆穆。'奚取于三家之堂？"

此章涉及的是名与实的问题。

"三家"指鲁国三桓，即孟孙、叔孙、季孙三氏。《雍》是《周颂》中的乐章，这乐是天子用的。彻指祭祀完毕撤除祭品。相，助，指助祭；辟公，指诸侯；穆穆，端庄严肃的样子；奚，何。大意是说：三家演奏《雍》的乐歌来撤除祭品，孔子认为：这篇乐歌的内容明确地说是天子主祭、诸侯助祭的，这种情形在三家的殿堂上哪里能找得到呢？显然名不符实。

从孔子的评论中披露了三方面的信息。第一，当时价值判断已出了问题，三家追求奢华的僭越行为为时人所倾慕，故孔子特意指出其非；第二，孔子认为僭礼乐者必然不明白名实之间的关系，其行为必然导致名实相违，闹出笑话，此必使社会出现混乱状态。第三，孔子"必也正名"的政治主张，即是建立在这一认识基础上的。

3.3 僭礼乐者不仁

> 子曰："人而不仁，如礼何！人而不仁，如乐何！"

此章是就僭礼的本质而发的感慨。

"人而不仁"指作为人失去了仁爱之德，"如礼何"、"如乐何"，指如何面对礼乐。

僭礼是失去仁爱之德的表现。仁爱存于心中，见于行则是恭敬而有礼，发为声则是平和而乐。因此仁是礼乐的灵魂，礼乐是仁德的外化形态。即如《礼

记·儒行》篇所说："礼节者，仁之貌也；歌乐者，仁之和也。"施行礼乐，目
的在于内以正身，外以导民，齐之以礼，致世太平。如果徒求礼乐的形式，那
便是舍本逐末，礼乐也就失去了意义。作为高官，背仁义而僭礼乐，便会有两
种结果，第一，对外则不见平治之效，且会导致社会失去节制，追求奢华；第
二，对内则形成讽刺，反躬自省，能不汗颜！故孔子说仁德不存，如何面对礼
乐？朝鲜魏伯珪说："尚文末弊，不知礼乐本意，人皆为礼，人皆为乐，繁文
僭窃，大小蒙混，世道益陷，人心益薄。君子傍观，有爱莫能助之叹而已。"
（《读书札义·论语》）

3.4　礼以人情为本

> 林放问礼之本，子曰："大哉问！礼，与其奢也，宁俭；丧，与其易
> 也，宁戚。"

此章针对礼乐崩坏的末世风气而发，而主要目标仍在讥刺僭礼。

林放是鲁国人，有人说是孔子的弟子。但无实据。"大哉问"，是指林放问
得太好了，太重要了。"奢"是奢侈浮华，"俭"是简陋，"易"是简易草率，
"戚"是悲哀。意思是：就典礼仪式言，与其铺张，宁肯俭约；就丧礼言，与
其走过场，宁肯哀戚。

礼以人情为本，各种仪式规则，都是根据人情制定的，即所谓"称情而
制文"。不能过度了，让人不能承受；也不能不足，使情感不能表达，贵在适
中。如典礼仪式，主在表达对天地神灵的敬畏和感念，那种神圣性蕴于其中。
如果奢华、铺张，便有违人情事理，偏离了仪式的意义，礼便要给予节制。所
以《礼记·乐记》说："礼者，所以缀（止）淫（过度）也。"如办丧事，旨在
通过一定的形式，表达对父母的哀丧之情。如果只搞形式，走过场，似乎是在
打发父母，这也就失去了丧礼的意义。像季氏的八佾舞，三家《雍》彻，都
是"奢"的表现。曾子提出"慎终追远"问题，说明了当时社会上办丧事存在
"易"的现象，典礼的奢华与丧事的草率，其共同点都只关注到了礼的形式，

而忽略了礼的本质，致使礼完全失去了其应有的意义。甚至导致社会奢华之风的兴起与功利主义的盛行，导致世风日下，故孔子针对此种情况提出了"宁俭"、"宁戚"的主张。

林放提出了"礼之本"的问题，说明他也看出了当时从贵族到平民在礼的问题上舍本逐末的现象，并可能林放在提问时还表达了自己的疑惑，所以孔子才高度赞扬他问得好，并在此后还特意向冉求提到林放知礼。孔子的回答，反映了孔子欲循礼之本以救时弊的理想。

3.5　无君即无礼

子曰："夷狄之有君，不如诸夏之亡也。"

此章是针对季氏之流目无君上而发的。

夷狄指古代华夏周边的民族，古有东夷、西戎、南蛮、北狄之称。这里是以夷狄代指四裔。诸夏指华夏各诸侯国。亡，无。这两句有两种截然不同的解释。一种是：夷狄虽有君主，不如诸夏没有，因为他们不懂礼义。另一种是：夷狄还有君主，不像诸夏连君主都没有。今从后说，原因是前者与孔子的思想不合。

孔子说这话有两个背景：一是华夏蔑视四夷的观念背景，二是诸夏礼崩乐坏的政治背景，特别是季氏之流目无君上之举，更使孔子耿耿于怀。面对此，孔子以礼为价值判断尺度，做出了自己的认识：华夏于四夷之别不在血统上，而在文化上，即所谓"诸侯用夷礼则夷之，夷进于中国则中国之"（韩愈《厚道》）。中国之礼，其大纲便在君臣、父子、夫妇之别，但诸夏篡弑频仍，大夫目中无国君，诸侯目中无天子，礼已失去了对权贵的约束。而在儒者的眼中，"无父无君，是禽兽也"。（《孟子·滕文公下》）所以孔子对诸夏有"夷狄之不如"的斥责。

揣摩当时语境，当是有人谈及夷狄，蔑视夷狄之俗，故孔子反有诸夏还不如夷狄的言论，反映了孔子尊崇礼义而忽视种族的价值观，以及在道义面前夷夏一视同仁的胸怀。

3.6 神不享非礼

季氏旅于泰山，子谓冉有曰："女弗能救与？"对曰："不能。"子曰："呜呼！曾谓泰山不如林放乎？"

此章也是为季氏僭礼而发的慨叹，所不同的是从神的角度来看僭礼的。

"旅"是一种祭祀，冉有是孔子的弟子，名求，字子有，当时是季氏的管家。救，阻止；曾，岂，难道。这段话前后两截不好衔接，所以有人怀疑最后一句中的"泰山"是"求也"之误，以为孔子是在批评冉求。其实只要考虑到孔子当时的情感变化，问题就可以化解了。泰山在当时，只有天子和鲁国国君才有资格祭祀。季氏要祭山求福，这是目无君主的无礼之举。此章的意思是：季氏要去祭祀泰山，孔子希望冉求能阻止季氏的这种越轨行为，冉求的回答是"不能阻止"，因为对野心膨胀的季氏来说，你要用道理去劝说，那是没用的。孔子感到很无奈，于是感叹道：即使他去祭了，也是没用的，神不会接受非礼之祭的，难道泰山神还不如林放懂礼吗！

《左传》云："神不歆非类，民不祀非族。"这是当时人的观念。林放曾因季氏之流僭越礼乐背离了礼的本质，而请教于孔子，作为泰山神灵，应该比人更知礼，因此季氏的祭品再丰盛，也只能是一厢情愿。纵使人不能止其非礼，神也不会享其非礼的判断。这里反映了孔子以礼为价值尺度的判断。"礼也者，理之不可易者也。"天地间横梗着一个"理"字，即使人不讲理，神也不会悖理弃礼的。

3.7 君子争的是什么

子曰："君子无所争，必也射乎？揖让而升，下而饮，其争也君子。"

此章主讲君子之争，这是一个少有的话题。

"揖让"是作揖谦让,"升"即"登",指登台;"下"指下台。意思是:君子没有什么要与人争的,如果有,那就是射箭,双方相互作揖谦让着登上台。射箭完毕,又相互谦让着走下台,负的一方饮酒。关于"其争也君子"一句,前人多解释为"这样的争不失君子风度",如朱熹就说:"则其争也君子,而非若小人之争也。"这与文本虽说得通,但却未能回答为什么君子射箭要争?他们争的到底是什么?而这两个答案,恰恰就藏在最后一句中。

"竞争"是当代社会的一个关键词。生存竞争,优胜劣汰,被认作是自然法则。但人们争的是什么?是利益!是荣誉!是把有可能让自己得到的东西不让别人得到。这种观念主导社会,虽能促使社会经济繁荣,但也会使社会出现你死我活的极不和谐状态。春秋的混乱无疑便是因利益竞争导致的。故孔子特别提出了"君子无所争"的命题。在现代人看来,射箭纯是一门技术,但在周代却把射箭当作体现内在品德修养的方式。《礼记·射义》说:"射者,进退周还(旋)必中礼,内志正,外骸直,然后持弓矢审固(慎重牢固),然后可以言中。此可以观德行矣。"又说:"发而不失正鹄(箭靶的中心)者,其唯贤者乎!若夫不肖之人,则彼将安能中?"可见"比射"不是比射技,而是比德行。这就不难理解为什么"无所争"的君子,在射箭比赛上却要争了。他们争的并不是单纯的输赢,而是争德行之高下,争为君子。其所谓"其争也君子",就是说他们争的是做君子。这与小人的争利益就有了根本的不同。争利益,争来的是社会混乱;争品德,争来的当是社会和谐。

3.8　诗与礼

子夏问曰:"'巧笑倩兮,美目盼兮,素以为绚兮。'何谓也?"子曰:"绘事后素。"曰:"礼后乎?"子曰:"起予者商也!始可与言《诗》已矣。"

此章是赞子夏悟性的。

这一段师生关于《诗》的对话,也是《诗》学史上的一个经典故事。"倩"指脸上的酒窝,因微笑时才能显露出来,所以又叫巧窝。"盼"指眼睛黑白分明,"素"指白色,"绚"是彩色之貌,"起"是启发。《诗》的前两句见于今本《诗经·卫风·硕人》第四章,意思是:微笑时露出酒窝是那样美丽,旋转的眼珠是那样明亮。此与白居易诗"回眸一笑百媚生"意正相同。这是卫国人惊叹卫庄夫人初嫁来时惊人之美的。"素以为绚兮"不见于今本《诗经》,看来是孔子整理时删掉了。因《硕人》篇每章七句,如果保留此句,便多了一句,乐奏时,曲调不好复合重叠。再者这一句也太不好理解了,故子夏才会求教于孔子。相反现在的学者却觉得不难,认为素是脸上涂的白粉。还有人解释素是不打扮而却光彩照人,但这不合事实,哪有新娘不打扮之理?更何况诗的第一章就写了庄姜"衣锦褧衣"(穿着锦绣罩衣)的打扮呢?看来此句是比喻,意思是说"回眸"一笑的媚态,就像彩绘上勾点了白色,显示得更加艳丽,所以孔子才说"绘画之事最后用白色"。子夏由此悟到了礼对于人修身的意义。孔子说过"君子博学于文,约之以礼","礼后乎",是问礼后于文吗?文与礼的关系,就相当于绚与素的关系。竹添光鸿说:"'礼后乎',是悟语,不是问语。"子夏的这一领悟,使孔子也感到惊奇,而且也得到了启发,所以说:你启发了我,现在可以与你讨论《诗经》了。

在周代,诗与礼是一对姊妹。诗是情感的东西,要与理性的礼建立联系,需要有一种内练的功夫才行。这段对话有两点值得注意,一是学诗的方法,要通过联想、兴喻,充分开掘其伦理道德意义;二是教学相长,学问在师友的切磋中加深,连孔子都如此,何况常人!

3.9 无征不信

> 子曰:"夏礼吾能言之,杞不足征也;殷礼吾能言之,宋不足征也。文献不足故也,足则吾能征之矣。"

此章所谈是关于历史研究的问题。

"杞"是夏的后人所封的诸侯国,"宋"是商的后人所封的诸侯国。"征"是验证。"文献"二字分开读,"文"指文字档案,"献"指通古贤达。大意是说：夏朝关于礼的情况，自己能说出一二来，但夏的后人杞国不能做出验证；商朝之礼的情况自己也能说出一二来，但商之后人宋国不能予以验证。因为文字记载和耆老传说都很有限，不足以验证。否则的话，自己便可以引来证了。

这里有一个疑问，关于夏礼和殷礼，应该有三个传播系统，一是文字记载，二是口传，三是习俗层面上的操作系统。前者属"文"，后二者是由"献"所传，现在三个系统都不足以证明其存在状态，孔子是怎样知道的呢？看来只有一条路，就是根据历史规律做逻辑上的推导。这可以与"殷因于夏礼，其损益可知也"一节参看。但对逻辑推导得出的结论，只能停留在理论的层面，很难落实到操作层面上，所以《中庸》说："上焉者虽善无征，无征不信，不信民弗从。"但也不能因"不足征"便不言，使其失传。故孔子一方面要言，一方面则要用已有知识对未来历史做出思考，但要推行的则是可"征"的周礼。这反映了孔子对承传文化的自信和对待历史的态度。

3.10　非礼勿视之一例

子曰："禘（dì），自既灌而往者，吾不欲观之矣。"

此章所记，为非礼勿视的典型事例。

"禘"是祭祀的名称，关于其内容，所言不一，可肯定的是，它是一种重大的祭祀，只有帝王才有资格举行禘祭。"灌"是祭祀前的降神方式，具体做法是用勺子将黑米酒舀出浇在地上，所以叫灌。灌之后便开始正式祭祀。大意是说：关于禘祭，降神仪式结束后的情况，我就不想再看了。

作为王规格的禘祭，鲁国因是周公之后，故被周王特许。据《礼记·丧服小记》说："王者禘其祖所自出，以其祖配之。"鲁的始祖是周公，而周公"所自出"是文王，故禘祭当是祭文王，"以周公作配"。到春秋时，鲁国大夫专政，完全乱套了。连庄公、襄公等也进入了被禘之列，这种序昭穆、列尊卑的祭祀，也就失去了其原初的意义。所以孔子不想再看。孔子不能直斥鲁国之非，也不能阿附其非礼的行为，只能采取逃避的方式以表示自己严守礼制的态度。

这段记录，其目的便在表现孔子对礼的坚守。

3.11   非礼勿言之一例

或问禘之说，子曰：“不知也。知其说者之于天下也，其如示诸斯乎！”指其掌。

此章是非礼勿言之一例。

"示"读"置"，言放在掌心上。大意是说：有人问孔子关于禘祭的道理，孔子回答说不知道。接着又说：知道禘祭道理的人，对于治理天下的大道就像把东西放在这里一样清楚。他一边说，一边指了一下自己的手掌。

禘是王者之祭，周王特许鲁国采用，本已属僭礼，而春秋时鲁国乱用禘祭（见前章说），更是无礼妄为。孔子本知道禘之理，但不能说，因要为鲁讳。而他要特意指出禘祭对于治理天下的重要性，目的是要说明治国安民莫近于礼。行非礼而想国治，无异于南辕北辙。

3.12   人为什么要祭祀

祭如在，祭神如神在。子曰：“吾不与祭，如不祭。”

这里谈的是关于对待祭祀的态度问题，而实际涉及了祭祀的本质。

在，在场。与，参加。大意是说：孔子在祭祀的时候，就像神灵在场一样虔敬。他认为这种敬神的行为不能让人代替，因此说："不亲自参加祭祀，那就等于不祭。"

人为什么要祭祀？曰"报本"。人本乎祖，万物本乎天。人为了表达对赐予自己生命的祖先和养育自己生命成长的天地自然的感恩之情，这便立庙陈物以祭祀，虔敬之心寄于一献一拜之中。这虔敬便成了祭祀的灵魂，故祭祀神灵又叫"敬神"。这种敬，是不能让别人代替的，故说"不与祭，如不祭"。孔子此话是针对当日浇薄之俗而发的。世俗之人每以祭祀为习俗，如清明扫墓，中元烧纸之类，虔敬之心已失，而流于形式。或有以祭祈福者，如逢庙烧香之类，甚至有让人代为烧香者。这则是出于功利目的而为之的。

孔子强调"祭如在"，其目的乃在于世道人心的修复，使人们反功利于虔敬，也就是曾子所说的"民德归厚"。

3.13　天道不可违

> 王孙贾问曰："'与其媚于奥，宁媚于灶'，何谓也？"子曰："不然。获罪于天，无所祷也。"

这一章所讲的是孔子的人生态度。

王孙贾是卫国的大夫，掌握着一定的权力。他向孔子请求的话，可能是当时的谚语，"媚"是讨好；"奥"是室内西南隅，是尊者所居的隐秘之所；"灶"是做饭的地方，一般都在外室。这两个地方都有神位，故要祭祀。以前人每做好饭，必然要先祭灶神，因为他就在眼前，而且还希望他上天言好事。这里的"奥"比喻君身边的近臣，"灶"比喻执事的权臣。其寓意是：与其讨好近臣，不如讨好权臣。王孙贾表面上是向孔子请教此话怎讲，实是启发孔子向他讨好。而孔子的回答是：得罪了天，讨好谁也没用！

"天"是天道，是民心，是人间的正道。天道无亲，常与善人，报有迟速，无论是近臣还是权臣；逆天而行，都难逃一罚。孔子的回答是向王孙贾亮明自己的态度：君子不党，唯义是从，何问近臣权臣？

3.14　孔子的文化选择

> 子曰："周监于二代。郁郁乎文哉！吾从周。"

这一章所讲的是孔子的文化选择。

"监"是借鉴，"二代"指夏商两朝。"郁郁"是昌盛之貌。大意是说：周朝的文明制度，借鉴了夏商两代的文明，因而表现出了文明昌盛的状态。如果做文化选择，自己则愿意选择周。

孔子本是殷人之后，可是他在文化选择上却选择周。原因何在？很简单，孔子完全是从人类利益的角度考虑的。他认为周之礼乐文明是在夏商两代文明的基础上发展起来的，是一种高度的文明形态，所以用"郁郁乎"来形容。这种文明充满着道义与温情，代表了人类健康发展的方向。孔子一生追求的就是这种"郁郁乎文哉"的礼乐制度的复兴。孔子的选择反映了他从善不从亲的明智决断，也为此后千百人追求的理想国提供了蓝图。

3.15　谦虚即是礼

子入太庙，每事问。或曰："孰谓鄹谓人之子知礼乎？入太庙，每事问。"子闻之，曰："是礼也。"

此章重讲孔子的虚心。

这里所记的是孔子第一次进周公庙的一个故事。鲁太庙是始祖周公的庙，也是鲁国举行重大仪式的地方。或，有人；孰，谁；鄹，又写作陬，是鲁国的一个小邑。孔子父亲叔梁纥曾做过陬邑大夫，所以又称陬叔纥。"陬人之子"是有人对孔子蔑视的指称。孔子进了太庙，每件事都要询问主管的人。于是有人就以为孔子不懂礼。孔子则认为，不懂就问本身就是礼。

孔子在当时，是很有名的礼学专家。因此鲁贵族孟僖子临终时，曾嘱咐他的两个儿子要向孔子学习礼仪。但孔子进了太庙，"每事问"，好像一无所知的样子，这是为什么呢？原因在于孔子对于太庙中的礼器名物平时只知其名，而现在则是考核其实。在此时他不是以礼学专家的身份出现，目空一切，傲气凌人，而是虚心求教，不耻下问，表现出了一副谦恭的态度。礼的核心精神，就是一个"敬"字，而虚心下问，正是对人尊敬的表现，所以当人对他这位礼学专家的真实性产生怀疑时，他只用三个字作答"是礼也"。相反那种自以为懂，指手画脚的行为，便是失礼。孔子"每事问"的意义也就不言自明了。朝鲜魏伯珪说："每事问，有多少说话可分疏者，夫子只以三字断之。这三字峻截明白，如刀断物，或人其将捧头退缩不敢仰见天日矣。闻人毁，方而呶呶申白，皆自家先自不足者。"

3.16　比射非比力

> 子曰："射不主皮，为力不同科。古之道也。"

这一章是针对争强好胜的比射风气而发的议论。

"射不主皮"见于《仪礼·乡射礼》，是古代比射的规则。"皮"是指用皮革制成的箭靶。科，等级。大意是说：比射箭只求射中靶子，并不要求要穿透箭靶，因为人的力气大小不同，不能那样要求。这是古代的比射之道。

古人比射，主要不在比技术，比力气，而是要通过比射技展现自己的德行修养，即《礼记·射义》所说的"可以观德行"。这德行，人可以通过修养而成，但人的力气大小却是天生的，与修养无关。所以比射时，并不要求一定穿透箭靶。可能到孔子的时代情况发生了变化，常有人以射穿箭靶相夸耀，而把德行放到了一边，所以孔子才重申"古之道"，以表示对今人行为的批评。言"古之道"，即在说明今已不如此。但话语含蓄，不露锋芒，体现出了温柔敦厚的作风。

3.17　礼以物存

> 子贡欲去告朔之饩（xì）羊，子曰："赐也，尔爱其羊，我爱其礼！"

这一章谈的是孔子对告朔之礼的态度。

根据周礼规定，每年冬十二月，天子要把来年的历书颁发给诸侯。诸侯慎重地把历书藏于祖庙，每月初一宰羊来祭祀。这种祭祀叫"告朔"，所用"饩羊"，是杀而未煮的羊。自鲁文公后，鲁国国君往往借故不参加"告朔"之礼，只是让主管的人每月宰羊虚应故事而已。子贡觉得这样虚应故典，还不如干脆把羊也免了，因为这已没有意义。但孔子不这么认为，因为孔子看到了其中的意义，故而给子贡放了一句横话："你心疼羊，我心疼礼！""赐"是子贡的名字。

孔子为什么不让去告朔的饩羊？要知道饩羊的存在，意味着告朔礼的存在，而告朔礼犹如《春秋》书"春王正月"一样，他的存在意味着周天子的存在，意味着君臣之礼的存在。王宇泰说："此一羊也，在子贡见以为羊，在夫子见以为礼。以羊为羊，是礼在羊之外而礼亡；以羊为礼，是礼在羊之中而礼存。"（竹添光鸿《论语会笺》引）告朔礼代表着王政、王道，代表着大一统，而这正是孔子极力追求、维护的。尽管"告朔"只剩下了形式，但这形式是修复礼乐文明制度的一线生机。犹逃亡之君，他存在，复国就有希望。子贡去饩羊，等于是"尊王"意识的消失，是对"复礼"的放弃。孔子之所以生气，原因便在此。

3.18　礼近于谄

> 子曰："事君尽礼，人以为谄也。"

这一章是孔子对君臣失礼的感叹。

"礼"是恭敬而有度，"谄"是阿谀讨好而不知节。这两者形式上有些相似，而本质则大不同。大意是说：自己尽心以礼侍奉君主，时人却以为是谄媚。

在孔子的时代，礼乐崩坏，世风日下，没有了礼，只剩下了谄。尊卑关系被废弃。故孔子对国君的敬畏与礼待，会被时人误解。孔子感到很无奈。这一章说明了两个问题，一、礼近于谄，形式难别，区别主要在于内心是尊敬还是讨好。二、礼乐崩坏已甚，礼法不明于天下，孔子想挽回世道，故以礼自持，不敢有一毫苟且。

3.19　即便是君，也不能无礼

定公问："君使臣，臣事君，如之何？"孔子对曰："君使臣以礼，臣事君以忠。"

这一章讲君臣关系。

鲁定公是襄公的儿子，昭公的弟弟，名宋。大意是定公问孔子，作为君，应该如何指挥臣下；作为臣又应该如何侍奉君上。孔子的回答是：君应该以礼待臣，臣应该尽忠事君。

昭公时，鲁国公室已被季氏等三家瓜分，昭公因不敌季氏而去国；定公即位，孔子出仕鲁。这段对话可能发生在孔子仕鲁时。从中披露出了两个信息：一、定公有整顿鲁国秩序的理想；二、定公在君臣关系的处理上没有谱，当时一切都没了规矩，他正为之发愁。孔子回答了两个字：礼、忠。上对下，最容易犯的病的就是简慢，即因其地位比自己低而不知去尊重；下对上最容易犯的病是欺罔，即罔上行私以自利。而这正是当时鲁国君臣之病。故孔子特意开出了这剂药方。竹添光鸿说："此章夫子有上下交责之意。"这里表面上谈的是君臣相处之道，而重点则在君的行为上。言外之意是：臣对君是应该尽忠的，但前提是君首先要有礼。此与"其身正不令而行"者含有相近的意义。

3.20　《关雎》与止乎礼义

子曰："《关雎》乐而不淫，哀而不伤。"

这是孔子对《关雎》音乐的评论。

《关雎》是《诗经》的第一篇，最早是乐歌。"淫"指过度，"伤"是悲痛。《关雎》诗写男女之恋，写到了"求之不得"时的忧思："悠哉悠哉，辗转反侧"；又写到了成婚时的喜乐："窈窕淑女，钟鼓乐之。"音乐表现应该与诗的内容相合，故孔子说《关雎》乐歌欢乐而不放荡，忧思而不悲痛。

哀、乐是人情感正常的表达，但乐过于淫，则会流于邪僻淫放，伤人之性；哀过于伤，则会忧思不释，伤人之神，俱失性情之正，而不利于人的身心健康。因而无论乐还是哀，都不能失其中和。而这恰恰是世俗音乐容易犯的病，故孔子标榜《关雎》，以为楷模。孔子的评价其意义在于：一是本者"思无邪"的读诗原则，诱导人们正确认识男女之思，不可失性情之正；二是确立典范，坚持"发乎情，止乎礼义"的诗歌创作原则。所谓"止乎礼义"，就是用礼义规范行为，礼的功能之一是"缀淫"（《乐记》）、"制中"（《仲尼燕居》），抑制过分的情感表现与贪欲追求，使其适可而止。哀、乐是"发乎情"的，这是"民之性也"，不如此不行。而"不淫"、"不伤"，"止乎礼义"，则是文明之人的原则。失去"止乎礼义"的原则，便会流入与鸟兽同行之域，这不是文明人的行为。

3.21　孔子对学生的宽容

哀公问社于宰我，宰我曰："夏后氏以松，殷人以柏，周人以栗，曰：使民战栗。"子闻之，曰："成事不说，遂事不谏，既往不咎！"

这一章讲孔子对犯错误学生的态度。

哀公是春秋末鲁国的国君。宰我是孔子的学生，名予，字子我。"社"是祭土地神的地方，社神的牌位用木制成，选用的木材是当地宜生长的树木。夏用松木，殷用柏木，周朝人则用栗木。"栗"字因有战栗发抖的意思，所以宰我就附会说，这是要百姓恐惧发抖。孔子知道后就批评宰我，但又表示原谅，说：事已发生，不必再说；既成事实，已不能挽回；过去的事就过去，不追究了。"谏"是匡正、挽回的意思，"咎"是追究罪责。

这段记述，省略了孔子批评宰我的话，只记录了原谅的话。故有人把孔子的话解释为是劝止宰我不要再批评周人。这恐怕与事实有违。因为周人主张敬德爱民，以礼治国，并不是让人战栗。宰我妄作解释可能是有目的的，他是看到鲁哀公威仪丧失，想暗示他用铁腕治国。孔子之所以原谅他，因为他毕竟还是为君考虑，出发点是对的，只是点子是歪的。孔子希望他知过能改。孔子看人看大端。宰我多次遭到孔子的批评，但他为人坦率，好学善问，是孔子语言科的高才生，故孔子时时鞭挞他，促其向上。

3.22　管仲小器

子曰："管仲之器小哉！"或曰："管仲俭乎？"曰："管氏有三归，官事不摄，焉得俭？""然则管仲知礼乎？"曰："邦君树塞门，管氏亦树塞门；邦君为两君之好，有反坫（diàn），管氏亦有反坫。管氏而知礼，孰不知礼？"

这是孔子对管仲的评论。

管仲是齐桓公的大臣，姓管名仲，字夷吾，曾辅佐桓公称霸诸侯。"器"指器量、抱负。"三归"指三处家室，三处各有家臣，不能一人兼管，所以说"官事不摄"。有这样的生活追求，自然不能说是俭朴了。"塞门"即如今天四合院的照壁，目的在隔离内外视线，在周代只有国君才有资格有这种建筑设施。"树"指建立，"反坫"是设在厅前两楹间的平台，这是两国之君结好时，相互敬酒后放回空杯的地方，这也是国君府上才能有的建筑设施。可是现在管仲府也有了，说明管仲并不懂礼制规定。孔子的意思是，像管仲这样的作风，要说他是懂礼，那还有谁不懂礼呢？

当时有评价说："管仲者，天下之贤人也，大器也。"（《管子·小匡》）孔子针对这种观点，提出了相反的看法。从孔子的评说中可以看到：第一，管仲生活奢华，有三处家室，各有管家而不能一人相兼。第二，管仲有国君的派头，家里的建筑设施都不按礼制规定来，成了国君府的翻版。从这两点看，管仲不拘一格，还不够"大器"吗？孔子为何有"管仲器小"之论？原因在于管子能以智佐君，而不能以礼安邦。能成君之霸业，而不能辅君行王道。这里反映了孔子的王道政治思想以及治平抱负。

《论语》中有好几处说到管仲，其他几处评价都很高，为何此处不同呢？这有可能是孔子不同时期的看法。一个学者，晚年与早年对问题的看法往往会发生很大变化，因此《论语》中孔子对管子评价前后矛盾，也不足为怪。

3.23　孔子为何向音乐家讲音乐

> 子语鲁太师乐曰："乐其可知也。始作，翕（xī）如也；从之，纯如也，皦（jiǎo）如也，绎如也，以成。"

这是孔子关于音乐节律的论述。

太师是乐官的首领。"翕"，前人解释为盛，以为指乐器齐奏的盛况，恐不妥，当释为敛，指音乐开始缓缓而起、有所收敛的样子。"从"同"纵"，与"翕"相对，指放开。"纯"指音乐声纯和如一，"皦"是清晰，指乐声浏亮而不混杂，"绎"指余音绵绵不断，"成"指一曲完成。大意是说音乐很好理解。其始作时，缓缓而起，好像有所收敛的样子；随后则渐渐放开，众音齐发，相和如一而不相乱，宫商之调清晰而不相杂，其音始终相续而不间断，自始至曲终，尽音乐节奏条理之妙。

孔子为什么要向音乐专家大讲音乐之序呢？这并不是班门弄斧，而是说明当时礼崩乐坏，糜乱狂躁之乐犹如今日的流行乐，打破了音乐原有的结构秩序，乐官们沉迷于流行乐中，徒知五音八律，而不知音乐有自然之序，其效犹如春风和煦，令人心神和畅，导人向善，而不像流行乐，徒令人欲横放、宣泄愤怒而已。但这其中的道理连当时音乐专家都不明白了，他们更明白音乐移风易俗的教化功能。孔子论乐，此中寄寓着他复礼正乐的希望和努力。

3.24　时人对孔子的评价

> 仪封人请见，曰："君子之至于斯也，吾未尝不得见也。"从者见之。出曰："二三子何患于丧乎？天下之无道也久矣，天将以夫子为木铎（duó）！"

这一章是时人对孔子的评价。

"仪"是卫国的一个地方，"封人"是管理边境的官，"丧"指丢官。"铎"是一种大铃，铃舌有金质和木质两种，木质的叫木铎，金质叫金铎，战争用金铎，文教用木铎，用时摇动发出响声以警众。孔子到仪地，仪封人要见，并提出一个无法拒绝的理由，即：凡是君子到此地，他没有不见的，孔子即是君子，那就必须要接见他了。孔子的随从弟子，只好引他见了孔子。当他告别孔子出来后，就对孔子做出了一个石破天惊的评价，他告诉孔子众弟子说：诸位不必为老师的丢官而懊丧，这个世界无道太久了，上天是有意让孔先生做天下的向导，走出黑暗的。

这一段话披露了三个信息：一，此事发生在孔子丢官不久；二，弟子们当时多数人想不开；三，仪封人代表了当时有远见的贤者对孔子的认识。政治上的失败对孔子而言，似乎是一大损失，然而正是这失败，使他在文化教育上获得了巨大成功。虽失位于一时，而却施文教于万世，影响了中国历史。没有政治上失败的孔子，就没有万世师表的孔子，就没有孔子建立的《五经》文化传系，也就没有今天的中华民族。孔子政治上的失败，是中华民族之大幸。

3.25　孔子评《韶》、《武》二乐

> 子谓《韶》，尽美矣，又尽善也；谓《武》，尽美矣，未尽善也。

这是孔子对两支古典乐曲的评价。

"美"指曲调言,"善"指内容言。《韶》是舜留下的乐曲,《武》是周武王时的乐曲。韶者,绍也,继也,是表示受禅让而君天下的;武者,舞也,发扬蹈厉如物鼓舞,是表现武力而得天下的。两支乐曲的旋律都很美,可是内容一颂文,一赞武,这便有了根本性的不同。孔子崇尚德治,故以为《韶》乐尽美尽善。而武是圣人不得已而用之的,毕竟有些遗憾,未能达到"尽善"的境界。这反映了孔子在音乐评价中的价值取向和治理天下的方向选择。

3.26　官僚主义者的臭架子

子曰:"居上不宽,为礼不敬,临丧不哀,吾何以观之哉?"

这里展现出了一个官僚主义者的臭架子。

"居上"指居于民上者,即做官的人;宽,宽厚;礼,礼仪;敬,恭敬;临,当着;丧,丧事;何以,如何。意思是:居官而不宽厚,行礼而不恭敬,当着丧事而不悲哀,这种人让人怎么能看待。

做官当以宽厚为本,若要耍威风,便会脱离群众;行为礼节要以心存敬意为本,若徒具形式,便是对人的蔑视;面临丧事要以哀伤为本,否则便不合人情。一个不宽、不敬、无情的人,该如何对待呢?显然孔子是有所指的,只要看看一些官僚主义者,就知道孔子所指的是怎样的人了。他们高高在上(居上),对下级总是板着面孔(不宽);给张三握手,嘴却朝着李四说话(不敬);下属有丧,吊唁时也不忘打官腔,指导你要注意一二三四。这种人只知做官,不知做人,失去了一个健全的人应有的一份宽仁、虔敬和感情。孔子所批评的正是此类官爷。

里仁第四

4.1　如何选择住地

> 子曰："里仁为美。择不处仁，焉得知！"

这一章讲卜居问题。

"里"可做居住讲，也可以做居地讲。"处"是居处，"知"通"智"。焉，如何。大意是说：安家的地方，有仁德之人，有仁爱之风，这才算好。如果选择居处而不考虑邻居德行和乡里的风气，那怎能算得上明智呢？

还原情景，这当是有人想选择住地，求教于孔子，问怎样的地方才算好。一般人在此时考虑的是风水，是自然环境，是物质条件，而忽略对邻人的选择。但若遇上有恶习、不知礼仪的邻居，不但会让你受不了，也会影响后辈的心灵健康。所以孔子说村里有仁风，才算是好，并不全在乎自然风水。孟母择邻而处，千古传为美谈，正在其明智。

4.2　三种人

> 子曰："不仁者不可以久处约，不可以长处乐，仁者安仁，知者利仁。"

本章讲仁性。

处，居处；约，困窘；乐，安乐；知，智，明智；利，利用。大意是说：

没有仁德的人，不能长时间的处于困窘中，也不能长期的在安乐中生活。有仁德的人，以行仁道来安自己的心，否则便心不安宁；聪明的人，会以仁道为工具来获取自己的利益。

这里根据对待"仁"的不同态度，将人分为三种。第一种是"不仁者"，这种人或许会以仁人自许，但若是长期处于"约"——困窘之地，便会难以忍受而铤而走险；若使长期处于"乐"——安乐之所，便会得意忘形，骄侈淫逸。这种人不是伪君子，那便是真小人。第二种是"仁者"，这种人修养达到了一种境界，仁德之行对于他们就像身安于衣，腹安于食一样，行之自然，处之泰然，若缺了便有不安。朝鲜鱼周宾说："安者，不思不勉而心与仁为一也。"（《论语说》）第三种是"利仁"者，也就是"智者"。"利者，思而得，勉而中，与仁有彼此之别也"（《论语说》）。这种人明晓利害得失，预知未来变化，知仁义礼让虽会让出眼前利益，但却可以取信于众，最终获得大利，他们是以仁为工具而弋猎高远之利的。孔子和老子便是仁与智的最大代表，孔子讲谦让，是从仁德的角度考虑的。老子讲"不争"，好像也是讲德行，实则是讲获取更大利益的策略。孔子"安仁"，老子"利仁"，请问君何以处"仁"？

4.3　心仁，好恶才能得当

> 子曰："唯仁者能好人，能恶人。"

此章讲审人之好恶。

能，能够；好，喜欢；恶，厌恶。大意是说：只有仁德之人，才能够对人好、恶得当，不因感情而影响对人的正确判断。

人对事物好恶，有不同的出发点和判断方法。大略言之有三：第一种是理性的，纯用逻辑推导。第二种是感情的，纯从个人感觉出发。纯感情的，往往失之偏颇，喜欢他便觉得他什么都好；厌恶他，便见也不愿意见。纯理性的，强调客观，容易机械性地认识事物，缺少"同情之理解"。第三种是"仁者"的，即孔子这里所肯定的，仁者之心充盈着爱，万物莫不关乎痛痒。故能以仁爱之心善待事物。对不善之人或事物，也能抱着同情心去尽可能地理解他，故即使厌恶，也不至于过激。孔子在这里明确地指出：人正确的好恶观来源于"仁心"，唯只有仁善之心，才能有"同情之理解"，好恶才不会失当。反言之，凡好恶失当，其心未必能尽仁。孔子此言的意义在于：第一，指导人辨识对方是否仁人；第二，告给人当以仁心审视、对待周围的人和事物。

4.4　如何才能不犯人恶

> 子曰："苟志于仁矣，无恶也。"

此章所讲"仁"对一个人形象确立的重要性。

苟，如果；志，有志于；恶，坏处。这句话，过去主要有两种解释，一种是：一个人如果立志于仁道，便不会有恶行。另一种释"无恶"为无坏处。这两种解释都能说通，但是没有意义，因为善人不做恶事，做善事无坏处，这是谁都明白的，不需要孔子来教。"无恶"当是指为人所厌恶、怨恨。姑做情景还原：这当是有人问孔子，怎样才能不被人所厌恶。如果一般人回答，很可能就此人的毛病挑剔一番，要其改正。这样既会伤害对方的自尊，还不可能全面。孔子则从根本上入手，指出了"志于仁"的方案。如能有志于仁，便会心怀慈爱，无忤于物，自然不会犯人厌恶、招人怨恨了。也就是说，只要存心仁爱，就不会招人嫌。反言之，招人讨厌的人，便不会是存心仁爱之人。

4.5　道义原则与利益原则

> 子曰："富与贵，是人之所欲也，不以其道得之，不处也。贫与贱，是人之所恶也，不以其道得之，不去也。君子去仁，恶乎成名？君子无终食之间违仁，造次必于是，颠沛必于是。"

这一章讲君子的道义原则。

"仁"和"道"都指的是道义，但"仁"倾向于言内心，"道"倾向于行为。"富"和"贫"就经济状况言，"贵"和"贱"就政治地位言。"处"可理解为接受，两个"恶"字，第一个读 wù，指厌恶；第二个读 wū，是疑问。"去"是离开、摆脱，"终食"本意是一顿饭的工夫，这里有短暂、须臾的意思。"造次"是仓促、匆忙，"颠沛"是困顿挫折。大意是说：发财做官，是人人都想的美事，但如果不依靠道义获得，即使到手，也不能接受。没钱没势的穷困生活，是人人都不想过的，如果不靠道义来摆脱，那我宁愿贫穷下去。君子是因有仁德才成为君子的，离开了"仁"，靠什么成名？因此，君子没有一刻违仁行事的，哪怕是在匆忙、困顿之中，都不会违离仁德。

人生有两种不同的原则选择，一种是利益原则，一切以利益的最大化为原则，只要有利的事，哪怕违背道义，出卖灵魂，在所不惜，像历史上的大奸之徒与世俗小人，都是如此。一种是道义原则，即凡事从道义出发，若不合道义，即使天大的利，也不去做，故有杀身成仁、舍生取义之举。孔子这里所说的"君子"，就是这种原则的坚守者。他尽管有常人的欲望、喜富贵而恶贫贱，但如果只有违背道义才能获取的富贵，那便宁愿终身与贫贱为伍。他们是靠仁道来确立声誉的。因而即使再困难，也要坚守仁道，不敢顷刻违离。何焯说："此章工夫一层高一层。首节不过为仁初入手事，'终食之不违'，则无时不仁矣；'造次'、'颠沛'，则有无处而非仁矣。"（《义门读书记》卷三）在历史上，坚守仁道者每处穷困之所；唯利是图者，每身居高位。这种现实令人悲伤，然而也是对一个人的考验。也正是在这种考验中，君子不断进身而至于人格的最高境界，他们的名字得以光耀历史。而奸心污行、贪婪富贵者，则多名与身同朽，或遗臭于历史，羞延于子孙。人生选择，可不慎哉！

4.6　权贵无仁人

　　子曰："我未见好仁者，恶不仁者。好仁者，无以尚之；恶不仁者，其为仁矣，不使不仁者加乎其身。有能一日用其力于仁矣乎？我未见力不足者。盖有之矣，我未之见也。"

此章责世主无仁者。

无以，不能；尚，上，超过；加，施加。这段话字面的意思不难懂，但道理却难通。用白话意译则是：我没有见过喜好仁的人和厌恶不仁的人。喜好仁的人是再好不过的了；厌恶不仁的人，他行仁道时，不让不仁道的东西出现在自己身上。有谁能坚持一天力行仁道的吗？我没见过想行仁道却力不从心者。或许有，但我没有见过。

说天下没有一个"好仁者"，打击一大片，这不符合孔子的思想，因为孔子曾称赞他的学生还有同时代人，或说他们"仁"，或称许是"君子"。如果一概否定，这本身就是一种不仁厚的表现。有人说：这是孔子激愤之言。这不假，但对一般人激愤，这不掉格吗？

其实，只要想一想孔子说这话的背景，问题便迎刃而解了。孔子这里指的不是一般社会上的人，而是指当时各国的君主与权贵。在礼崩乐坏之际，这些人无一人用力于国计民生，用力于礼乐文明及世道人心的修复，故孔子才发出了此番感叹。《礼记·表记》记孔子说："无欲而好仁者，无畏而恶不仁者，天下一人而已矣。"说"天下一人而已"，显然所指不是一般人，而是最高执政者。只要最高当权者若能行仁道，天下自然熙洽晏然。而今却未能得其人。在这里我们似乎可以看到孔老夫子为天下百姓未遇仁君之不幸而沮丧的神情。

4.7　观"过"知"仁"

子曰："人之过也，各于其党，观过，斯知仁矣。"

这里谈的是进身于仁的一种方法，有以别人的过错警诫自己的意思。

过，过失；于，在；党，类；斯，则。对这段话，主要有两种不同的解释，一种认为：什么样的人犯什么样的错误，仔细考察他的错误，就知道他是什么样的人了。这是把"仁"当作"人"来读了。或者是把"仁"训作"人品"了。但这与此篇前后几章的宗旨不太符。因为此前后都谈的是"仁",而不是"人"。另一种解释是：人的过错有不同种类，分析各种不同的过错，就知道什么是仁了。这种解释虽优于前者，但仍有问题。

我想，孔子主要是站在一个人如何进身于仁的角度来考虑问题的。进身于仁有多种方式，但首先要知道什么是仁。理论上都好说，具体在实践中，如何辨识仁，如何践行仁，这是个大问题。"见贤思齐"是一种方式；从别人的错误中认识其错之所在，也是一种方式，因为与"错误"相反的一面就是"仁"。这里谈的就是后一种方法。一个人最难发现的是自己的缺点，而最易发现的则是别人的过错。因为别人的过错，会给自己带来不快。人的过错有不同的种类，从各类不同人不同性质的过错中，来发现自己，反省自己，警诫自己，这样对仁就会有清晰的认识，也就可以在这种不断地省察、自警中，慢慢提升自己，进身于仁的境了。故说"观过知仁"。

4.8   道与人生价值

> 子曰："朝闻道，夕死可矣。"

此章重在谈道对人生的意义。

前人主要有两种解释，一种是把"道"理解为"世之有道"，即：只要社会恢复了清明，死了也无所谓了。另一种是把"道"理解为"事物当然之理"，即真理。以为此言：早晨明白了道理，晚上死了也值。今从后说。

在这里，道代表灵明之境，人不闻道，便会糊涂一生，不知为何生，为何死，就像民间故事中的看财奴那样，将要被水淹死了，还舍不得丢掉怀中的钱袋子，到死都不知自己怎么会死。如果闻道，便会洞晓事理，明白人为什么活着，应该怎样活着，人生的价值和意义便在这对道的领悟中获得澄明，便会参透生死，死而无憾了。不难看出，道是与人生价值、意义联系在一起的。孔子此言的目的，就是希望人能有向道之心，因为道与生命的价值相当，管子说：

"闻一言以贯万物，谓之知道。"不知道者，则会凝滞于物，在患得患失中痛苦生存，未能领略人生之乐，岂不枉为一世！

4.9　耻贫者不可与言道

> 子曰："士志于道，而耻恶衣恶食者，未足与议也。"

此章为口宣道德心慕荣华者而发。

"志于道"是指心向道德之域；"耻恶衣恶食"是指以贫穷为耻，恶衣、恶食指质量低劣的衣服和食物。大意是说：文化人有志于道德追求，而却觉得吃粗饭穿旧衣为丢人，这样的人是不值得与他讨论问题的。

心向道德之域，这是一种高尚的精神追求，其所坚持的必定是道德原则。在道德的坚持中，必然会舍弃物质利益的诱惑而安于贫贱，保持人格的纯正，故颜回处陋巷不改其乐，子路衣敝缊袍不觉其耻。如耻于贫贱，则表现出的必是心慕荣华，这是一种与道德相背离的庸俗心态，在这种心态的支配下，其必然会放弃道德原则而趋向荣华，根本不可能真正理解道的本质。其所言"志道"，也只能是欺人之语，怎能与他商讨关于道的问题呢？但是这种口宣大道行趋富贵的人，在读书人中太多了，所以孔子特作此论，让人们认识其本质，不要与这种人讨论道的问题。

4.10　君子的道义原则

> 子曰："君子之于天下也，无适也，无莫也，义之与比。"

这一章主要讲君子的行为原则。

关于这一章的具体内容，汉儒和宋儒有不同的看法。汉儒以适、莫为厚、薄，以为是说：君子对于天下的人，没有亲疏厚薄之分，而是以道义为原则，他亲近的是讲道义之人。宋儒以无适、无莫为无可、无不可，以为这是说：君子对于天下之事，没有死板的教条，一定怎么做才合适，怎么做就不行，都没有刻死的规定，但有一个原则，就是要服从道义。对于这个"比"字，或释为亲近，或释为从，都有道理，而宋儒之说更具有普遍意义。

先儒之说虽各不同，但有一点是一致的，所言皆为君子行为的道义原则。在现实生活中，在对待事物的行为选择上，往往会出现困惑。如外敌来犯，是逃走对，还是坚守对？曾子居武城，遇到了越国来犯，选择的是逃跑；而子思居卫时，齐国来犯，则选择的是坚守。原因是曾子是站在老师的角度考虑的，他不逃走，学生们便不会走，他不愿意让一群年青的生命丧失在战乱中；子思则是站在为臣的角度考虑的，臣当为君尽忠，自然不能走。他们考虑的不是形式，即今所说的逃跑主义或爱国主义，而是如何才符合道义原则的问题。这应该是孔子此言的真正意义。只要坚持道义原则，形式的问题是可以变通的。在这一点上，与西方人强调的机械"守法"，就完全不同了。这里只有是非、道义、情理，没有固定模式。而法律强调的则只有遵守，没有是非、道义、情理可言。

4.11　德治与刑治

子曰："君子怀德，小人怀土；君子怀刑，小人怀惠。"

这一章是谈治道的，重点在刑治之不可取上。

君子、小人在这里分别指统治者与被统治者，"怀德"指关注德行，即以德治国；"怀土"指眷恋乡土；"怀惠"指想着实惠、好处。意思是：君子如果施行仁政，关爱百姓，百姓就会爱国爱家，安土重迁；君子若用严法苛刑，不知德化百姓，百姓也不会有爱君爱国之念，就会哪里生活好逃向哪里去。

"德"与"刑"是两种不同的治国方略，商人用刑治，故荀子说"刑名从商"；周人用德治，故以礼代刑，从周公到孔子，在意识形态领域，一直倡导道德安民而贬抑刑法威民。周公说："皇天无亲，唯德是辅；民心无常，唯惠之怀。"(《尚书·蔡仲之命》)意思是上天没偏私之心，谁有德就扶植谁；老百姓也没有效忠一人的恒常之心，谁关爱他们，他们就怀念谁。孔子则说："远人不服，则修文德以来之。"这是说用敬德爱民的政治，就可以把远国他乡的百姓吸引来。孔子的时代，人口少，各国都希望使人口增长，故孔子从百姓的心志趣向上来警告统治者。刑法治国，只能适得其反。

德治与刑治是站在两个不同的角度而采取的管理方式。用道德治国，辛苦的是领导，得实惠的是百姓。因为德是育养人民的，是要让人民务有所得的，其考虑的核心问题必然是民生优先。这就要求统治者有所作为，有所奉献，像尧舜禹汤文王等那样，尽心为民。用刑法治国，遭殃的是百姓，而方便的是领导。因为这是一种简单的处理事物的方式，对人的生命不需要负责，就像布上电网一样，无论是人还是物，触上它只有一死，没有道理可言，而布网者可袖手旁观。当然"乱不言儒"，如遇乱世，则当别论了。

4.12　利益原则之害

> 子曰："放于利而行，多怨。"

这一章也是谈治道的，重点讲利益原则之不可取。

"放"是依照的意思。大意是说：依照利益原则行事，就会招致众怨。

这可以分两个层次来理解。从国策的层面讲，若实行利益原则，则必然会放弃道义，一切从功利目的出发，将百姓引向唯利是图的道路上。由此而往，权贵豪族就必然利用权力与民争利，控制资源，导致天怒人怨，这是一条取亡之道。从为官的层面讲，若依利而行，实必巧取于国，豪夺于民，招致民众怨愤。朝鲜鱼周宾说："利者，人欲之私。人于日用事为之间，皆就人欲上做去，徒知有我而已，则必害于人矣。所以多怨。"(《论语说》)这也是一种理解。

孔子显然是针对当时权贵所采取的治道而言的，此可为官箴。

4.13 让则治，争则乱

子曰："能以礼让为国乎何有？不能以礼让为国，如礼何？"

此前后几章都是谈治国的。

第一句有问题，很难讲通。《子路》篇说："苟正其身矣，于从政乎何有？不能正其身，如正人何？"与此章文法相同，可以参考。此章当是有人问"从政"问题时，孔子做的回答，故而省略了"于从政"的内容，在那特殊的语境中，并不影响谈话对方的理解。现在离开了那种语境，故理解上就有了困难。《后汉书·列女传》与《后汉书·刘恺传》都引作"能以礼让为国，于从政乎何有"。这当是根据谈话内容把意思补充完整的，未必是《论语》的原文。大意是说：能用礼让治理国家，那从政有什么难的呢？不用礼让治国，那又如何面对礼制呢？

孔子此言，无疑是针对当时竞争之势而言的。社会的动乱乃在一个"争"字。诸侯争地，大夫争权，庶人争利，上下交争，越争越乱，且恃强凌弱，以大凌小之类不道义之举合法化。由此而往，天下永无宁日。如何才能平息纷争呢？在孔子看来，最好的办法就是礼让。这要从最高统治者开始，克己复礼，抛弃"争"字。礼让与竞争是两种不同的人生方式，争为的是自己，让想的是别人。争则你死我活，让则和睦相安。争激活的是人身上动物性的一面，让则彰显的是人性善的一面。人间多一份礼让，就少一份争斗，而关键在居于上位者。父能让则子和，君能让则臣和，官能正则民和。故孔子说：治国不难，只要推行礼让就可以了。

4.14 自身的本领更重要

子曰："不患无位，患所以立；不患莫己知，求为可知也。"

此章主讲立身之要，是针对贪官恋禄者而言的。

根据"己知"、"可知"两个"知"字的章法，"所以立"当作"所以位"，与前"无位"相应，"位"在周金文中每书作"立"。大意是说：不怕没有官做，怕的是没有本事做官；不怕没人了解自己，重要的是要有本领值得让人了解。

社会上一般读书人的心态，总是怕自己没机会做官，怕自己怀才不遇。这种惧怕心理都来自于对权力和利益的渴望、追求。但要成为一名君子，最重要的不是追求地位而是素质，是要有看家的本领。因此孔子教育人们扭转向外贪求的方向，把精力用在提升自己上。只要是金子，就会发光。尽管眼下"莫己知"，最终是"可知"的。

4.15　君子国的门径：忠恕

子曰："参乎！吾道一以贯之。"曾子曰："唯。"子出。门人问曰："何谓也？"曾子曰："夫子之道，忠恕而已矣。"

这一章是就君子之道而言。

参是曾子的名字，字是子舆。根据字，"参"应该读"参与"的"参"，不应该读森音。子舆当作子舆，音同形近而讹。"一以贯之"，是指有一种方法途径来实行，"贯"是行的意思，见《广雅》。今多数人理解为"贯穿"，以为此言贯穿着一个基本概念，这恐怕有问题。只有解释为"行"，才能与"道"字相呼应，因为"道"是让"行"的。只有行，才能体现出"道"的价值来。"忠恕"二字都从"心"，"忠"是"中心"，表示是自己的内心；"恕"字是"如心"是将心比心。简单地说：尽己之心力叫忠，推己心以及人叫恕，也就是"己所不欲，勿施于人"。忠是对己的要求，恕是对人的理解。这章大意是讲：孔子对曾参说：自己的学说有一种方法来实践。曾参明白孔子的意思，但其他的同学不明白。因此孔子离开后，他们就问曾参，老师刚才到底说的是什么。曾参说：行老师的学说，全在把握"忠恕"两个字。

孔子所追求的最高人格境界是"仁"，但为什么这里不用"仁"来概括呢？而且当子贡问到可以终身行之的"一言"时，孔子回答的也是"恕"而不是"仁"呢？原因在于"仁"是一种境界，一种心灵状态，是抽象的，而"忠恕"则是行为方式，是具体的，可以实践的。一个人要想进身于仁，成为"君子国"的公民，其途径只有一条："忠恕"，即尽己力以从事，推己心以及人。

4.16　价值取向见品格

子曰："君子喻于义，小人喻于利。"

这一章讲君子小人价值取向的区别。

喻，明白，知晓。大意是说：君子洞晓道义，小人只知利益。《论语》中多次将君子小人对比，但侧重各有不同。如"君子坦荡荡，小人长戚戚"，指的是心态的不同；"君子泰而不骄，小人骄而不泰"，指的是外在神情的不同；"君子和而不同，小人同而不和"，指的是人际关系处理的不同。而此章则讲价值取向上的不同。

君子最看重的是道义，不义之事，即使有天大的利，也不去做。为了义可以舍弃生命，即所谓"舍生取义"。小人则是唯利是图，为了利益可以不要命，即所谓"舍命不舍财"。这不同的价值选择，体现着人不同的品格及不同的精神境界。因此要了解一个人的内在品格，只要看他的价值选择和追求就可以了。有人说：这里的君子、小人分别指官和民。但贪利之官比比，所获不义之财千万倍于草民，这该如何理解！须知贪官无君子，义士非小人。

4.17　学会寻找自己

子曰："见贤思齐焉，见不贤而内自省也。"

这一章讲寻回自己的一种方式。

贤，贤德之人；齐，齐等，相同。内，内心；省，反省。

社会上许多的人，在生活上失去了自己，老是在关注着别人。别人比自己好，便心生妒忌；别人不如自己，则又讥笑、蔑视。这样的人，始终是在为别人活着。这样的行为和心理状态，十分有害于德行修养。因此孔子在这里指出了一条如何从别人身上找回自己的路，即见到比自己好的人，就想到自己的不足，想着向他学习、看齐；见到不好的人，就要反思自己，看自己是否与他有同样的毛病，思求改正。这样无论贤者还是不贤者，都是一面镜子，可以照见自己，找回自己。君子进德修业，这是不可少的一条途径。

4.18　谏亲之道

子曰："事父母几谏，见志不从，又敬不违，劳而不怨。"

这一章谈的是谏父之道。

"几谏"指以婉言相劝，委曲讽导，与直言谏诤是相反的方式。从，接受；违，违逆，不顺从；劳，频繁，

孝要顺，谏要逆，这是一对矛盾。父母有过，如果不劝阻，就会陷亲于不义，这是大不孝；如果犯颜直谏，惹父母生气，也是不孝。这便会处于两难境地，如何是好呢？孔子从坚守道义与爱护父母的角度出发，提出了解决方案。大意是说：父母有过错要劝谏。谏的方式要委婉，如果父母不听，自己不能有不满情绪，还是要恭敬对待，不能顶撞，有机会再进行谏劝。这里可分成几层意思：

第一，必须谏，这是坚守道义原则的问题，不可放弃。

第二，谏的方式要委曲讽导，即所谓"几谏"。这与《礼记·内则》所说的"父母有过，下气怡色，柔声以谏"，是一个意思。

第三，如果父母不接受，即"见志不从"，不可与父母争论，而是要"又敬不违"，即《内则》所说的"谏若不入，起敬起孝，说则复谏"。

第四，谏不可已，要有耐心。所谓"劳而不怨"，就是说不怕辛苦，十次百次找机会谏说，而不敢有不满情绪。即《内则》所说："而挞之流血，不敢疾怨。"直到父母听从为止。

4.19　责任与自我价值

子曰："父母在，不远游，游必有方。"

此章谈事亲之道。

游，行。大意是说：父母健在，自己不应当远行，如果不得已而远行，也应当有固定的地方，让父母知道自己在哪里。

孔子多次谈孝的问题，但角度各有不同，这里是针对有自我发展需求的士子而谈的。一个人要追求自我实现，向社会体现自己的价值，就会离开父母，寻找适合自己的工作与生活，即这里所说的"游"，这是非常正常的事情。孔子并不是不主张"游"，而不主张"远游"，原因是作为一个孝子，必须考虑到两点：

第一是责任，即赡养父母的责任。这个责任别人无法代替，自己必须承担。没有父母，自己不能长大；而没有自己的关爱，父母何以善终？此不可不思。

第二是孝思，即以己之心体谅父母之心，如何尽量满足父母思念之情，此不可不思。父母并不一定要儿女给他做多大贡献，而是就想看到儿女的身影。

这两个问题要圆满做出回答，只能是：

第一是"不远游"。要在距离可即的范围内"游"，父母思念儿女时，自己可以及时来到身边，不可为自己发展而舍弃责任，远走高飞于异国他乡。

第二是即便迫不得已要离开父母，也要有固定的地方，即所谓"游必有方"，保证自己与父母之间的信息渠道畅通，有急事可以及时联系。

一个对父母尽责任的人，对待子女，对待亲友，对待工作，也会尽其责任的。人的价值应该是在责任的实践中来体现的，因为你在承担一种责任的时候，便意味着你对家庭、亲友、社会的意义。一旦失去了这种意义，你所谓的自我实现，便会成为一种自私自利的行为。

4.20　遵父之道谓孝

子曰："三年无改于父之道，可谓孝矣。"

不改父之道，是在坚守着一种传统，是承继父志、父业的表现。这一章内容与第一篇第十一章重复。《论语》中这种情况还有，这大概是成于众手的结果。以前书写工具是竹简，一根竹简写二十多个字。几万字的材料，就得用上千根竹简，整理起来很是费力。如果是众多人的记录汇总，去重就是个大任务，故便出现了前后重复的现象。

4.21　尽心之孝：记住父母的年龄

子曰："父母之年不可不知也，一则以喜，一则以惧。"

此章讲孝子当知父母之年。

年指年龄。大意是讲：要把父母的年龄时时记在心中，一方面为他们的高寿而喜，一方面又为他们的衰老担忧。

孝有两种，一种是尽责之孝，一种是尽心之孝。尽责之孝关注的是父母的物质需求。一般人认为只要让父母有饭吃、有钱花，就算是尽孝了。其实这不够，不如尽心之孝。尽心之孝，不仅要关注父母的物用，更要关注父母的身体，用心去关爱给自己生命的人。这样，父母的年龄便成为不可不记的大事。因为人寿有限，父母年迈，去日无多，过一年就少一年。孝子虽可为他们增寿而喜，但更为他们的身体日衰担忧。面对父母高年产生忧喜的感情，是孝子特有的心态。孔子这里所谈的便是尽心之孝。尽心之孝才是真孝。

4.22　为自己的话负责

　　子曰："古者言之不出，耻躬之不逮也。"

　　此章讲重诺，是为轻言者而发的。

　　"古者"如此，说明今已不然。"言之不出"，并不是不说话，而是不轻易说出口。皇侃《论语义疏》作"言之不妄出"，意思更为明确。"躬"是自身，"不逮"是不及。大意是说：古代的人不轻易说话，是因为他们认为说了做不到，那是可耻的。

　　话是说给别人听的，事是要自己下手做的。凡事说起来容易做起来难，因此在现实生活中，更多的人是嘴比手快，博得一时之幸，一时之快，过后则没有了下文。故孔子举古以诚时俗。这个"耻"字下得很妙，虽然说的是古人的羞耻观，实则是警诫今人，要为自己的话负责，否则是可耻的。

4.23　管好自己

　　子曰："以约失之者，鲜矣。"

　　这一章讲"约"之意义。

　　"约"是约束、收敛、节制的意思，即朱熹所说的"不侈然以自放之谓约"。（《四书集注》）鲜，少。大意是说：因为约束自己而犯错误的人，几乎没有。

　　这是给没有自制观念而屡屡犯错的人开出的一剂处方，药只有一味，就是一个"约"字。这"约"包括了自己言语、行为、欲求等方面的管制。管好自己，就少犯错误。有人把约束自己理解为谨小慎微，其实这是两回事。约束、检点自己，是"修己"的一种方式；而谨小慎微，大多是患得患失、胆小怕事的表现，是孔子不主张的。

4.24　君子不耍嘴皮

子曰："君子欲讷（nè）于言而敏于行。"

这一章讲的是君子的言行要求。

欲，要，应该；讷，少言；敏，勤勉。意思是：君子应该少说多做。

"讷"是慎言的状态。《说文》说："讷，言难也。"这个"难"字与《礼记·儒行》"难进而易退"的"难"一样，都是慎重的表示。《学而》篇说"敏于事而慎于言"，"慎"可以做"讷"的注脚。《礼记·缁衣》谓"君子寡言而行"，也是在说明真正有品德的人，重在行而不在说。相反，一个喜欢耍嘴皮子以讨人欢心的人，很少是君子的。即使称君子，也可能是伪君子。因此孔子屡屡教人慎言贵行。

有人把"讷于言"理解为说话结结巴巴，而且嘲孔子如此，如何给学生讲课。我想出此言者，多半是嘴上功夫了得的人。

4.25　德香可袭人

子曰："德不孤，必有邻。"

此章是勉人修德向上的。

邻，邻居，引申为亲近。大意是说：有道德的人不会孤单，一定会有人来亲近的。

这里所针对的对象是愿意向上而又担心"至察无徒"的人。在现实生活中，更多的人担忧的是自己若太廉洁，不能与世俗之人同流合污，就会被孤立。其实同流合污只是利益上的相互依存，并不是内心的相互信任和关爱。一旦利益冲突，便会反目成仇。只有注重品德修养，才能得到人们的真正敬重、仰慕和信赖。"桃李不言，下自成蹊"，就是这个道理。《尚书》上说："明德惟馨。"德是有香气的，它可以引来人们的品赏。修小德者，亲友归之；修大德者，天下归之。因此不必担心德正行端，不能从俗，便会孤立的。

4.26　多言之害

子游曰："事君数，斯辱矣；朋友数，斯疏矣。"

这一章主要讲事君交友应把握好分寸。

数，频数，或释为责备，日本田中颐《论语讲义》释为"多言"，这个比较合理。这里当指进言频数。斯，则；辱，受辱；疏，疏远。大意是说：侍奉君主，如果不把握分寸，只凭自己的一片忠心，大小事当说不当说都说，唠叨太多，便会自取其辱。对于朋友，喋喋不休的劝谏，便会惹人烦，随而因厌见疏。

因前面几章或言"古者言之不出"，或言"讷于言"，都是讲慎言的，此章言多言之害，顺理成章。今人言"多言"之状多云"烦琐"，琐、数一声之转，其意相通。在生活中也确实如此，关系密切者往往无话不说，总希望对方能听从自己的善言。但因唠叨太过，往往会惹人讨厌。古人言"吉人寡辞"、"多言多败"，这是从经验中获得的经验教训，故多言之害不可不知。朋友君臣关系密切，也要把握好分寸，不可因多言生厌。

公冶长第五

5.1 孔子择女婿

> 子谓公冶长，"可妻也，虽在缧绁（léi xiè）之中，非其罪也。"以其子妻之。

这里讲的是孔子择婿的故事。

公冶长是孔子的学生，字子长。"缧绁"是拴犯人的绳索，引申指监狱。孔子评价公冶长，认为他可以是自己女婿的人选，虽然他曾是一名囚犯，但那不是他的罪。"以其子妻之"的"子"指女儿。

这个故事的经典意义，在于他告给人们，看人要看他的本质，而不能只看贴在他身上的标签。在一个是非混淆的社会里，任何标签、头衔都不能代表事物本身，帽子永远是帽子，绝不是人自身。因此要认识一个人，还必须脱掉罩在他头上的帽子，回到事物本身，仔细审辨他的面貌。绝不可从概念出发，否则便会得出如下荒唐的结论：孔子选择了一名刑满释放的人做女婿。

5.2 孔子择侄女婿

> 子谓南容，"邦有道，不废；邦无道，免于刑戮。"以其兄之子妻之。

这是孔子为侄女择婿的故事。

南容，孔子弟子，居南宫，因以为姓。名韬，又名适，字子容，是鲁国贵族孟僖子的儿子。废，废弃不用；刑戮，刑罚。孔子认为南容在政治清明时能被见用；在政治昏暗时，能够全身，免于刑罚。说明他有智慧。因此孔子让侄女嫁给了他。

这个故事的意义在于告诉人们，第一，如何通过现象来把握一个人的本质，认识他的品德和才智。第二，在不同的政治环境中如何行事处世。清世展其才，浊世保其身，这应该是最明智的行为。

5.3　环境造人

子谓子贱，"君子哉若人！鲁无君子者，斯焉取斯！"

这一章是孔子关于子贱的评论。

子贱姓宓，名不齐，鲁国人，孔子的弟子。若人，就是此人；"斯焉取斯"，可读作"则何取此"。这是说：子贱此人是位君子，如果鲁国没有君子，子贱的美德从哪里来？意思是鲁国周公之邦多君子，故熏陶出了子贱这样品格的人。

关于子贱，《吕氏春秋·察贤》篇说他做单父地方官时，弹着琴，不下堂，却把单父治理得很好。《史记·滑稽列传》讲他治单父时，老百姓都不忍心欺骗他，这说明他已使一方仁化了。孔子对他的评论，第一表示了对他人格的肯定，第二认为他美好的品格，形成于师友切磋的人文环境中。即伊藤仁斋所说："盖生质之美有限，而学问之功无穷。敬资之于师，辅之于友，以取其善，则何学不可至，何德不可成哉！"（《论语古义》）这同时也在告给人们，欲求上进，须得良师益友，这样就可以"就有道而正焉"，不断得到提高。

5.4　孔子评价子贡

　　子贡问曰："赐也何如？"子曰："女，器也。"曰："何器也？"曰："瑚（hú）琏（liǎn）也。"

这一章是孔子对子贡的评价。

朱熹推测，这是子贡听到老师对子贱的评价，也想知道一下老师对自己的看法，所以才问"赐也何如"的。赐是子贡的名字。孔子对子贡的评价用了一个字"器"字。"器"表示有用之才。但是哪种"器"？没有明说。在子贡的追问下，孔子用含蓄的比喻表示他像瑚琏。瑚琏是宗庙祭祀用的礼器，是贵重之器，这表示他是国之大器。

孔子以德许子贱，以才许子贡，表现了识人之明。后来子贡从事政治活动，存鲁、乱齐、破吴、强晋而霸越，在十年之内，使"五国各有变"（《史记·仲尼弟子列传》），而且经商，家累千金，都说明了他是大器，是廊庙之材。证明了孔子评价的准确性。

5.5　仁不需要口才

　　或曰："雍也仁而不佞。"子曰："焉用佞？御人以口给，屡憎于人。不知其仁，焉用佞？"

这一章是对冉雍的评价。

雍姓冉，字仲弓，是孔子的学生。"佞"指口才，"御"是应对，"口给"是口齿敏捷。有人评价冉雍是仁者，只是口才不行。孔子的意思是：用不着口才。靠口才应对人，常常会招人厌恶。至于冉雍是否仁，尚不好说，但仁是用不着口才来彰显的。

仁是一种慈善祥和的心态，是藏于内的；口才是能言善辩的才能，是表现于外的。在现实生活中，嘴甜的人每赢得好评，而心善口纳者，每遭误解。此章意义在于将二者明确地区分开来。孔子的话最少表达了三层意思：第一，仁不需要口才做支撑；第二，以口才彰显其才的人，会招人恶；第三，仁是一个一般人难以达到的境界。

5.6　一心向道最难得

　　　子使漆雕开仕，对曰："吾斯之未能信。"子说。

这一章讲漆雕开的德行。

漆雕是姓，开是名，字子若。他是孔门中年龄稍大的学生，只比孔子小十一岁。孔子觉得他年纪不小了，应该找工作了，所以才让他去做官。"仕"是做官。"吾"字据宋过庭、戴望溪的研究，应该是"启"字之讹，启是漆雕的名字，认为他名启，字子开。这也可备一说。"吾斯之未能信"，是说自己对于做官这档子事没有把握，故没有自信。孔子听了这话心里很高兴。说，同悦。

这里的一个关键问题是漆雕开没有接受孔子的意见，为什么孔子还会"悦"？有人认为孔子是赞许他"不自矜伐"。但根据《孔子家语·弟子解》的记载，漆雕开是一个"不乐仕"的人。凭笔者三十多年教书的体验，孔子鼓励学生做官有所作为这不假，若遇上不汲汲于功名利禄而一心向道的学生，恐怕会更高兴。因为这样的人太少了，他们是能摆脱功名诱惑，甘于贫穷却要引导世俗走出迷茫的精神领路人。他们不安于小成，而志在高远，虽有可能寂寞于当下，但可以传文化于未来。孔子身后，漆雕开言性情，创立了儒学中八派之一派，《汉书·艺文志》著录有《漆雕子》十三篇，说明了他是一位有学术成就的人。孔子对他不仕的赞许，是因为从他的回答中感受到了他对学术的执着，发现了他的学术天赋。他后来的学术成就，也证明了孔子的赞许是有先见之明的。

5.7　子路仗义

子曰："道不行，乘桴浮于海，从我者其由与？"子路闻之喜。子曰："由也好勇过我，无所取材。"

这是孔子不用于世时发出的感慨。

"道不行"，是指自己的政治主张与学说不能用于当世。桴，木筏子。由，是子路的名。材，通"裁"，指裁量，即对事物的分析、判断。孔子的意思是：自己的学说主张如不能实施，就坐上木筏子漂到海外去。那时能随行的可能只有子路一人。子路听了很高兴，因为这是老师对自己的最高肯定。孔子看了子路的这种表现，于是又说：子路勇敢超过自己，只是没有头脑，不能对事物做出判断。跟上也没用。孔子所表达的本是志向不能实现的概叹。子路不明白孔子的苦衷，反以浮海为真，这便是没有头脑的表现。

此段话的目的，在于表现子路的个性和孔子对子路的评价，具体披露了三方面的信息：第一，孔子也有情绪低落的时候；第二，子路为人仗义，孔子相信即使到了最艰难的时候，子路也不会弃师背祖；第三，子路好勇过人，但头脑简单，缺少思考。

5.8　"仁"比"能"难

孟武伯问："子路仁乎？"子曰："不知也。"又问，子曰："由也，千乘之国，可使治其赋也，不知其仁也。""求也何如？"子曰："求也，千室之邑，百乘之家，可使为之宰也，不知其仁也。""赤也何如？"子曰："赤也，束带立于朝，可使与宾客言也，不知其仁也。"

这段话旨在说明仁人之难。

孟武伯是吴国的贵族，子路、冉求（字有）、公西赤（字华）是孔门三位出色的学生。因为孔子把仁当作一种人格境界，所以孟武伯要问：这种境界，这三位高足是否已经达到。千乘之国，指拥有千辆兵车的国家，在当时算一般国家。治，管理；赋，指军政事务。千室之邑，指有千户人家的行政区域；百乘之家，指有百辆兵车的大夫之家；宰，主管。宾客，指国外来宾。孔子的大意是说：子路擅长军政事务，冉求擅长行政管理，公西华擅长礼仪外交。至于是否达到了仁，在他们的身上都没有体现出来。

从内容看，孟武伯是要选拔官员，向孔子做调查。故孔子介绍了每个人的专长。从孔子的话中，披露了三个信息：第一，仁人与才能是两个概念，有仁比有才能更难得。第二，对人要用其所长，不必苛责于仁，因为仁毕竟是一个很高的境界，不是每个人都能达到的。第三，孔子屡以"不知"作答，实是在用一种委婉的方式，激励学生努力向上，进身于仁。

从孔子多次谈话中可以看出：仁有多种不同的指向，一是指向内心，由修养而达到的一种仁善慈和的心态，表现为一种德行。如颜回三月不违仁。二是指向功业，可泽及万民，如管仲，尽管他有越礼行为，品德不足称，但能做到"民至于今受其赐"，此也可称作仁。这二者都是可以通过努力达到的。对有才能的人来说，建立功业比内心修养容易，故孔子用此种方式激励人们建业惠民，成为仁人。

5.9　孔子的谦逊

子谓子贡曰："女与回也孰愈？"对曰："赐也何敢望回？回也闻一以知十，赐也闻一以知二。"子曰："弗如也，吾与女弗如也。"

此章重在赞颜回。

孰，谁；愈，强；望，比。大意是说：孔子问子贡，和颜回比较，自己觉得谁的才能更强？子贡回答说：我哪里敢与颜回比呢，颜回闻一能知十，而我只能闻一知二。孔子听后感叹道，是不如呀！在这一点上，我和你都比不上他。

子贡、颜回是孔门中悟性最高的弟子，子贡曾由"绘事后素"而悟及礼，大得孔子称赞。但他自己觉得与颜回差得还很远，不敢与颜回相比。颜回的悟性究竟有多高，文献没有记载，但连孔子也自愧不如，就足以见其非同寻常了。这里讲的是颜回悟性超人，而表现出的则是孔子惊人的谦逊。谦逊是美德，悟性是天赋。谦逊可修养而得，悟性不可学而能。因此这里孔子、子贡的榜样意义，更高于对颜回悟性的赞叹。

5.10　孔子恨铁不成钢

宰予昼寝，子曰："朽木不可雕也，粪土之墙不可杇（wū）也。于予与何诛？"

子曰："始吾于人也，听其言而信其行；今吾于人也，听其言而观其行。于予与改是。"

这一章讲孔子批评宰我。

这是孔子批评学生比较严厉的一段记载。宰予字子我，是孔门四科中言语科的高才生，能言善辩，但行为不够检点，所以屡次受到孔子的批评。"昼寝"指大白天睡懒觉。孔门可能有纪律，白天不能睡懒觉，宰予违犯了纪律。"粪土"指含有粪肥杂质的田土，据《博物志》说："三尺以上为粪，三尺以下为地。"杇，涂饰墙壁。诛，责备的意思。这是骂宰予是个不成器的东西，对这样的人，没有什么好说的了。第二段话是说宰予嘴上说得好听，行动则不能兑现，因此改变了自己"听其言而信其行"的观念。

看起来孔子对宰予骂得很重，实则如俗话所说：打是亲，骂是爱。孔子看到宰予是个有天赋的学生，但他努力不够，因此恨铁不成钢，变着法儿激励他。在孔子的激励下，宰予终于成了一名优秀政治人才，楚国令尹子西就曾认为，楚国的"官尹"无有如宰予之才者。这里反映了孔子对学生父亲般的严厉与爱，是一位严师的形象。

这应当是两章，是孔子在两个不同场合对宰予的批评。因内容相类，故合在了一起的。

5.11　无欲则刚

　　子曰："吾未见刚者。"或对曰："申枨。"子曰："枨也欲，焉得刚？"

　　这里讲孔子关于"刚"的认识。

　　刚，刚直；欲，贪欲。大意讲：孔子说自己没有见过刚直的人，有人接话头说：申枨就是一个。孔子说：申枨贪欲，怎能做到刚直呢？

　　孔子所说的"刚"与一般人理解的"刚"不同，一般人所谓的"刚"，是指性格刚硬，大概这位不见经传的申枨就是这样的人。而孔子所说的"刚"，则是与"义"联系在一起的品德。一个人什么都想得到的时候，便会屈求于人；有求于人，便会屈顺于人，这就是俗话所说的"人求人矮三分"。这样，那种刚直正义的品格就会丧失。"人不求人一般高"，只要没有私欲，不打小算盘，才能真正地"刚"起来，此即俗话所说的"无欲则刚"。一个敢在"大人"面前讲真话、不怕顶撞的人，多半是屏蔽了私欲的人，是值得人尊敬的人。而在孔子之世，世风日下，官场腐败，贪欲之徒横行，出现了"佞谄日炽，刚克消亡。嗜痔结驷，正色徒行"的现象，所以孔子说未见刚者。

5.12　孔子棒喝子贡

　　子贡曰："我不欲人之加诸我也，吾亦欲无加诸人。"子曰："赐也，非尔所及也。"

　　这段话重在敲打子贡。

　　加，凌驾、强加的意思。诸，于。子贡说：自己不愿别人把事情强加于自己，自己也不想强加于人。从理论上讲，这是很好的，但在生活中，要做到不强加于人很难。特别是像子贡这样有钱的人，财大气粗，更容易把自己的意志强加于人，而对方不敢有难色。所以孔子批评他说：这不是你能做到的。

在孔子看来，子贡此言，有点像豪言壮语。卫国大夫蘧伯玉的使者说蘧大夫"欲寡其过而未能"，孔子听了就很赞赏，因为他表现得很有分寸，不是说想不犯错误，而是说想少犯错误。不犯错误，任何人做不到；少犯错误，则是只要努力就能做到。同样，"无加诸人"，任何人都难做到，如领导对下属，老子对儿子，强者对弱者，"加诸人"习以为常，而不自知。但要说努力"无加诸人"，则是可以的。这努力便是一个不断提升自己的过程，子贡认为自己已经做到了"无加诸人"，这不仅言过其实，而且有几分自鸣得意。孔子的批评，是对子贡的当头棒喝，目的是激励他继续努力。

5.13　子贡心中的孔子

> 子贡曰："夫子之文章，可得而闻也；夫子之言性与天道，不可得而闻也。"

这一章是子贡对孔子的评价。

"文章"指诗书典籍，这是看得见的。"性"与"天道"是孔子深究的，也是宋代以后儒学很重视的研究课题，是看不见的，充满神秘玄妙意味的。这个"闻"字，意思不是"听"，而是"知道"。大意言：孔子所讲述的《六经》，其中的道理是可以知晓的。孔子所言的性和天道，可知者只是概念，其中深奥的道理，却是难以知晓的。

这是从两个层面讲对孔子做人的认识。从知识的层面讲，孔子所讲授的《六经》，其意灿然，让人明白事理，如何为君、为臣、为父、为子，道理都极明白。从思想的层面讲，孔子之道及其提出来的命题，内涵高深莫测，广大无边。其所谓的性，指向天人相接的始点，而又贯通于人生的里程中；所谓的天道，根之于宇宙本原，而贯通于人类历史及百姓日用之中。世道人心之修复，万世太平之开创，离开性与天道，则无从谈起。其中的玄妙，则是人难以洞晓的。子贡的"不可得而闻"与颜回称孔子"仰之弥高",乃是同一个意思,都表达的是对孔子的佩服和敬仰。

5.14　笃行楷模

> 子路有闻,未之能行,唯恐有闻。

这一章讲子路的笃行品格。

闻,指闻善道;行,实行。"唯恐有闻"的"有",当读作"又"。大意言:子路是一位笃行者,只要听到好的道理,就想马上去实践。还没有做之前,只怕又听到新的。

子路头脑简单,勇于力行。有点像做作业,只怕旧的没做完,新的又布置下来。当然其潜台词是:做完了,还想听到新的道理。这种表现,有几分可爱,有几分好笑,也有几分难得。但其能雷厉风行,实堪为楷模。世上夸博德闻、空谈学识者,何其多也?勇于实行者,又何其少也?因此,子路急于为善,勇于精进的精神,可作为巧于言而惰于行者的一剂良药。

5.15　"文"字解

> 子贡问曰:"孔文子何以谓之文也?"子曰:"敏而好学,不耻下问,是以谓之文也。"

这一章讲文为美谥之义。

"文"是孔圉的谥号,世称孔文子。敏,聪慧;是以,所以。大意是说:子贡问孔子:孔文子为什么要以"文"为谥号?孔子回答:聪明好学,不以向自己地位低的人请教为可耻,所以称作"文"。

孔子对孔文子的评价,主要是从这谥号解释入手的。孔文子是卫国的大夫,与孔子有交往。取"文"为谥号，可能征求了孔子的意见，故子贡才问孔子取字的原因。孔子的理由有两点：第一，文子敏而好学，第二，文子不耻下问。孔子的回答有一箭双雕之妙，即解释了孔文子以"文"为谥的原因，又对世俗之弊有所鞭挞。世俗以聪明自恃者，往往懒于学习，而文子是既聪明（敏），又好学；世俗之敏者，每耻于向地位低的人请教，而文子则是不耻下问。"文"代表着文化修养表现出的气质，是周人所追求的君子风度，而这种气质和风度，只有通过学习才能获得。孔文子勤学好问，堪为千古楷模，故孔子特标榜之。

5.16　为做官树一楷模

> 子谓子产，"有君子之道四焉：其行也恭，其事上也敬，其养民也惠，其使民也义。"

这一章赞子产之贤。

子产即公孙侨，是郑国的贵族，春秋时郑国名相。道，美德；恭，恭顺；敬，谨慎认真；养，教养；惠，惠爱；使，役使；义，道义。大意言：孔子评论子产，以为他有四种作风合于君子的品德，即言谈举止恭敬谦和，为君办事谨慎认真，对待百姓惠爱有加，使用民力不违道义。

为人恭顺谦逊，便没有盛气凌人的官僚架子；工作谨慎认真，便没有敷衍塞责、阳奉阴违的作风；惠爱百姓，便不会不关心民生；合于道义，便不会做劳民伤财的事。而不恭、不敬、不惠、不义，正是一般官员的毛病。

孔子表面上是赞美历史人物子产，实则是有的放矢，为官员立一正面楷模。

5.17　善交的榜样

> 子曰："晏平仲善与人交，久而敬之。"

这一章赞美晏子之善交。

晏平仲名婴，是齐国一位非常出色的相国，在国际上有很高的声誉。他与人交往，很有方法，能让人日久生敬。这大意是说：晏平仲善于和人交往，交往时间越久，人们就越发敬重他。

以利交者，日久自私之心败露，便会使人生厌而疏远。以心交者，真诚日见，便会日久愈密。而日久生敬，则是更高一个层次。《孔子家语·辩政》篇记孔子语说："夫子产，于民为惠主，于学为博物。""博物"言其学识之广，"惠主"言其仁德之大。仁德使人物质上受其恩惠，学识使人精神上受其滋养。如此，日久自然生敬。孔子称美晏子，实是确立一榜样，希望弟子们效法。

5.18　智者不为僭奢之事

子曰："臧文仲居蔡，山节藻棁（zhuō），何如其知也。"

这一章评臧文仲之智。

臧文仲姓姬，名辰，字仲，臧是氏，文是谥号。"蔡"是大龟之名，因出产于蔡地而得名。龟是用来占卜的，如此大龟，应该是国君才有的卜具，而臧文仲却私自占有了。居，占有，藏。"节"是柱头上的斗拱，"棁"是梁上的短柱。山节是山状的斗拱，藻棁是有藻草纹饰的短柱。"何如其知"即"其智何如"，知，通智。大意是说：臧文仲私自占有了国君才配用的大龟，并且他住的地方雕梁画柱，显得非常奢侈。这样的人他的智慧程度会如何呢？显然聪明不到哪里去。

山节藻棁类似后世的雕梁画柱，表示的是一种奢侈的生活；居蔡，表示僭越行为。追求奢侈生活，僭礼越规，这是富贵人的通病，是"富贵而骄"的基本特征，但这也是一条自我毁灭之路，老子说："富贵而骄，自遗其咎。"（《道德经》）正是从历史经验中总结出来的。可能当时有人称扬臧文仲之"智"，而孔子则根据他的这种行为表现，认为他根本谈不上"智"。

5.19 "忠"、"清"和"仁"不是一个概念

子张问曰:"令尹子文三仕为令尹,无喜色;三已之,无愠色。旧令尹之政,必以告新令尹,何如?"子曰:"忠矣。"曰:"仁矣乎?"曰:"未知。焉得仁?"

"崔子弑齐君,陈文子有马十乘,弃而违之。至于他邦,则曰:'犹吾大夫崔子也。'违之,之一邦,则又曰:'犹吾大夫崔子也。'违之。何如?"子曰:"清矣。"曰:"仁矣乎?"曰:"未知。焉得仁?"

此章明仁之难。

令尹是楚国最高的执政大臣,子文是楚国的贵族。已,指罢官;愠,怨恨;政,政事;崔子,指崔杼,齐国大夫,因发现妻子与齐庄公私通而杀了齐庄公。弑,下杀上曰弑。陈文子,齐国大夫;弃,抛弃;违,离开;清,高洁。大意是说:楚令尹子文在官场三起三落。复职了,没有喜悦之色;罢官了,没有怨恨之情。心态很平静,而且在卸任时,还要把任内的政务给接任者一件件交代清楚。孔子认为这种行为,可谓忠于职守,但未必是仁。齐国的大夫陈文子,因崔杼杀了国君,他便把家产扔下离国出走了。一乘四匹,马十乘是四十匹,这是计量家产的一种方式。家业大者有"百乘之家",陈文子"马十乘",表示是一般大夫的家业。陈文子连续迁了几次,原因是觉得那里的官员与崔杼是一类人,他怕玷污了自己。孔子认为这种行为表现得很高洁,但未必达到了仁的境界。

在常人的眼中,令尹子文和陈文子,都算得上是高人,但孔子认为他们所表现出的是忠与清的行为,与仁不是一个概念。仁的本质是惠爱之心,这主要体现在两个方面,一是博爱,二是济世。而像子文之忠,陈文子之清,只是个人品德,谈不上博爱与惠民。孔子在对子文与文子的评论中,有一种诱人向上、激人向仁的意义,表现了良师循循善诱的作风。

5.20　为官不能谨慎过头

> 季文子三思而后行。子闻之，曰："再，斯可矣。"

这一章是对季文子过度谨慎的评论。

季文子是鲁国的贵族，一度为执政大夫。斯，则。大意言：季文子办事，往往要思考三遍才决定。孔子得知后认为，思考两遍也就可以了，不必三思。

季文子办事十分谨慎，考虑也很周全。比如一次出使晋国，临行前他向人询问偶遇丧事该用什么礼数应对的事，人们都感到有点奇怪。可是后来却真派上了用场，恰遇上晋襄公的丧事。凡事动脑筋考虑，这固然没错。但作为执政大臣，更重要的是明断、敢作敢为，如果每一件事都三思，患得患失，可能很多该做的事也不敢做了。孔子是在批评文子谨慎过头，办不成大事。朱熹曾举宣公篡位，文子不能讨，反为之使齐而纳赂的事，以证其"私意起而反惑"，是有道理的。刘宗周说："人心先横着私意，则遇事茫然，愈思愈乱，势必辗转计较，终以遂其自私一念而已。此文子之三思也。曰'再斯可矣'，婉其词而正之，非实是一番、再番之谓。"（《论语学案》卷三）

5.21　难得糊涂

> 子曰："宁武子邦有道则知，邦无道则愚。其知可及也，其愚不可及也。"

此章赞武子之德。

宁武子姓宁名俞，卫国大夫，死谥为"武"。大意是说：宁武子的处世策略是，国家政治清明，表现得很聪明；当政治昏暗时，便表现得愚陋无知。他的聪明表现人是可以达到的，他装糊涂的水平人则是难以达到的。

政治清明时则君明臣直，故可以义无反顾地为国效力，把自己的聪明才智充分表现出来。政治昏暗时则君昏臣诈，是非混淆，一有不慎，便会引火烧身，否则便得同流合污。只有心里明白装糊涂，才能全身远祸，这是极聪明的做法。但聪明容易糊涂难，这需要有修炼的功夫，故郑板桥说"难得糊涂"。孔子称赞宁武子"愚不可及"，是因为这是处世全身的良法，他解决一个人处于乱世，如何才能洁身自好的难题。

5.22　归去来兮

> 子在陈，曰："归与归与！吾党之小子狂简，斐然成章，不知所以裁之。"

此章是孔子思归之叹。

与，语助词，表示感叹。"归与归与"犹如言"回去吧回去吧"。"吾党小子"，指孔子出游时留在鲁国的学生；"狂简"是轻狂自大的意思，"斐然"指文采言，"裁"是裁量取舍。大意是讲：孔子在陈国，日久思归，想起了自己留在鲁国的弟子，虽然他们也有一定的成就，但在大道的推行中，仍有判断之惑，于是想到回国指导他们。

据《孔子世家》说，孔子这样的感叹不止一次，这次是由鲁国大夫季康子派人来召冉求引起的。孔子为什么思归？原因有二：一是出游失败。孔子出游的目的，是为了实现复兴礼乐的政治理想，但却没有诸侯肯听他那一套。政治上的失败，使他不得不转型。二是社会责任。政治失败，使他必须另谋出路，而改造社会的责任，又使他把希望转到了下一代。故想指导、培养学生，由他们来完成自己的夙愿。

这可看作是孔子的"归去来兮辞"。陶渊明的"归去来兮"，想到的是归耕田园，求得自身的清静；孔子的"归去来兮"，是要归教故里，心里想的是天下国家，而不是个人，有一种为社会担当的精神。孔子之所以为孔子，为万世师表，正在于他对社会的担当，在于他承传文化、培养人才的努力。

5.23 心中无恨可成仁

> 子曰:"伯夷、叔齐不念旧恶,怨是用希。"

这是孔子关于伯夷叔齐的评论。

"不念旧恶"就是不把仇恨记在心上,即俗话所言"不记仇"。希,少。大意讲:伯夷叔齐,他们不记旧仇,因此心中也少怨恨。

伯夷、叔齐是孤竹国君的两个儿子,因为相互推让继承权,从国里逃了出来,把君位留给弟弟;又因为谏阻周武王伐商、耻食周粟等举动,成了历史上著名的廉士。至于他们"不念旧恶"的事情,史书失载,不可得知。孔子曾说他们"求仁而得仁",这仁所体现的正是一颗宽容之心。所谓"仁者无敌",正是指仁者的心中没有对立面,他能用一种平和的心态面对周围的事物,自然不会把仇恨记在心中,心中的怨恨自然也就少了。

5.24 孔子为什么不赞成微生高

> 子曰:"孰谓微生高直?或乞醯(xī)焉,乞诸其邻而与之。"

这一章是孔子对微生高的评论。

有人认为微生高就是《庄子》里提到的那个以守信闻名的尾高,与女子在桥面下约会,为了不失信,河水涨了也不肯离开,最终抱柱而死。但这种合二为一的说法,找不到证据。"直"是正直、正派,"醯"是醋。诸,方于;与,给。大意是说:有人说微生高正派,孔子认为不然。有人向微生高借醋,他本来没有,可却答应有,结果从邻人那里转借来给人。表面上是一个好心肠的正派人,实则是委曲求悦于人的。

孔子之所以不认可他的行事,第一,这不是正人君子之行,正人君子示人以诚，有就是有，无就上无，不会以无充有，虚掩伪饰。第二，这种行为的目的不是解人之困，而是讨好人，这是乡愿的作风。孔子最讨厌乡愿，就是因为这些人没有原则，没有是非，唯知讨好世人保护自己，貌似恭顺，实为自私。孔子这里是以正直君子的标准，来否定微生高的。

5.25　"媚态"、"伪态"即"丑态"

　　子曰："巧言、令色、足恭，左丘明耻之，丘亦耻之；匿怨而友其人，左丘明耻之，丘亦耻之。"

　　这一章谈与左丘明同耻。

　　左丘明是《左传》的作者，孔子时代的贤人。足恭，指过度的恭敬。匿怨，指把怨恨埋在心里。章意是说：甜言蜜语、和颜悦色，对人过度恭敬，还有心里有怨恨，表面上却像对待老朋友一样热情，这两种行为，左丘明都觉得可耻，我也觉得可耻。

　　这两种行为，在一般人看来，都觉得正常，因为这样不得罪人，不给人难堪。但孔子为什么感到可耻呢？原因就在一个"伪"字。这不是君子正色坦荡之行，而是小人恭顺求悦之态，是"媚态""伪态"。"媚态""伪态"就是丑态，自己不觉得，而却能令旁观者作呕。这种人表面上仁义，实则是伪君子，与前章的微生高一样，都是乡愿式的人物。孔子说"乡愿者，德之贼也"，就是因为他们以伪善乱真善，影响人进身于仁。同时，他们这样的目的不是为了人，而是为了保护自己，实际上是聪明的利己主义者。

5.26　孔门三人谈

　　颜渊、季路侍，子曰："盍各言尔志？"子路曰："愿车马，衣轻裘，与朋友共，敝之而无憾。"颜回曰："愿无伐善，无施劳。"子路曰："愿闻子之志。"子曰:"老者安之,朋友信之,少者怀之。"

这是孔门师徒一次谈话的记录。

侍,陪伴;"伐善"是夸耀好处。"施劳"一般解释为表白功劳,但颜回不存在表功问题,而且这样解释也与前句有重复。"施"当是"己所不欲,勿施于人"的"施",也即"施恩"的"施"。劳,指劳苦之事;安,安逸;信,信任;怀,归附,引申为依赖。章意是:颜回子路陪孔子聊天,孔子让他们各自谈谈自己的志向。子路表示:愿把自己的车马衣袄之类全拿出来与朋友一同享用,即使破了乱了也不后悔。颜回表示:不向别人夸耀自己的好处,也不把劳苦之事推诿给别人。孔子表示:要让老人感到安逸,让朋友感到可靠,让青年人感到可以依赖。

三人谈的核心人物是孔子,重点要表达的是孔子之志,季路、颜回只是陪衬。孔子谈的三个字:安、信、怀,是事物的结果。而要有此结果,则要付出艰辛。"老安",就必须有孝敬之心;"友信",就必须有不欺之行;"少怀",就必须有惠爱之德。颜回、子路却谈的是自己要如何。子路表现出的是侠义,颜回表现出的是善行,而孔子表现的则是仁怀。故程子说:"子路勇于义者,观其志,岂可以势利拘之哉?亚于浴沂者也。颜子不自私己,故无伐善;知同于人,故无施劳,其志可谓大矣,然未免出于有意也。至于夫子,则如天地之化工,付与万物,而已不劳焉。……先观二子之言,后观圣人之言,分明天地气象。凡看《论语》,非但欲理会文字,须要识得圣贤气象。"(《四书集注》引)

5.27 过不自责,必无长进

子曰:"已矣乎!吾未见能见其过而内自讼者也。"

这一章疾有错而不知自责。

内讼,指内心自责。有人认为这是孔子见世人皆不知自讼而发的感叹,但这样不免太极端，而且打击一大片，也不是孔子的作风。如果试作情境还原，这当是师生间发生的故事。弟子群体性犯错误，他们不但不能认错，反而还为错误辩护，所以孔子才有"已矣乎"的感叹，以绝望的口气讥刺弟子，希望引起他们的醒悟。同时严厉地批评说：我没有见到你们能自己认识错误而内心自责。

这是用过激之法，激励弟子们面对错误，不要逃避。对待错误，第一是要"能见"，知道自己错在哪里；第二是要"内讼"，要内心自责，悔而改之。只有这样，才能进步。凡不知其过、不能自责者，将永远不会有长进。

5.28　孔子并非自诩

子曰："十室之邑，必有忠信如丘者焉，不如丘之好学也。"

此章言己之勤学。

十室之邑，指有十户人家的小村落。有人认为这是孔子自诩，其实恰恰相反，孔子在这里表现出的是谦虚。从文中自称"丘"的情况判断，孔子说话的对象不是弟子，而是孔门之外的人。当是有人当面赞美孔子的道德修养，孔子于是表示：像自己这样诚实守信的人到处都有，只是不如自己好学罢了。意思是：自己的修养，是在不断学习中得来的。其深意所示，乃在劝人勤学。"美质易得，至道难闻"，至道乃从学习中来，学则可为圣人，不学只能是庸人一个。

雍也第六

6.1　冉雍有人君之度

子曰："雍也可使南面。"

这一章赞美仲弓之材。

雍指冉雍，字仲弓，有人认为就是荀子反复提到的子弓，这有一定道理。荀子在《非相》篇论古圣人之相，称"仲尼长子弓短"，在《非十二子》中说"圣人之不得势者也，仲尼、子弓是也"。在《儒效》篇中说："通则一天下，穷则独立贵名，天不能死，地不能埋，桀、跖之世不能污，非大儒莫之能立，仲尼、子弓是也。"看来他确实是一位了不起的人物。"南面"是指面朝南，古代君临天下者，都是坐北朝南，故以指人君。这里是说仲弓有人君之度，做国君都不成问题。

这条记载应出自仲弓后学的传说，像荀子就有可能是仲弓一派的传人。孔子称美仲弓，实是在惋惜他不能展才智于当世。

6.2　仲弓论简

仲弓问子桑伯子，子曰："可也，简。"仲弓曰："居敬而行简，以临其民，不亦可乎？居简而行简，无乃大简乎。"子曰："雍之言然。"

这一章讲仲弓关于"简"的理论。

子桑伯子其人不详，当是卿大夫之类的人物。简，简略；敬，严肃认真。章意是：仲弓向孔子请教子桑的为人。孔子认为还可以，他的政令"简"，即要而不烦。仲弓于是对"简"进行了分析，认为如果内严谨而行简略，则会简而得要，这样治理百姓，可以减少老百姓的很多负担，自然很好。如果怕麻烦而搞简单化，就可能把不该简化的简化掉，那就有问题了。孔子认为仲弓说得对。

这里有两点值得注意：一是行简之关键是内在的严谨，而不在形式上的简化，不可为简而简。只有"敬"，经过严肃认真地考虑，才能秉要执本，民不扰而邦国治。二是仲弓的分析能力，他抓的不是形式，而是本质，是事物的根本。孔子之所以许其南面之才，由此可见一斑。此章是对上章的补充，以示孔子"可使南面"之言不虚。

6.3　孔子为什么唯许颜回好学

> 哀公问："弟子孰为好学？"孔子对曰："有颜回者好学，不迁怒，不贰过，不幸短命死矣，今也则亡，未闻好学者也。"

这一章极称颜回之德。

为，最；迁，转移；贰，重复；亡，无。大意讲：鲁哀公问孔子弟子中谁好学。孔子回答：有位叫颜回的学生是最好学的。他知道控制自己的情绪，不会把气撒在别人身上；也能知错改错，不会重复犯同一种错误。可惜他太短命了，早早便去世了。现在没有了，没听说有好学的了。

颜回是孔子最得意的弟子。但英年早逝，这让孔子很悲伤。"今也则亡"，指现在没有像那样好学的人了。关于颜回，《史记》说他比孔子小三十岁，《孔子家语》说他的死，在孔子六十一岁的那年，这样算下来，他只活了三十一岁。清儒臧庸则考证他应该是活了四十岁。这些关系都不大，最重要的是，为什么孔子于"好学"二字独许颜回？孔子举了两个方面的证据：一是"不迁怒"。所谓"不迁怒"，就是怒其所当怒，而不乱发泄，撒气于他人。这表现出的是一种修养。二是"不贰过"。所谓"不贰过",就是不重复犯同一类错误,这表现出的是一种勇于改过的精神。这二者便是"好学"所达到的成效。学不只是《诗》、《礼》之文不停于口,更重要的是《诗》、《礼》之义常见于行。孔子肯定颜回,目的不是为死者立碑,而是要为活者立范。所谓"未闻好学者也",正是为激励弟子所采用的激将之法。

6.4 君子周急不继富

> 子华使于齐,冉子为其母请粟。子曰:"与之釜。"请益,曰:"与之庾。"冉子与之粟五秉。子曰:"赤之适齐也,乘肥马,衣轻裘。吾闻之也,君子周急不继富。"

此章重在讲孔子的财富分配观念。

子华即孔子弟子公西华,有突出的外交才能。冉子即冉求,是孔门中的理财高手。此处记载可能出自冉求弟子,所以称冉子。釜、庾、秉是容量单位,一釜合六斗四升,一庾合十六斗,一秉是十庾。"周"是周济、救济,"急"是急需,"继"是增加。这事情发生在孔子在鲁国做官的时候。大意是:孔子派公西华到齐国出差,公西华的老同学冉求向孔子请示,希望给公西华在家的老母一些谷子,以做生活补贴。孔子答应给一釜,冉求觉得少,增到了一庾,冉求还嫌少,于是便自己做主给了八百斗谷子。孔子知道后说:公西华到齐国,肥马驾车,身穿轻暖的大衣,很阔气,说明他很富裕。我听说君子救人之急而不增人之富。孔子这话显然是对冉求的批评。

这里最关键的问题是为什么孔子对冉求的做法不赞成,他们分歧的根本原因何在?显然他们的出发点不同。冉求是本之人情世故,而孔子则是本着道德事理的。从人情世故出发,冉求出于朋友之义,和"市面行情",给公西华的母亲做了合于一般规则的抚恤安排。而孔子则从道德与事理出发,提出"周急不继富"的思想主张。道理很简单,金钱应该给最需要的人,贫穷之家没钱活不了,富裕之家有钱花不了。钱给贫病者可以救命,给富裕者徒增数字而已。

因此把八百斗的粟子送给公西华，除使公西华的家财增多外，没有任何实质性的意义，而且冉求的行为还有徇私讨好之嫌。

孔子给了我们一个财富分配原则，遵循这个原则，便会有效控制社会的两极分化，增强人们的道德意识，对社会的稳定有一定的积极意义。

6.5　钱多了怎么办

> 原思为之宰，与之粟九百，辞。子曰："毋，以与尔邻里乡党乎！"

这一章与上章一样，也是关于财富分配的，因此宋儒合为一章。

原思，姓原名宪，字子思，据《史记》说，他很穷，但很有节操，是孔子的学生。大意讲：孔子做鲁司寇时，原宪为孔子做总管。孔子给他年薪九百石米，他觉得太多了，不敢接受。孔子劝他不要推辞，自己用不了，可以送给邻居乡里。

这里的问题是，为什么孔子给公西华补贴显得吝啬，而对原宪却显得大方？在孔子看来有个当与不当的问题。第一，原宪得的是工资，公西华是补贴，补贴可有可无，工资则不可少。第二，原宪穷而公西华富，原宪比公西华更需要钱。原宪辞让，表现出的是廉洁；孔子的坚持，表现出的是原则。之所以让把有余的部分分给邻人，是因为原宪贫穷时，难免受邻人接济，而今发迹了，就应该给予接济过自己的四邻以回报。这体现出的正是一种道德意识。孔子曾经说过："君子有三思"，其中之一是"有而不施，穷无与也"。（《荀子·法行》）富有时不知周济人，自己需要周济时，也不会有人接济自己。这里所倡导的也是一种相互关爱的精神。

6.6　父丑不碍子美

> 子谓仲弓曰："犁牛之子骍（xīng）且角，虽欲勿用，山川其舍诸？"

这一章也是赞仲弓之德的。

"犁牛"指杂毛色的牛，"骍"是纯赤色，"角"指头角。古代祭祀用牲，要选用纯色的牛做祭品，不用杂色的牛，同时角以小为贵，如童牛刚出小角，那是最好的。用，指祭祀用。仲弓父是下贱的人，而仲弓却德才兼备，是难得的人才，故孔子用犁牛之子来做比。意思是杂毛色的老牛虽然不能用于祭祀，但它生下的牛犊却毛色纯赤，头角崭露，就是想不用它做祭品，山川之神也舍不得放弃。父虽不好，但不影响子美。

这当是有人因仲弓之父而嫌弃仲弓，故孔子发表此番言论为仲弓辩护，目的是要说明父丑不碍子美，不能因父弃子。这反映了孔子的人才铨选思想。

6.7　三月不违仁太难

子曰："回也，其心三月不违仁，其余则日月至焉而已矣。"

这一章赞颜回之仁。

回，颜回；违，违离。这当是有人问孔子其弟子们关于仁的修养时，孔子所做的回答是：颜回的心，可以三个月不违离仁德。其他弟子，只能坚持数日或一月不等。

有人说：颜回其心之仁既无所施，怎么能看得出？孔子之言实出于偏爱。还有人说："君子无终食之间违仁"，而颜回只能坚持三个月，这算不得君子。"三月"当是"素"字讹，应该是"素不违仁"。其实仁是一种和谐的心灵状态，无须有所施予。"无终食之间违仁"是一个目标，而"其心三月不违仁"，是实际表现。做一个仁人容易，只要绝大多数情况下能坚持守仁德就可以了；而能够连续三个月，无论遇到任何种刺激，都能保持惠爱、宽容的心志和乐生的精神状态，不发怒，不怨尤，这则太难了。连孔子也未必能做到，所以颜回太了不起了！《公冶长》篇，孔子自称不如颜回。《庄子·大宗师》篇，载孔子自甘居于颜回之后，看来并非无因。

6.8　才取其长

季康子问："仲由可使从政也与？"子曰："由也果，于从政乎何有？"曰："赐也可使从政也与？"曰："赐也达，于从政乎何有？"曰："求也可使从政也与？"由："求也艺，于从政乎何有？"

这一章讲三弟子有所长。

仲由是子路，赐是子贡，求是冉求。果，果断；达，通达；艺，多能。这是孔子向季康子介绍弟子情况的对话。季康子是鲁国的执政大臣，他向孔子了解子路、子贡、冉求等人的情况，目的是要选拔人才，为他所用。而孔子则是要通过介绍，起到推荐作用，解决学生的就业问题。故用"果"、"达"、"艺"三字，分别扼要的概括了每个人的优长。果断则能决疑定远，通达则能明理制要，多能则能治事有方。大意言：若能使他们各发挥其所长，从政还会有什么问题呢？

从孔子的回答中，第一，可以看出他对自己培养人才的自信；第二，可以看出他对每个学生的专长都了然于怀，这正是为人师者应当学习的；第三，可以看出孔子的人才任用方略，取其长而用之，必有成效。

6.9　闵子骞辞官

季氏使闵子骞为费（bì）宰，闵子骞曰："善为我辞焉。如有复我者，则吾必在汶上矣！"

这一章讲闵子骞的为人。

季氏当指季康子，是鲁国权臣。闵子骞是孔门德行科的高材生，姓闵名损，字子骞。"费"是季氏的封地，"汶"是齐南鲁北的一条水。汶上，指汶水北。凡言水上者，皆谓水北。（桂馥《札朴》卷二）大意是说：季氏派人请闵子骞出仕做费邑的地方长官，闵子骞不愿意，便对来人说，请你婉言谢绝他的美意吧，我要到齐国去了。如果再派人来，我肯定已到汶水北了。

这段话披露了三个信息，第一，闵子骞有高洁之行，不仕非义，即《史记·仲尼弟子列传》所云："不仕大夫，不食污君之禄。"地方长官，在今人眼里是求之不得的美差，而他却视之如粪土。第二，闵子骞有君子之风，其辞婉而有礼，其意决而不回，其貌直而不屈，进退有度。第三，闵子骞有智者之慧，刚者取祸，柔者取辱，他则善辞婉绝，便是一种自全之策。

6.10　师生之情如父子

> 伯牛有疾，子问之，自牖执其手，曰："亡之，命矣夫！斯人也而有斯疾也！斯人也而有期疾也！"

此章写孔子哀痛伯牛之疾。

伯牛是孔子德行科的高材生，姓冉名耕，字伯牛。他患了一种不治之症，据《淮南子·精神训》说是厉，也就是癞，是牛皮癣一类恶症。这种病严重时，癞皮蒙于头脸全身，令人恐惧，很难治疗。问，探望。"执手"是古代最亲密人之间的行为，并不像现在的握手。这是讲：伯牛临终前孔子去探望，因不愿意示人，故隔窗对话。孔子拉着他的手，表现出无比伤心的样子，说：你去吧，这是命啊！这样好的人怎么患了这样的病呀！

在孔子无奈的哀叹中，反映了他们师生间父子般的情义，这种情义是在道德的共同坚守、激励中形成的，而这也是当下社会所缺失的。

6.11　颜回为何贫而乐

> 子曰："贤哉！回也。一箪食，一瓢饮，在陋巷，人不堪其忧，回也

不改其乐。贤哉回也！"

此章赞颜回之德。

箪，盛饭用的竹器；瓢，葫芦；陋巷，指狭小的巷，为贫困人家所住的区域。这是说：颜回有贤德，他的生活是一竹箪饭，一瓢冷水，住在贫民区里。别人受不了这样的苦日子，而颜回却处之泰然，不改其乐。

同在贫困之中，为什么别人是忧，而颜回却能乐？原因在于志趣不同。常人是处贫贱而慕富贵，求而不得，便感到贫穷是一条看不到希望的路，自然忧从中生。颜回则是处贫贱而求大道，求道而得道，自然乐不自胜。犹如当下的"读书无用论"者，若读书是谋富贵，寒窗苦读二十载，研究生毕业了，却找不到工作，便会"不堪其忧"；若抱着"明道""美身"的目的读书，便觉日有所进，非但二十载不长、不苦，反觉快乐无比。朝鲜魏伯珪说："人能处贫而堪之，则已过人一等；能安之，则过堪一等；能乐之，则又上一等。"（《读书札义·论语》）志趣追求，体现出的是一个人的精神境界，品格高下。

6.12　不要为自己的过失找理由

冉求曰："非不说子之道，力不足也。"子曰："力不足者中道而废，今女画。"

此章重在勉力学生上进。

说，悦；道，主张；力，能力；画，界，指原地不动。大意是：冉求说自己并不是不喜欢老师的主张，而是老师的那一套太难做到，自己能力不足。孔子则批评说：能力不足是半道走不动了，而你是根本就没有动。

冉求学业不好，在知行合一方面做得差。他认为这是自己才能不足的缘故。孔子批评他是固步自封，而不是力不从心，因为他根本就没有迈步。冉求的错误在于：不做自我反省，而是找客观原因，为自己不求上进开脱。这也是一般人最容易犯的错误。孔子则指出其病，表示只要一心向道，不存在力不从心的问题。勉励其要有上进心。

6.13　君子儒与小人儒

子谓子夏曰:"女为君子儒,无为小人儒。"

此章旨在告诫子夏做君子儒。

"儒"指学者,学者中也有君子、小人之别,而其区分便在义与利的取舍上。君子儒是以修己为本、以用世为归的学者,有一种明道救世之志。小人儒则是以知识为谋利之具而邀富贵者。荀子说:"君子之学也,以美其身;小人之学也,以为禽犊。"(《荀子•劝学篇》)文中子说:"君子之学进于道,小人之学进于利。"(《文中子•天地篇》)邢昺说:"君子则将以明道,小人则矜其才名。"(《论语注疏》)从今学者队伍的分化中,我们可感受到孔子当时对"兰惠化而为茅"的感叹,以及对高足子夏的期望。

6.14　不走捷径的人

子游为武城宰,子曰:"女得人焉耳乎?"曰:"有!澹台灭明者,行不由径,非公事未尝至于偃之室也。"

此章赞澹台灭明之德。

子游是孔子弟子言偃的字,武城是鲁国的一个小县,子游在这里做地方长官。"得人"指得人才。澹台灭明是孔子的学生,姓澹台,名灭明。据《史记•仲尼弟子列传》说,他字子羽,相貌丑陋,"欲事孔子,孔子以为材薄。既已受业,退而修行,名施乎诸侯"。这样说来,澹台灭明与子游属同学。"径"是小路,捷径。"行不由径",指不走捷径。大意是讲:子游做武城的地方长官,孔子问他是否发现了什么人才。子游于是向老师介绍了自己老同学澹台灭明的情况，说他从不走小路，没有公事也不登自己的门。说明他是一位很正直的人。

澹台灭明有两个与众不同处：第一，行路不操捷径；第二，无公事不找领导。关于第二点好理解，说明他不巴结领导，不给在领导岗位上的老同学套近乎，拉关系，走后门。关于第一点，不好理解。有人认为是喻不走歪门邪道，显然不妥。根据《周礼》记载，周朝有道禁之法，禁止走小路，如《野庐氏》说："禁野之行径逾者。"这目的是妨止奸盗，因为经验告诉人们，走捷径者多有奸心，好顾盼者多有盗心。这种禁令是要"绝恶于其细，禁奸于其微。"到了春秋后期，道禁之法早已不行了，可是澹台灭明还在坚守。就如现在行人过马路闯红灯，大家都在闯，而澹台灭明能坚守交通规则，这表明他是一位坚守正道的人。在细节上都能自律，何况大是大非问题呢？澹台后来能够名施乎诸侯，当与子游的发现有关。他为后人确立了一个品端行正的榜样。

6.15 夸功与掩功谁佳

> 子曰："孟子反不伐，奔而殿。将入门，策其马，曰：'非敢后也，马不进也。'"

这一章讲不夸功的美德。

孟子反是鲁国的大夫，又叫孟之侧，有人说侧是名，反是字。"伐"是夸耀自己的功劳，"不伐"即不夸功。奔，败逃；殿，殿后，阻止敌人，掩护队伍撤退；策，鞭，这里做动词用。孔子是在叙述孟子反在一次战役中的表现：鲁国与齐国战，兵败溃退，孟子反殿后。在将进城门时，他跑到队伍的前面，边策马边说：我并没有胆量断后，只是马跑不动罢了。

这场战役，显然表现最出色的就是孟子反，但他非但不居功自耀，反而掩饰其功，与常人采取了完全不同的态度。夸功者满足的是名利心，而失去的则是人心。掩功者失去的是名利，而获得的却是尊重。夸功者功夸高一分，人格便减低一等；掩功者，掩一分功劳，便高一等境界。越使人难做到的，越能体现一个人的水平、境界。孔子标榜孟子反，正是为给世人夸功争功者进一剂方药。

6.16　乱世嘴皮比脸皮管用

子曰："不有祝鲍（tuó）之佞，而有宋朝之美，难乎免于今之世矣。"

此章言世尚口才。

祝鲍是卫国的大夫，字子鱼，曾以其口才为卫国赢得过外交上的胜利。"佞"指口才。宋朝是宋国的美男子，《左传》载此人美而善淫，与卫国的两位国母——宣姜与南子，先后私通。祝鲍以淫贵，宋朝以色幸。于是有人认为"而"字是"不"字之讹，或以为"而"释为"与"，"不"字贯上下两句，意思是佞与色为世所尚，没有这便会倒霉。这种理解的一个最大问题是，认为如果没有此二人的口才与美貌就会倒霉，那么天下可幸免者就太少了。显然不符合事实。孔子的意思当是：没有祝鲍的口才，徒有宋朝的美貌，很难幸免于今之世。

孔子此言显然是有针对性的。此当是有人以貌取宠而无口辨之才以护身，最终遭妒而被害，故孔子有此番感叹。表示处于衰世，政治混浊，嘴皮子比脸皮子更重要。脸皮子只能取宠于一人，而却不可御众，只有巧舌如簧，始可八面玲珑，从容于当世。

6.17　道如门户

子曰："谁能出不由户？何莫由斯道也？"

这一章讲道的重要性。

斯道，此道，指正道。大意是：人间正道像门户一样，谁能不从门户出入呢？可是人知道出入走门，为什么不知道做人走正道呢？

门户是通向庭堂的出入口，正道是立身成功的必由之路。正道犹如大路，大路平坦而长远，小路奇险而狭短。走大路则堂堂正正，安然无忧；操小路则难免屈身蹑步，有颠沛之危。入堂不由门户者，必是鼠窃狗偷之辈，做人不由正道而操奇险之径者，必是放辟邪侈之徒。

6.18　君子的修养

子曰："质胜文则野，文胜质则史。文质彬彬，然后君子。"

此章讲文质关系的处理。

质，质实、质朴；文，文采、文饰。彬彬，犹班班，是物相杂而适均之貌，这里指文质相配的适宜状态。野、史、君子，是三种典型的人群。"野"是野人，质实而不懂礼仪，故以喻粗野；"史"是祝史，主司威仪，长于言辞和礼仪，故以喻虚饰；"君子"指在位者，如卿大夫士。大意是说：质是内质，文是外表。如果过于质实，直来直去，没有礼来规范，便不免有野气。即《礼记·仲尼燕居》所说的"敬而不中礼谓之野"。但过于文绉绉，便不免有斯文气。只有质而不野，文而不浮，才能举止得体，不失君子风度。

君子风度，只有从学问修养中才能获得。读书可消除身上质野之气，而修养则可以将知识内化为自己，培养出高尚的品格和高雅的气质，在语默动静之间，表现出君子风度来。

6.19　幸与不幸

子曰："人之生也直，罔之生也幸而免。"

这一章言人须正直。

"直"是正直，"罔"通枉，指邪曲。大意是说：人生之道本当正直，正直才能长久安稳。而那些邪曲不走正道的人能活在世上，那是一种侥幸。也就是说，正直的人生是坦荡的人生，其能生存、发展那是正常的，否则便是不幸；

邪曲的人生，如同做投机生意的，其能生存，那是幸运。故李充说："君子无幸而有不幸，小人有幸而无不幸。"（《论语义疏》引）越南范阮攸说："不幸之死，死犹生；幸之生，生犹死。"（《论语愚按·致知类》）

6.20　求知的三重境界

> 子曰："知之者不如好之者，好之者不如乐之者。"

此章讲学有深浅。

"知之者"，是知道学问知识有益的人；"好之者"，是知道有益而积极学习的人；"乐之者"，是以学习为快乐的人。"不如"是在比较中做出的判断。

这是求知的三重境界。"知之者"尚在学问之外观望，"好之者"欲求用力于学问之内，"乐之者"则视学问为生命的一部分。这三重境界，只有在"不如"的感受中，才能不断追求递进。故王夫之说："须在'不如'处发挥，知不如则求进。盖知而不好，知亦不亲；好不能乐，好亦不笃。因其知以致其好，笃其好以致其乐，则不如者渐及之矣。"（《四书笺解》）

6.21　因材施教

> 子曰："中人以上，可以语上也；中人以下，不可以语上也。"

这一章讲教学法。

这当是对弟子中从事教育者说的。中人，指智力、知识一般的人；上，指高深的知识学问。大意讲：中等以上智能的人，可以给他们讲一些高深的学问；中等以下智能的人，就不能讲太高深的东西了。

这里根据知识水平、理解能力，将学生分成了三等。一是"中人"，二是"中人以上"，三是"中人以下"。面对这三种不同的教育对象，要考虑相应的教学内容。如果对"中人以下"的群体，急于让他们提高，而教一些高深的内容，非但不能接受，还会畏难而退，或苦而生厌。因此须明白因材施教，循序渐进之理。

6.22 智接物，仁治身

> 樊迟问知。子曰："务民之义，敬鬼神而远之，谓知矣。"问仁，曰："仁者先难而后获，可谓仁矣。"

这一章讲仁智之用。

"知"通"智"。"务民之义"，指努力教化民众，使之趋向于道义。"敬"是尊敬，"远"是保持距离。"先难而后获"，指先吃苦后获取。大意讲：樊迟向孔子请教怎样才算聪明，孔子回答：努力教化百姓，使他们趋向道义；对鬼神尊重，但保持一定距离，不去接近。这可以算作聪明。樊迟又问怎样才算仁，孔子说：仁德的人是先吃苦，做出努力，然后才考虑收获的事，这可以算是仁了。

在《颜渊》篇中，也有一条樊迟问仁、知的记载，这当是不同的人对同一件事的不同记述，这与记录者的关注点不同有关。在孔子此处的回答中可以看出，智在接物，仁在治身。接物是处理外在事物，治身是提升自己道德修为。就治国而言，必须面对的是人与神，智者则近民而远神，因自己就生活在民众中，民众的趋向，直接影响着社会稳定，而神则是不可知，不可见的。热情供奉不可知不可见之神而遗弃眼前之民于不顾，则愚莫甚焉。就治身而言，应该"吃苦在前，享受在后"，表现出仁者的胸怀。

盛世之官是近民远神，衰世之官则徒知礼拜神灵乞其保佑而不顾民生，徒知享乐而不知付出。孔子此论，正为衰世之俗而发。

6.23　仁者与智者

子曰："知者乐水，仁者乐山；知者动，仁者静；知者乐，仁者寿。"

这一章讲仁智之别。

第一、二个"乐"字是喜好的意思，最后一个"乐"字训快乐。大意是说：聪明的人喜欢水，仁德的人喜欢山。聪明的人好动，仁德的人好静。聪明的人快乐，仁德的人长寿。

仁者和智者，是两种不同的人生所追求的最高境界。孔子是仁者的代表，老子是智者的代表。智者比德于水，故喜好水，水利万物而不争；仁者比德于山，故喜好山。山者产也，山产草木禽兽而不伐。此就情趣上而言的。若就行为状态上言，智者善动，动用其智以进取；仁者好静，静守其礼以制心。从功效上言，智者圆通而达，故心中常乐；仁者心中平和，故得养寿年。这两种人生最后所达到的精神境界则是相通的。乐者必寿，寿者定乐。孔子说："仁者安仁，智者利仁。"智者最终得以畅行于世的也是仁术。

6.24　齐政、鲁政与王政

子曰："齐一变至于鲁，鲁一变至于道。"

此章讲政治的可变性。

齐、鲁、道代表着三个不同层次的政治状况。齐国政治是霸业之余，从简尚功，尚有尊王之义，如果经过政治教化，很容易就能达到鲁国的状况。鲁国政治是王迹之余，礼乐残存，如果修废举堕，则轻易便会归于先王之道。也就是说在社会大变革之中，齐、鲁虽亦随之而变，但复兴王道政治的基础还在，循序而进，便可修复王政。孔子此言，实是在给有志于礼乐文明复兴者打气，给予其信心、希望及努力的方向。

6.25　世变中之怪现状

> 子曰："觚不觚，觚哉！觚哉！"

此章感叹名实背离的世风。

觚是一种盛酒的礼器，有一定的形制。但孔子时代，人们受创新理念的控制，觚已变得不成觚的样子。所以孔子感叹道：觚已变得不像觚的样子了，这还能叫觚吗？程子说："举一器而天下之物莫不皆然。"确实是这样。这是社会变革时期的怪现状，一切都在创新，似乎越新、越怪、越奇、越与众不同就越好。官不像官，民不像民，父不像父，子不像子，名实相违，一切似乎都没了章法。孔子的感叹，表面上是由一只酒器引起，而实是面对无法无天、失去规矩的世道表现出的无奈。

6.26　仁不等于傻

> 宰我问曰："仁者，虽告之曰'井有仁焉'，其从之也？"子曰："何为其然也？君子可逝也，不可陷也。可欺也，不可罔也。"

这一章讲仁者明智。

"井有仁焉"的"仁"，通"人"；虽，假如；从，通纵，指纵身跳入井中救人；逝，往；罔，愚弄。大意讲：宰我问孔子，假如有人告诉说有人掉进井里了，仁人听了是否二话不说，就会跳下去救人了呢？孔子的回答是：为什么会那样？君子可以去救人，但不会把自己陷进去；可以被人欺骗，但不会被人愚弄。

仁善的人，为别人无私奉献，在很多人看来，他们像傻子。这段对话的前提是：宰我接受了社会上部分人的观点，视仁者为傻子，所以才想象出仁者的傻瓜之举，向孔子发难。孔子主要就仁不等于傻这一问题做了回答。表示仁的行为是明智之举，第一，他们会考虑救人的方式，不会为了救人而置自己的性命不顾。第二，他们会明辨真假，不会受人愚弄。孔子表面上是对宰我的回答，实是对社会上部分人对仁者误解的回应和批评。

6.27　博文约礼

> 子曰："君子博学于文，约之以礼，亦可以弗畔矣夫。"

此章讲学问之法。是针对当时学者不能约礼之病而言的。

博，广博；文，文献；约，约束；礼，礼仪；畔，通"叛"，背离。大意言：用博学充实知识，以礼仪约束行为，就可以不违背大道。

只有广博地学习文化知识，才能通古知今，言论有据；只有以礼仪约束自己，才能不失规矩，行动有法。博文约礼是学问之法，是君子进德修业所不可舍弃的途径。孔子之所以提出此，是因为当时叛道已成为时代风气，学者多追求知识以做获利之具，学博记杂而不知大道，炫耀学识而不知以礼自持，口诵尧舜，行同盗娼，学问与人格分离，学问与人生分离，此正是知"博学"而不知"约礼"之病。故孔子开出"约礼"一方，旨在拯救学人。

6.28　孔子也有急时

> 子见南子，子路不悦。夫子矢之曰："予所否者，天厌之，天厌之！"

此章讲孔子遭误解时的反应。

南子是卫灵公的夫人，有姿色且带几分淫荡，声誉不好。不说，不高兴；矢，誓；否，不；厌，弃绝。大意讲：孔子到卫国，南子知道了，一定要与这位名扬天下的大学者见面。孔子不得已，只好去见。子路很不高兴。孔子做解释，子路不相信，孔子只好向天发誓说：表示如果自己说了假话，就让天打五雷轰。

孔子见南子，是出于礼节，而不是屈身求仕，更不是迷于其色。尽管南子非善辈，但欲见孔子，也是一番好意，没有理由拒绝。仁者有容人之量，化人之心，不可因人有劣迹而拒绝其向善向道之心。"子路不悦"，是不理解夫子之意。"夫子矢之"，是因说不清其中的委屈。对天盟誓，是破除误解而又无法用语言解释的一种无奈之举，求鉴于天是一种自明心迹的方式。看来圣人也有发急的时候。

6.29　中庸何其难也

> 子曰："中庸之为德也，其至矣乎！民鲜久矣！"

这一章伤人不能中庸。

"中"是中和，"庸"是用，即中和为用，也就是用中、执中。至，极；鲜，少。言中庸是一种最高的德行，但人失去它，很久不用了。

这里有两点须明白，第一，为什么说中庸是至德？第二，至德为何人不能行？就第一点言，中庸是天下中正之道，植物不得时中不能生，动物不得时中不能孕。所以《礼记·中庸》说："致中和，天地位焉，万物育焉。"人的行为如果能把握一个"中"字，也就是分寸、火候恰到好处，便可以不犯错误或少犯错误。一部《周易》，其实就是谈如何把握中庸的问题，所以孔子说，读《周易》"可以无大过矣"。就第二点言，之所以"民鲜久矣"，乃在于私欲过胜，修养不够，把持不住，不是患得患失当进取而不敢进取，就是贪利忘身而失足、丢命。

中庸看起来是极平常的，但却蕴含着极高的智慧。《中庸》所谓"极高明而道中庸"，即说明"中庸"行为是靠智慧支撑的。

6.30 圣与仁

子贡曰:"如有博施于民而能济众,何如? 可谓仁乎?"子曰:"何事于仁,必也圣乎! 尧舜其犹病诸! 夫仁者,己欲立而立人,己欲达而达人。能近取譬,可谓仁之方也已。"

这一章讲行仁之术。

博,广博,施恩;事,犹止;病,忧;诸,之;方,方法。子贡的意思是:如果广施恩惠于百姓,并且能救助大众,是否可以算作仁人了? 孔子的回答分两层意思。一、这不止是仁人,简直就是圣人,连尧舜都发愁难做到。二、仁人的行为是,自己想立身,便想到也让别人立身;自己想通达顺利,便想到让别人也通达顺利。将心比心,由己及人,这是行仁的方法。

这里区分开了两个概念,即"仁"和"圣"。"圣"是比仁更高的层次,"仁"是推己及人,是一种道德行为,而"圣"则是在仁的基础上完成的功德。所以有人说"圣"是成德之名。"仁"是有心即可以实践,而"圣"则需要才能、力量。"圣"不是想成就能成的,而"仁"则是任何人都可以达到的境界,关键在为与不为之间。

述而第七

7.1　述比作更重要

子曰："述而不作，信而好古，窃比于我老彭。"

这一章讲自己主在传承。

"述"是传述成说，"作"是创立新说。信，诚敬，《广雅·释诂一》："信，敬也。"窃，私下，是自谦。老彭，指老子，老子名耳字伯阳，彭古读如庞，即伯阳之合音。老子是出了名的"好古"者，今曾有人说他是复古主义者。这是说：自己传承圣贤成说而不创立新说，并抱着虔诚的态度而喜好传统文化，私下自比于老子。

孔子"述而不作"曾一度遭到批判。用今天人的观念看，"述"是守旧，"作"是创新，创新才能体现价值，孔子以绝代的聪慧，为何却不"作"，而要选择"述"呢？原因是孔子明白，"述"比"作"更重要。"述"是"守正"，是对历史结成的文明成果的坚守与承传，这成果已被历史验证过，是有利于人群的。"作"是创新，"新"是否一定就好？还属于未知数。许多社会问题便出在一味的创新中。绝顶聪明的人不是表现在自用其智，按倒古人而自我作古上，而是如何取资于历史，广积众智，把优秀传统承传下去。只有"述"，才能保证优秀传统的承传，"作"只能在"述"的基础上进行才有意义。不知"述"（守正）而妄谈"作"（创新），即孔子所说的"不知而作之"，其"作"出的"新成果"，生命力一定是脆弱的。

孔子的时代，追求"作"的人过多，而不明白"述"的意义，所以孔子才

强调"述"，表明自己的文化立场。这如同一份文化宣言，是对妄称创新者的
挑战。

7.2　教师的三条准则

> 子曰："默而识之，学而不厌，诲人不倦，何有于我哉！"

这一章讲自己作为教师的准则。

"识"读"志"，意思是记住；"诲"是教导；"何有"与"于从政乎何有"
的"何有"意思相同，即"有什么"。大意是说：默记各种知识，学习不知满
足，教人不知疲倦，这对自己来说没有什么难的，表示都做到了。

这里提出了作为教师的三条准则。第一条"默而识之"，是对待知识的态
度，将所见所闻所学的知识默记于心，才能完成一名教师所需的知识储存。第
二条"学而不厌"，是对待学习的态度，不知满足地追求新知，才能不断提高
教学水平。第三条"诲人不倦"，是对待学生的态度，不知厌倦地教诲学生，
才能达到传道授业的目的。此可称千古"师则"。仔细想想，缺其中的任何一
条，恐怕都不能成为一名好老师。

7.3　修身四忧

> 子曰："德之不修，学之不讲，闻义不能徙，不善不能改，是吾忧也。"

这一章讲修身之忧。

修，培养；讲，研究；徙，迁移、变化；是，此。大意讲：不培养品德，
不研究学问，不能趋向正义，不能改变不良习惯和作风，这是自己所担忧的
事情。

修身是不断提升自己的唯一途径，孔子所强调的君子人格境界，非自修不

能达成。在修己的道路上，孔子提出了值得忧虑的四项事：

第一是"德之不修"。"德"指一个人的品德，此是立身之本，这德是靠"修"——培养才得以形成的，但人容易犯的错误是重视读书，忽略道德培养。此不可不忧。

第二是"学之不讲"。学问中储蓄着前人的文化思想智慧，若不重视，不仅知识有缺，也难明彻事理，对周边事物做出准确的判断和把握。这不可不忧。

第三是"闻义不能徙"。义是一个人行为应当符合的要求，故韩愈说："行而宜之之谓义。"（《原道》）所修之德落实在行为上，那便是"从义"——"徙"字便是改而从之的意思。但人多能口宣仁义，而行为则为私欲所碍，很难改而从义。此不可不忧。

第四是"不善不能改"。"不善"的东西，如不良习惯、作风等，都是不应该有的东西，所以又叫作"过"。"改过"是痛苦的事情，这需要有勇气，故更多的人是知过而不能改，不"改过"则不能"自新"。此不可不忧。

孔子虽是言自己之忧，实则是想与弟子共勉。

7.4　动静之间见气象

> 子之燕居，申申如也，夭夭如也。

这是孔门弟子对老师闲居仪态的记述。重在表现夫子的祥和气象。

燕居，即闲居，指闲暇无事时；申申，指容貌舒缓之态；夭夭，指神色和悦之貌。这是说孔子在平居无事时，容貌舒缓，神色和悦。没有一般人平居独处时的那种散漫放肆，也没有故意表现出不凡的刻意造作之态，而在举手投足、一动一静之间，都表现出了一种祥和的气象，完全是一种"从心所欲不逾矩"的状态，这是有相当修养高度的人才能达到的一种境界。即如程子所说："今人燕居之时，不怠惰放肆，必太严厉。严厉时着此四字（按：指"申申"、"夭夭"四字）不得，怠惰放肆时，亦着此四字不得，惟圣人便自有中和之气。"(《四书集注》引)孔子之所以能为万世师表，不徒在言传，更在身教，在人格力量。

7.5   人最无奈是老衰

子曰："甚矣，吾衰也！久矣，吾不复梦见周公。"

这一章讲孔子对衰老的无奈。

甚，过分，此处指自己衰老已过甚。复，再。言自己体衰已甚，好久都不再梦见周公了。

周公是中国文明史上一位划时代的人物，他在华夏民族千百年积累起来的文明成果的基础上，创立了高度的礼乐文明制度，开创了文明史的新纪元。春秋时代的社会变乱，使这种制度被颠覆。孔子认识到了这种文明对构建人类和谐的意义，故一生志在复兴礼乐，行周公之道，承传文明成果。用志专精，夜有所梦。但无奈志不得行，精力日衰，思虑日穷，梦想消失，徒存遗憾，于是发出了无奈的感叹。一个文化巨人，为了人类文明成果的保护而奔波一生，最终却在凄凉无望中倒下。他给我们留下的是惋惜，是思考，同时也把一种为人类文明的承传和延续而奋斗的弘道精神留给我们。

7.6   进修四要

子曰："志于道，据于德，依于仁，游于艺。"

这一章讲进德修业之法，提出了四个要点。

第一点"志于道"，即追求真理。这是一个学人应有的信念。"道"在这里代表真理，代表是非原则，代表价值观。

第二点"据于德"，即坚持道德原则。这是一个学人应具备的品质。据是执守，德在这里代表的是立身之本，是自我存在的依据。

第三点"依于仁"，即归依于爱人。依是依归，仁是爱人，在这里代表的是一种胸怀，一种人生观，一种推己及人的精神。它与"道"和"德"不同，不是自我充实，而是向外展现，是需要在社会生活交往的各类关系对待中落实的。

第四点"游于艺"，即适情于物。朱熹对此解释得很好，他说："游者，玩物适情之谓；艺则礼乐之文，射、御、书、数之法，皆至理所寓而日用之不可阙者也。朝夕游焉以博其义理之趣，则应务有余，而心亦无所放矣。"（《四书集注》）

简单地说就是：以追求真理为志向，以据守道德为原则，以推己及人为依归，以游心艺术为涵养。一个学人若能如此进德修业，必能进身于仁人之域，实践君子人格。

7.7　孔子收徒原则

子曰："自行束脩以上，吾未尝无诲焉。"

这一章讲师徒之礼。

脩，干肉。十条干肉为一束，"束脩"即十条干肉。古代无礼不相见，而束脩是最菲薄之礼。孔子的意思是：只要以礼相见，我都给教。为什么？"文化大革命"中有人批判孔子，说束脩是"孔子学院"的学费，只有交了学费，才有在这里受教育的权力。其实不然，这学费未免太低了。孔子要求一定要带着礼物来见——礼物不在多少，只要束脩以上的礼都行，这当然是根据家庭经济情况、身份、地位自己来决定的——这不仅"无礼不相见也"之古礼使然，更重要的是这"礼"表达着三重意义：第一是敬，表示对教师的尊敬；第二是信，表示相信教师的学识水平；第三是愿，表示愿意来接受教育。没有这礼，只是口头虚晃一枪，不敬师、不信师、不愿学，这样的学生自然无法教，不能收为门徒。

7.8　三种学生不能教

子曰："不愤不启，不悱（fěi）不发。举一隅不以三隅反，则不复也。"

这是孔子对无法施教的学生情况的总结。

这里归纳出了三种情况：第一种是"不愤"者。"愤"是发奋的意思，即主观不努力的学生，自己不发奋努力，没有主观积极能动性，这样的学生不能教。第二种是"不悱"者，即不愿意学习的学生。《集韵》说："悱，心欲也。""不悱"就是心不欲，自己没有求知的欲望，这样的学生不能教。第三种是"不反"者，即不动脑筋的学生。"隅"是角的意思，"反"是类推，东西有四个角，告诉他其中一个是角，他却不知道类推其他三个也是角，这样的学生不能教。"启"是启动，"发"是开导，"复"是告诉，在这里都有教的意思。在这三种学生身上下功夫也是白搭，有教学经历的人恐怕会有同感。

7.9　临丧不饱

子食于有丧者之侧，未尝饱也。

这里讲的是孔子在丧事上就食的表现。人有丧事，亲友要去吊丧，事主家为之准备有饭菜。这是中国的一种传统习俗，直至今日农村还是如此。"有丧者之侧"指服丧者之旁，其实是指在丧事上。孔子在丧事上吃饭，从来没有吃饱过。这有两个原因：第一，仁心使然。人有丧如己有丧，心有所哀，难以进食；第二，礼节使然。服丧者因悲伤难进饭食，而你不知同情致哀，却任情饕餮，这是无礼的行为。孔子曾批评那些"为礼不敬，临丧不哀"的人，饕餮丧者之侧者便是其一。

7.10　哭日不歌

> 子于是日哭，则不歌。

这一章也是讲孔子临丧表现的。

"哭"指吊丧为死者哀哭。孔子在哭丧过的这一天里，他不会再唱歌的。原因是他的哭，出自内心的哀伤，而不只是礼节。哭过之后，余哀在心，难以为歌。

从以上这两则中可以看出，孔子是以真情对待丧事的，他那颗巨大的仁爱之心，使他与丧者同哀，而没有半点的虚情假意。这与世俗之人贪食于丧事、谈笑逗乐于有丧者之侧的行为表现，何啻天壤！弟子记此，便是要表现出圣人与众不同的真性情。

7.11　有勇还须有谋

> 子谓颜渊曰："用之则行，舍之则藏，唯我与尔有是夫！"子路曰："子行三军，则谁与？"子曰："暴虎冯河，死而无悔者，吾不与也！必也临事而惧，好谋而成者也。"

这一章讲以智用世之要。

用，任用；行，推行；舍，舍弃不用；藏，守，指守身而不与世同污。二句意指统治者要任用自己，自己便用智于世；不能用，自己便洁身自好。即孟子所说的"得志，泽加于民；不得志，修身见于世"（《孟子·尽心上》）之思。孔子认为能做到这一点只有颜回和自己。子路有点吃醋，于是说："子行三军则谁与？"意思是"老师要统率三军，选择和谁一起干？"因为子路好勇，有将帅之才，所以才这样问。"暴虎"，指没有车马凭借而徒步与老虎搏斗（裘锡圭先生说），"冯河"是没有船只徒步渡河。"临事而惧"指遇事戒惧谨慎，"好谋而成"指多智而裁断，成，裁定。孔子的回答很妙，大意是说：那种爱拼命死也不后悔的人，我不和他一块干。我要的是临事谨慎、多谋能决的人。这样把子路便轻轻撇到了一边。

子路不明白，"用行舍藏"，此中有一种智慧在，这智慧就是顺道而行，顺其自然，减少与外界的摩擦。如果什么事都鼓着一口气去拼命，伤害的只能是自己。颜回的这一长处，恰是子路的短处。孔子当子路面赞颜回的目的，本是在提醒子路，子路不知其中之妙，反而以其勇与颜回之智抗衡，而却不知有勇也需要有智谋。只知拼命，不知用智，死了都不知道怎么死的。这个"智"字是人生中少不得的。中国人的五常之德中，"智"与于其中，原因正在于此。故朱熹说："此皆以抑其勇而教之，然行师之要实不外此，子路盖不知也。"（《四书集注》）

7.12　不为富动

子曰："富而可求也，虽执鞭之士，吾亦为之。如不可求，从吾所好。"

这一章讲孔子对于发财的态度。

朱熹说："执鞭，贱者之事。"大概是驾车、清道之类的贱差事。孔子的意思是：如果可以发财，就是再下贱的事我也愿意去做。如果不能，就只能随我所好了。

这段话与孔子的思想有些不合，原因是失去了语言环境。如做背景还原，这当是人与孔子谈论到发财之事时，提到了种种非君子之行的招数。因属于"非以其道得之"的小人行为，被孔子一一否定。于是有了如晋南民谚所言的"君子求财财不来，日鬼八扎肯发财"的感叹，孔子便说了这一番话。其大前提是，这"求"，是"君子爱财，求之有道"的"求"，是合于道义原则的"求"。衰世之俗，得财多不由正道。所以孔子说：像这样的发财，我宁愿贫穷，绝不为难自己。元儒陈天祥说得很好："不义而富且贵，君子恶之，非恶富贵也，恶其取之不以其道也。古之所谓富贵者，禄与位而已，贵以位言，富

以禄言。'富而可求'，以禄言也；'执鞭'，谕下位也。盖言君子出处当审度
事宜，谷禄之富于己，合义，虽其职位卑下，亦必为之。故夫子之于乘田、委
吏，亦所不鄙。苟不合义，虽其爵位高大，亦必不为，故夫子之于季孟之间，
亦所不顾也。伊川曰：富贵，人之所欲也，苟于义可求，虽屈己可也；如义不
可求，宁贫贱以守其志也。"（《四书辨疑》卷四）这里表现的是孔子坚守道义
的原则、不为财富所动的人生态度。

7.13　孔子有三慎

子之所慎：齐、战、疾。

这一章记孔子所慎之行。

有三件事孔子都特别慎重。第一是斋戒。"齐"在这里读"斋"，是古人在
祭祀或举行其他典礼前的一种准备工作，要沐浴洁身，不吃荤，不饮酒，清除
杂念，后人有七日戒三日斋之说，这表示的是对神灵的高度虔敬。斋戒祭祀是
与冥冥之中的神明交通，敬神如神在，故不可不慎。

第二是"战"，即作战。作战关系着众人之生死、国之存亡，故不可不慎。

第三是"疾"，即疾病。疾病关系着自身的生存，故不可不慎。

这反映了孔子对于天地神灵、对于人的生命以及自己生命的敬畏之情。在
这敬畏之中包含了对天地间灵物的尊重。

7.14　孔子闻《韶》

子在齐，闻《韶》三月，不知肉味，曰："不图为乐之至于斯也。"

这一章记述闻《韶》乐之后的反应。

《韶》是舜时的乐曲，反映的是尧舜禅让的德治社会形态。《礼记·乐记》

说:"韶,继也。"郑玄注说:"韶之言绍也,言舜能继绍尧之德。"这句话,前人多读为:"子在齐闻《韶》,三月不知肉味。"但"三月不知肉味"有些夸张,故白平先生疑"三月"为"三日"之误。仔细琢磨,但是言"闻《韶》三月",而不是说"不知味者三月",故重新断句如此。孔子在齐国听到了《韶》乐,完全被这支乐曲所陶醉。他一听就是三月,那平和优美的声音绕耳不绝,竟使他都忘记了肉的香味。故他说:没有想到舜的音乐能达到如此完美的程度。不图,没有想到;斯,此。

孔子为什么如此赞美《韶》,这绝不是因为它高超的艺术,而是这支乐曲所蕴有的道德内涵,恰恰是孔子那个时代所缺失的。孔子从中看到了自己的理想追求,他希望那个消失的道德时代的再现。

7.15　让位与争位

　　冉有曰:"夫子为卫君乎?"子贡曰:"诺,吾将问之。"入,曰:"伯夷、叔齐何人也?"曰:"古之贤人也。"曰:"怨乎?"曰:"求仁而得仁,又何怨?"出,曰:"夫子不为也。"

这一章记孔子对卫出公父子争位问题的态度。

卫灵公的太子蒯聩因得罪其父而出逃。灵公死后,卫国立蒯聩的儿子辄为国君,这就是出公。不久晋国要把蒯聩送回国,这样便演出了父子争位的政治闹剧。孔子在卫国,在这场父子争位中,他会支持卫君吗?弟子们想知道老师的立场,于是便有了这个故事。"为"是帮助之意。"卫君"指卫出公辄。"诺"是表示答应。伯夷、叔齐是孤竹国国君的两个儿子。父亲将死,遗命立小儿子叔齐为国君。叔齐要把位置让给老大伯夷,伯夷不接受,选择了出逃。叔齐亦不立而逃。后来武王伐纣时,伯夷、叔齐弟兄俩又扣马而谏。武王灭商后,二人耻食周粟,饿死于首阳山。"怨"是悔恨。朱熹对此解释说:"伯夷以父命为尊,叔齐以天伦为重。其逊国也,皆求所以合乎天理之正,而即乎人心之安,既而各得其志焉。则视弃其国犹敝屣尔,何怨之有!"大意是讲:冉有问子贡：老师会帮助卫君吗？子贡答应去试探一下老师。于是进了孔子的房间，他问老师：伯夷、叔齐他们后悔吗？孔子回答：伯夷、叔齐他们谋求仁而得到了仁，有什么可怨的呢。子贡从话中听出了老师意思，知道老师不会趟这浑水，于是出来给冉求说：老师不会帮助卫君。

这段记载一方面表现了子贡的智慧，另一方面表现了孔子对道义原则的坚持。子贡不直接问孔子的立场，而是问与卫君父子争位行为完全相反的一对人物——因让位而出亡的伯夷、叔齐。如果孔子说伯夷、叔齐都后悔了，说明孔子支持争位。否则便是反对争位。而孔子并不因受卫君之惠改变自己的一贯原则，他赞成为行道义终死不悔的夷、齐精神，对亡失君臣之义、父子之情而一味争利的行为是不屑一顾的。

7.16　贫有何可乐

　　子曰："饭疏食饮水，曲肱（gōng）而枕之，乐亦在其中矣。不义而富且贵，于我如浮云。"

这一章讲穷中之乐。

"疏食"是粗糙的食物；"曲肱而枕之"，言弯曲胳膊当枕头；"如浮云"，喻没有意义，故漠然置之。

这里有两个问题：第一，吃粗粮，饮生水，拿胳膊当枕头，这样的生活有何可乐？第二，富贵是人之所愿，为何却视之"如浮云"？在这里体现出的正是孔子的心灵境界。贫而乐，并不是乐贫穷，贫穷实在没有什么好乐的，不但不值得乐，还值得厌恶。而之所以在贫中能有乐，乃在于得到了自己想得到的东西，这就是"道"。贫穷是物质上的匮缺，而道则是精神上的享受。道使自己走进了一个广阔的澄明世界，此中之乐与凡人而言，就像与猴子谈读金庸小说之乐一样，是根本无法理解的。这种乐，即使再贫穷，也无法改变。即程子所谓："非乐疏食饮水也，虽疏食饮水，不能改其乐也。"（《四书集注》引）

再就富贵言，富贵实在不应淡然视之，而是应该双手拥抱。但作为一个堂堂正正的人，有比富贵更重要的东西，这就是"义"。"义者宜也"，这是一个"人"存身于社会的根本。如果为了富贵，丢了道义，还何以称人？犹折树上花枝以入水瓶，还何以称树？而且其何能持久？因此以"不义"为代价而获得富贵，必不能久，君子也必不为。孔子眼前的富且贵者，多是"不义"之徒，故而孔子轻之曰："于我如浮云！"

7.17　学《易》何能无过

子曰："加我数年，五十以学《易》，可以无大过矣。"

这一章讲学《易》之用。

关于这一章的解释，歧说较多，主要集中在"加"、"五十"、"易"几个字上。"加"一本作"假"，"五十"二字《史记》引文没有。"易"字一本作"亦"。这里仍以今本为准。"加"、"假"都是"嘏"的借字，意思是赐福。这段话大意是说：天赐福我多活了几年，我五十岁开始研究《周易》，因此能够不犯什么大的过错。这可能是孔子年近七十时说的话。

为什么说研究《周易》，能够不犯大错误呢？因为《周易》的一个核心精神就是"时中"，它教人从事物的变化中明白吉凶消长、进退存亡之道，学会把握事物的火候、分寸、尺度，做到恰到好处。故惠栋《易汉学》卷七云："易道深矣！一言以蔽之曰'时中'。"能做到"时中"，自然就能少犯错误了。故翁方纲《答赵寅永书》说："今日读《易》，惟应玩辞，以求圣人教人寡过之旨。"

7.18　孔子的普通话教学

子所雅言，《诗》、《书》、执礼，皆雅言也。

这一章记孔子对于普通话的运用。

"雅言"本指西周王都所在地区的方言，但因是京城所在地方的话，所以便成了官话，即当时普通话，与今天普通话以北京话为基础是一个道理。孔子在给学生讲读《诗经》、《尚书》时，还有在参加典礼、主持礼仪时，都是用的雅言。

《诗》、《书》、礼都是孔子教学的主要内容。为什么孔子要用普通话来教这些内容？这是一个学术话题，也是一个政治命题。地方割据政权的发展，必然导致语言音读上的分裂，导致相互交流上的障碍。因此一个结束分裂后的统一王朝，往往要在语音的统一上做工作，确立普通话的权威地位。中国古代的韵书，如《切韵》、《唐韵》、《广韵》之类，显然都承担着统一、规范语音的任务。孔子的普通话教学，正反映了孔子维护民族统一的思想，以及其立志传播《诗》、《书》文化正脉于后世的坚定信念。

7.19　孔子的自我鉴定

> 叶公问孔子于子路，子路不对。子曰："女奚不曰：其为人也，发愤忘食，乐以忘忧，不知老之将至云尔。"

这一章是孔子自言其为人。

叶公是楚国叶县地方的长官。奚，何；云尔，如此而已，表示自己如此罢了。大意讲：叶公向子路打听孔子的为人，子路不好回答。孔子知道后，一是责怪子路没有回答，二是教给了子路如何回答，并做了自我鉴定，以望子路应对类似的情况。

孔子自我鉴定分三点：

第一点好学，发愤学习起来竟然能忘记吃饭。

第二点乐道，在道的体悟与享受中，竟然忘记了什么是忧愁。

第三点自强不息，在孜孜不倦的追求中，竟然忘记了自己的岁数。这里展现出的是孔子乐观向上的精神状态。

7.20　劝学之又一方

子曰："我非生而知之者，好古，敏以求之者也。"

这一章是孔子自道其有所成就的原因，以此劝人努力学习。

"生而知之"是不待学而能的天才。这种人世界上不敢说没有，但孔子不敢担。在时人看来，孔子就是这样的一位天才，其知识之渊博，如同与生俱来的一般。但孔子否定此。他自己表示其能有此成就有两个原因，一是"好古"，对古典知识充满兴趣，因而有主观能动性；二是"敏求"，勤奋的追求知识，不知疲倦。这是孔子以自己为榜样来劝学生努力学习，意思是只要勤奋努力，就会有所成就。"锲而不舍，金石可镂"，就是这个道理。

7.21　孔子四不语

子不语怪、力、乱、神。

这一章记孔子不讨论四个方面的事情。

《说文》说："语，论也。"《诗经·大雅·公刘》传说："直言曰言，论难曰语。"因此"不语"不是"不说"，而是不讨论、答辩。以下四方面的问题孔子不讨论：

第一是"怪"，即怪异、妖孽之事。此非理之正，辩之无益，故"不语"。

第二是"力"，即武力、争斗之事。此非关文教、德化，辩之无益，故"不语"。

第三是"乱"，即悖乱、弑篡之事。此不利于治道，故"不语"。

第四是"神"，即神鬼、幽灵之事。此不可测知，无法说清，求之不果，道之无益，故"不语"。

这四个方面的事，语之容易乱人心术，启人邪思，无益于教化。所以最好"不语"。

7.22 学无常师

子曰："三人行，必有我师焉。择其善者而从之，其不善者而改之。"

这一章讲学无常师。

"三人行"指三个人行事。或认为是"同行"，也可以通。大意言：三个人做事，其中一人是自己，其余两个人，有一善一不善，自己就可以从中做出选择，择善而从，而从不善的一方看问题的所在，从而改正不好的地方。但不管善与不善，都是自己的老师，因为他帮助自己提高了认识。

对于每一个人来说，只要抱着学习的态度，随处都有老师，每个人都可以成为自己的老师，并不是只有给自己"传道授业解惑"的人才是老师。即所谓"见贤思齐，见不贤而内自省"，这样"善恶皆我之师"，便可以不断取得进步。《左传》杜预注引传言："圣人无常师。"正是因为无常师，才能成就其圣人之德的。

7.23 孔子的自信

子曰："天生德于予，桓魋（tuí）其如予何！"

这一章讲孔子临危不惧之态。

桓魋是宋的司马。鲁哀公三年，孔子到了宋国，在一棵大树下与众弟子讲习礼仪。宋国司马桓魋想加害孔子，专门挑衅，把那个大树就砍掉。孔子只好离开那里。弟子们劝孔子快离开宋国，孔子便说这番话。大意言：上天赋给了我德行，桓魋他能把我怎么样？

这里表现出的是孔子"临危不惧"的沉稳态度。但孔子为何能如此？这乃出自他的自信。这个故事与孔子在匡地遇到的情景甚为相似（参见《子罕》篇），它表现了同一种心态。由彼得知，这里的"德"，是孔子自己认定的上天给予自己的使命。孔子认为，上天把承传千年文明成果的使命交给了自己，就意味着要让自己完成这一使命，桓魋是奈何不了自己的。他的这种自信，正是一个文化承传者使命精神的体现。华夏文明数千年绵延不断，正赖于有这样一批文化人的自信与使命担当。

7.24　夫子何言"无隐"

子曰："二三子以我为隐乎？吾无隐乎尔。吾无行而不与二三子者，是丘也。"

这一章讲孔子教无所隐。

"二三子"指诸弟子，"隐"指隐藏，"乎尔"是语助词，"行"指所行之事。大意是说：你们认为我有所隐瞒吗？我没有什么好隐瞒的。我没有什么事不让你们知道的，这就是我的为人。朱熹说："诸弟子以夫子之道高深不可几及，故疑其有隐，而不知圣人作、止、语、默，无非教也。故夫子以此言晓之。"（《四书集注》）

百工之人，师徒传授技艺，师傅往往要留一手，目的是防徒弟。故有了"师有所隐"之说。孔子为何说"吾无隐"？原因有二：一是孔子是教人以道，而不是授人以技的。技有密而不传的，而道则无所隐，如天象昭然。第二，孔子不只是言传，更有身教相辅。他做任何一件事，都在示范予弟子，教弟子做人、做事之道，只要用心体察，便可自明。就孔子的学问来说，看起来深不可测，而其所得之道就在"好古敏求"、"学而不厌"、"学无常师"的行为中，没有秘密可言，这是任何人都看得见的。人只要能效法此道，便可跻身仁智之域，不枉夫子一番苦心。

7.25　孔子的教学大纲

> 子以四教：文、行、忠、信。

这一章记孔子的教学内容纲要。

"文"指六艺之文，即文献典籍。重在把握古典知识、取资古人。这是获智之道。

"行"指六行，即《周礼·地官·大司徒》中所说的六种善行，包括孝（孝亲）、友（友兄弟）、睦（亲九族）、姻（亲外亲）、任（信友）、恤（振贫）等六种善行。这是居家之道。

"忠"是为人臣之道，尽心竭诚，做到中心无隐。

"信"是交往之道，言行一致而不相欺。

此四者，可谓人生必需知识的大要，故是教学中必须具备的内容。

7.26　君不圣则民不善

> 子曰："圣人，吾不得而见之矣，得见君子者斯可矣。"
> 子曰："善人，吾不得而见之矣，得见有恒者斯可矣。亡而为有，虚而为盈，约而为泰，难乎有恒矣。"

这一章疾世无明君良民。

"圣人"指大仁大智之人，即明君，如尧、舜、禹、汤、文、武等。"君子"指有才德的掌权者，"善人"指志于仁善的良民，"有恒者"指能守常道的人。第二个"子曰"当属衍文。亡，通"无"。大意是说：圣人我见不到，能见到君子就可以了。善人我见不到，能见到守规矩的人就可以了。本来无，却要冒充有；本来空，却要冒充实；本来贫，却要冒充阔。在这样的世风下，要守规矩也是很难的。

圣人、君子、善人、有恒者，从社会地位上言，是两个不同层次的人，圣人、君子代表统治者，善人、有恒者代表臣民。从精神层面上言，则代表着四个不同的境界。圣人出，良民从。而孔子当时面临的则是上无明君、下无良民的时代。在诸侯中找一位君子都很难，何谈圣人！社会虚假浮夸之风盛行，物欲高涨，人心向利，能够守志不变已是难得，何来志于仁善！统治者与民争利，社会如草随风，上无圣人，下何来善人！

7.27　孔子渔猎

> 子钓而不纲，弋不射宿。

这一章讲孔子从事渔猎的表现。

"纲"当是"网"字之讹。"弋"是带细丝绳的箭，这样容易将箭收回。宿，栖宿，这里指栖宿于巢中的鸟。孔子早年因家境贫穷，曾从事过多种体力劳动，像打鱼、打猎也是少不了要干的事。人心总想多得，而以网捞鱼、覆巢取鸟，则是多获最常用的办法。但这些办法孔子都不用，他要用钓竿一只一只的钓，要用箭一只一只的射。因为不渔、不猎，无以供祭祀之用，但仁心善性，又不忍多杀生。这反映了孔子的仁爱之心。大德之人之所以能恩及于禽兽、德加于百姓、致天下太平者，皆本之于这颗仁心。"待物如此，待人可知；小者如此，大者可知。"（《四书集注》引洪氏说）

7.28　为学之要

> 子曰："盖有不知而作之者，我无是也。多闻，择其善者而从之；多见而识之，知之次也。"

这一章讲治学。

盖，可能；作，创新。"不知而作"指"不从见闻中所得而凿空妄造"（惠栋《九曜斋笔记》卷二）。是，此，这样；识，记；次，差一等。大意是说：大概有自己不懂而就能创新的人，我自己则做不到。多听天下之理，选择好的接受；多观天下之事，把各类知识默记于心。这样虽比不上"生而知之"，也可算作其次了。

孔子是一位教师，关注如何治学，这是他分内之事。对于自负其能的学者来说，最爱做的事情就是以创立新说，压倒古今学人。然而最可怕的是这些人不知以为知，自以为是，妄自创新。故孔子首先声明："不知而作之"的狂妄之举，自己不干。潜台词是，要"作"一定要先"知"，如何才能"知"？天生就知道的人是否有？不敢说。就一般人获取知识的途径言，少不了两条：一"多闻"，二"多见"。对于闻、见获得的知识，在行为上，要择善而从；在知识储存上，则无论善恶全部记下来，以备后用。这样便可做到"知"，在此基础上的"作"，才是可信的。

7.29　孔子对待不良少年

互乡难与言童子见，门人惑，子曰："与其进也，不与其退也，唯何甚？人洁己以进，与其洁也，不保其往也。"

这一章讲教诲之道。

"互乡"是乡名，"难与言"是难以进言，大概此人有顶嘴、抬杠之类的臭毛病。"童子"是未成人之谓。与，赞许、帮助；甚，过分；保，守；往，已往。大意言：互乡地方有一个难以听进人言的少年，他来见孔子，孔子接见了他。弟子们对此事很疑惑，以为老师不应当见他。孔子于是说：我帮助他进步，又不是帮他跟人顶嘴，你们怎么这样过分呢？人家想洁身以求进步，我帮助他洁身，不必要捉住他的过去不放。

这是一个孔子对待不良少年的故事。如何对待不良或落后少年，有多种不同的态度。像"门人惑",便是其中的一种,而孔子则是积极帮助。在孔子看来,第一,自己是教师,教师的职责是教人向上和向善,人有向上、向善之心则当教之,教师有教人的权利,而没有拒绝人上门求教的权利。互乡少年尽管声誉不好,但上门求教,即说明他有向上求进之心,如果拒绝施教,便意味着丢失了一个教师的社会良心。第二,尽管他有不良记录,但作为老师,应该"与其洁不保其往",不能捉住他的过去不放。孔子的这种作风,不仅反映了儒者对社会教育的担当精神,同时也为教师如何对待落后青年做出了楷模。

7.30　仁在心中

子曰:"仁远乎哉?我欲仁,斯仁至矣。"

这一章讲仁不远人。

大意言:仁并不遥远,我想它,它就来。何为此言?因为仁不是藏在宇宙遥远的一角,而是自家的东西,就藏在自己心中。故《孟子》说:"仁,人心也。"如果忘记了它的所在,而去向外寻求,那是永远也找不到的。心中有人即是仁,故程子说:"为仁由己,欲之则至,何远之有?"(《四书集注》引)越南范阮攸说:"物之最近者,无如仁,欲之斯至,其应我甚速也。"(《论语愚按·致知类》)

7.31　孔子为尊者隐之一例

陈司败问:"昭公知礼乎?"孔子曰:"知礼。"孔子退,揖巫马期而进之,曰:"吾闻君子不党,君子亦党乎?君取于吴,为同姓,谓之吴孟子。君而知礼,孰不知礼?"巫马期以告,子曰:"丘也幸,苟有过,人必知之。"

这一章讲孔子为鲁昭公讳的事。

"陈司败"指陈国的司寇，司败是官名，即司寇。"昭公"指鲁昭公。巫马期是孔子的弟子。取同"娶"，偏私为党。周礼规定，同姓不婚，鲁是周公之后，吴是周公的伯祖父泰伯之后，两国同姓姬，而鲁昭公却娶了吴国的公主，显然是违礼了。陈司败将昭公是否懂礼的问题问孔子，孔子以"知礼"做了回答。陈司败于是把孔子的回答与偏祖阿私联系起来，当着孔子学生巫马期的面指责孔子。孔子说"君子不党"，而他的行为却在说明他也"党"，反推回来的结论就是：孔子不是君子。巫马期把这信息反馈给了孔子，孔子却说：我太幸运了，一有错，就被人指出来。

这个故事很委婉。看来陈司寇是一位很聪明而不厚道的角儿，他问"昭公知礼乎"，显然是明知故问，也是有意刁难孔子。孔子如果回答"不知礼"，便违背了礼为尊者隐的原则；回答"知礼"，便说明孔子偏私，不够光明磊落。在这两难选择中，孔子选择了后者。需要说明的是，孔子之所以这样，原因很简单，鲁是孔子父母之邦，昭公是鲁之先君，作为孔子，有义务、有责任为国为君维护尊严。自己对君的尊重，便是对国家尊严的最好维护。如果当着来使显斥君非，守住的只是自己，失去的则是国家的尊严。孔子代君受过，表现出的不仅是"党"，也是大局观念，是以牺牲自我而维护国家尊严的高尚行为。而说自己"有过"，则是用一种极委婉的方式表示了鲁君有过。既维护了君的尊严，也指明君之失礼，这是一种智慧。越南范阮攸说："曰'知礼'，万世君臣之礼在；曰'有过'，则万世婚姻之礼在。……学者细玩此章，当思所以权度于礼义之际矣。"（《论语愚按·仪圣类》）

7.32　孔子爱唱歌

　　子与人歌而善，必使反之，而后和之。

这一章是讲孔子唱歌的。

反，重复。大意言：孔子和人唱歌，如果对方唱得好，他就会要求对方一定再唱一遍，然后他跟着唱。

　　《论语》中多次披露孔子对于音乐的喜爱，《史记·孔子世家》中也数次记到孔子学习音乐的情况。这里的问题是，孔子为什么爱唱歌？难道只是一种个人爱好？显然不是，而是教育的需要。对自己而言，音乐可以陶冶性情，化却心中怨戾之气，使精神处于快乐的境地，有利于身心健康、自我修养。对社会而言，音乐可以化民易俗，有利于教化，营造和谐的人文生态。社会如果没有乐教，便会失去和谐，失去欢乐。周代的礼乐文明制度，便是在历史的基础上为人类和谐创立的一种文明形态，如何使这种文明承传下去，这是历史赋予自己的责任。正是这种信念的支配，使他表示出了对音乐的极大热情和兴趣。

7.33　对比中找差距

　　子曰："文，莫吾犹；人也躬行君子，则吾未之有得。"

　　这一章讲己与人之短长。

　　关于这段话解释分歧较大。朱熹把莫当作"疑辞"，"犹人，言不能过人而尚可以及人。未之有得，则全未有得。皆自谦之辞。"（《四书集注》）也有人以为"文莫"与"黾勉"为一声之转，意思是努力。标点上也多从"人也"后断开。这种解释与孔子以文自许（如云"文王既没，文不在兹乎"）、以好学自许（如云"不如丘之好学也"）的态度不合，故作如此读。"犹"训"若"，"莫吾犹"如言"莫我若"，意即不如我。

　　这当是有人将某一贤人与孔子做比，问孔子自己觉得如何。孔子便做了这样的回答。意思是：文献学问（书本知识），他不如我，人家是躬行君子，这方面我则不行了。这与孔子"见贤思齐"是一致的。比较中找到自己的差距，然后确定努力的方向，这是一种正确的人生态度。也是孔子楷模后世之处：既不自恃，也不自卑，而是正确地认识自己的长处和短处。

7.34　仁智与师德

子曰："若圣与仁，则吾岂敢？抑为之不厌，诲人不倦，则可谓云尔已矣。"公西华曰："正唯弟子不能学也。"

这一章记孔子的谦德。

这里的"圣"同"智"，俞樾说："圣与智古通称。"《孟子·公孙丑上》的一段记载可做证明："子贡问于孔子，曰：'夫子圣矣乎？'孔子曰：'圣则吾不能，我学不厌而教不倦也。'子贡曰：'学不厌，智也；教不倦，仁也。仁且智，夫子既圣矣。'"正可与此章互参。有人以圣与仁视孔子，孔子表示不敢当。自己只是学习不知满足，教人不知疲倦而已。孔子的弟子公西华则认为：这两点正是弟子们难以做到的。

"不厌"是对自己言，这是一个教师完成必要的知识储备所应有的一种学习态度；"不倦"则是对人言，这是一个教师面对"难与言"的学生所难得的教学态度。"不厌"表现出的是"智"，"不倦"表现出的是仁。有"智"才可惠人，有"仁"才愿惠人，智与仁正是作为一名教师难得的师德。特别是"诲人不倦"，凡是有教学经验的人都知道，这太难了。如遇到顽愚不化的学生，能将人气个半死，要做到"诲人不倦"，谈何容易？而孔子能如此，其非智仁而何？

7.35　孔子拒祷

子疾病，子路请祷，子曰："有诸？"子路对曰："有之。诔（lěi）曰：'祷尔于上下神祇。'"子曰："丘之祷久矣！"

这一章记孔子对待鬼神的故事。

"疾病"指病重，祷指祈祷于鬼神，"有诸"是问有无这样的事理。"诔"是祈祷神灵的文章。"神"指天神，"祇"指地神。孔子重病，子路请求向天地神灵祈祷以求保佑。孔子质疑这样的做法，子路便拿出文献中诔文的文辞来证明，因诔文有言："为你向天地神灵祈祷。"孔子说，我祈祷已很久了。

孔子为什么说"丘之祷久矣"呢？原因在于孔子认为祷神主要是表示对神灵的敬畏，但神不在天上，不在宇宙的任何一个角落，而是在人心中。心中有神，时存敬畏，即是祭祷。自己对天地万物，从来都是以敬畏之心来对待的，等于是无时不在祷。如果神真能保佑的话，病早就该好了。《太平御览》引《庄子》说："孔子病，子贡出卜。孔子曰：'子待也，吾座席不敢先，居处若斋，饮食若祭，吾卜之久矣。'"这可以说是对孔子拒祷的最佳说明。这里反映了孔子对神鬼问题的看法。他对于鬼神的态度是"敬而远之"，是"不语"，是审慎的态度。

7.36　孔子戒奢

子曰："奢则不孙，俭则固。与其不孙也，宁固。"

这一章讲关于奢与俭的取舍问题。

"奢"是铺张、矜夸，"俭"是简略。孙，通"逊"，谦退；固，固陋，寒酸。大意是说：在礼仪形式上，追求奢华，就会不知逊退；如果过于简略，便会规模鄙陋。二者都有失中庸。但不知谦退，会败坏风俗，其害要大。因此自己宁愿选择俭陋，受寒酸之讥。

铺张、矜夸带来的问题是"不孙"（不逊），不知谦退，也即日本田中颐所说"当为之下而不肯下"。因为"奢则气易骄，故失其当让而陷于不逊"。简略带来的问题是"固"，即鄙陋。二者皆有其弊，但相比较而言，鄙陋只是自己不足，而不逊则不免僭礼越规，侮圣慢贤，进而至于欲望膨胀，贪赃枉法。但这在孔子当时，却变成了一种社会风气，导致了社会秩序的混乱，和资源的批量浪费。《尚书·武成》记武王伐纣，向山川之神诉说纣的罪恶，其中之一就是"暴殄天物"。《左传·庄公二十四年》记御孙谏庄公说："臣闻之，俭，德之共也；侈，恶之大也。"所谓侈，就是奢。可知在古人的观念中，奢是犯罪。故孔子不取，宁愿选择"固"。

7.37 君子为何坦荡

子曰："君子坦荡荡，小人长戚戚。"

这一章讲君子小人精神状态的不同。

这里的君子、小人是从德行言的。"坦荡荡"是平坦宽广之貌，"戚戚"是忧惧不安之貌。君子之所以坦荡，是因为他们做任何事情，都至公从道，依理而行，不会因私欲藏着掖着，故胸中之天如日月当空，无半点阴影。而小人因私欲在胸，常打小算盘算计人，而又怕人知，患得患失，唯恐自己吃了亏，故胸中的天经常阴云密布，惴惴不安。即如程子说："君子循理，故常舒泰；小人役于物，故多忧戚。"（《四书集注》引）反之用于鉴人，则凡坦坦荡荡者，当非小人；而整日处于患得患失状态者，定非君子。

7.38 孔子的风度

子温而厉，威而不猛，恭而安。

这一章是弟子对孔子体貌的描写，相当于一幅孔子画像。主要从三个方面描写：第一，从言语方面言是"温而厉"，"温"是温和，"厉"是严肃，指态度温和中带着严肃。第二，从威仪方面言是"威而不猛"，"威"是威严，"猛"是凶猛，指仪容威严而不凶猛。第三，从行为方面言是"恭而安"，即恭顺而安详。朱熹说："人之德行本无不备，而气质所赋鲜有不偏。惟圣人全体浑然，阴阳合德，故其中和之气见于容貌之间者如此。门人熟察而详记之，亦可见其用心之密矣。"从中可以看出弟子对孔子的崇拜之心以及孔子对弟子的楷模意义。

泰伯第八

8.1　泰伯三让天下

子曰："泰伯其可谓至德也已矣！三以天下让，民无得而称焉。"

这一章讲泰伯之德。

泰伯是周太王古公亶父的长子。"至德"指至高无上的道德。"三让"，多次相让，即表示坚持相让之意。"无得而称"指无从称颂。太王有三个儿子，老大是泰伯，老二是仲雍，老三是季历。季历的儿子姬昌就是后来的周文王，生有圣瑞，是周将来的希望。根据规矩，国君之位当传给长子泰伯，但这样到第三代，姬昌便不能继承君位。从周的发展大局出发，泰伯、仲雍为了能让姬昌顺利为君，便辞去世子之位，一起逃到了南方荆蛮之地，在那里建立了吴国。所谓"三以天下让"，就指的这回事。因为他让天下之德功在周室，而他人却在南方之吴。人去名息，所以说百姓无从称颂他。

孔子称颂泰伯让天下为"至德"，其意义并不在发现一段被隐去的历史，也不在为泰伯"平反"，而在于对现实篡弑行为的否定。在当时为争权夺位，父子、君臣之间刀兵相见的悲剧不断上演，臣弑君、子弑父已成司空见惯。像泰伯这样"三以天下让"的高尚行为，已经变成神话。孔子称赞"三让"为"至德"，正是想唤回消失在历史中的这种美德，唤起人们的道德自觉，结束"三以天下争"的悲剧再次发生。孔子虽没有直斥时人，而在肯定泰伯"三让"的同时，便表示了对时人因争而弑杀行为的批判。孔子作《春秋》，"乱臣贼子惧"，便在于他对乱臣贼子为"争天下"而犯下的罪恶的记录。

8.2　德而无礼则成弊

子曰：“恭而无礼则劳，慎而无礼则葸（xǐ），勇而无礼则乱，直而无礼则绞（jiǎo）。”

这一章讲礼的重要性。

“劳”是劳累，“葸”是胆小，“乱”是祸乱，“绞”是绞直，“无礼”指不把握分寸，是过度的行为。

礼不只是外在僵死的规矩，也是心灵所当把握的价值尺度。恭、慎、勇、直，是人当具有的四种美德。这四种美德若不以礼规范、节制，不用心灵把握其分寸，便会变成四种臭毛病。恭敬是待人应有的态度，但无节度的恭敬，见人便低头哈腰三鞠躬，那就太累了。谨慎是人做事应持有的态度，但过度的谨小慎微、胆小怕事，便会成为胆小鬼。勇敢是人面对危难应持有的态度，但过度的好勇斗狠，便会引发祸乱。直率是人面对对方的错误应抱的态度，但无节制的直率，不考虑对方的感受，便会绞直，让对方下不了台。如果恭、慎、勇、直四者能以礼节制，行为才能得体。

8.3　君子化民须以情

君子笃于亲，则民兴于仁；故旧不遗，则民不偷。

这一章讲君子化民之道。

原与上章为一章，但内容不相衔接，显然是因前有脱文而误合的。朱熹《四书集注》说：“吴氏曰：‘君子’以下，当自为一章，乃曾子之言也。愚按：此一节与上文不相蒙，而与首篇‘慎终追远’之意相类，吴说近是。”刘宝楠《论语正义》也说：“旧说此与上文不相属，宜别为一章。”“君子”指做官的，

"笃"是感情深厚，"兴"是兴起，"故旧"指老友，"偷"是浇薄，不厚道。

孔子此言所针对的是当时社会不仁不义的浇薄世风。社会一旦把功利变为唯一目的，对亲不仁、对友不义便成为一种社会现象，这样世界便会变得冰冷。如何使民德归厚，这是作为一个称职的官员必须考虑的问题。孔子这里谈了两点，第一是"笃亲"，即对自己的亲人感情深厚，浓浓之情就会感化百姓，仁爱的社会风气便会兴起。第二是"故旧不遗"，即不管自己官做多大，都不忘记朋友旧情，这样百姓就会效法，人情便不会浇薄。"笃亲"和"故旧不遗"，所看重的都是一个"情"字，所弃的则是一个"利"字。而社会风气的败坏，则多是由对功利的追求和对人间真情的忘却所导致的。

8.4　曾子的人生感言

曾子有疾，召门弟子曰："启予足，启予手。《诗》云：'战战兢兢，如临深渊，如履薄冰。'而今而后，吾知免夫！小子！"

这一章记曾子临终时的人生感言。

"启"是开的意思，即展开。因老病肢体卷曲，手脚不能活动，在临终前，他让弟子们把他卷曲的腿脚和手臂都展开。"《诗》云"几句见于《诗经·小雅·小旻》篇，"战战"是恐惧状，"兢兢"戒谨状，"临渊"言恐怕坠落，"履冰"言恐怕陷入，"免"指避免灾祸，"小子"指门人。

曾子的感言主在讲自己一生谨慎从事、全身而终的感受。自己生于乱世，只怕一有不慎，招致灾祸，辱及先人，不能全父母所赐之躯；又怕为名利所诱，言行不慎，违离道义，犯大错误，给人生留下遗憾。自己一生就如同《诗经》上所说的：战战兢兢，好像站在面临万丈深渊的悬崖上，好像走在薄薄的冰层上，只怕有所闪失，不能全身而退。而现在自己终于可松一口气了，可以放开手脚了，这是一种绝大的安慰。以往解释者，多从"身体发肤，受之父母，不敢毁伤"的角度考虑，认为"启予足，启予手"是让弟子看他的身体，庆幸没有受到毁伤。元儒胡炳文《论语通》说："曾子尝曰：仁以为己任，死而后已。至此可谓能实践其言矣。此可见其于本心上几乎无一息之间断，无一毫之亏欠，非特能保其身体而已也。"这个认识是比较准确的。

8.5　曾子的临终遗言

　　曾子有疾，孟敬子问之。曾子言曰："鸟之将死，其鸣也哀；人之将死，其言也善。君子所贵乎道者三：动容貌，斯远暴慢矣；正颜色，斯近信矣；出辞气，斯远鄙倍矣。笾（biān）豆之事，则有司存。"

这一章讲曾子临终遗言。

孟敬子是鲁国的大夫，"问之"是问候曾子的病情，"贵"是重视，"斯"犹"则"，"暴慢"是粗暴放肆，"鄙倍"指粗俗悖理。"笾豆之事"指祭祀之事，笾是竹豆，豆是木豆，都是祭祀时盛食物的器具。"有司"这里指负责祭祀的人。"鸟之将死"四句，可能是当时的谚语。曾子的意思是：鸟将死时，鸣声是悲哀的；人临死前说的话，也是善良的。而现在自己到了生命的尽头，也想把掏心窝子的话留给世人。作为一个人，有三项行为规范应该特别重视，第一是"动容貌"，即振作自己的精神风貌，这样就可以脱去粗暴放肆之习。第二是"正颜色"，即端正神色表情，这样就会给人以诚实可信之感。第三是"出辞气"，注意言辞语气，这样就可以避免鄙俗无理。至于祭祀、宴会之类的仪式礼仪，则有专门主管，就不必操心了。

曾子一生从事教育工作，他所关心的是如何教人学会做人，因此在临终时也不忘记把做人的原则归纳为三项，以教给弟子。《礼记·冠义》说："凡人之所以为人者，礼义也。"而"礼义之始"有三项内容，就是"正容体、齐颜色、顺辞令"。这三者也正是曾子遗言所特意强调的。郑汝谐《论语意原》卷二说："所贵乎道，其大略可验者三：曰动，曰正，曰出。是岂无所本也？所存者正，所养者大。一动容貌，则周旋中礼，而粗暴慢易自远矣；一正颜色，则可亲可敬，即此而可示信矣；一出辞气，则皆中于礼，而鄙陋倍戾斯远矣。"这个阐释应该是准确的。

8.6　孔门学风

> 曾子曰："以能问于不能，以多问于寡，有若无，实若虚，犯而不校，昔者吾友尝从事于斯矣。"

这一章讲孔门的谦逊学风。

"校"是计较，"友"指当时孔门同学。曾子这里总结了五项条目，第一项"以能问于不能"，也就是不以才高轻人，而是虚心下问；第二项"以多问于寡"，也就是不以博学傲人，而是取人之长以向人求教；第三项是"有若无"，即视有如同无，不自多；第四项是"实若虚"，即视充实如同空虚，不自满；第五项是"犯而不校"，即受人侵犯而不计较。"昔者吾友尝从事于斯矣"，是说从前我们同学曾经就是这样做的。

前两项是关于博学多识的，三、四项是关于笃志求深的，第五项是言学能养气。核心则是谦逊。徐干《中论·虚道》说："人之为德，其犹虚器欤！器虚则物注，满则止焉。故君子常虚其心志，恭其容貌，不以逸群之才加乎众人之上。"这可以与曾子之言相互发明。曾子之所以言此，就是希望把孔门的这种学风承传下去。

8.7　君子可以托重

> 曾子曰："可以托六尺之孤，可以寄百里之命，临大节而不可夺也。君子人与？君子人也。"

这一章讲君子的才德。

托，托付；孤，孤儿，这里指幼主。古代尺小，六尺等于现在的三尺多一点。寄，交付；百里，指方圆百里的国家；临，面临；大节，大是大非；夺，指强力使之改变。与，欤。大意是说：可经托付辅佐幼主的重任，可以交给一国的大权，死生之际不变其节。这样的人就是君子。朱熹说："其才可以辅幼君，摄国政，其节至于死生之际而不可夺，可谓君子矣。"

此可视作是以三件代表性的事情来表现君子之才德的：可以"托孤"，表示他重信；可以"寄命"，表示他有才；大节"不可夺"，表示他守节。重信、有才、守节，有此三种才德，便是真正的君子，危难之际，便可以生死相托。但世之君子，何其少也？这也是曾子这话背后的意思。

8.8　士当以仁为任

曾子曰："士不可以不弘毅，任重而道远。仁以为己任，不亦重乎？死而后已，不亦远乎？"

这一章讲士者之任。

弘毅，坚强的毅力，弘借为"强"；任，责任；已，止。大意是说：作为士，应该有坚强的毅力才是。因为他们肩上的担子很重而且道路遥远。他们要把仁实践和传播仁德作为自己的责任，而且坚持一生，这就自然是"任重道远"了。

这里的"士"指的是春秋战国兴起的新型知识群体。在孔子及其弟子们看来，这是一个才德兼备的知识群体，即所谓能"行己有耻，使于四方，不辱君命"，至于那些"从政者"，在他们眼只是些"斗筲之人"，算不上什么。这个知识群体承担着"化民易俗"、引社会走向健康发展方向的责任。故曾子特意强调了这个群体应该具备的坚强性格："弘毅。"之所以要具备这种性格，第一是因为"任重"，要"仁以为己任"，把使天下归仁作为自己的责任；第二是"道远"，完成此重任需要一生为之奋斗，不可少许松懈，即所谓"死而后已"。从中我们可以看出以曾子为代表的儒者，他们那种强烈的社会责任感与使命感，这也正是我们这个时代读书人应当具备的精神。"若与渔樵共一醉，枉为天下读书人。"

8.9　修身三步曲

子曰："兴于《诗》，立于礼，成于乐。"

这一章讲修身成德的步骤。

第一步"兴于《诗》"。即兴起于诵《诗》。《诗》可以感发人心，一个人从诵《诗》中可以受到启发，引发对人生的种种热情。

第二步"立于礼"。由《诗》而产生的种种情感及思想，如果没有礼的制约，就会为欲望所支配而走向歧途，因此必须"立于礼"，使那种引申出来的思想情感有所归属，符合并稳定于"礼"之上，即所谓的"止乎礼义"。

第三步"成于乐"。 即要使符合礼的思想和情感成为自己的生命，即稳定的见之于行动，就需要"成于乐"，由乐的教化来完成，成就快乐的人生。

"诗"兴于情感的层面，"礼"立于行为的层面，"乐"成于精神的层面。诗、礼、乐三者既构成了人格不断提升的几个层次，同时也构成了一个合格的"人"的内在基质。

8.10　民本与民主

子曰："民可使由之，不可使知之。"

这一章讲统治者应当如何对待民众的问题。

前人多解释为："可以让百姓照着上司的意思去做，不必让他们知道为什么这样做。"廖明春先生又以为"知"通"折"，指用暴力阻止、压制。我认为这个"知"有执掌、参与的意思，与《国语·越语上》"吾与之共知越国之政"的"知"意同。大意言：百姓可以让他们遵照一定的安排去做事，不可以让他们主持、参与谋划管理事务。

这里存在着民本和民主的分歧问题。"使由之"，决策者是统治者，这要求统治者"敬德保民"，以民为本，即所谓"民为邦本"，故要从民所欲。"使知之"则是民众主持或参与决策，即今所谓的"民主"。《尚书·洪范》提到"谋及庶人"，《周礼·地官·乡大夫》也提到"国大询于众庶"的事，提到使推举贤能以治内外的事，根据《周礼·小司寇》记载，像国家兵寇之难、国都改迁、改立新君等，都有"致万民而询焉"，这就是现在意义上的民主。

在孔子当时，为政思想存在着这两种选择，像墨子的"尚贤"、"尚同"，要求选举天子，就是选择了"民主"。但孔子则选择了民本。这有两个原因，一是在民主选择中，往往一些好好先生，即孔子所说的"乡愿"，能获得民众拥护，但没有是非原则，在孔子看来这是"德之贼"，不能主持正义。二是孔子时人有一个共同的认识，就是"民可以乐成，不可与虑始"，《史记》商鞅有此论，西门豹也有此论。所谓"虑始"，就是参与筹划，也就是"使知之"。但事实证明参与决策弊端太多，如《吕氏春秋·乐成》所说："禹之决江水也，民聚瓦砾，事已成功，已立为万世利，禹之所见者远也，而民莫之知。故民不可与虑化举始，而可以乐成功。孔子始用于鲁，鲁人鹭诵之曰：'麛裘而韠，投（弃）之无戾。韠而麛裘，投之无邮（尤）。'用三年，男子行乎涂右，女子行乎涂左，财物之遗者，民莫之举（取）。大智之用，固难逾也。"决策需要大智慧，而民众参与是取的平均数。不利于规划远景。

8.11 好勇 + 疾 = 乱

> 子曰："好勇疾贫，乱也；人而不仁，疾之已甚，乱也。"

这一章讲勇疾生乱。好像是针对子路之类的弟子说的。

"好勇"是一种无所畏惧的行为表现，"疾"（憎恨、厌恶）是一种过激的情绪表现。好勇本是美德，若加上"疾"，即让过激的情绪支配无所畏惧的行为，多半没有好结果。如果是"疾贫"，必不安于贫穷，铤而走险，生出乱端。如果是仇富 ——"不仁"这里当指为富不仁的贪官、恶霸之类，便会打富济贫，这也会导致祸乱。故"好勇"可以，但不能"疾"，不能感情用事。勇要学会控制自己，不能感情用事。

8.12　骄吝惹得一身臭

子曰："如有周公之才之美，使骄且吝，其余不足观也已。"

这一章讲戒骄戒吝。

周公"多才多艺"，有超群的智能技艺。但即便是有周公一样的本领，要沾上两种毛病，也就完了。这两样毛病一是"骄"，二是"吝"。"骄"是自看自高，瞧不起人；"吝"是吝啬、小气，舍不得赐人。瞧不起人，便会自己发横，导致脱离群众；舍不得给人，有利自己全占，身边的人也会离开。不能招贤，不能养贤，不能协群，怎能做领导？怎能成就事业？所以说"其余不足观也"——再有多少本事，也都不值得提了。像有周公之才的人都是如此，何况阿猫阿狗之类呢？所以陆游有诗说："跂予望圣贤，倾河洗骄吝。"

8.13　不为做官的读书

子曰："三年学，不至于谷，不易得也。"

这一章赞扬不带功利目的的读书态度。是针对社会浮躁的、唯功利是图的风气而言的。

谷，俸禄，指做官。至，通"志"，志向。读书三年，都不想着做官，找工作，这样的人太难得。

带着找工作的目的读书，在古今都是极普遍的现象。《墨子》中曾讲到一个故事，一位天赋不错的小伙，墨子为了让他安心学习，就答应三年后给他找工作。三年结束了，墨子却不提找工作的事，小伙子沉不住气了，便要求墨子兑现。孔子这里所赞扬的恰恰相反，是那些不为做官而读书的。"三年学"为何能"不至于谷"？原因在于他学习的目的不在做官，而在提升自己，即荀子所说的"君子之学也，以美其身"。这样的人，品格一定是很高尚的，这种学习态度，是通向仁者境界的唯一途径。反之，带着功利目的学习的人，永远只能在世俗的浊泥中爬行。

8.14　如何守道

> 子曰："笃信好学，守死善道。危邦不入，乱邦不居。天下有道则见，无道则隐。邦有道，贫且贱焉，耻也；邦无道，富且贵焉，耻也。"

这一章讲守道问题。

"笃信"、"好学"、"守死"的对象都是"善道"。危邦，有危难的国家；乱邦，失去纲纪的国家。见，出现，指出来做官；隐，隐身，指不出仕。意思是坚定地相信正道，努力学习正道，誓死守护正道。不入将要出现危难的国家，不定居失去纲纪的国家。政治清明就出来做官，政治昏暗就隐居起来。如果国家政治清明，自己却贫穷不仕，或国政昏暗，自己却做官发财，这都是耻辱的事情。

对一个读书人来说，学道、守道是终身的事情。学道容易守道难，在功利诱惑面前如何坚守正道，这是一个考验。孔子在这里根据"邦"的不同情况，提出了三个不同的守道方式。

第一，危邦、乱邦不能入、居。危邦不能行道，故不能入仕；乱邦已失去道，故须快速避开。

第二，有道仕，无道隐。"邦有道"，可以有所作为，可以帮助国君行道济民，故可以选择"仕"；"邦无道"，不仅不能行道，自己处于其中，要么则自身难保，要么则同流合污，故不如选择"隐"以守道保真。

第三，无道可贫，有道可富。对于"守道"而言，没有贫富贵贱的概念，唯有坚守正道。但在不同情况下富贵贫贱的不同表现，又反映了一个人是否"守道"的问题。"邦有道"，是工作的好时候，可以协君守道、行道，如果此时因无禄而"贫且贱"，不是自己无能，便是说明自己放弃了行道，这是耻辱的；相反，"邦无道"，正人君子罹祸蒙冤，而自己却"富且贵"，这说明自己是"不以其道得之"的，这也是耻辱的。故"邦无道"，贫也无妨；"邦有道"，富有何防？

这就是说，当仕则仕，当隐则隐，当富则富，当贫则贫，一切以守道为原则。而要做到这一点，非"笃信好学，守死善道"者不能。

8.15　且勿越权

子曰："不在其位，不谋其政。"

这一章是戒献能的。

"谋"是谋划、议论的意思。不在那个职位上，就不要考虑那个职位上的事。这似乎是一个常识。然而在生活中，有一种人很令人讨厌，动则越权，插手别人的事物，干涉他人行为，这种人既无自知之明，也影响人的正常工作。因此孔子从正面提出了劝诫。这话有两层意思：第一，不要越权，干扰别人工作；第二，在其位就要谋其政，做好本职工作。

8.16　孔子评《关雎》之乐

子曰："师挚之始，《关雎》之乱，洋洋乎盈耳哉。"

这一章赞美《关雎》之乐。

"师挚之始，《关雎》之乱"，指的是师挚编辑的《诗经》本子的开首，《关雎》乐曲的末章，乱指乐曲末章。"洋洋"是美盛之貌。

孔子赞美《关雎》的音乐，并不仅仅是指其音乐效果之美，更在于这音乐的伦理意义，即《诗序》所谓"风天下而正夫妇"的意义。这里披露了一个信息。以《关雎》为首篇的《诗经》原本，其编辑者是师挚。这一点是被以往人所忽略的。据《汉书·古今人表》注引郑玄说，师挚是周平王时的乐师。《诗经》原本编定于"礼乐征伐，自天子出"的时代，东迁后符合这个条件的只有平王时期。平王为太平天子半个世纪，为接受西周亡于后妃的教训，故将言"后妃之德"的《关雎》编于《诗》首，以做训儆。

8.17 搞不懂的三种人

子曰："狂而不直，侗（tóng）而不愿，悾悾（kōng）而不信，吾不知之矣。"

这一章疾人心不古。

孔子这里提出了自己搞不清、搞不明的三种人。第一种人是"狂而不直"，即狂妄而不正直。"狂"是无拘无束，放纵任性，如果是在直道上也无妨，可偏偏不走直道走邪道。第二种人"侗而不愿"，即糊涂而不谨慎。"侗"是无知貌，"愿"是谨慎。自己天生愚蠢幼稚，如果能恭敬小心也无妨，可偏偏不知谨慎从事。第三种人"悾悾而不信"，即无能而不诚信。"悾悾"是无能貌。自己没有本事，如果老实一点也无妨，可偏偏还想耍花招。

这三种人，既无才，又无德，而且"不直"、"不愿"、"不信"的结果，只能给自己带来灾祸，因为他们的才智，根本不足以应付外在复杂的世界。所以孔子说搞不明白这几种人为什么要这样做。其实也不难明白，"不直"是要曲行而求利，"不愿"是忘身而图利，"不信"是想欺诈而获利，都是为了一个"利"字。"小人喻于利"，岂不然乎！

8.18 学习如打猎

子曰:"学如不及,犹恐失之。"

这一章讲求学的心理状态。

"及"是赶上,"失"是丢失。学习就像打猎追赶野兽,只怕逮不住,稍一松懈,就会失去追赶的目标。此中蕴含着两个意思:第一,求知学习,是一刻也放松不得的事;第二,学习应该是人一生的事,松懈不得。故程子说:"学如不及,犹恐失之,不得放过。才说姑待明日,便不可也。"(《四书集注》引)故人把读书称作"猎书"或"涉猎",如明梅鼎祚《昆仑奴》第二折说:"猎书非我事,狗监是前生。"大概就是这个意思。

8.19 孔子对舜的评价

子曰:"巍巍乎!舜(禹)之有天下也,而不与焉。"

这一章是赞舜的。

另一种本子作"舜有天下而不与焉",没有禹,《孟子》引也没有禹,当从。"巍巍"是高大之貌;"不与",朱熹说:"犹言不相关,言其不以位为乐也。"这个解释是对的。舜之伟大,"巍巍乎"像大山一样,他的伟大之处便在于"有天下而不与"。这"不与"最少表现在两个方面:第一,他贵为天子,富有四海,可是却不把天下当作自己的家当,很轻易地便让给了禹;第二,他不享受这天下至尊的快乐,而是为天下百姓操劳,最终死在了南方视察工作的道路中。而孔子眼下的当权者是如何呢?或争权、争国不惜弑父弑君,或芝麻大的官便摆谱,自以为不含糊,盘剥百姓以自肥。其视舜如此,不知做何感想?

8.20　孔子对尧的评价

子曰："大哉尧之为君也！巍巍乎！唯天为大，唯尧则之。荡荡乎！民无能名焉。巍巍乎其有成功也，焕乎其有文章。"

这一章颂尧之德。这是讲给那些无功无德无作为的"时君"听的。

唯，只有；则，效法；"荡荡"是形容广大无边之貌，与"巍巍"形容高大，正相呼应。"焕"是光明之貌，"文章"指文明创制。这是说：尧能效法上天，化行于民，老百姓却不知该如何称道。他的功业如高山之大，他的德化如大海之广，他的文明创制如日月之光。

对尧的称颂不同于舜，舜是"巍巍乎"，而尧则多了"荡荡乎"、"焕乎"。这就是说，尧之伟大更甚于舜，其不仅仅有如山"巍巍"的功业，还在于他"荡荡乎"之大德，和"焕乎"的文明创制。就其德而言，《史记·五帝本纪》说他"其仁如天"，就是说他的德行像天一样能覆盖众生，涵养万物，致使死后，"百姓悲哀，如丧父母"。由此可以看到他仁爱百姓而赢得天下共仰之情。就其文明创制而言，他推算日月星辰的运行规律，制定历法、岁时、节气，"敬授民时"，造福于万代，也是具有划时代意义的。

8.21　人才难得

舜有臣五人而天下治。武王曰："予有乱臣十人。"孔子曰："才难，不其然乎？唐虞之际，于斯为盛。有妇人焉，九人而已。三分天下有其二，以服事殷。周之德可谓至德也已矣。"

这一章讲人才对于治理天下的重要。

舜得到了五位人才，而天下获得了大治。这五人是治水的大禹、管农业的后稷、管教育的契、管司法的皋陶、管山林畜牧的伯益。武王称自己有治国之臣十人。这里"乱臣"的"乱"是治的意思，朱熹认为："乱本作乿，古治字也。"这所谓的十个治国之臣，其中一个还是女的，就是武王的妻子邑姜。其余人指周公旦、召公奭、太公望等开国有功的九位大臣。"才难"，就是人才难得。孔子的意思是：人才太难得了，唐虞之际和周初，这是人才最盛的时候，但最盛也不过区区十人，而且还有一人是内宫。周初三分天下有其二，还仍然臣事于殷，这种道德精神，实在太难得，可以说已达到了极高点。

这段话似乎前后内容不相贯，"三分天下有其二"以下，好像别是一意，其实是相联系的。这一章有三层意思，第一层，治理国家，人才最重要，尧舜及周初盛世的出现，皆因有贤臣佐助。第二层，人才太难得了，以周之盛，仅得十人而已，而且还包括了内宫。第三层，周之德行之所以能达到最高程度，就是因为得到了"治臣十人"。言外之意，当今如想治平，想取得"至德"，非重视人才不可。可是像颜回、仲弓等这样的大才，皆不得其用，何来盛世、至德？

8.22　孔子评价大禹

子曰："禹，吾无间然矣。菲饮食而致孝乎鬼神，恶衣服而致美乎黻（fú）冕（miǎn），卑宫室而尽力乎沟洫（hù）。禹吾无间然矣。"

这一章赞美大禹。

"间"指罅隙，"无间"表示无可指责。"菲"是微薄，"孝"是孝敬。"恶衣服"指质量粗劣的衣着；"黻冕"指祭祀所服的礼服、礼帽。"沟洫"指田间水道。这是说大禹其人其德无可指责，可以说是完美的。他把自己的饮食不当回事，可是却特别孝敬鬼神；把自己穿着不当回事，可是祭祀时的服饰却很华美；自己住的房屋很差劲，可是却在疏通水沟渠道上用尽力量。

大禹之所以无可指责，便在于他俭于自奉，敬于奉神，勤于为民。他是无私的，是人君的楷模。其言外之意，一在讥刺新旧权贵，二在望其效法大禹。

子罕第九

9.1　孔子很少谈自己

子罕言利与命与仁。

这一章讲孔子罕言之事。

"罕"是少的意思。这句话很难理解，因为在《论语》中孔子数次谈到"命"，多次谈到"仁"，怎么能说"罕言"呢？从恩师姚奠中先生的身上我感觉到，孔子所"罕言"的是自己的事。他从来不考虑自己的得失，所以不言利；从来是积极向上的，所以不怨天命；从来不自我夸耀，所以也不以仁自许。不自私、不自卑、不自许，只要自己遵道而行，至于是否对自己有利，是否天命如此，自己是否被人认可为仁，这一切都不重要，又何必向人喋喋不休地去谈呢。

9.2　达巷人赞孔子伟大

达巷党人曰："大哉孔子！博学而无所成名。"子闻之，谓门弟子曰："吾何执？执御乎？执射乎？吾执御矣。"

这一章讲达巷人对孔子的评价。

"党"是古代基层地方组织，五百家为党。达巷是一个党的名字。"达巷党人"就相当说达巷村的人。"博学无所成名",是说他学问广博,无所不知,无所不晓,很难用一种什么家的名称来称呼他。就像章太炎先生这样的大家,你说他是什么家?什么都是,什么都不是,因为他不是专于一种技艺的,他是大家,不是专家。"执"是专执、从事,"射"、"御"指射箭和驾车,是周代学生要学习的"六艺"中的两门技艺。孔子在这方面也是高手,所以孔子很幽默地说,那我靠什么成名?我就靠驾车吧。因为他周游列国,到处颠簸,所以如此说。

达巷党人显然是一位了不起的人,他独具慧眼,看到了孔子的伟大,而为之惋惜。其伟大的标志便在于"博学而无所成名"。在功利的社会里,人们的评价体系会完全功利化,有一技之长的"专家"被当作人才,"博学而无所成名"的"大家",则被认作什么都不是的庸才。如同今之职称评定、人才工程等,所谓有"稳定的研究方向"的专业特长者屡屡高中,"博学而无所成名"的"大家"只能靠边站。"专家"取代了"大家"而获得了各种荣誉、地位、高禄,而"大家"只能被民间认可,被"达巷党人"认可。

9.3　礼的更变不能违道义

子曰:"麻冕,礼也,今也纯,俭,吾从众。拜下,礼也,今拜乎上,泰也,虽违众,吾从下。"

这一章讲礼的更变原则。

麻冕,用麻制成的礼帽;纯,丝;俭,省约,指制作简便,省工力。下、上,指堂下堂上;泰,骄纵无礼。这是说:用麻布制作礼帽,这是礼制的规定,现在人们都用丝制作了,这样做省力简便,我赞成大家的这种做法。臣与君行礼,先在堂下跪拜,这是礼制的规定,可是现在的人都是上了堂才拜,这就有点骄纵无礼了,即使违背多数人的做法,我也坚持在堂下拜的礼数。

这里的关键不在"从众"还是"违众",而在坚守礼的道义原则。礼是因时而变的,但形式变化不能影响道义精神的坚持。在礼帽改制上"从众",是因为这种改变并无碍于礼的精神，而且方便了大家。拜君之礼的变化，直接影响到了对君的尊敬，因而即使众人都如此做，自己也不敢苟同，因为这违背了道义。故程子说："君子处世，事之无害于义者，从俗可也；害于义，则不可从矣。"（《四书集注》引）

9.4　孔子的四条戒律

> 子绝四：毋意、毋必、毋固、毋我。

这一章讲孔子自己的四条戒律。

"绝"是杜绝，摒弃。《二程语录》说："意者任意，必者必行，固者固执，我者私己。"做通俗化的说明，则是：不做慎重考虑而随意决策叫作"意"，即今所说的"拍脑瓜政策"；走不通的路却一定要去走叫作"必"，即今所说的"钻牛角尖"；固执己见而不知变通叫作"固"，即今所说的"死不开窍"；凡事以我为中心叫作"我"，即今所说的"自我中心主义"。这四者是做人的大忌，不妨想想身边有此四病的人们，谁受得了呢？所以孔子要戒绝之。

9.5　孔子的澹定

> 子畏于匡，曰："文王既没，文不在兹乎？天之将丧斯文也，后死者不得与于斯文也；天之未丧斯文也，匡人其如予何？"

这一章讲孔子在面临危难时的澹定。

畏，通"围"，指被围困。匡，宋国的一个地方。鲁阳虎曾对匡人施用暴力，孔子因长相与阳虎相似，匡人误把孔子当作了阳虎，故而孔子路过匡地时，被匡人围困。文王，指周文王，他因推行文德政治而为后人所敬仰，像《诗经》所颂赞的主要便是文王之道，《二南》的所谓"文王之化"，也反映了周人对文王文德的赞美，因而他成了孔子最崇拜的一位圣君。"文王既没，文不在兹乎"，意思是文王死后，礼乐典制的承传便都在自己一身了。有人怀疑孔子此时是车载着文献典籍而行的，所以才说"文不在兹乎"，这也是有可能的。后两句的意思是：上天如果要使这种文明断绝，就不该把这些东西传给我这后死的人；要不使文明断绝，匡人又能把我怎么样？

孔子在生死面前超人的澹定，表现出的则是大智大勇。所谓大智，是因他不惑于眼前的缤纷变化，而能察其始，知其终。所谓大勇，是因其临危不乱，胸怀坦荡，无愧于天，何惧于人！承传文化的使命精神使他具有了无限的自信，也有了必能战胜困难的决心。正是因为有孔子的这种精神，而且这种精神为后人所继承，才使得中华民族的命脉与根基得以保存，使几千年文明历经劫难而不衰。

9.6　多能非圣

> 大宰问于子贡曰："夫子圣者与？何其多能也？"子贡曰："固天纵之将圣，又多能也。"子闻之，曰："大宰知我乎？吾少也贱，故多能鄙事。君子多乎哉？不多也。"

这一章讲太宰及子贡对孔子的评价。

"大宰"是官名，相当于后来的宰相。但是哪国的宰相，则不可知，总之是位高官。孔子博学多能，几乎无所不知，这位大人感到不可思议，故疑孔子是圣人。子贡则做了肯定的回答。"固天纵之将圣"，是说孔子本来就是天纵其才的大圣。固，本来；纵，放纵；将圣，大圣（朱彬说）。孔子知道之后，做出的解释是：自己因小时贫贱，所以学会了一些别人不会的薄技。这不算什么，君子是用不着这些技艺的。鄙事，指各种与体力劳动相关的技艺。

大宰、子贡对孔子的认识存在着差距。大宰是从知识的层面上来认识孔子之"圣"的，他看到的只是表面。而子贡则是从精神的层面上来认识的，所以他把"多能"，只看作是"圣"的附加品，与"圣"并无必然关系。孔子对大宰的答复有两个意思：第一，"多能"，并不是因为自己"圣"，恰恰相反是因为曾经"贱"。第二，多能并非君子所必须。李光地《论语札记》说："圣固是天纵，多能亦是天纵。子贡此语，可谓智足知圣，而无改评者。故夫子舍子贡之言而与太宰相答曰：吾之多能，太宰知之乎？由少贱而习于鄙事之故耳。君子且不贵，况圣人乎？盖避圣之号，而又示人以学圣之方也。"

9.7　政治失败成就了孔子

> 牢曰："子云：'吾不试，故艺。'"

这一章是孔子自述多艺之由的。

牢是孔子的弟子，姓琴，字子开，一字子张，他是转述孔子此话的人。试，用；艺，这里不是指技能，而是指六经典籍。孔子的意思是：自己因为不被世所用，所以才研究六经典籍的。

失诸彼，得诸此。孔子一生最大的希望是从事政治，复兴礼乐。然而不为时所用，虽有从政的经历，却因官场污浊而草草退出。也正是因为他政治上的失败，玉成了文化上的成功。如果没有政治上失败的孔子，也就没有万世师表的大成至圣孔子。"不试"是孔子的不幸，却是中国文化的大幸，中华民族的大幸。我赞成曲园先生的两句诗："升沈有数人难定，造化无心事总平。"

9.8　孔子与乡下佬

> 子曰："吾有知乎哉？无知也。有鄙夫问于我，空空如也，我叩其两端而竭焉。"

这一章所表现的是孔子的谦德。

"鄙夫"指乡下人，"空空如"是无知的样子。"叩"是敲击，"两端"指两头。竭，尽。这当是孔子与乡下人见过面之后的感叹。人都盛赞孔子"博学"、

"多能"，但孔子与乡下人对话，对方提出的一些问题，他却不能清楚地回答。事后他反思自己说：我有知识吗？没有。乡下人向我提出的问题我就一无所知，只好细细询问终始本末，从中揣摩事理尽力来回答他。

孔子从乡下人的提问中，看到了自己知识的不足，我们从孔子的身上，则看到了他的谦逊和对人的尊重。尽管是乡下人，也不因其地位低下而蔑视，而是尽心尽力，帮助他解决、回答。故程子说："圣人之教人，俯就之若此，犹恐众人以为高远而不亲也。圣人之道，必降而自卑，不如此则人不亲；贤人之言，则引而自高，不如此则道不尊。"（《四书集注》引）

9.9　孔子的沮丧

子曰："凤鸟不至，河不出图，吾已矣夫。"

这一章是孔子自叹不逢其时。

"凤鸟"和"河图"，是天下有道、圣王产生的象征。凤鸟在舜和文王时都曾出现过，"河图"传说是河中龙马负出的图画，伏羲时出现过。大意言：凤鸟不来，黄河中也没有龙马负图出现，我这辈子算完了。

孔子这里并不是要一定期待"凤至图出"，而是以此来表示明王不兴、道不得行的绝望。这是他生命即将结束时的沮丧状态，是对理想的执着与无奈。他在生命的尽头，想到的不是儿孙家业，而是天下治平，是凤鸟河图的盛世祥瑞。由此而展现出了一位圣者的伟大品格。

9.10　孔子礼待三种人

子见齐（zī）衰（cuī）者、冕衣裳者与瞽者，见之，虽少必作，过之必趋。

这一章讲孔子的以礼待人。

"齐衰"指丧服；"冕衣裳"指穿戴礼服礼帽的人，"瞽者"指盲人。"虽少必作"，指对方虽年少，自己也定起身示礼。"过之必趋"，指经过他们身边时必快步走过，以示不敢惊扰。

为什么孔子对这三种人要特别礼敬？这反映了他的仁爱之心和对社会尊卑秩序的维护。对于服丧者礼待，表示对失去亲人者的哀怜和同情；对穿戴礼服者的礼待，表示对爵位礼制的尊重；对盲人的礼待，表示对残疾人的怜悯。而弟子记此，重在表示其楷模意义。

9.11　颜渊视孔子如神

颜渊喟然叹曰："仰之弥高，钻之弥坚，瞻之在前，忽焉在后。夫子循循然善诱人，博我以文，约我以礼。欲罢不能，既竭吾才，如有所立卓尔。虽欲从之，末由也已。"

这一章颜渊自道其学夫子之道的感受。

喟然，叹息貌；仰，仰望；弥，更加；钻，钻研；瞻是向前看；忽焉，忽然。大意言：仰望它，更觉得高不可及；钻研它，就更觉坚不可入；向前看，觉得它就在前面，可忽然又感到它在后面，似乎是无处不在。对如此高深之道，夫子是"循循善诱"，有步骤地引导、教育。"博我以文"，指用文献知识丰富自己的学问。"约我以礼"，指用礼义来规范、约束自己的行为。于此时，自己"欲罢不能"，因为已被这美妙高深之道深深吸引，既尽了自己全部的才能去追求它。"如有所立卓尔"，言好像自己已经学有所得，能够卓然独立。"虽欲从之，末由也已"，言只是自己想跟着做，却找不到门径。末，没有；由，路径；虽，通"惟"，只是。

颜回是孔门中智商最高的弟子，孔子有时也自叹不如颜回的悟性。但颜回对孔子的崇拜，更是无以复加。在他对孔子的这段评论中，表达了三层意思：第一层言夫子之道。此道神不可测，"仰高"、"钻坚"，似不知其高大坚深；而

"在前"、"在后"，似乎就在自己身边。第二层言孔子之教。夫子教人有序，循循善诱，使高深之道，进入日用之间。"博文"，使学有所法，"约礼"，使行有所据。故欲罢不能，而"卓尔"有所成。第三层言无夫子之教则不能入夫子之道。自己虽因夫子之教而"所立卓尔"，但"欲从"，却又感到"末由"，这正是众多弟子，终身追随孔子的原因。从颜回对孔子的赞叹中，反映了孔子学问与人格的巨大魅力。

9.12　孔子为什么发火

子疾病，子路使门人为臣。病间，曰："久矣哉，由之行诈也！无臣而为有臣，吾谁欺？欺天乎？且予与其死于臣之手也，无宁死于二三子之手乎？且予纵不得大葬，予死于道路乎？"

这一章讲孔子的平实精神。

孔子病了，看来病得不轻。根据周制，大夫死后，由臣僚负责办理丧事。孔子曾经做过大夫，因此子路便想以大夫的规格为老师办后事，表示对老师的尊重，于是让门人充当家臣。臣，即指为卿大夫负责丧事的臣僚。间，指病情转好。孔子病时，不知子路的荒唐行为。病好转后知道了这件事，非常生气，便大骂子路。久者，旧也，指行诈是子路的老毛病。孔子大意是说：你这爱弄虚作假的老毛病就改不了。我没有家臣是人人都知道的，而你却搞出了有家臣的名堂，我是要欺骗谁呢？要欺骗天吗？况且我与其死在家臣手里，还不如死在你们手里安心。即使享受不到大夫规格的大葬，总不至于死在路上没人管吧。

孔子为什么对子路发如此大的火？其原因当有三：第一，对子路不能坚守理想、信仰的不满。自己本非大夫，而却以大夫之礼丧，这种举动恰恰是对自己"克己复礼"思想的背叛，子路应该明白此，却明知故犯。这里也同时表达了对于僭礼行为的痛恨。第二，表达了对爱面子、求虚荣行为的极端厌恶。他希望的是实实在在的生活态度，而不是以无为有、以小为大的欺诈作风，与世俗同流合污。第三，孔子骂的虽是子路，而针对的则是当时的社会风气，是把对世俗僭礼、奢靡之风的不满，通过对子路没有原则的从俗之举的痛斥表达了出来。

孔子的一个信念，即：在世俗的奢靡铺张、追求虚荣的浊流中，不仅要坚守理想，不被世风所污染，而且要以自己的行为影响社会，化民易俗。孔子的大骂，是要骂醒子路，骂醒弟子，骂醒世人。

9.13　孔子也想出售自己

> 子贡曰："有美玉于斯，韫（yùn）椟（dú）而藏诸？求善贾而沽（gū）诸？"子曰："沽之哉！沽之哉！我待贾者也。"

这一章讲孔子的济世欲望。

韫，藏；椟，柜子；贾，通"价"；沽，卖。子贡觉得老师才智过人，应当求用于世才对，故用这种巧妙的方式试探孔子。意思是：有美玉，是把它藏在柜子不让人见呢，还是等个好价钱把它卖呢？孔子的回答是：卖掉！自己也正在等好价钱。

孔子是有积极用世精神的人，他特别希望能行其道于天下，但可惜生不逢时，天下"莫我知也"。所以当子贡问及"美玉藏沽"时，他连连说"沽之哉！沽之哉！"表现出了强烈的用世欲望，同时也表现出了自己"待贾"而不"求沽"的态度。意思是：第一，"沽"，不能上市推销，而是要等识货者来求。第二，"善贾"，意味着识货，因此只有"待贾"。言外之意，如真正有愿复兴礼乐者，自然会找上门，不必自己去叫卖。君子固穷，不能改变"用行舍藏"的原则。反言之，凡是"叫卖"者，必非好货，观时下情形自明。

9.14　孔子欲居九夷

> 子欲居九夷。或曰："陋，如之何！"子曰："君子居之，何陋之有？"

这一章讲孔子复兴礼乐失望后的情绪。

"九夷"指古代东方的落后民族，因其种不一，故有"九夷"之称。"陋"有偏僻、生活落后的意思。"君子"这里有两种解释，一种是孔子自称，一种是指东方君子国。我同意后者。《说文·羊部》"羌"字注说："惟东夷从大，大人也。夷俗仁，仁者寿，有君子不死之国。孔子曰：'道不行，欲之九夷，乘桴浮于海。'有以也。"许慎记的是一个古老传说，《山海经》中就曾记东方的君子之国。《礼记》也记到孔子称赞东夷之子居丧知礼的故事。有这种传说，有东夷人的这种表现，所以孔子在这里寄寓了自己的理想。

孔子因生逢乱世，不遇明君，复兴礼乐，终成空梦，所以产生了退居九夷以求清静的念头。"或"代表了一般人，而"陋"则是一般人对九夷的认识。这"陋"主要是从居地及物质层面上言的。而孔子"何陋之有"的反诘，则代表了君子的认识，是从道德层面上言。不过孔子只是以此表达自己的不满情绪而已，并非真要居于九夷的。

9.15　孔子正乐

子曰："吾自卫反鲁，然后乐正，《雅》、《颂》各得其所。"

鲁哀公十一年（前484）冬，孔子自卫国返回鲁国。当时周朝的礼乐只有鲁国保存得最好，但鲁国《诗》乐也残阙失次。孔子周游四方，收集到了各地保存的《诗》乐，故返鲁之后，参互考订，审音定章，做了整理，使得《雅》《颂》各得其位。《雅》、《颂》是《诗经》中的两部，这里代表《诗经》及其乐章。大意是说：自己从卫国返回鲁国后，音乐的篇章才得到整理，《雅》、《颂》乐章才得各归其位而不相乱。

《八佾》篇中，孔子曾教鲁太师音乐节律，这里又讲到孔子"正乐"，这二者是相联系的。说明当时人们的审美观发生了大变化，糜乱狂躁的流行乐冲击了传统乐，连乐官们也沉迷于流行乐中。《雅》、《颂》音乐的演奏也变了味道，失了次第。孔子在"正乐"的工作中寄寓着他复兴礼乐文明制度的希望。他

"正"的不仅仅是"乐",而是一种文化传统,是价值观与审美志趣,他要通过对音乐的整理把人们的思想志趣引向健康的方向,用音乐引导人们的精神向善和向上,让社会结束狂躁,结束纷争,恢复和平、和谐。

9.16　男子四项注意

子曰:"出则事公卿,入则事父兄,丧事不敢不勉,不为酒困,何有于我哉?"

这一章讲以礼自持。

这是孔子在说自己,共讲了四件事,这四件事对孔子来说都不成问题,但对一个需要应酬世面的男人来说,却是要特别注意的。第一件"出则事公卿",指离开家出来工作,为公卿办事,这里有个忠顺的问题,只有忠于职守,才能称职;第二件"入则事父兄",指在家侍奉父母兄长,这里有个孝敬的问题,只有孝敬,才算称职;第三件"丧事不敢不勉",指办丧事为人送终,送终是一件大事,故丧礼特别复杂,必须尽力、尽心,才能循礼尽哀,否则便会"不敬"、"不哀",被人视作冷血儿;第四件"不为酒困",指醉酒误事,这是男人们爱犯的错误,酒桌上人一起哄,便不能自持,小则醉酒误事,大则落入圈套。故不可不慎。

总之,忠顺、孝敬、哀丧、慎酒,这四者孔子觉得都不难做到,因此要每个男子都能如此。

9.17　时间如流水

子在川上,曰:"逝者如斯夫!不舍昼夜。"

这一章叹时光流逝。

"逝者"指时光，"斯"指河水。言时光如水一样，日夜不息的流逝着。由此而感叹人生易老，时去不返，若不少壮努力，则会老而无为，徒悲白发。汉乐府《长歌行》说："百川东到海，何时复西归？少壮不努力，老大徒伤悲。"这种感叹是人对天地运行、四时循环的无奈，同时也是对人生的珍爱。只有懂得珍爱人生的人，才能使生命在有限的时间内展示姿彩，为世界留下美好的纪念，为子孙留下荣耀，并鼓励后辈创造更为辉煌的人生。

9.18　好德与好色

子曰："吾未见好德如好色者也。"

这是孔子对时君好色轻德的感叹。

孔子说没有见到过像喜好美色那样喜好德行的人，这自然是有为而发的。据《史记》说，孔子在卫国的时候，卫灵公与夫人同车，让孔子做跟班，招摇过市。孔子感到羞耻，因此说了这样的话。这也符合逻辑。

"好色"是天生的，几乎人人皆有此心，而且有延续人类生命的意义在，尽管不是罪过，而却容易败德；"好德"是修成的，需要有克己的工夫，尽管难以做到，却能修成"正果"。"好色"是自己的快乐，"好德"是自己要付出。要使"好德如好色"，太难，所以孔子"未见"。如何处理"好色"与"好德"的关系，对一般人、对统治者，都是一个问题。这里有个度的把握问题，有个原则。"好色"遵循的是快乐原则，"好德"遵循的是现实原则。只有让快乐原则服从现实原则，才不至于过格。

9.19　功亏一篑

子曰："譬如为山，未成一篑，止，吾止也；譬如平地，虽覆一篑，进，吾往也。"

这一章告诫人们注意功败垂成。

"箦"是盛物的筐子。这里用的是堆土山和平地坑的比喻，就还差一筐子土山就堆成了，地就填平了，可自己却停了下来。半途而废，事终不成，这只能怪自己，怨不得别人。《尚书》上有"为山九仞，功亏一箦"的话，孔子的意思与此相同。

这里要讲明的一个道理是，事之成功，在积累、在坚持。许多事情离成功就差一步之遥了，但不能坚持，便前功尽弃。自己失败了，往往找客观原因，其实根本在自己。失败者反思自己，是最好的途径，如果怨别人，那就意味着还要继续失败。日本伊藤仁斋说："天下之事，进退之差虽小，而成坏之迹甚大。才进则虽未遽成，然成之机已着；才退则虽未遽坏，然坏之端已萌。其进其止，皆在己而已耳，可不自勉哉！"（《论语古义》）

9.20　孔子夸颜回"不惰"

> 子曰："语之而不惰者，其回也与！"

这一章表面上表扬颜回，实际上是在激励众弟子。

语，告诉；惰，懈怠。听老师讲学，只有颜回能做到不知懈怠，这就意味着其他人都做不到。为什么颜回"不惰"而其他人却"惰"？关键是一个认识和进德层次问题。认识到位，向道之心便切，便会如饥之思食、渴之思饮，不知疲倦地去追求。进入一定的境界，便会感受到道中的乐趣，孔子"乐以忘忧"，颜回"不改其乐"，原因便在此。其他人之所以"惰"，是因为只从理论上认识"道"之妙，而精神上还感受不到"道"之乐，故时作时辍，这便出现了"惰"。因此孔子激励他们，向颜回学习。

9.21　孔子思念颜回

子谓颜渊，曰："惜乎！吾见其进也，未见其止也。"

这一章是孔子对颜回的思念。

颜回的聪慧好学及其悟性，孔门中难有其匹。因此孔子把事业承传的希望寄托在了他的身上。但很不幸，他先孔子而亡。这对孔子的打击很大，故想起他来很感伤。这里提到的是颜回进德体道的状态，一路猛进，不曾停止。照此下去，完全有可能超过自己的。可是现在，他逝去了。有什么办法？这种思念，反映出的不仅仅是孔门师徒间的感情，更有对大道承传链条上重大损失的哀伤。

9.22　防备华而不实

子曰："苗而不秀者有矣夫！秀而不实者有矣夫！"

这一章是批评学无所果的。

这是用禾谷做喻的。禾始生叫"苗"，开花叫"秀"，成谷叫"实"。大意言：庄稼有出苗而不开花的，有栽花而不结果的。无论是"不秀"还是"不实"，这对农夫来说，都是很伤心的事。"苗而不秀"，指质美而不肯学习的；"秀而不实"，指虽学而无所得的。一种是不知努力，一种是半途而废，两种情况，同一种结局。要想结"果"，只有坚持努力。

9.23　不可小瞧年轻人

子曰："后生可畏，焉知来者之不如今也？四十、五十而无闻焉，斯亦不足畏也已。"

这一章是劝人早学的。

畏，敬畏。大意是说：年轻后生，是值得敬畏的。怎知道他们将来的成就就不如现在的我们呢？但如果不努力，到四五十岁了还没有什么名声，那就没有什么可怕的。

这里有两层意思，第一层意思是，不可小瞧年轻人，他们年富力强，有很大的努力时间和发展空间，他们的将来完全有可能比我们的现在更有成就。这就需要努力扶植、栽培。第二层意思是，年轻是好事，有优势，但如果不趁少壮之时勤学自勉，到四五十岁，没有什么出息，便悔之晚矣。

"可畏"是因其努力，"无闻"是因其能努力而不努力。这一方面是在劝人早学图强，争取将来有大作为；一方面则是在警告那些倚老卖老、瞧不起年轻人的人。与年轻人交朋友，扶植年轻人成长，关系着未来，是聪明的选择。而目光短浅的势利眼会相反。

9.24　贵在行动

子曰："法语之言，能无从乎？改之为贵。巽（xùn）与之言，能无说乎？绎之为贵。说而不绎，从而不改，吾末如之何也已矣。"

这一章叹世俗不修行徙义，想激励人知过改过。

"法语"指严正之语，在这里指合理的批评意见。"巽与"指依顺称赞，这里指表扬。绎，连续，继续。大意言：合理的批评，能不听吗？但贵在能改正。听表扬的话，能不高兴吗？但贵在能发挥成绩，继续努力。高兴而不能继续努力，听而不能改正，对此种人我就没有招了。

世俗中只接受批评而不肯改正的人太多了，爱听奉承话而不肯努力的人太多了。坏话也听，好话也听，嘴上应付，不见行动，这是世俗的常态。学生中这种人也不会少。孔子的感叹应该是为这类学生发的，也是对这类学生的严厉批评。他希望他们不要只是"诚恳接受，屡教不改"，贵在行动。

9.25　主忠信

　　子曰："主忠信，毋友不如己者，过则勿惮改。"

此章重出，已见《学而》篇。

9.26　匹夫不可夺志

　　子曰："三军可夺帅也，匹夫不可夺志也。"

　　这一章讲不可侮慢小民。

　　在周代，诸侯大国有上、中、下三军，一军一万二千五百人，三军合三万七千五百人。"匹夫"指平民百姓。古代士大夫以上都有妾媵，庶人唯夫妻相匹，所以称匹夫匹妇。三军之势是物质的力量，物质的力量容易摧垮，故其帅可夺。匹夫之志，是精神的，精神是消灭不了的，故其志不可夺。古人言"匹夫之守志，重于三军之死将"，正指此。

　　孔子这话是对统治者说的。言外之意是：不要认为草民好欺负，击败三军容易，要想镇服百姓的心很难。日本龟井南冥说："凡上之人，侮慢人民，以取其祸者，大底皆不知其志之不可夺也。"（《论语语由》）此话信然。侮慢百姓的统治者，结果只有一个：完蛋！

9.27　表扬批评并举

　　子曰："衣敝缊（yùn）袍，与衣狐貉者立，而不耻者，其由也与？

'不忮不求，何用不臧？'"子路终身诵之。子曰："是道也，何足以臧？"

　　这一章讲孔子对子路的表扬和批评。

　　缊袍，乱麻为絮的袍子，是下贱的穷人穿的；狐貉，指狐貉之皮做的皮大衣，是高贵的富人穿的。世俗崇尚浮华，穿上破棉袍与穿狐皮大衣的人站在一起，自然有羞耻之感，但子路不一样，他一点也不以穿烂衣破袍为耻。孔子觉得在这方面，弟子中只有子路能做到。故大加赞扬。"不忮不求，何用不臧"，是《诗经·邶风·雄雉》中的两句诗，意思是："不妒忌，不贪求，为什么不好？"孔子引此来称赞子路不贪求。子路听了老师如此夸自己，极为高兴，便把这两句诗挂在了嘴上，不时地念诵。所谓"终身"，就是一辈子，因为这是后来人的追记，所以用了"终身诵之"来表述。孔子看到子路这种自鸣得意的样子，又感到很好气好笑，于是批评说：像这样子，怎么能算好！"是道"指这种做法；臧，善，好。"何足以臧"是照应"何用不臧"说的。

　　这一段记载，可关注者有两点，一是孔子的教育方法，二是子路的品格和为人。子路之所以敝袍立于狐裘间而不感羞耻，原因在于他一心向道，不慕荣华，精神追求淡化了对物质利益的关注，对于世俗以衣饰定人格高低的价值评断，不屑一顾，而且还会以精神富翁的姿态傲视狐裘遮蔽下的精神贫困户。老师孔子是他的精神领袖，对于老师的表扬，他会感到荣耀无比，而且"终身诵之"，于此又显出了他的率直性格。孔子对于子路既表扬，又批评，表扬中带着欣喜，批评中藏着严厉，表现了一个老师对学生的深切关爱和精心培育。日本物茂卿《论语征》说："'不忮不求'，当别为一章。子路诵此诗，而孔子抑之，是别事己。孔子之于子路，或称或抑，所以成材也。故联而记之，俾学者知孔子教育英才之意。"此说有一定道理。

9.28　君子品格

　　子曰："岁寒，然后知松柏之后凋也。"

这一章讲君子之性。

春夏时暖，草木同盛，松柏与桃李无别。大寒降临，草木凋零，唯松柏郁乎苍葱，故说：天冷了，才知松柏是最后凋谢的。

这里是以松柏比喻君子品格的。"岁寒"喻时之变，是考验的时刻；"后凋"喻性之坚，是考验的结果。君子与常人之别，就在于经得起"风寒"的考验，多一份道义的坚守。像孔子所处的衰世、浊世，官民争利，坏人失去了约束，好人失去了操守，人心不古，世风浇薄。而君子如孔子者，则能特立独行，处污不染。所谓"后凋"，便在于此。关于此，皇侃《论语义疏》解释得很好，他说："君子小人若同居圣世，君子性本自善，小人服从教化，是君子小人并不为恶，故尧舜之民，比屋可封。如松柏与众木同处春夏，松柏有心，故本葱郁；众木从时，亦尽其茂美者也。若至无道之主，君子秉性无回，故不为恶，而小人无复忌惮，即随世变改。"俗话所谓"士穷见节义，世乱识忠臣"，也是这个意思。孔子的这句话，成了中国文学史上的经典比喻，此后松柏变成了君子的象征，产生了借松柏以咏君子的大量诗作。

9.29　君子三味汤

> 子曰："知者不惑，仁者不忧，勇者不惧。"

这一章是讲智、仁、勇的功能的。

学识不足、志道不坚的人，往往易患惑、忧、惧三种病，即遇事惑而不决，患得患失，怕前怕后，最终只能是一事无成。孔子这里开出的智、仁、勇三味汤，便是医治这种病，使之进身于君子之域的。"智"则洞明事理，辨识是非，所以"不惑"；"仁"则乐于惠济，不患得失，所以"不忧"；"勇"则理直气壮，定心致公，所以"不惧"。"不惑"能立事，"不忧"能推恩，"不惧"能正众。如此，可以为君子。

9.30 进学的三个层次

子曰："可与共学，未可与适道；可与适道，未可与立；可与立，未可与权。"

这一章讲进学的层次。

如果一心向"道"，"学"则是一个必要的前提，不学不能进身于道。在学习前进的过程中，分三个不同的层次。第一个层次是"适道"，即达到大道之域，获得道的真谛，也就是通常说的"知道"。一同学习的人可能很多，但未必都能"知道"。第二个层次是"立"，即坚守、确立不移。能一同探得道的真谛的可能不少，但不一定都能以道立身，坚守不移。第三是最高的一个层次"权"。"权"是秤锤，秤锤不能钉死在一个地方，一定要根据物质的重量在秤杆上不停调整位置，这样才能起到称量的作用，所以叫"权变"。可以一同坚守道的人，未必都能掌握道的权变心法。

能够"适道"——进入道门，才能"立"身以道，富贵不淫，贫贱不移。能够"立"身以道，才能行"权"达变，灵活处理周边事而不离道宗，与天地精神相往来。朱熹引杨氏说："学足以明善，然后可与适道。信道笃，然后可与立。知时措之宜，然后可与权。""权"是一个最高的道术层次。孔子之意，是希望人在学习修养中，不断获得进步，不凝滞于物，达到通权达变之域。

9.31 思则得之

"唐棣之华，偏其反而。岂不尔思？室是远而。"子曰："未之思也，夫何远之有？"

这一章讲"思"与"远"的关系。

　　唐棣有人说是郁李，也有人说是似白杨的一种树，这关系不大。"偏其反而"朱熹读作"翩其翩而"，意思是言花朵摇动的样子。这几句诗不见于《诗经》，是逸诗。大意言：唐棣树的花朵，翩翩摇摆。难道我不思念你？只是你家太远。孔子评论说：本来就没有想，要是真想，哪有什么远不远？

　　这一章原与上一章合为一章，朱熹把它分开别为一章。从内容上看，这个划分是对的。这里 的"思"，表面上是思念人，但也可以作思道、思仁的隐喻。这当是有人赋此诗以表达自己对某事心想做而因故未做，故孔子做了这样的批评。它说明着一个道理：只要心中有，就无所谓远。"远"只是托词，关键是"未之思"。人饥则思食，渴则思饮，思就要去追求，再难、再远也会克服，不达目的则不已。对任何事情能否完成，关键在一个"思"字，你是否用心了。孟子说："心之官则思，思则得之，不思则不得也。"可以说是对"思"之意义的更明确的说明。

乡党第十

按：此篇分节最复杂，各家不一。或分二十节，或十七节，或分二十七节。今为归纳方便，参酌各家，间以己意，分为二十节。

10.1　孔子于乡党

孔子于乡党，恂恂（xún）如也，似不能言者。其在宗庙、朝廷，便便，言唯谨尔。

这一章讲孔子在家乡父老面前的表现。

恂恂，是温和恭顺之貌；便便，形容善于辞令之状。大意言：孔子回到家乡，在乡亲们面前温和恭敬，好像拙于言辞。可是在宗庙里或朝廷上，却利舌巧口，只是不妄言语而已。

孔子对于父老乡亲的恭顺，反映出的是他的谦恭品格，以及对乡亲们的尊重。对于他在宗庙朝廷上的描写，只是为了说明他并非"不能言"，而是不敢言，不敢在乡亲面前自我炫耀。这种表现，与得志小人猖狂于父老乡亲之前，甚至不可一世者，正好相反。人发迹后当如何对待乡党，孔子做出了榜样。

10.2　孔子朝议

　　朝，与下大夫言，侃侃如也；与上大夫言，訚訚（yín）如也。君在，踧（cù）踖（jí）如也，与与如也。

　　这一章讲孔子在外朝与不同身份人议事的情况。

　　这里的"朝"，指的是外朝，在大门之内，寝门之外，是君大夫议政的地方。孔子的言谈涉及了三个不同级别的人，其表现各不相同。第一是下大夫，孔子与下大夫议政，"侃侃如也"，表现得和乐欢快，因为"与"是与自己同一个级别，可以无拘无束，放开地说。"侃侃"通"衎衎"，是和乐的样子。第二是上大夫，这是比孔子级别高的人，这时的表现是"訚訚如也"，"訚訚"是说话和悦而言辞中正之貌。因为比自己级别高，既要尊敬，又要如实地发表自己的意见，故而在言辞温和中带着几分持正不阿。第三是君，这是一国之尊。"踧踖"是恭敬而不安之貌，"与与"是举止适中之貌。国君来临，恭敬不安，表示随时听候差遣，但又不失仪态。对国君的尊重，就是对国家权力的尊重，对国家稳定的维护。

　　下大夫、上大夫、国君，代表着三个不同级别，在三者面前的不同表现，正是礼所要求的。孔子对上下尊卑之礼的坚守，反映着他对社会纲常秩序的维护。

10.3　孔子迎宾

　　君召使摈（bìn），色勃如也；足躩（jué）如也。揖所与立，左右手，衣前后襜（chān）如也。趋进，翼如也。宾退，必复命曰："宾不顾矣。"

　　这一章讲孔子招待外宾时的表现。

"君召使摈"，言国君召去他让他接待宾客。"摈"是接待宾客。"色勃如也"，是脸色突变的样子，由平时的随和状态顿时变得庄重严肃，因接待外宾，不可不慎。"足躩如也"，是脚步不停地样子，表示进退周旋，殷勤应酬。"揖所与立"，指向站在两边的人作揖行礼。"左右手"，或向左拱手，或向右拱手，"衣前后襜如也"，衣服前后摆动，齐整协调而不乱。"襜"是整齐之貌。快步前行时，"翼如也"，如鸟展翅一样。宾客走后，则必向国君回报。送客时，客人会不停地回头与送行者打招呼，表示不敢烦劳主人。"宾不顾"，表示宾客已远去，不再回头。

这里连用了四个"如"字，以表现孔子的仪态。"勃如"是重视慎重认真的状态，"躩如"是不敢怠慢、勤于周旋的状态，"襜如"是礼仪娴熟的状态，"翼如"是步趋端正的状态，"复命"是任务完成后对国君的交代。虽是细末之事，但动静无不中礼，体现出了他的礼仪修养。其楷模意义不言而喻。

10.4　孔子上朝

> 入公门，鞠躬如也，如不容。立不中门，行不履阈（yù）。过位，色勃如也，足躩（jué）如也，其言似不足者。摄齐（zī）升堂，鞠躬如也，屏气似不息者。出，降一等，逞颜色，怡怡如也。没阶，趋进，翼如也。复其位，踧踖如也。

这一章讲孔子上朝时的表现。

这里写了入门、行止、过位、升堂、下阶、复位的全过程。在这个过程中，每一个环节都表现出了恭敬的仪态。

先是"入公门"，表现形态是"鞠躬如也"，弯腰屈体，好像不能容身，以示慎敬。

其次入公门后的行止表现，"立不中门"，站立不挡在门中间，表示谦让，不敢尊大。"行不履阈"，"阈"是门槛，门槛不是脚踩的，故"不履"，表示行不越矩。

其三"过位",经过国君的座位,"色勃如",表示极度敬重;"足躩如",表示不敢轻慢;"言似不足",表示不敢大声以色,以示恭敬之至。

其四升堂,要面见国君,需要先升堂,然后才"过位"。堂有台阶,因礼服长,上下不便,于是就要"摄齐"——提起衣服的下摆。升堂后,弯腰屈体,"鞠躬如也",屏住气,像不能呼吸一样,以此表示对国君的敬畏。

其五降堂,从堂上退出,"降一等"——下一级台阶,"逞颜色"——神态放松。离君位渐远,神色也渐松弛,然后"怡怡如也",表现出和顺自适之貌。"没阶"——走完最后一个台阶,快步向前,如鸟展翼,直步正行。

其六复位,回到自己的位置,仍不忘对君之敬,故"踧踖如也",保持恭敬不安之状,以听候国君。

从"入门",到"复位",贯穿着一个"敬"字。孔子曾说:"事君尽礼,人以为谄也。"对孔子时代的人而言,因礼崩乐坏,对孔子的这种"尽礼"行为已经不可理解,当代人就更不必说了。这种描写当出自弟子之手,它要说明的是孔子是如何表达对君的敬畏之意的。以此确立榜样,供为人臣者效法。孔子敬畏君主,并不是生性怯懦,或如时人所谓"谄",而是维护国家的和平秩序。国家之"大治",敬畏君主是一个必要的条件。

10.5　孔子聘问邻国

> 执圭,鞠躬如也,如不胜。上如揖,下如授。勃如战色,足蹜蹜(sù),如有循。享礼,有容色。私觌(dí),愉愉如也。

这一章讲孔子奉君命聘于邻国的仪态。

这里写了出使聘于邻国的三个环节。第一"执圭"受命。圭是一种上圆下方的玉器,是外交使臣的信物,它代表着沉甸甸的使命。因而孔子手执玉圭时,弯腰屈体,好像拿不动似的,"胜"指胜任。举高时像作揖,放低时像要给人。表情变得如面临作战,谨慎小心,不敢有半点疏忽。"蹜蹜"是小步快走貌。"如有循",言好像沿着线往前走,这里表现出的是极为慎重之貌。

第二"享礼"。这是到了邻国后的一个重要程序。使者到邻国，要举行献礼仪式，即要把礼物献给对方。这时孔子是"有容色"，即表现出和悦的表情，以示友善态度。

第三"私觌"。指享礼毕后，以私人身份拜见邻国君臣。"觌"是相见的意思。这时他的表情是"愉愉如也"，即更轻松愉快。

在整个使命完成过程的表现，先是"勃如战色"，极端慎重、认真；接着是"有容色"，呈现出和悦的表情；最后是"愉愉如也"，完全放松了。受命时"勃如"，是因君命如山，不可不重；享礼时"容色"，是因修两国之好，不可不悦；私觌时"愉愉"，是因使命完成，一身轻松，不能不舒畅于怀。

10.6　孔子的服饰

　　君子不以绀（gàn）緅（zōu）饰，红紫不以为亵服。当暑，袗（zhěn）絺（chī）绤（xì），必表而出之。缁（zī）衣，羔裘；素衣，麑（ní）裘；黄衣，狐裘。亵裘长，短右袂（mèi）。必有寝衣，长一身有半。狐貉之厚以居。去丧，无所不佩。非帷裳，必杀之。羔裘玄冠不以吊。吉月，必朝服而朝。

这一章记孔子衣服之制。

第一，服色。青中透红或黑中透红的面料镶袖口或领口，不用红色或紫色的布料做便服。绀是青中透红的颜色，是斋戒时的服色；緅是黑中透红的颜色，是丧服的镶边。这两种色自然用作常服。红、紫在古代不属正色，而属杂色，近妇女的服色，故不用。"亵服"指平时穿的衣服。

第二，夏衣。夏天穿粗、细葛布单衣时，一定要套上外衣才出门。袗，单衣；絺，细葛布；绤，粗葛布；表，外衣。粗细葛布能使肌肤外透，故要套上外衣，以示庄重，不失礼于人。

第三，冬服。黑罩衣配黑羊皮袍，白罩衣配白鹿皮袍，黄罩衣配黄狐皮袍。缁衣，黑色的衣服。羔裘，黑羔羊皮衣。麑，小鹿，作裘用白鹿皮。这种搭配是为了上下相称，避免怪异之感。

第四，在家穿的皮衣。袍子长，右边的袖子短。这一是为了暖，二是便于做事。袂，袖子。

第五，被子。睡觉一定要有被，被子的长度是身体的一倍半。这主要是为了防凉。寝衣，睡衣。

第六，坐垫。用厚的狐皮或貉皮做的坐垫。这一是防潮，二是舒服。居，坐。

第七，佩饰。服丧期满，脱丧服后，各种佩饰都可佩带。表示一切恢复正常。

第八，衣服裁量。除了礼服，其他衣服都裁短些。帷裳，上朝和祭祀时的礼服，用整幅布做，不加裁减，多余的部分折叠缝上。这是为了区分开礼服与常服，严格礼制。杀，裁。

第九，丧服。不穿羊皮衣、戴黑帽子吊唁。因丧服白，黑服吊丧是对丧家的不尊重。玄冠，黑礼帽；吊，吊唁。

第十，朝服。每月初一，穿朝服朝拜君主。目的是修君臣之礼。吉月，每月初一；朝服，上朝的礼服。

对衣服上的讲究，不只是坚守礼制，还出于对生活便利、身体健康的考虑。从这里可以看出孔子一丝不苟的作风。

10.7　孔子慎斋

　　齐，必有明衣，布。齐必变食，居必迁坐。

这一章讲孔子对于斋戒的谨慎。

"齐"同"斋"，是祭祀或典礼前清心寡欲、净身洁食的工作。明衣，净身后穿的浴衣。变食，改变平常的饮食，如葱、蒜等刺激性东西要禁食。迁坐，改变平常的住所，如与妻妾隔离等。这是说：孔子斋戒，一定备有浴衣，这浴衣要用布做。斋戒时，一定要改变平常的饮食和住所。对斋戒的极度慎重，是对天地神灵敬畏的表现。

10.8　孔子的饮食

　　食不厌精，脍（kuài）不厌细。食饐（yì）而餲（è），鱼馁（něi）而肉败，不食。色恶，不食。臭恶，不食。失饪，不食。不时，不食。割不正，不食。不得其酱，不食。肉虽多，不使胜食气。唯酒无量，不及乱。沽酒市脯，不食。不撤姜食，不多食。祭于公，不宿肉。祭肉不出三日。出三日，不食之矣。

　　这一章讲孔子饮食之节。这里讲了二不厌、九不食、三不多。

　　"二不厌"是：

　　一、"食不厌精"，像五谷粮，舂得越精细越好。

　　二、"脍不厌细"，像肉类食品，切块越小越好。这样便于消化。脍，切细生食的鱼、肉。

　　"九不食"是：

　　一、不食变味和变质的食物。"饐"指食物经久而变味，"餲"指食物经久味变恶，"馁"指鱼腐烂，"败"指肉腐烂。

　　二、不食色不正的食品。"色恶"即指颜色变坏，色不正。

　　三、不食味不正的物品。"臭恶"指味变坏。

　　四、不食烹调不当的饭菜。"饪"指烹调。

　　五、不食不到点的饭。"不时"即不到时间。这些都是从健康考虑的。

　　六、不食切得不正的肉块。这是心理上的原因，他见不得歪的斜的。

　　七、不食佐料不适当饭菜。"酱"是调味品。

　　八、不食从市上买来肉干和酒。"脯"指肉干。

　　九、不食超过三天的祭肉。这里提到了两种情况：第一种是国君所赐的祭肉，即助国君祭祀，完毕后，国君要将祭祀过的肉分赐给参加祭祀的人。这种活动一般要持续几天，肉在祭坛上待久了，不当天吃掉，就可能会变质。"不宿肉"，即不使肉过夜。第二种情况是家祭用的肉。这里的"祭肉"指的是家祭的肉，也不能超过三天。超过三天，也会变质，不能再吃。

"三不多"是量上要控制的。

一、肉再多也不能超谷食的量。气，同"饩"，即粮食。

二、饮酒再多，也不能喝到醉酒乱性的程度。

三、每餐必有姜，但也不多吃。

这里更多表现的是孔子的养生思想。

10.9　孔子的规矩

食不语，寝不言。虽疏食、菜羹、瓜祭，必齐如也。席不正，不坐。

这里讲了三不一必。

第一是吃饭不说话。这是因为容易把口沫洒向对方的食物，不卫生，也不敬，同时影响消化。第二是睡觉不言语。因为说话容易兴奋神经，影响睡眠。这是从养生上考虑的。或有人觉得这样太闷气，那其实是不良习惯，对生命负责的角度想，恐怕还得听孔子的。第三是座席摆得不正不坐。这是从心理上考虑的，要正派做人，容不得歪邪。再就祭祀而言，即使粗糙的食物（疏食）、菜做的羹汤（菜羹）、瓜类的食品，用于祭祀时，也必须像斋戒时那样严肃认真，以示诚敬。齐，同斋。俗话说："敬神一点心。"不在祭品多少，关键在尽心、尽力。

10.10　孔子在乡

乡人饮酒，杖者出，斯出矣。乡人傩（nuó），朝服而立于阼（zuò）阶。

这里讲孔子参加乡人两种活动的情况。一种是乡人饮酒。乡人饮酒是古代村落间的一种宴会活动，这种活动目的是在明长幼之序。孔子参加这种活动时，一定要等老年人先离席后，自己才退出。"杖者"指拄着拐杖的老人。二是乡人傩。傩是一种迎神驱鬼的宗教仪式。孔子参加这种仪式时，总是穿着朝服站在东边的台阶上，这是主人所站的位置。阼，东面的台阶。

杖者出然后自己出，是对杖者的敬；朝服而迎傩，表示的是对鬼神的敬。对人对神都是一个字：敬。

10.11　孔子的交往

问人于他邦，再拜而送之。康子馈药，拜而受之。曰："丘未达，不敢尝。"

这里记载了两则孔子交往之礼。

一是拜托人办事。如托人向异国朋友转达自己问候，要再次拜谢后送别。二是受别人赠礼。如季康子赠孔子药品，孔子拜谢后接受了，说："我对药性不了解，不敢尝。"

"再拜而送"是敬、是礼；"拜而受之"也是敬、是礼；而直告"不敢尝"，也是以诚敬之心示人的，也不失为礼。送迎言谈之间，皆不失礼、不失诚，反映了孔子的道德修养，也为弟子树立了楷模。

10.13　问人不问马

厩（jiù）焚。子退朝，曰："伤人乎？"不问马。

这是一则孔子贵人轻财的典型故事。

厩是马棚。孔子家的马棚失了火。孔子退朝回来听到了这个消息，着急着问人有无伤亡，却不问马的情况。失火的是马棚，而问起的却是人；不是先问人后问马，而是只问人不问马。这说明他把人的生命看得比财产重要。在灾难面前，首先考虑的是人身安全。人是与自己一样的生灵，而马是自家的财产。人命关天，金钱如水，二者不在一个重量级别上。这是孔子仁的思想在行为上的具体体现。"仁"在战国文字中也写作下面"心"上面"人"的结构，表示"心上有人"即为"仁"。

10.13　孔子事君四事

> 君赐食，必正席先尝之。君赐腥，必熟而荐之。君赐生，必畜之。侍食于君，君祭，先饭。疾，君视之，东首，加朝服，拖绅。君命召，不俟驾行矣。

这里讲孔子事奉国君的情况。讲了四个方面：

一、君之赐。对于国君赠的食物，如果是熟食，必定是摆正座席，先尝一尝；如果是生肉，必定是煮熟了，先祭献祖先（腥，生肉。荐，供奉祭物）；如果是活物，必定是饲养起来。以此表示对国君所赐的敬重。

二、君之食。古时君用餐前，人要先尝，以防不测。故孔子陪国君吃饭时，要趁国君举行饭前祭礼的机会，自己先尝一尝。以此表示保护国君之心。

三、君之视。国君来探视自己的病情，因自己生病不能起身，只能躺着，于是便要头朝东躺着，这是为了使国君能南面，保持上朝时的方向；同时自己身上盖上朝服，放上大带子，使自己像上朝时的样子。以此示即使病中，也不能失君臣之礼。东首，头朝东；绅，束于礼服外的大带子。

三、君之命。国君召见，不等车马驾好便先动身。以此示君命之重。

这四个方面的行为，贯穿着同一种精神，即对国君的敬重。这种敬重程度远远高于一般的恭礼、礼貌。因为君是一个国家的核心，维系着一个国家的安定，只有国人保持对这一核心的敬重，这个国家才能稳定。对君的敬重，实是对政治稳定的维护。当然，在孔子的这个伦理体系中，对所敬重的君也有要求，这就是"敬德保民"，爱护百姓。

10.14　入太庙

入太庙，每事问。

这一章与《八佾》篇"子入太庙"章重复。

10.15　孔子与朋友

朋友死，无所归，曰："于我殡。"朋友之馈，虽车马，非祭肉，不拜。

这里讲孔子交友之义。朋友死了，没有人敛埋，他便把丧事承担下来。朋友馈赠物品，如果不是祭肉，即使是车马等贵重的礼物，他也不拜谢。为朋友办理后事，这是我对朋友的一份情义，不需要人感谢；朋友送我车马，这是朋友对我的一份情义，也可以不去谢他。但朋友送来的祭肉不同了。因为这祭肉是朋友孝敬祖先的，分送给自己，等于是朋友先祖的惠与，因此要拜谢。这表示朋友如同自己，朋友之亲如同己亲，要像尊重自己的亲人一样，敬重朋友的先人。

10.16　居家禁忌

寝不尸，居不客。

这是孔子居家的禁忌。睡觉不能像死人，在家不能像客人。"尸"指四肢直挺的睡相，可能这种睡相，不利于能量保护，往往醒后感到困倦，所以古代有"卧如弓，坐如钟"的养生谚语。"客"指客套、严肃的交往方式。家是一个放松的地方，是亲密的地方，客套了就见外，影响感情；严肃了精神紧绷，不利于休息。像死人、像客人，都大碍养生。

10.17　孔子礼敬的三种人

　　见齐衰者，虽狎，必变。见冕者与瞽者，虽亵，必以貌。

　　这一章与《子罕》第十章意思重复，表述有别。当是不同人的记述。狎，亲近；亵，熟悉。"必变"言必变神色，以示敬意；"必以貌"，言必有礼貌。

10.18　三种不同的敬

　　凶服者式之，式负版者。有盛馔（zhuàn），必变色而作。迅雷风烈，必变。

　　这里记的是孔子礼敬之事。
　　"凶服"指丧服。"式"同"轼"，古车厢前供立乘者凭扶的横木，如遇尊者，则可以手扶轼木身向前微俯以示礼。"负版者"，一般释为官府送文件的人，因为当时用木版书写文件，所以称"版"。朱彬《经传考证》以为当读作"负贩"，即担货贩卖的人。我同意后者。"盛馔"指丰盛的宴席。"迅雷风烈"指雷霆暴风，《礼记·玉藻》说："君子之居。……若有疾风迅雷甚雨，则必变，虽夜必兴，衣服冠而坐。"郑玄注说："衣服冠而坐，敬天怒也。"这一章大意是说：孔子在乘车时，遇见穿丧服的人和担货的小商贩，都要凭轼俯身示敬。作客时，主人备下盛宴，自己必改变神色，起身致谢。遇见迅雷大风，一定要改变神色，以示敬畏。
　　轼"凶服者"，是敬有哀者；轼"负版者"，是敬劳役者；"盛馔变色"，是敬人之赐；"雷风必变"，是敬天之怒。对前二者之敬，是对弱者的同情。敬人之赐，是自谦，表示担当不起主人的款待。敬天之怒，是对强者的敬畏。情况不同，但敬的精神是一致的。人在社会生活中会遇到种种情况，如何怀着敬意来面对周围的事物，这是营造和谐人文生态的必要。

10.19　孔子乘车禁忌

升车，必正立，执绥。车中，不内顾，不疾言，不亲指。

这里提出了一必三不。

一必：这是登车时必做的，即正直站立，捉好手带。这是要保持稳当，体端心正，体现堂堂正正的君子风度。绥，上车时扶手用的索带。

三不：这是登后必禁的。一是不左右回头看，二是不大声说话，不用手指指点点。"内顾"、"疾言"、"亲指"，这都是轻浮的动作，有碍于君子端庄的仪容。前一章谈的是尊人，这一章谈的是自尊。保护仪容，就是自尊自爱的表示。

10.20　孔子兴怀

色斯举矣，翔而后集。曰："山梁雌雉，时哉时哉！"子路共之，三嗅而作。

这一章讲孔子感物兴叹。

朱熹以为这一章必有阙文，各家歧说也很多。大略言之，这是孔子见到山梁上的雌野鸡受惊飞起，而后又择木落下，发出的感叹。"色斯"犹色然，形容鸟惊飞之状。举，飞起来。《吕氏春秋·审应》篇说："盖闻君子犹鸟也，骇则举。"与此意同。"翔而后集"，指盘旋飞翔后落到树上。"集"的本义是"群鸟在木上"。"时哉时哉"表示知时而动，因此不被人伤。"共"同"拱"，拱手。嗅，朱熹引石经作"戛"，谓雉鸣。大意言，子路听孔子赞美野鸡，便向野鸡拱手示敬，野鸡便嘎嘎地叫着飞走了。

　　感物兴怀，这是文人常有的情怀。孔子见野鸡知时进退，自由起落，不为人伤，于是想到自己"知其不可而为之"，为复兴礼乐到处奔走，结果"累累若丧家之狗"，故由然有感于怀。这与"居九夷"、"乘桴浮于海"的念头是一致的，都是表示志不得遂的感伤。

论语绎解下

先进第十一

11.1　孔子的用人方针

　　子曰："先进于礼乐，野人也；后进于礼乐，君子也。如用之，则吾从先进。"

　　这一章讲用人方针。

　　"先进"指先学习礼乐而后再做官的人，"野人"是乡下人。"后进"指先做官后学习礼乐的人，"君子"是卿大夫。"从"是认可、选择。大意是说：先学习礼乐而后做官的人，是乡下人的子弟；先做官后学礼乐的人，是卿大夫的子弟。如果选用人才，我主张选用先学习礼乐的人。

　　关于"先进"、"后进"的解释，分歧较大，"先"、"后"或说指入仕言，或说指入学言，这里采用的是杨伯峻先生的解释。因为这一解释符合孔子当时所处的时代环境。周朝有国人、野人之分，国人是城市及四郊的人，是统治者；野人则是郊外的人，是被统治者。当时学在官府，国人享有受教育的权利，野人则没有。到春秋社会大变革时期，民间办学兴起，野人子弟有机会接受教育。于是一个新的知识阶层 —— 士阶层兴起，在诸侯国竞争人才之际，这一批人便有机会进入官场。此时官场便出现了两种情况，一是贵族子弟利用特权入仕，一是没有任何背景的乡村青年凭才能入官场。而"礼乐"则是当时为官者必备的素质和知识。这就出现了孔子所说的"先进"与"后进"之别。"后进"相当于先做官后拿学位，"先进"相当于靠文凭上岗。这两者自然有很大不同。孔子在用人上为什么选择"先进"？很显然，对于礼乐，"先进"是学来的，没有礼乐的素质和知识，他就不可能进入官场；"后进"则是混来的，不懂礼乐，他照样有官做。究竟谁更能胜任工作，孔子一清二楚，因此很坚定地说：我选择先进！

11.2　孔子怀旧

子曰："从我于陈、蔡者，皆不及门也。"

这是孔子晚年对与自己患难与共弟子的思念。

陈和蔡是两个国家。大约是鲁哀公六年（前484），孔子带着一大班弟子到了陈蔡之间。据《史记·孔子世家》记载，"吴伐陈。楚救陈，军于城父，闻孔子在陈、蔡之间，楚使人聘孔子。孔子将往拜礼，陈、蔡大夫谋曰：'孔子贤者，所刺讥皆中诸侯之疾。今者久留陈、蔡之间，诸大夫所设行皆非仲尼之意。今楚，大国也，来聘孔子。孔子用于楚，则陈、蔡用事大夫危矣。'于是乃相与发徒役围孔子于野。不得行，绝粮"。这样一困就是七天，许多学生饿得都站立不起了。后来孔子派子贡到楚国，楚昭王出兵相救，才得解围。鲁哀公十一年（前484）孔子回到鲁国。这时孔子已六十八岁。此后患难众弟子如颜回死、子路亡，子贡等也先后离开了他。他想到这些生死相伴的弟子，此时都已不在自己身边，觉得有些伤情。"不及门"言不进自家门，意思是不在自己身边。

人老了思念过去，怀念旧交，这是人之常情，而这常情，正是人间最可贵的情义。是这情义给这世界增添了爱的光辉，增添了生命的意义。孔子对老学生的思念，表现了他对跟随自己历经患难的弟子们的感念，是老师对学生的一份谢意，同时也表现了他们师生在推行"道"的艰难历程中所形成的深厚情谊以及作为老师的孔子对这种情义的珍爱。他们的这种师生关系，不是建立在利益或相互利用的基础上，而是建立在共同坚守道义的志趣中，这为千古师生，树立了楷模。

11.3　孔门十哲

德行：颜渊、闵子骞、冉伯牛、仲弓。言语：宰我、子贡。政事：冉有、季路。文学：子游、子夏。

这一章记述的是孔门四个方面学有所长的代表人物。旧称孔门十哲，今又称孔门四科。这四科，一是德行科，主在道德品行方面的学习，这一方面的代表：颜渊即颜回，好学善进，三月不违仁；闵子骞名损，字子骞，大孝为孔子称道，不仕大夫，不食污君之禄。冉伯牛有德行而患恶疾，曾使孔子痛惜；仲弓，孔子称其可使南面。二是言语科，主言语辞令方面的学习，这一方面的能力主要体现在辞令与外交上，宰我、子贡是代表。宰我利口辨辞，曾以"栗，使民战栗"，巧对鲁哀公。子贡用其口辩之才，曾存鲁、乱齐、破吴、强晋而霸越。三是政事科，主政治才干方面的学习，这一方面的代表人物是冉有、季路。孔子称冉有千室之邑，百乘之家，可使为之宰；称子路千乘之国可使治其赋。四是文学科，主《诗》、《书》、《礼》、《乐》文献方面的学习，这方面的代表是子游、子夏。子游曾以礼乐治武城，子夏在孔门中传经之功最上。

这里所举的四科十哲，只是随意点出，以表示孔门人才种类之多、之众，并非仅有四科、十人。如曾皙、曾参、有若、公西华等，皆为孔门翘楚，只是未能遍举出而已。

11.4　孔子喜欢颜回

子曰："回也非助我者也，于吾言无所不说。"

此章意在赞颜回。意思是：颜回不是对我有帮助的人，我的话他没有不喜欢的。

孔子喜欢子夏，子夏言《诗》对他有所启发，他很高兴，说："起予者商也。"喜欢子路，说："自吾得由，恶言不闻于耳。"这都是对孔子或学问，或生活有帮助的人，而颜回"非助我者"，为什么孔子如此喜欢他？这并不是因为颜回听话，而在于颜回对于孔子之道的心领神会超过了孔门的任何人。他与孔子之间心灵的默契，能达到"于吾言无所不说"的程度，这在孔门中无人能比。孔子把承传大道的希望寄托在了他的身上，然而他不幸早亡，这使孔子非常伤心。这一则当是颜回死后孔子回忆到他时说的话，故话中带着几分感伤。

11.5　闵子骞之孝

> 子曰："孝哉闵子骞！人不间于其父母昆弟之言。"

这一章赞闵子骞之孝。

间，非难、挑剔。昆，兄长。大意言：闵子骞之孝，使人们对他的父母兄弟没有非议。《太平御览》引《孝子传》说："闵子骞幼时，为后母所忤，冬月以芦花衣之以代絮。其父后知之，欲出后母，子骞跪曰：'母在，一子单；母去，三子寒。'父遂止。"只有在这种特殊的家庭环境中，才能体现出一个人的大孝之心来。舜所以能成为千古孝子的楷模，也正因此。闵子骞不仅自己承担了最大的委屈，而且还为亲人隐瞒，使之不遭外人的非议。闵子骞之所以这样做，不是为了获孝之名，而是怕兄弟遭到与自己一样的命运，让家人失去温暖。他是以牺牲自己利益的方式来保全家庭的完整的。其之所以成为德行科的代表，孔子之所以盛赞其孝，原因当在于此。世俗之人不仅做不到使外人不非议其亲，而且自己还要责怪父母。孔子表彰闵子之孝，目的是要为世人立范。

11.6　孔子选侄婿

南容三复白圭，孔子以其兄之子妻之。

　　这一章讲孔子为侄女选婿之事。南容即南宫适，也是孔子的学生。"白圭"是《诗经·大雅·抑》的诗句："白圭之玷，尚可磨也；斯言之玷，不可为也。"意思是白玉上的瑕疵可以磨掉，言论中的失误，则无法挽回。意思在告诫人们言语要谨慎。南容反复诵读这两句诗，孔子从中看到了他的为人，觉得他是一个靠得住的人，便把自己的侄女许配给了他。

　　关于南容被孔子相中的事，在《公冶长》篇中也有记载，孔子对他的评论是："邦有道不废，邦无道免于刑戮。"是对他行为谨慎的认可。这里则是对他慎言的认可。能慎言，则可免去不必要的麻烦以及灾祸，南容能"邦无道免于刑戮"，这与他的慎于言行是相联系的。孔子对于慎言非常重视，《论语》中多次提到慎言的问题。荀子也说："与人善言，暖于布帛；伤人之言，深于矛戟。"（《荀子·荣辱》）谚云："祸从口出，病从口入。"故言不可不慎。

11.7　颜回好学

　　季康子问："弟子孰为好学？"孔子对曰："有颜回者好学，不幸短命死矣，今也则亡。"

　　这一章与《雍也》篇"哀公问弟子孰为好学"意重复，而言有简略。可能是弟子追忆中出现的差误。参见《雍也》。

11.8 孔子拒非礼之求

颜渊死，颜路请子之车以为之椁（guǒ）。子曰："才不才，亦各言其子也。鲤也死，有棺而无椁。吾不徒行以为之椁。以吾从大夫之后，不可徒行也。"

这一章讲孔子守礼拒请的事。

颜路名颜无繇，字路，是颜渊的父亲，孔子的学生。椁是古人套于棺外的大棺，内为棺，外为椁。"请子之车以为椁"，旧多解释为颜路请求孔子卖掉车子给儿子买椁，这于情于理都很难说得过去。颜路也是孔子的学生，怎么会提出如此无理的甚至不近人情的要求？而且《论语》中还有"颜渊死，门人厚葬之"的记载，绝不至于因为厚葬没有钱要把老师的车子卖掉。程树德《论语集释》引《论语稽》以为是出殡时以孔子的车饰以为椁，不是下葬的椁。这一说有道理。当时规定平民有棺无椁，颜路想把儿子的丧礼办得风光些，于是想借孔子的车一用，在车上用积木构椁，大略与《礼记·檀弓上》所说的"菆涂龙辀以椁"的"椁"同类。但遭到了孔子的反对。孔子拿自己的儿子说事。孔鲤是孔子的儿子，字伯鲁，孔子七十岁时他死了，也是有棺无椁。孔子的意思是：孔鲤无论有才无才，总是我的儿子。他死的时候，也是有棺无椁。我不能舍掉车子步行而把车为他做椁。因为我曾是大夫，不能徒步行走。"从大夫之后"，言跟随在大夫们的后面，意即当过大夫。

颜渊是孔子最得意的学生，他先孔子而死，孔子自然很伤心。但再有感情，这情也不能代替礼，不能违背礼制，即使自己的儿子也不例外。颜路之求，第一，不合礼制规定；第二，实是一种僭越行为，这是绝对行不得的。因此孔子严词拒绝，表现了他严守礼制的态度。情感不能干扰他克己复礼的决心。

11.9　孔子哭颜回

> 颜渊死，子曰：“噫！天丧予！天丧予！”

以下几章都是讲与颜回之死相关的事。

颜渊之死，孔子非常伤心。他大声哭喊着说：“啊！老天爷要我的命呀！老天爷真要我的命呀！”这种痛不欲生的样子，是孔子从来都没有过的。包括孔鲤死，孔子都没有这样伤心。这是为什么呢？孔鲤是孔子血脉的传人，而颜回则是孔子文脉的传人。孔鲤死了有孔伋在，生命还在延续，可以生生不息。而文脉承传要有对大道的彻底体悟和领会，才能保证其纯真性。在众弟子中，只有颜回能够完全把握此道。可现在，颜回死了、自己老了，这文脉承传当靠谁？故孔子悲伤欲绝，如遭天崩地裂，好像老天爷要自己的命。因而这里孔子潜意识中不是在哭颜回，而是在哭道失去了最优秀的传人。

11.10　孔子之恸

> 颜渊死，子哭之恸。从者曰：“子恸矣。”曰：“有恸乎？非夫人之为恸而谁为？”

恸，是极度哀痛。夫，代词，夫人，犹言此人，指颜渊。颜渊死，孔子极度悲痛。弟子们说他太悲伤了，孔子说：我太悲伤了吗？他并没有觉得。但马上又说：我不为他悲伤为谁悲伤？“哭之恸”，是对孔子悲痛状态的描写；“子恸矣”，是弟子们对老师的关心和担忧；“有恸乎”，是孔子悲痛之极而不自知；最后一个“恸”字，是孔子自觉为颜回悲伤是理所当然。一段文字中连用四个“恸”字，道出了孔子难以消解的悲伤。其中原因便在于孔子视颜回为道之传人，颜回一死，道不得其传，他为道而“恸”，非仅为人而“恸”。

11.11　孔子反对厚葬

颜渊死，门人欲厚葬之，子曰："不可。"门人厚葬之。子曰："回也视予犹父也，予不得视犹子也。非我也，夫二三子也。"

这一章讲孔子关于厚葬颜回的看法。

"门人"，这里指的是颜回的门人。"厚"有增益的意思，"厚葬"指超出了一般规格隆重葬礼。颜回的门下弟子要厚葬他们的老师，孔子觉得不合适，因为颜回家贫，不具备厚葬的条件。但弟子们还是厚葬了颜回。孔子对此也很无奈，于是说：颜回把我当父亲一样看待，我却不能像父亲一样为他的葬礼做主。厚葬并不是我的意思，是学生们干的。孔子这话似乎是向人们解释，这种不适当的做法不是自己的主意。这个故事要说明的主要意思是：第一，孔子反对厚葬，主张以家之有无定丧礼的厚薄；第二，当这种行为发生后，孔子明确地表示自己的无奈，旨在批评这种行为的错误；第三，说明孔子有很强的原则性。对颜回，孔子与颜回的弟子一样，同样有深厚的感情，甚至孔子对于颜回之爱远远超过颜门弟子。但颜门弟子却感情一时冲动，不能循理行事，而孔子则坚守原则，不以情枉理、乱礼。这也正是孔子与众不同之处。

11.12　棒喝式教学法

季路问事鬼神。子曰："未能事人，焉能事鬼？"曰："敢问死。"曰："未知生，焉知死？"

这一章讲孔子教子路之法。

季路就是子路，他是孔门中一位非常有个性的学生，性格外向，办事鲁莽，理解问题不彻底，说话不顾分寸，虽然忠诚有余，但为人礼貌不足。如他曾口无遮拦地说孔子"迂"，孔子向弟子们问话时，他往往是抢答。孔子常批评他，说他"野"，说他"喭"，说他"佞"，因此当他问及鬼神与死亡问题时，孔子便以棒喝式手段点化他。他问侍奉鬼神的事，孔子便回答："还没有学会侍奉好人，怎么知道侍奉鬼呢？"他问人死后会如何，孔子便回答："连生的问题都搞不清楚，怎么能知道死呢？"这话说得很僵硬，也很打击人，因为他等于是批评子路：你"未能事人"、"未知生"，其他的你就别问了，问也没用。但这也正是孔子拿来教育子路这种人的良法。意思是要子路先搞清两个问题：第一，"事人"，即侍奉父母及长上，他们生时，自己能尽忠尽孝，便会"祭神如神在"，明白如何孝敬鬼神的问题。第二，"知生"，明白了人生的问题，如人应该如何做人，人生的价值、意义是什么等，自然就明白了如何面对死亡的问题。也就是说：处理好人生的问题，对待鬼神死亡的问题也就解决了。明周宗建《论语商》卷下说："人鬼原是一道，生死本是一条。夫子不以正言告之，而以反语醒之，使之恍然寻其本元而悟其来路，所谓不语之告、无言之传。"

有人以为这里反映了孔子对于鬼神问题的态度，认为鬼神无益于事，故孔子不谈。恐怕不然，因为《礼记·祭义》中就曾记有孔子对宰我提出的鬼神问题的详细回答。

11.13　孔门祥和

闵子侍侧，訚訚（yín）如也；子路，行行如也；冉有、子贡，侃侃如也。子乐。"若由也，不得其死然。"

这里记载的是孔门师徒的和乐之风。

闵子骞、子路、冉有、子贡，这四人都是孔子比较得意的弟子，他们的性格为人各有不同，在陪侍老师时，各自表现出了不同的神态。闵子骞表现出的是"訚訚如也"——和悦而不失其正，体现着他的修为；子路表现出的是"行行如也"——刚强负气的状态，体现着他的刚勇性格；冉有、子贡表现出的是"侃侃如也"——和乐的样子，体现着他们的随和。孔子看到自己的这些学生个个都有出息，也非常高兴，所以行文用一个"乐"字来表现孔子的精神状态。与孔子感情最深的是子路，对子路，孔子觉得可爱，有时又觉得好气。所以孔子又说："像仲由你这样，只怕不得好死。"原因是他有勇无谋，不知道保护自己。孔子一方面"乐得天下英才而育之"，一方面又不放心子路。孔门中师生之爱，融融之情，如同一个大家庭，表现出了一种祥和氛围。

11.14　闵子骞言必中要

> 鲁人为长府。闵子骞曰："仍旧贯，如之何？何必改作？"子曰："夫人不言，言必有中。"

这一章赞闵子骞看问题能把握住要害。

鲁人指季氏，是鲁国的当权者。长府是鲁国储存财货的府库。"为"是改造的意思，"贯"是事例，"夫人"指闵子骞。言季氏改造长府，闵子骞以为依老样子最好，大可不必改建。孔子觉得他说的对，于是说闵子骞平时不开口，一开口便能言中要害。

关于闵子骞为什么要如此说，旧以为是觉得劳民伤财，但这样浅显的认识，是一般人都会有的，为什么孔子要特意赞许呢？显然说不通。这当是闵子骞预言到了什么，而后应验了，孔子觉得他有远见，才给予"言必有中"评价的。据《左传·昭公二十五年》记载，昭公抗衡季氏，以长府为据点。后来季氏攻入，昭公出逃。这事发生在公元前517年，当时闵子骞不到二十岁。季氏为了防备定公仿效昭公，再以长府为凭借与己对抗，于是率鲁人改建，使其府墙变低，不能成为军事据点。闵子骞觉得鲁君已弱，不必要如此防范，应担忧的则另有其人。季氏以不臣之心掌控鲁君，难免别人也会用同样的方式来对付他。闵子骞看到了这种趋势，所以说了不必改建的话。果然被闵子骞说中，前506年，季氏的大权便落在了家臣阳虎手中，鲁国为阳虎所掌控。所以孔子说他"言必有中"。

11.15　抑扬式教学法

子曰："由之瑟奚为于丘之门？"门人不敬子路。子曰："由也升堂矣，未入于室也。"

这一章讲孔子教子路之法。

瑟是古代与琴相似的一种乐器。奚为，何为。子路弹瑟，有一种杀伐之气，有失中和，孔子很不满意，于是批评说：像仲由这样的弹瑟，怎么能跑到我的门上来弹呢？这话批评的很重，目的是棒喝子路，要他改正。但弟子们听了却是另外的反映，对子路都不尊敬了，也就是瞧不起子路。孔子感觉到了这种情况，恐怕伤了子路的自信心和自尊心，于是又从整体上评价说：子路已登堂了，只不过还没有入室而已。意思是子路已达到了一定境界，只有一步之遥便可进入妙境。表示不可轻视子路。前面批评，是为了子路改正那种刚猛的毛病；后面表扬，是为了保护他的自信心。一抑一扬，正见出孔子教育方式的灵活性。

11.16　过犹不及

子贡问："师与商也孰贤？"子曰："师也过，商也不及。"曰："然则师愈与？"子曰："过犹不及。"

这一章是讲孔子评骘弟子的。

师，颛孙师，即子张。商，卜商，即子夏。愈，胜过。子贡问孔子，子张和子夏二人谁更好一些，孔子回答是：在事情处理上，子张容易过头，子夏容易不够。"然则师愈与"，意思是：那么子张强一些了。"过犹不及"，意思是过头和不够都一样。

在这里，子贡和孔子代表了两种不同的认识观。子贡认为"师愈"，即认为子张的"过"比子夏的"不及"好，这是从主观行为出发的，因为"过"则考虑多，自然比考虑不周好。而孔子则是从事物的结果出发的。"过"和"不及"，虽表现形式不同，但失误则是一样的，都是失之偏颇，而未能达到"中和"的状态。孔子这里谈到了一个十分重要的问题，这就是处理问题，如何把握好分寸，使之没有"过"和"不及"之弊，这是成功与否的关键。不见得思多就是好事。即《中庸》所说："道之不行也，我知之矣。知者过之，愚者不及也。道之不明也，我知之矣。贤者过之，不肖者不及也。"道之"不行"、"不明"，都是因为"过"和"不及"造成的，只有"致中和"，才能"天地位焉，万物育焉"，大道才能得"行"、得"明"。人在生活中如何掌握中庸，这是个大问题。只有中庸，才能不犯错误，才能使事物获得完满的结局。

11.17　声讨冉求

> 季氏富于周公，而求也为之聚敛而附益之。子曰："非吾徒也。小子鸣鼓而攻之可也。"

这一章讲孔子生气冉求为季氏敛财。

"周公"指周王朝的三公，如春秋时的周公黑肩、周公阅等。周公是王朝之卿，季氏是诸侯之卿，但他比王朝之卿还要富有，故说"富于周公"。"聚敛"指聚敛钱财，搜刮百姓。益，增加。言冉求帮季氏搜刮而给他增加钱财。"小子"指众弟子。"鸣鼓而攻之"，指击鼓进攻，意思是要大家一齐大张旗鼓地声讨冉求。

这是孔子少见的愤怒。为什么呢？原因在于他对冉求的希望与结果是相反的。冉求很有政治才干，本可有一番作为，但他不是以其才能影响季氏决策，以季氏之"富"施惠于民，而反为其敛财，即《孟子·离娄上》所说的"无能改于其德，而赋粟倍他日"。而其敛财的大忌是改变"周公之典"。《左传·哀公十一年》记载，季氏就赋税的事让冉求问孔子，孔子拒绝回答。后来私下与冉求说："君子之行也度于礼，施取其厚，事举其中，敛从其薄，如是则以丘亦足矣。若不度于礼，而贪冒无厌，则虽以田赋，将又不足。且子季孙若欲行而法，则周公之典在；若欲苟而行，又何访焉！"孔子认为季氏的行为是"不度于礼，而贪冒无厌"，而冉求为之助，故要让众弟子大张旗鼓地声讨他。这反映了孔子坚守礼制原则的精神以及对弟子错误的严厉。犹如父之于子，严厉中有爱惜。

11.18　孔门弟子体检表

柴也愚，参也鲁，师也辟，由也喭（yàn）。

这一章相当于孔门四弟子健康体检表。

柴是指高柴，参是曾参，师是颛孙师，由是子路。这四个人每人都有先天性的毛病，即愚、鲁、辟、喭四病。愚是愚笨，鲁是迟钝，辟是偏激，喭是粗俗。愚笨是应当明白而不能明白，迟钝是虽能明白而不能敏捷，偏激是虽能敏捷而难明理，粗俗是虽能明理而难守礼节。孔子指出他们的毛病，目的是要他们各自纠正其失，"愚"是要学会不惑，"鲁"是要学会决断，"辟"是要学会中正，"喭"是要学会慎行。

11.19　孔子的困惑

子曰："回也其庶乎，屡空。赐不受命而货殖焉，亿则屡中。"

这一章讲孔子对颜回与子贡命运不同的无奈。

庶，几，相近，指颜渊差不多达到了仁人的标准。"屡空"当读为"窭空"，窭是贫不能备礼，空是内无所有，"窭空"即一无所有。"不受命"，指不受教命，即不听孔子的话。货殖，经商，做买卖。亿，猜测，指做买卖，猜测行情很准。《论衡·知实》篇说："孔子曰：'赐不受命而货殖焉，亿则屡中。'罪子贡善居积，意贵贱之期，数得其时，故货殖多，富比陶朱。"这大意是言：颜回听自己的话，身近于仁，而却一贫如洗；子贡不听话去买卖，却大发了。

这对孔子来说，是一个大困惑：颜回听话，贫了；子贡不听话，富了。颜回"非助我者"，而子贡却是大助我者，"使孔子名布扬于天下者，子贡先后之也"。（《史记·货殖列传》）那么到底听话好呢？还是不听话好呢？是让弟子们个个都像颜回一样，进德修仁，高尚而贫穷呢？还是像子贡一样发家致富呢？这不仅是孔子的困惑，也是千古以"传道授业解惑"为务者的困惑。进德修仁，坚持道义原则，则有可能贫如颜回；转入获利之域，则有可能富如子贡。在天下无道时，这两难的选择是很痛苦的。

11.20 善人不等于仁人

> 子张问善人之道，子曰："不践迹，亦不入于室。"

这一章讲善人所行之道。

善人，指本质善良的人；践，脚踏；迹，脚印；入于室，喻学问修养达到最高境界。大意言：做善人如不向前人学习，也不会达到更高的境界。

这里出现了两个不同的人生目标和境界。子张问"善人之道"，其实是把善人当作了人生目标。善人生性善良，行善不倦，德有足称，但他的精神境界并不见得高，更不见得能明大道的深奥。孔子提出的则是一个更高的人生目标，即"入于室"者，这也就是孔子所谓的"仁者"。要"入室"，就须遵循一定的途径，学习前人成法。像善人那样自行其善，而缺少学习修养，不知通向登堂入室的路，是永远也无法达到人生最高境界的。

这就是说，善人不等于仁人。善人是自行其善者，目标是做善良的人，只要做好事不做坏事、与人为善，便可称得是善人了，但他的精神境界和人生追求，并不见得能脱俗；而仁人则是"入于室"者，是研修大道的人，是勤奋好学、用心进德修业的人，是"不忧"、"有勇"、脱离低级趣味、达到快乐的人生境界的人。做善人容易，做仁人难。善人不学而能，仁人非学不能。

11.21　提防伪君子

子曰："论笃是与，君子者乎？色庄者乎？"

这一章言不可以貌取人。

论笃，言论切实，与，赞许。宋儒张栻《论语解》说："君子，谓行称其言者；色庄，谓行违于言，居之不疑者。"元儒胡炳文《论语通》说："君子者，有德必有言，中笃实，外自然笃实；色庄者，有言不必有德，外为笃实，中未必笃实也。"也就是说，"色庄者"，是指外貌庄敬而内实不相符的人，其实就是伪君子。

这是在同一种现象下掩盖的两种不同人生，一种是"君子"，这种人品行端正，是非分明，言行一致，有很强的原则性。他们对于笃实之论的认同、赞许，乃是发自肺腑，没有半点虚假。另一种"色庄者"——伪君子，这种人外表忠厚，内藏奸心，说一套做一套，最需提防。孔子之言，意在要人们严防这种伪君子，否则便会为他所欺。这种伪君子比真小人更可恶。真小人是赤裸裸的，一眼便可以辨出。伪君子则不然，貌似君子，实则行比妓娼。古今权奸，有几人不是如此？

11.22　进退式教学法

子路问："闻斯行诸？"子曰："有父兄在，如之何其闻斯行之？"冉有问："闻斯行诸？"子曰："闻斯行之。"公西华曰："由也问闻斯行诸，子曰'有父兄在'；求也问闻斯行诸，子曰'闻斯行之'。赤也惑，敢问。"子曰："求也退，故进之；由也兼人，故退之。"

这一章主讲孔子的因材施教。

闻，知，明白；斯，则，就。"诸"是"之乎"的合音。"兼人"指行为兼倍于人。子路问孔子：是否对某一件事、某一个道理，明白了就去做吗？孔子回答是：有父兄在，怎么能知道了就做呢？冉有向孔子问了同样的话，而孔子的回答则说：明白了就去做。子路与冉有并不是同时问孔子的，而是先后问了同一个问题。公西华是一位有心人，他留意了这件事，感到困惑，于是问孔子为什么同样的问题，做出了不同的回答。孔子的回答是：冉求谦退，所以鼓励他，使之进取；仲由好胜，所以抑制他，使之谦退。

孔子主张中庸，这则故事是孔子中庸思想在教育实践中的体现。子路好勇过人，是孔门中出奇的莽汉，《曲礼》说："父母存，不许友以死，不有私财。"子路在这方面自然做得不好，故孔子以"有父兄在"来抑制他的冒进。《礼记·檀弓上》对此即有说明："朋友之道，亲存不得行者二：不得许友以其身，不得专通财之恩。友饥，则白之于父兄，父兄许之，乃称父兄与之，不听即止。……故《论语》曰：'有父兄在，如之何其闻斯行之也。'"冉求性格优柔，为季氏家臣，既不能止季氏僭礼，又不能止季氏聚敛，甚至还顺从，故孔子鼓励他"闻斯行之"。这一"进之"，一"退之"，乃是根据不同对象采取的灵活方式。进退适中，便可起到良好的教育效果。故伊滕仁斋说："后世为之师者，大类欲以己性之所能而施之于天下之材，亦异乎夫之道矣。故不知为师之道而为人之师，则必贼夫人之子，可不谨哉！"（《论语古义》）而公西华细察老师进退之法，细询进退之由，也体现出了孔门好学之风。

11.23   孔、颜情义

> 子畏于匡，颜渊后。子曰："吾以女为死矣。"曰："子在，回何敢死？"

这一章讲孔颜师生情之深。

后，落在后边。前面曾讲到孔子被匡人围困。在这次危难中，师生相失，颜回最后逃出。见面之后，师生各说了一句话，孔子说："我以为你已经死了。""女为死矣"，是因极度担忧而导致的心理恐惧，而现在颜回突然出现，疑虑云散，其中又带有多少惊喜！颜渊说："老师在，我怎敢死？"一语中又带有多少对老师的牵挂和随时准备为老师献身的决心！其师生如父子，于此可见一斑。故《吕氏春秋·劝学》说："颜回之于孔子也，犹曾参之事父也。古之贤者与其尊师若此，故师尽智竭道以教。"

11.24　季子然问臣

> 季子然问："仲由、冉求可谓大臣与？"子曰："吾以子为异之问，曾由与求之问。所谓大臣者，以道事君，不可则止。今由与求也，可谓具臣矣。"曰："然则从之者与？"子曰："弑父与君，亦不从也。"

这一章讲臣事君之道。

季子然是鲁国季氏家的子弟。异之问，问异，问别的事。曾，竟然。这两句是说：我以为你要问别的事，原来是问仲由和冉求。具臣，充数的臣子。指子路和冉求只能算充数的臣子，算不上大臣。然则，那么；从，顺从。

在这里，孔子根据季子然的问题，把臣子分为三类，第一类是"以道事君，不可则止"的大臣，即他们是以道义为原则来侍奉君主的，君主不采纳，他们就罢手。此即古之所谓"三谏不从则去之"的贤能。第二类即季子然所说的"从之者"，这是顺臣，一切听主子，没有是非原则。第三类"弑父与君亦不从"者，即主子如果杀父、弑君，大行不道，他们也不会顺从，也就是非义不从者。像子路、冉求虽称不上大臣，但也不会顺从无道，属于第三类。

孔子主在谈臣道以打击季氏的野心。季子然问子路、冉求是否称得上是大臣，在这问话中，反映着季氏以得天下英才而得行其所为的得意神情。孔子先是抑由、求之才，称他们只是"具臣"而已，不算什么，以抑制季氏非分之想。后是扬由、求之节，称他们不会去跟着干弑父弑君的大逆之事，以此摧折季氏不臣之心。抑扬之间，见出孔子的深心。

11.25　急仕与优学

　　子路使子羔为费宰。子曰："贼夫人之子。"子路曰："有民人焉，有社稷焉，何必读书，然后为学？"子曰："是故恶夫佞者。"

　　这一章旨在勉学。

　　子羔即高柴，费是鲁国大夫季氏的封地，费宰是费地的最高长官。贼，害。"夫人之子"指子羔。"社稷"指祭祀土地神和谷神的地方，因土地、粮食是立国之本，故以为国家政治的象征。子路做季氏的家臣，推荐子羔做费邑长官，孔子认为学习还没有毕业，提前入仕是误人子弟。子路说：那个地方有民众须治理，有政事须料理，那也是学习，不一定要读书才算是学习。孔子说：像你这样强词夺理，这就是我讨厌巧言狡辩者的原因。

　　孔子与子路的分歧，主要在子羔的"急仕"与"优学"问题上。子路主张"急仕"，先工作，工作也是学习。故急着要给比自己小二十一岁的子羔安排工作。子路的主张，代表了社会上浮躁的风气，也是一般人的认识。而孔子则主张"优学"，学成再做官，否则便是害人。"柴也愚"，尚未学成，不可急仕。即如朱熹所分析的："治民事神固学者事，然必学之已成，然后可仕，以行其学。若初未尝学，而使之即仕以为学，其不至于慢神而虐民者几希矣。"（《四书集注》）

　　子路是急功近利，孔子是向人负责。范祖禹说："古者学而后入政，未闻以政学者也。盖道之本在于修身而后及于治人，其说具于方册，读而知之，然后能行，何可以不读书也？子路乃欲使子羔以政为学，失先后本末之序矣。不知其过而以口给御人，故夫子恶其佞也。"（《论孟精义》引）

11.26　四子侍坐

　　子路、曾皙（xī）、冉有、公西华侍坐。子曰："以吾一日长乎尔，毋吾以也。居则曰：'不吾知也！'如或知尔，则何以哉？"

子路率尔而对曰："千乘之国，摄乎大国之间，加之以师旅，因之以饥馑，由也为之，比及三年，可使有勇，且知方也。"夫子哂（shěn）之。

"求，尔何如？"对曰："方六七十，如五六十，求也为之，比及三年，可使足民。如其礼乐，以俟君子。"

"赤，尔何如？"对曰："非曰能之，愿学焉。宗庙之事，如会同，端章甫，愿为小相焉。"

"点，尔何如？"鼓瑟希，铿尔，舍瑟而作，对曰："异乎三子者之撰。"子曰："何伤乎？亦各言其志也。"曰："莫春者，春服既成，冠者五六人，童子六七人，浴乎沂，风乎舞雩（yú），咏而归。"夫子喟然叹曰："吾与点也！"

三子者出，曾皙后。曾皙曰："夫三子者之言何如？"子曰："亦各言其志也已矣。"曰："夫子何哂由也？"曰："为国以礼，其言不让，是故哂之。唯求则非邦也与？安见方六七十如五六十而非邦也者？唯赤则非邦也与？宗庙会同，非诸侯而何？赤也为之小，孰能为之大？"

这是孔门一场小型座谈会记录。

曾皙名点，字子皙，曾参的父亲，孔子的学生。侍坐，陪坐；以，因；毋吾以，不用我；居，平时；何以，怎么办。这是说：孔子的四位弟子陪孔子闲坐。孔子表白自己的心事说：因我比你们年龄稍长一些，人老了，不中用了。你们平时总说没有人了解自己，假如有人赏识你们，那你们如何做呢？这是要弟子各自谈谈自己的抱负。子路性格率直，抢先发言，说：拥有千辆兵车的国家，夹在大国中间，加上边境敌扰，国内饥荒。即使在这种情况下，自己去治理，只要三年，就可以使人民勇于战斗，而且懂得道义。率尔，轻率；摄，挟制；加，施加；因，再加上；比及，等到。方，道义。子路出言不逊，遭到了孔子的讥笑。哂，讥讽地微笑。冉求看到了老师哂子路，便心明其意，因此回答老师的问话时就特别小心，先说了方圆有六七十里的国家，又觉得说得有点大了些，于是马上改成"或五六十里"——要自己去治理，三年可以使百姓解决温饱问题。至于礼乐教化，则只能等贤者来兴办了，意思是自己干不了。

俟，等待。公西华比冉求更谦恭，而且善辞令、礼仪，故不敢说自己能做到，而是说"愿学焉"。——宗庙祭祀，或者国君会盟，自己可以穿礼服，戴礼帽，做个小小的司仪。宗庙之事，指祭祀之事；会同，诸侯集会；端，玄端，用整幅布做的礼服；章甫，一种礼帽。相，司仪。下来孔子问曾皙，曾皙还在弹瑟。鼓瑟希，指弹瑟的节奏慢了下来。希，稀疏。随后把瑟放下，站了起来。铿，放下瑟的声音；作，站起来。曾皙是说：自己的想法和三位师兄弟不一样。然后在孔子的鼓励下说：暮春三月，穿上春天的衣服，跟上五六个青年，六七个少年，到沂水里洗洗澡，到舞雩台上吹吹风，一路唱着歌返回来。孔子听了，长叹一声说：我赞成曾皙的想法。莫，暮；冠者，古代二十岁时举行冠礼，表示已成年；沂，水名，在山东曲阜南；舞雩，祭天求雨的地方，在今山东曲阜东。子路、冉有、公西华三个人先后离开，曾皙最后走，问老师对三个同门回答的意见。孔子发表了自己的看法，说：治理国家需要讲礼让，可子路一点也不知礼让，所以笑他。冉求讲的也是治国问题，方圆六七十里或五六十里的地方就是国家了；公西赤讲的也是治国的事，宗庙祭祀、诸侯会盟，都是诸侯的事。但公西华过于谦逊，他擅长礼仪，如果只能做个小赞礼的话，那谁又能做大司仪呢？

这一章，孔门四子的性格宛然如画，子路的自负、冉求的优柔、公西华的谦逊、曾皙的洒脱，都活脱脱地凸现出来。孔子之所以赞成曾皙，根本原因在于他所谈的不是具体的治国安邦之事，而是乐道，是面对天下无道的形势所采取的一种处世态度。而其所谓的"浴乎沂，风乎舞雩"，正是原始儒者"顺阴阳"之道。"儒"字原作"需"，卜辞中像人舞于雨中形，金文从雨从天（即人），像人起舞祈雨，故章太炎先生说："灵星舞子吁嗟以求雨者谓之儒。"王充《论衡·明雩》篇说："鲁设雩祭于沂水之上。暮者，晚也；春，谓四月也；春服既成，谓四月之服成也；冠者、童子，雩祭乐人也；浴乎沂，涉沂水也；象龙之从水中出也；风乎舞雩，风，歌也；咏而馈，咏，歌，馈，祭也，歌咏而祭也。……孔子曰'吾与点也'，善点之言，欲以雩祭调和阴阳，故与之也。"

颜渊第十二

12.1　克己复礼为仁

颜渊问仁，子曰："克己复礼为仁。一日克己复礼，天下归仁焉。为仁由己，而由人乎哉？"颜渊曰："请问其目。"子曰："非礼勿视，非礼勿听，非礼勿言，非礼勿动。"颜渊曰："回虽不敏，请事斯语矣。"

这一章讲仁的纲目。

目，条目；事，从事；斯，此。大意言：关于仁的问题，颜渊请教孔子，孔子的回答是：克制自己的私欲，使行为复归于礼的轨道就是仁。一旦如此做了，天下便归于仁道。行仁道在自己，并不需要靠别人。颜渊觉得孔子说得有些抽象，故进一步问具体内容，孔子的回答为"四勿"，即凡不符合于礼的要求的事情，要不去看、不去听、不去说、不去做。颜渊听后，表示自己虽然愚鲁，但愿照孔子的话去做。

孔子曾多次谈到仁，但对象不同，谈的内容也不一样，而且所谈多是实践仁的方法，很少谈仁的含义的。给颜回谈仁最特别之处，在于他的意义指向不是个人，而是直指"天下归仁"的宏大政治目标。具体内容也十分大气，提出了关于仁的大纲和细目。

首先，仁之大纲——"克己复礼。"即于内，克制一己私欲，勿使冲破道德制约；于外，以礼行事，消除僭越行为。这样做的社会功效是"天下归仁。"这样做的行为决定权是："由己"，任何人也影响不了。显然这个行为的主体，只能是君，此即明人湛若水所说的："人君之于天下，仁而已矣；天下之民心，亦仁而已矣。为人君者欲兴教化，岂待外求之哉！"（《格物通》卷四十六）《左传·昭公十二年》："仲尼曰：'古也有志：克己复礼，仁也。'"看来此是古之成语，孔子对它的意义作了阐释。

其次，仁之条目——"四勿"。在这里，仁与礼紧紧联系在了一起。仁在内心的克己，礼在行为复归，仁是礼的基础，礼是仁的表现。

颜回是孔子最得意的弟子，他既能三月不违仁，又能以礼自持，为何孔子要对他因仁而大谈礼呢？要知道这是孔子的一桩大心事，年已垂暮，实践王道无望，只能把希望寄托在有王佐之才的弟子颜回身上。"礼，经国家，定社稷，序民人，利后嗣者也。"（《左传·隐公十一年》）因此希望颜回一旦得遇圣君明王，能以复礼为务，使"天下归仁"。这里反映了孔子的用世苦心，和时刻不忘天下的大儒情怀。

12.2　敬恕为仁

　　仲弓问仁。子曰："出门如见大宾，使民如承大祭；己所不欲，勿施于人；在邦无怨，在家无怨。"仲弓曰："雍虽不敏，请事斯语矣。"

这一章讲仁的敬、恕内涵。

大宾，指公侯之宾，即国宾。大祭，指重大祭祀。"邦"指诸侯之国，"家"指卿大夫之家，"雍"是仲弓之名。仲弓向孔子请教仁的问题。孔子谈了三点：第一，"出门如见大宾，使民如承大祭"，这是说出门办事要像迎接国宾一样，使唤百姓要像举行大祭一样，都要恭敬从事，不敢有丝毫傲慢苟且之心，这是工作的态度。第二，"己所不欲，勿施于人"，即凡是自己不愿意的事，不要强加于别人，待人如待己，要从自己的体验中领悟到别人的感受，不可有丝毫强暴之气，这是为人的原则。第三，"在邦无怨，在家无怨"，即在朝廷、在大夫之家，百姓都没有怨气，构建起一种和谐的人文生态环境，这是要达到的目标。

仲弓也是孔子得意的弟子，仅次于颜回，孔子曾说他有人君之度，"可使南面"。故而这里谈仁，目标在"邦家无怨"。但这与颜回"天下归仁"的目标相比，便有了层次的差别。朱熹以"敬以持己，恕以及物"，"内外无怨"来说此章，也是一种理解思路。日本龟井南冥说："如见大宾，如承大祭，言庄敬率下也；己所不欲，勿施于人，言忠恕接物也。庄敬率下，忠恕接物，上下无怨，仁政于是乎出，无邦家一己。雍也可使南面，夫子以仲弓为牧民之材，故告以仁政之所由出也。"

12.3　仁者话难出口

> 司马牛问仁。子曰："仁者，其言也讱（rèn）。"曰："其言也讱，斯谓之仁已乎？"子曰："为之难，言之得无讱乎？"

这一章讲仁者不以言伤人。

司马牛是孔子的学生，宋国人，姓司马名耕，字子牛。"讱"是话难出口，不忍言，表示不愿因言语不慎伤害了人，故今人解释为说话谨慎。斯，则。大意言：司马牛请教关于仁的问题，孔子回答说：仁人语言迟缓，难出口。司马牛有些不明白为什么语言难出口就是仁，孔子进一步解释说：行仁难，话能不难出口吗？

这是孔子为司马牛开出的药方。据《史记·仲尼弟子列传》说，司马牛之病在"多言而躁"。故孔子开出了一字味药：讱。《广韵》："讱，难言。"这"难言"中有三个意思。一是勿使言出伤人，话多必失，失则伤人。荀子说："伤人以言，深于矛戟。"作为仁人，要推己及人，必须考虑到对方的感受，所以有些话即便是对的，也要话到口边留半句。二是勿使言行不一，因行仁道很难，所以说话也要谨慎，不能轻易许诺，失信于人。三是勿使言出让人为难，随意开口，提出一些对方不容易办到的要求，让人为难，这也是不符合仁的原则的。故此状仁者之言而教人慎言之行。同时这也是孔子为尖酸刻薄者开出的药方，尤其是那些以骂人为快、讽刺挖苦人为乐者，最宜服用此方，学会仁厚待人。

12.4　君子不忧不惧

司马牛问君子。子曰："君子不忧不惧。"曰："不忧不惧，斯谓之君子已乎？"子曰："内省不疚，夫何忧何惧？"

这一章讲君子的精神状态。

疚，内心惭愧痛苦。大意言：司马牛问如何才能成为君子，孔子回答：君子不忧愁、不恐惧。司马牛不解，孔子说：君子问心无愧，有什么可忧、可惧的？

司马牛问君子，其意便是想成为一名君子。君子是精神高尚者，而孔子则诊出了司马牛的病症："忧"、"惧"，这也是大多数人在得失面前表现出的病态；又断出司马牛的病根"疚"。人若行有愧于心，便理不能直、气不能壮、内忧于心、外惧于事，这也是多数人忧惧的原因。故孔子开出的药方是不忧、不惧、不疚。"不疚"，则问心无愧，对得起天地良心，便可安心于仁，无所忧惧。即所谓"处仁则不忧，行义则不惧"者。

12.5　四海之内皆兄弟

司马牛忧曰："人皆有兄弟，我独亡。"子夏曰："商闻之矣：死生有命，富贵在天。君子敬而无失，与人恭而有礼，四海之内皆兄弟也。君子何患乎无兄弟也？"

这一章讲君子不乏兄弟。

司马牛的兄长桓魋是宋国的大夫，因谋乱为人不齿。司马牛为之伤忧，觉得己有兄弟如同无兄弟，故说：别人都有兄弟，唯独自己没有。"商闻之矣"，意思是商听说了。商是子夏的名字，他当是从孔子那里听到的。《说苑·杂言》

篇记孔子曰："敏其行，修其礼，千里之外亲如兄弟。若行不敏，礼不合，对门不通矣。"意与此略近。下面当是他转述的孔子的话。话分两层意思，第一层："死生有命，富贵在天"，表示兄弟的命运，自己无法做主，只能听天安排，忧愁也没有用。第二层：只要是君子，到处都有兄弟，不用发愁。"敬而无失"，指行事谨慎而无失误；"恭而有礼"，指对人谦恭而合于礼的规范。"敬而无失"，则能取信于人；"恭而有礼"，则能亲善于众，所以说四海之内皆会成为兄弟。简言之，前者决定权在天命，后者决定权在己。君子能顺天命，也能把握自己的命运。

12.6　谗言没用便是"明"

　　子张问明。子曰："浸润之谮（zèn），肤受之愬（sù）不行焉，可谓明也已矣。浸润之谮，肤受之愬不行焉，可谓远也已矣。"

这一章讲远谗之为明。

明，明智；谮，谗言。"浸润之谮"指像水那样渐渐渗入而不觉得谗言。愬，诬告。"肤受之愬"指伤及切身利益的诬陷之言。远，远见。

看来"子张问明"是与"子张问干禄"相联系的，问干禄，是就自己言；问明智，是就自己所事之君言。而在官场最可怕的就是被谗言击中、失去君的信任。明君，则能明察这一切。"谮"和"愬"意思基本相似，孔子这里提出两种最可怕的谗言形式，一种是"浸润之谮"，如水浸物，渐渐渗湿，不由你不听，像晋国的骊姬诬陷太子申生便是一例。第二是"肤受之愬"直接危及切身利益，不由你不怕，不采取行动，像楚国的费无极诬告平王的太子建与其师伍奢造反便是一例。如果这种谗言在哪里都行不通，那就是明智，是见识高远。《周书·谥法》说："谮诉不行曰明。"孔子的回答即用此意。言外之意，如果能"谮诉不行"，便可以去为其臣了。

12.7　治国三要，民信为上

　　子贡问政。子曰："足食，足兵，民信之矣。"子贡曰："必不得已而去，于斯三者何先？"曰："去兵。"子贡曰："必不得已而去，于斯二者何先？"曰："去食。自古皆有死，民无信不立。"

　　这一章讲施政之要。

　　政，政治事务；足，充足；食，粮食；兵，军备；必，如果；去，舍弃。大意讲：子贡请教治国问题。孔子谈了三点：足食、足兵、民信。子贡说：如果不得已必舍弃其一，这三项中先去掉哪一项呢？孔子回答：先舍弃军备。子贡说：在剩下的两项中如果还必须舍弃一项，那舍弃哪项？孔子回答：舍弃粮食。自古以来人都要死，政府则未必都要亡。若政府对百姓不讲信誉，那就很难存在下去。

　　食物充足，则可以使民无饥寒之忧；军备充足，则可以抵御外寇；民众信任，则可以上下一心，国泰民安。在这三者之中，民为国之本，民信则国安；食为民之本，足食则民乐；兵为国之威，足兵则国强。兵不足，国虽不能强，但不至于灭亡；食不足，民虽有饥寒，但不至于叛。如果兵精粮足，而却不能取信于民，则必上下离心，政令不行，百事不成，国不亡则乱。而这一点恰恰是为政者最容易忽略的。古今为政者最容易犯的一个错误，就是哄骗百姓，取一时之利，最后失去信任，导致国破家亡。因此孔子在三者中，以"民信"为施政的第一要义。

12.8　君子不可无文

　　棘子成曰："君子质而已矣，何以文为？"子贡曰："惜乎夫子之说君子也！驷不及舌。文犹质也，质犹文也，虎豹之鞟（kuò）犹犬羊之鞟。"

这一章讲文饰之重要。

棘子成是卫国的大夫，夫子是尊称。驷指四匹马拉的车。"驷不及舌"犹如谚语所云"一言既出，驷马难追"。鞟，去了毛的皮革。棘子成认为君子只要品质好就行，不需要有礼仪文饰。子贡对他的认识表示了三个意思：第一，遗憾。"惜乎夫子之说君子也！驷不及舌"，这是说，他身居君子之位，竟然如此理解君子，使人感到意外，但话已说出，难再收回。第二，文、质不可相无。"文犹质也，质犹文也"，凡物有质必有文，文就是质，质就是文，二者是相联系的，缺一不可。第三，文之重要性。"虎豹之鞟犹犬羊之鞟"，虎豹之皮之所以可观，是因为它的毛纹华美，如果去掉毛，它的皮革与犬羊的皮革也就没有什么不同了。故文饰是不可没有的。

文和质是《论语》中反复提到的问题。儒家强调文，是因为文是文化修养的外在呈现，是对粗野、质朴的处理，它带给人的是温雅、和顺，是美好的仪容形态。如果只有好品质而行为粗野无文，那便是没有教养，如同没有治理过的璞玉，没有什么可观。"文质彬彬，而后君子"，故君子必以文来体现其内在的修养。

12.9　民为邦本

哀公问于有若曰："年饥，用不足，如之何？"有若对曰："盍彻乎？"曰："二，吾犹不足，如之何其彻也？"对曰："百姓足，君孰与不足？百姓不足，君孰与足？"

这一章讲君民一体之义。

有若，即有子；盍，何不；用，指国家财用；彻，西周的一种田税制度，税率是十分之一。二，指抽十分之二税。

这是面临饥荒之年，鲁哀公提出的难题："用不足"，国家财政困难。如何解决？在这个问题上，哀公与有子发生了根本性的分歧。哀公看到的是自己的"不足"，考虑的是眼下的利益，故而采取加大税率的办法来满足财政需求，十取其二，还觉得不够。有子看到的是百姓的"不足"，考虑国家长治久安的问题，故而主张十取其一，让百姓食用充足。哀公不能理解有子的主张，原因是他在算经济账：税率十分之二尚且不足，十取其一不是更不足了吗？有子则算的是政治账：君民一体，君为民立，无民则无君。"百姓不足，君孰与足"，若百姓为食用忧患于下，为君何能自安于上？有子的目的很明确，为了国安，必须停止厚敛，先让百姓富起来。《说苑·政理》记载："鲁哀公问政于孔子，对曰：'政有使民富且寿。'哀公曰：'何谓也？'孔子曰：'薄赋敛，则民富；无事，则远罪，远罪则民寿。'公曰：'若是，则寡人贫矣。'孔子曰：'《诗》云：凯悌君子，民之父母。未见其子富而父母贫者也。'"参考这段记载，问题便更清楚。"爱民如子"，是孔子师徒向哀公提出的新的课题。

12.10　子张问崇德辨惑

　　　子张问崇德辨惑。子曰："主忠信，徙义，崇德也。爱之欲其生，恶之欲其死，既欲其生，又欲其死，是惑也。'诚不以富，亦祇以异。'"

这一章讲崇德辨惑之法。

崇德，提高道德修养；惑，迷惑；徙义，纠正自己的行为使之符合义的原则。"诚不以富，亦祇以异"，《诗经·小雅·我行其野》篇中的诗句。诗篇诉述被异性遗弃的哀痛。这两句诗是说：确实不是因为他比我有钱，而是因为你变了心肠。宋儒以为是错简，不确。

子张向孔子请教两个问题。关于如何"崇德"，孔子回答了两点：一、"主忠信"，即学以忠信为主。《周易》说："忠信所以进德也。"这可作为"忠信"与"崇德"联系的注脚。二、"徙义"，即《学而》篇所说的"过则勿惮改"之意，使行为合于义的原则。（参见物茂卿《论语征》）"忠信"是内心坚持，"徙义"是外在表现。

关于"辨惑"，孔子则针对子张偏激的个性开出了药方。先言他偏激的表现状态："爱之欲其生，恶之欲其死"。喜爱他就希望他长生不老，厌恶了就恨不得他马上死去。其次言他的惑："既欲其生，又欲其死"，这是发生在了同一个人身上，一阵子希望他生，一阵子又希望他死，这人到底好还是不好？这就是惑。接着提出了辨惑的办法："诚不以富，亦祇以异"。意思是要考虑到，爱恶并不是对方发生了变化，而是自己的心发生了变化，这时就要反省自己，不可感情用事。

12.11　景公问政

齐景公问政于孔子。孔子对曰："君君、臣臣、父父、子子。"公曰："善哉！信如君不君，臣不臣，父不父，子不子，虽有粟，吾得而食诸？"

这一章讲为政之要。

齐景公名杵臼，是齐国的国君。"君君、臣臣"，是说君要像个君，臣要像个臣，"父父、子子"释相同。齐景公才向孔子请教为政问题，显然是在政治上遇到了难题。而孔子的回答所击中的，既是齐国之病根，也是当时各诸侯国存在的普遍性问题：礼制崩溃。在朝廷，君不像君，臣不像臣；在家庭，父不像父，子不像子。名分全失。《左传·昭公二十六年》记载：齐侯与晏子坐于正厅，齐景公赞叹宫室建筑之美，但不知将来会为谁所有。晏子说：应该是陈氏吧。陈氏虽然没有大德，而却能惠施于民，民心归向于他。若后世稍不留意，国便会为陈氏所有。景公说：那怎么办？晏子说：唯礼可以己之。在礼，家施不及国。按礼的规定，陈氏在他的封邑中布施可以，但在国中布施则是不可以的。现在陈氏施及于国，显非人臣所当为。晏子是要景公以礼治国，孔子是要景公以君臣名分整治齐国，其实是同一个问题。《吕氏春秋·处方》篇："凡为治，必先定分，君君、臣臣、父父、子子、夫夫、妇妇六者当位，则下不逾节而上不苟为矣，少不悍辟而长不简慢矣。"（用陈奇猷《校释》本）正可为此段文字的注脚。齐景公深以孔子说为是，故先赞以"善哉"，继以说：若君不君，臣不臣，虽然有粮食，也挨不着自己吃。但景公能知而不能行，国最终还是为陈氏所取代。

12.12　子路断狱

子曰："片言可以折狱者，其由也与？"子路无宿诺。

这一章赞扬子路的明断。

片言，旧以为指诉讼双方中一方的言辞。当是指简短的言语。折狱，断案。这是说：用三言两语即可把一个案子搞定，恐怕只有子路能做到。"子路无宿诺"一句，当属后人的说明文字衍入正文的，旨在说明子路之信。宿，留。"无宿诺"，指子路勇于践行诺言，许诺了很快就会兑现，不会拖延很久。

断官司办案，是非常麻烦的事情。公说公有理，婆说婆有理，往往纠缠不休，而子路能三言两语搞定。为什么？这一方面说明子路明断善决，能看出是非曲直，要言不烦；另一方面子路为人无偏私，讲忠信，大家服气，信得过。即如朱熹所说："子路忠信明决，故言出而人信服之，不待其辞之毕也。"（《四书集注》）

12.13　必使无讼

子曰："听讼，吾犹人也。必也使无讼乎！"

这一章讲政教之要。

听讼，审理诉讼案件。大意言：听讼断案，自己和别人一样，没有什么特殊的本领。自己追求的是必须使诉讼不发生。

讼之有无多少，反映着社会政治状况。天下清明，牢狱空虚，天下昏暗，牢狱拥挤。子路的明决只能使冤狱减少，而不能遏制犯罪率的上升。如果能使官曹无事，牢狱空虚，那才是最大的本领。孔子的为政目标便在此。他看到了社会的病根。社会案件不断，狱满为患，原因在于为政者只知治表，不知治本。孔子一再强调礼治，就是要治本、治民心。最高的治术不是务治民事，而是务治民心，教化百姓，使民心向善，相互仁爱而不相害。《大戴礼记·礼察》关于孔子的这段话有一段说明文字，录于下以供参考："凡人之知，能见已然，不能见将然。礼者，禁于将然之前，而法者禁于已然之后。是故法之用易见，而礼之所为至难知也。……然而曰礼云礼云，贵绝恶于未萌，而起教于微眇，使民日徙善远罪而不自知也。孔子曰：'听讼，吾犹人也。必也使无讼乎！'此之谓也。"

12.14　子张问政

> 子张问政。子曰："居之无倦，行之以忠。"

这一章讲为政在勤忠。

子张是孔门中对政治最热衷的人，他问"干禄"，问君之"明"，问"从政"，都反映了他对政治的兴趣。"子张问政"，是问为政之方。孔子提出了两点：第一，"居之无倦"。即身居官位，不能懈怠。第二，"行之以忠"。即行君之令，忠诚无私。"居之无倦"，是尽力，是勤政爱民。"行之以忠"，是尽心，是向上司负责。尽力尽心，下对得起百姓，上对得起君主，自然就是好官。

12.15　博文约礼

> 子曰："博学于文，约之以礼，亦可以弗畔矣夫！"

此章重出，见《雍也》篇。

12.16　成人之美

> 子曰："君子成人之美，不成人之恶。小人反是。"

这一章言君子的善心，而以小人做陪衬。

"小人反是"，言小人与此相反。君子成全人的好事，而不促成人的坏事。这表现的是一种善良的心性，也即孔子反复提到的仁心，即所谓"己欲立而立人，己欲达而达人"，"己所不欲，勿施于人"者。范祖禹说："君子乐道人之善，故成人之美；恶称人之恶，故不成人之恶，亦己有之也。君子自处也厚，故好人胜己；小人自处也薄，故唯欲人不胜己。与君子处，日闻人之善；与小人处，日闻人之恶，则无以养其内心，故恶日长而善日消也。"（《论孟精义》引）君子小人之分有多方面，而其心术则是根本。"小人反是"，正是其心术与君子之仁心大不同处。故只有看一个人对周边人的善恶的议论，即可知其心肠是君子还是小人。

12.17　政者正也

> 季康子问政于孔子。孔子对曰："政者正也。子帅以正，孰敢不正？"

这一章讲正人先正己之理。

在这里，孔子对"政"做了新的诠释："政者正也"，这就是说："政"意思就是"正"。要从政就必须自己先正。"子帅以正，孰敢不正"，这是指作为鲁国上卿的季康子，只要自己带头端正行为，做出表率，鲁国还有谁敢不走正道呢？

关于类似的观念，孔子多次谈及。如《礼记·哀公问》记孔子说："政者，正也。君为正，则百姓从政矣。"《大戴礼记·王言》篇记孔子说："上者，民之表也，表正，则何物不正？"反映了孔子的执政理念。在这里，孔子实是对季康子下了一剂猛药，意味着季康子当下的行为是不正的。"上梁不正下梁歪"，他作为大夫，而却僭越君礼，就是"不正"的表现。大夫专国政，家臣则可效法。故朱熹引胡氏说："鲁自中叶，政由大夫，家臣效尤，据邑背叛，不正甚矣。故孔子以是告之，欲康子以正自克，而改三家之故。惜乎康子之溺于利欲而不能也。"季氏之权后来落入家臣之手，便是证明。

12.18　官贪民盗

季康子患盗，问于孔子。孔子对曰："苟子之不欲，虽赏之不窃。"

这一章讲盗之所由生。

季康子当政，盗窃横行，故向孔子请教治理盗窃的问题。孔子回答得很干脆："假如你自己不贪财聚敛，即使奖励，人也不会去偷。"言外之意，上不贪则下不盗，盗贼滋生，全是由于在上者的贪欲所致。

孔子此言其意约有二：一是以季氏为代表的官僚欲壑难填，搜刮民脂民膏，使百姓困穷，无力养家，故唯有盗窃。二是上行下效，季康子是窃国之盗，故百姓多穿窬之盗。即如日本太宰纯说："四分公室，而季氏得其二，季氏之为盗大矣。民之为盗，固其所也。"（《论语古训》）朱熹引胡氏说："季氏窃柄，康子夺嫡，民之为盗，固其所也。盍亦反其本耶？孔子以'不欲'启之，其旨深矣。"

12.19　风行草偃

季康子问政于孔子曰："如杀无道，以就有道，何如？"孔子对曰："子为政，焉用杀？子欲善而民善矣。君子之德风，人小之德草，草上之风必偃。"

这一章讲为政化民之理。

无道，指坏人；有道，指好人；就，亲近；为政，主管政事；焉，何；小人，民众；草上之风，风加之于草；偃，倒。

从季康子的言谈中，可以看他面临的情况是：社会风气恶化，犯罪率上升，无道行为骤增。在这种现实面前，季康子与孔子提出了两种不同的施政方略。季康子主张以刑杀治国，"杀无道，以就有道"，杀掉不守规矩施行无道的人，而亲近有道德者。这种执政理念的出发点在于：错不在己，而在民众。殊不知源不清则流必浊，官不正则民无道。孔子则相反，他主张以德化民。这种主张的出发点是："无道"的根本原因不在民众，而在统治者自身。"百姓不治，有司之罪也"（《盐铁论·疾贪》篇）。只要统治者"欲善"——一心向善，百姓就会跟着向善。君子如风，民众如草，风往哪边吹，草往哪边倒。不调"风"向而责"草偃"，想用暴虐手段来改变现状，结果只能相反。

12.20　达与闻

　　子张问："士何如斯可谓之达矣？"子曰："何哉，尔所谓达者？"子张对曰："在邦必闻，在家必闻。"子曰："是闻也，非达也。夫达也者，质直而好义，察言而观色，虑以下人。在邦必达，在家必达。夫闻也者，色取仁而行违，居之不疑。在邦必闻，在家必闻。"

这一章讲士之闻达的问题。

子张是孔门中最为好问的学生，因此在《论语》中孔子关于他的答问最多。这次他提的问题是：作为一位士人，怎样才称得上通达。达，通达。孔子反问他是如何认识这个问题的。他的回答是"在邦必闻，在家必闻"，即为君之臣，则必国中闻名；为大夫的家臣，则必封邑闻名。"闻"即出名。孔子认为子张所说的是出名，不是通达。故对"达"与"闻"分别做出了解释。质直，秉性正直；下人，对人谦恭有礼；色，表面；疑，怀疑，动摇。居之不疑，指以仁自居而不知疑虑。大意是说："达"是秉性正直而喜欢道义，能察人之言，观人之色，把握对方的心理状态，谦恭待人，这样无论为国效力还是大夫办事，都能把事情办得周全妥当。至于"闻"，则是表面上喜欢仁德，而行为上昧良心办事，两面派作风，却以仁自居而不知羞惭。这样的人无论为国之臣还是为大夫之臣，都会出名。

"闻"是名誉著称之谓；"达"是"才德宣通之谓"（龟井南冥说），二者有本质的不同。子张以"闻"为"达"，搞乱了概念，故孔子特意对"达"做了四重分析，而对"闻"做了本质揭露。四重分析是：第一，"质直而好义"，这是就士的个人品德言的，"质直"言秉性之端，"好义"言价值取向。第二，"察言而观色"，这是就士人的观察能力言的。"察言"，可从对方的言辞了解对方的心中所思；"观色"，可从对方的表情了解其内心的变化，如此便可以把握对方的心理，做出自己的行为选择。第三，"虑以下人"，就礼节上言的，时常虑及要谦恭下人。第四，"在邦必达，在家必达"，是就其社会效果言的，无论在"邦"还是在"家"，做事都能畅通，获得成功。对"闻"的本质揭露是："色取仁而行违，居之不疑"，表面上是追求仁，而且以仁自居，但行为上却是违背仁义，其实这是伪君子的作风。

这就是说，"达"追求的是内心的修养，而"闻"追求的是外在的虚名；"达"是关注自己如何做；"闻"是关注别人如何说。"达"与"闻"正是众多的读书人遇到的问题和选择。追求"达"者，获得的是内心的安慰；追求"闻"者，获得的是因名而换来的利益。故求"闻"者多而求"达"者少。朱熹引程子说："学者须是务实，不要近名。有意近名，大本已失，更学何事？为名而学，则是伪也。今之学者，大抵为名，为名与为利，虽清浊不同，然其利心则一也。"伊藤仁斋也说："闻者虚于中而声于外，不务于实而务于名；达者足于此而通于彼，自修于中而不求人知。乃诚伪之所在，而君子小人之所分也。凡后世所谓达者，皆闻而非达也，学者宜审择焉。"（《论语古义》）

12.21　樊迟问崇德修慝辨惑

樊迟从游于舞雩之下，曰："敢问崇德、修慝（tè）、辨惑。"子曰："善哉问！先事后得，非崇德与？攻其恶，无攻人之恶，非修慝与？一朝之忿，忘其身，以及其亲，非惑与？"

这一章讲修身问题。

舞雩是鲁国祈雨的地方，也是游乐之所。孔子与弟子游乐之时，樊迟向孔子提出了三个问题，即如何崇德、修慝、辨惑。孔子从三个方面做了回答：第一，"崇德"："先事后得"，即把做事放在前面，把利益放在后面，放弃功利，务求实干。换言之，行其事不计其功，则德日积而厚，这便是崇德。第二，"修慝"："攻其恶，无攻人之恶"，即多检讨自己，少指责别人，凡事先从自己身上找原因。换言之，专于治己而不责人，邪念则无由生，这便是"修慝"。"慝"即邪恶之心。第三，"辨惑"："一朝之忿，忘其身，以及其亲"，即由于一时之愤，而忘记自身安危，以至于牵连亲人，小不忍而致大祸，这就是惑。故须遇事冷静，考虑后果。

"德"是要留在自己身上培养的，"慝"和"惑"则是要从自己身上除掉的。崇德、辨惑问题，子张也曾经问过，孔子从学习的角度，提出了主忠信、辨爱恶的问题。而回答樊迟，则处处蕴含着"克己"二字。"先事后得"，要克己才能为之；"攻其恶，无攻人之恶"，非克己不能为；"一朝之忿，忘其身，以及其亲"，是不克己而导致的后果。看来樊迟是缺乏理智的人，容易冲动，性格浮躁。故孔子才要他克制自己的私欲和冲动，以达到进德修身、修慝辨惑的境界。

12.22　樊迟问仁

樊迟问仁，子曰："爱人。"问知，子曰："知人。"樊迟未达。子曰："举直错诸枉，能使枉者直。"樊迟退，见子夏曰："乡也吾见于夫子而问知，子曰'举直错诸枉，能使枉者直'，何谓也？"子夏曰："富哉言乎！舜有天下，选于众，举皋陶，不仁者远矣。汤有天下，选于众，举伊尹，不仁者远矣。"

这一章讲仁、智问题。

"举直错诸枉",又见于《为政》篇孔子与鲁哀公对话中。乡,同"向",过去。皋陶,舜时掌握刑法的大臣;远,远离;伊尹,汤的大臣,曾辅汤灭夏。大意言:樊迟问什么是仁,孔子回答是:爱人。问什么是智,回答是:了解人。因樊迟不明白,故孔子作了进一步解释,说:提拔正直的人做领导,让不正直的人服从于他,这样不正直的人也会变得正直起来。要辨别正直与不正直,自然就存在"知人"的问题,起用"直",加诸"枉",自然就有"仁"的问题。但樊迟对此仍不明白。故退而问于子夏。子夏是孔门弟子中悟性很高的人,故马上便明白了老师的话,于是说:老师的话内涵太丰富了!舜有天下,在众人中挑选人才,起用了皋陶,不仁的人便远离而去。汤得天下,在众人中挑选人才,起用了伊尹,不仁的人便远离而去。

"仁"者"爱人",言用心之善;"知"者"知人",言用人之明。用人明,则能辨枉直;用心善,则能远"不仁"。"举直错诸枉",重在明察审辨,是知人;"能使枉者直",重在化民向上,是爱人。智以仁为本,仁以智为用,仁智一体,五常居二。孔子从理论上说明了二者的联系以及其意义;子夏则从历史中为孔子找到了理论根据。本来仁与智其所包含的内容很广,但孔子这里皆集中在对待"人"的问题上,目的便在教樊迟"修己治人"之道。

12.23　交友之道

子贡问友。子曰:"忠告而善道之,不可则止,毋自辱焉。"

这一章讲交友责善有节。

孔子的意思是说:对待朋友要忠诚,朋友有失,一是要忠心地劝告,二是要恰当地引导。如果不听,也就罢了,不要自取其辱。为什么要这样?原因很简单,朋友是以义相合的,志同道合,相互切磋,"以友辅仁",以德为邻。故朋友有过,"忠告"是责任,"善道"是义务,"不可则止"是为全交,"毋自辱"则是分寸地把握。这分寸有两层意义,一是要尊重对方,不能用过激的方式伤害对方的自尊，或把自己的意见强加于对方，反复进说而使反目，自讨无趣。二是人各有志，"不可"说明道不同，志不合，"止"则可保持不伤和气。和而不同，也不失交友之道。

12.24　以友辅仁

　　曾子曰："君子以文会友，以友辅仁。"

　　这一章讲朋友切磋之益。

　　大意言：君子以文章学问来结交朋友，以朋友来辅助仁德。

　　这里有两层意思："以文会友"，是交友的方法；"以友辅仁"，是交友的目的。这种交友方式，体现着一种脱俗的交往层次；这种交友目的，体现着一种高尚的道德境界。这是在一般的社会群体中难以找到的，这也正是"君子"之友的本真。故朱熹说："讲学以会友，则道益明；取善以辅仁，则德日进。"

子路第十三

13.1　子路问政

> 子路问政。子曰："先之、劳之。"请益。曰："无倦。"

这一章勉励子路做好官。

"先之劳之"，"先"是率先，"劳"是慰劳，两个"之"字都是指下属。意思是：做官要注意两点：一是"先之"，任何事情，自己率先去做，做出表率；二是"劳之"，要体恤下属，慰劳他们的辛苦。子路觉得孔子说得太简单了，希望能再多讲一点。"请益"，就是请求增加一些内容。孔子又说了两个字："无倦"，意思是这四个字就足够你做了，只要不懈怠就行。

"先之劳之"，是作为一名好官应该具备的起码品质。言之虽易，行之实难。"先之"，是要自己吃苦，当惯了老爷的人肯定不愿意；"劳之"，是要知道臣下之苦，使惯了人的老爷自然难体会。自己苦，可以不顾；下属苦，不可不顾，否则难以调动大家的积极性。正是因为这样，《毛诗序》才把《诗经》中的一些篇什，认作是圣明的文王或后妃慰劳使臣之作，表示只有他们才能做到。当然有些官员偶尔做到也不难，难得是一直如此做，所以孔子才用"无倦"劝子路。

13.2　仲弓问政

仲弓为季氏宰，问政。子曰："先有司，赦小过，举贤才。"曰："焉知贤才而举之？"曰："举尔所知。尔所不知，人其舍诸？"

这一章讲举贤的问题。

有司，负责具体事务的官吏；赦，宽恕；过，失误。大意言：仲弓将往费邑做季氏的总管，向孔子请教政事管理问题。孔子举了三件事：第一，"先有司"，即先委任官吏，使官吏能各尽其责。第二，"赦小过"，赦免有小失的人，使刑罚不至滥用。第三，"举贤才"，选拔贤能，使人能尽才所用。仲弓对举贤才一点尚有疑问，因为难以尽知一时之贤才。孔子的回答是：选拔了自己知道的，自己不知道的，别人自然会推荐。"人其舍诸"，言别人难道会遗弃你不知道的吗。

孔子表面上是给仲弓说，实际上是在给季康子开药方。范祖禹说："不先有司，则君行臣职矣；不赦小过，则下无全人矣；不举贤才，则百职废矣。失此三者，不可以为季氏宰，况于为天下乎？"（《论孟精义》引）孔子的这剂药方，针对的正是"失此三者"之病。"失此三者"，则必表现为专权、苛刻、自用，这正是季氏之病。仲弓是孔门中排在第二位的大才，孔子曾称他"可使南面"。他要去做季氏的总管，孔子便希望他能以其才影响季氏，故为季氏开出此方。龟井南冥说："季康子庸劣，略己而好责人，其居恒于诸有司，掣肘以误事，责小过而畏罪，由是不能官得其人，盖其常蔽也。今仲弓为之宰，夫子欲其便宜从事，举贤使能，宽简自逞，而不践其常蔽，故语以此也。……且《论语》之贵简，而首加'为季氏宰'之四字，无应而可乎？"这是很有道理的。

13.3　孔子的为政设想

子路曰："卫君待子为政，子将奚先？"子曰："必也正名乎！"子路曰："有是哉，子之迂也！奚其正？"子曰："野哉，由也！君子于其所不知，盖阙如也。名不正则言不顺，言不顺则事不成，事不成则礼乐不兴，礼乐不兴则刑罚不中，刑罚不中，则民无所措手足。故君子名之必可言也，言之必可行也。君子于其言，无所苟而已矣。"

这一章讲正名的重要性。

卫君指卫出公，名辄，是卫灵公的孙子，父亲是蒯聩，因杀母不遂被灵公驱逐出国门。灵公死后，孙子继位，出现了聩、辄父子争夺君位的情况。此时孔子自楚反卫。故子路问孔子，若卫君要他执政，他打算先从何做起。孔子的回答是：必须正名。子路觉得孔子太不靠谱了，名怎么正？孔子对子路的放肆很生气，于是说：仲由你太粗野了。君子对于自己不知道的事情，便不发表意见。名不能当其实，说话就不顺当，说话不顺当，事情就办不成。事情办不成，礼乐教化就不能兴盛。礼乐教化不能兴盛，刑罚就不会得当。刑罚不得当，百姓就不知所措。所以君子为事物命了名，就一定能用言语准确的称举出来，说出来就一定能够通行。君子对于自己说的话，是一点也不马虎的。奚，何。奚先，即以何为先。迂，迂腐。阙，缺，存疑。中，得当。苟，苟且，马虎。

不止一人向孔子请教过为政的问题，但孔子的回答都不一样。子路问政，孔子告诉"先之劳之"，是要他自己做一个好官；仲弓问政，孔子告诉"赦过举贤"，是要他影响季氏治好一个国家。说到自己的为政，孔子却舍弃了具体的政治措施，从一个表面上与政治无关而实则关涉着天下兴亡的大问题——"正名"入手，其目的则是要治理天下。孔子这里开出的药方——"正名"，要治的是天下政治大动乱的病根。这病根就是"名不正"。所谓"名不正"，就是鼻子不是鼻子，眼睛不是眼睛，什么不是什么，一切都乱了套。请看孔子生活的这个时代，君不是君，臣不是臣，臣做的是君的事，子做的是父的事，连觚也变得不是觚了，这不是典型的"名不正"吗？就以卫国而言，"蒯聩欲杀母，得罪于父，而辄据国以拒父"（《四书集注》引胡氏语），这哪里还像什么父子？孔子作《春秋》，目的便是要正君臣名分，复天下礼乐。正是因为他以正名为主旨的《春秋》笔法，才使得"乱臣贼子惧"。然而孔子的远见，子路不能明，故而出现了师徒间的小冲突。

　　孔子这番演说，可称作是一篇"正名论"，明确地指出了正名的功能、目的和意义。我们可从孔子的逻辑推导中，反推出以正名为起点的治世步骤：名正→言顺→事成→礼兴→刑中→民安。民安便是大治。如此看来，不正名而欲大治，岂可得哉！但孔子这一番言论的意义不止此。他同时在说明着两个问题：第一，君子对待事物的态度，"不知"则"阙如"，不乱发表意见，说了就负责，这关涉到品德修养的问题。第二，对问题要看到症结所在，不能只看表面。

13.4　樊迟请学稼

　　　樊迟请学稼，子曰："吾不如老农。"请学为圃，曰："吾不如老圃。"樊迟出，子曰："小人哉，樊须也！上好礼，则民莫敢不敬，上好义，则民莫敢不服；上好信，则民莫敢不用情。夫如是，则四方之民襁（qiǎng）负其子而至矣，焉用稼？"

　　这一章讲君子务本之义。

　　樊迟是孔门中悟性较差的学生。对于孔子的意思往往理解不透。他向孔子请教种庄稼，孔子回答"我不如老农"，这已经表示了老师对自己学习种地的态度。但他不明白，接着又问怎么样种菜的事，孔子还是照老样子回答："我不如老菜农。"大概这时樊迟才有所觉悟，觉得没趣，从老师身边退了出来。我们可以猜测到孔子此时的表情。等他出去后，孔子才给学生们说：樊迟真是个农民。当官的重视礼仪，老百姓就不敢不恭敬；当官的重视道义，老百姓就不敢不服从；当官的重视信誉，老百姓就不敢不真诚相待。这样，四面八方的老百姓就会背着孩子来投奔，哪里用得着自己去种地呢？圃，菜地，此处指种菜。情，情实，指真诚。襁，背婴孩用的宽带，"襁负其子"，即用宽带背负自己的孩子。

　　这里有三个问题：第一，为什么樊迟要学稼、学圃？第二，为什么孔子要批评樊迟？第三，为什么不当面批评？关于第一个问题，有人认为他是农家学派许行一流的人，但据《孔子家语》说，樊迟二十来岁就做官了，算得上少年得志了，显然农家者流自食其力之说不靠谱。樊迟学稼仍与其求治道有关。因为他年青气壮，什么都想学。孔子"多能鄙事"，故樊迟才请教稼圃之事的，他的目的是想了解民生细务，做内行管理，达到治理的最佳效果。关于第二个问题，孔子之所以批评樊迟，主要是指责他不捉大节而捉细末，"不问苍生问鬼神"。在孔子看来为政的根本在治民心，以礼待民、以义服民、以信安民，则可使四方百姓归顺，不需要自己率稼教民，或以此种方式去亲近百姓。关于第三个问题，朱熹引杨氏说："待其出而后言其非，何也？盖于其问也，自谓农圃之不如，则拒之者至矣。须之学疑不及此，而不能问，不能以三隅反矣，故不复。及其既出，则惧其终不喻也，求老农老圃而学焉，则其失愈远矣。故复言之，使知前所言者意有在也。"这应该是合理的。孔子批评樊迟的意义，在于教给人一种认识和把握事物的方法，凡事从大处着眼，不可顾细末而忘大节。在这里不存在歧视劳动人民的问题，而存在对自己要从事的工作意义与性质的充分认识。

13.5　学贵在用

子曰："诵《诗》三百，授之以政，不达；使于四方，不能专对。虽多，亦奚以为？"

这一章讲学以致用的问题。

"《诗》三百"指的是《诗经》。在春秋时候，《诗经》是文化人必须学习的文献，因为它是礼乐文明的一个载体，其中反映政治兴衰的变化，对于施政者有"观民风，知得失，自考正"的意义。又因为体现着礼乐文明的文化精神，故对百姓起着教化的作用。同时春秋时代在许多外交场合，使臣们有些意图不愿直接说出来，而是通过"赋诗"的方式来表达。这样双方都必须对《诗》特别熟悉才能应对自如，否则便会出丑。因此孔子在这里特别提到了背诵《诗》的意义。第一，要用于政治事务。这就要明白《诗》观民风、化民俗的意义。第二，要用于外交应对。这就要明白《诗》的多重兴喻意义。如果只是背得滚瓜烂熟而在政治事务中"不达"——不能通晓其理，在外交场合不能"专对"——针对性的应对。背得再熟，又有何用？

　　显然孔子说这话，是针对那些不动脑筋、不能学以致用的学生而发的。目的是告给学生，学的目的不在诵，而在用，如何把知识变成智慧，变成处理问题的能力，这才是学习的根本目的。只凭"诵《诗》三百"，就想找份好工作，难！

13.6　身正令行

　　子曰："其身正，不令而行；其身不正，虽令不从。"

　　这一章讲以身作则。官员自身行得正，即使不发布命令，老百姓也会跟着去做。官员自身不正，即使命令百姓去做，百姓不会服从。这说明了一个道理，官员的行为就是命令，口头发布的命令是虚的，行为的楷模意义才是实的。因此最优秀官员的执政作风是重在德行而略于法令，让自己的正直行为引导百姓。

13.7　鲁衰礼亡

　　子曰："鲁卫之政，兄弟也。"

　　这一章感叹鲁国政治之衰。当时孔子自卫返鲁后，看到鲁国的情况，与自己在卫国时看到的情况，兄弟般相似，故发出了这样的感慨。元胡炳文《论语通》引苏氏说："是岁鲁哀公七年，卫出公五年也，卫之政，父不父，子不子，鲁之政，君不君，臣不臣。卒之，哀公孙于邾而死于越，出公奔宋而亦死于越，其不相远如此。"此说可从，这感慨表示着礼乐复兴的大势已去，各个国家都走向了相同的衰亡轨道，无法挽回。作为自己父母之邦的鲁国，原本"周礼在鲁"，尚有一点火种可烧，而现在也全完了。从中我们可以感受孔子的无奈和悲伤。

13.8　知足常乐

子谓卫公子荆善居室，始有，曰："苟合矣。"少有，曰："苟完矣。"富有，曰："苟美矣。"

这一章讲卫公子荆有君子之德。

卫公子荆是卫献公的儿子，字南楚。吴季札称"卫多君子"，他便是其中之一。公子荆尽管是贵族，但生活很简朴，故孔子称道他。"善居室"指他善于理家过日子。刚有点钱，便觉得差不多够花了；稍宽裕了一点，便觉得差不多该有的都有了；钱多了，便觉得够完美的了。苟，差不多；合，足够。

显然卫公子荆是一位不求奢华的知足君子。"始有"，表示他刚有点钱，还不甚足；"少有"，表示他手头稍有宽松；"富有"，表示他已富足，这是一个循序发家的过程。无论何种境况，他自己都很满足。"苟合矣"、"苟完矣"、"苟美矣"，三个"苟"字，反映了他知足自乐的心态。现代人不能理解的是，他贪污受贿所得，几辈子也花不完，为何还会有"始有"、"少有"的时候？为何会"苟"而已？殊不知这正是清廉君子的风范，与居君子之位而存贪欲之心者大异。范祖禹说："富，人之所欲也，其患在于贪求无厌、犯礼悖义以入于乱。公子荆其欲易足，不求多余，内重而外物轻。非诚心为善者，不能如是，足以为法矣。人君富有天下，其欲易足，则其求易给，约其一身，以裕万民，其德岂不厚哉！"（《论孟精义》引）或许这正是孔子评论公子荆的意义所在。

13.9　先富后教

> 子适卫，冉有仆。子曰："庶矣哉！"冉有曰："既庶矣，又何加焉？"曰："富之。"曰："既富矣，又何加焉？"曰："教之。"

这一章讲治国先后之序。

孔子去卫国，冉有给驾着车。师徒一路说着话，看到卫国城镇乡村人口众多，孔子不由地叹美。因为在古代，人口繁盛是一个王朝或国家兴盛的标志。冉有于是问：人口多了，还要做什么？孔子说：使他们富起来。冉有又问：富了后，又该干什么？孔子回答：对他们进行教育。冉有是孔门政事科的高才生，他最擅长的是搞经济，因此孔子与他的对话，便围绕着经济政治问题展开。仆，驾车；庶，人口众多；加，施加。

孔子在这里谈的是一个普遍性的治国方略。一个国家，民众饥寒交迫，民不聊生，则会非偷即盗以求苟生，所以要"富之"。富之道，一是减赋敛，二是促生产。但在致富的道路上，又会使人心唯钱是欲，奢侈之心生，致使道德大滑坡，故必须"教之"，使百姓懂得礼义，才能调整回人心失衡的天秤。庶而不富，不能养民生；富而不教，不能制民情。因此，富民、教民便成为治国必然的次序。至于如何富，如何教，则是另一个话题了。康熙儒臣所撰《日讲四书解义》说："要之，富、教二者，为治世不易之常经。圣贤一问答间，施为次第，规模毕具，可见圣贤无念不存乎天下，无事不切于民生。有君师之责者，尚其留意哉！"孔子在这里传递出的不仅仅是治国思想，更是一种文化精神。

13.10　孔子的政治自信

> 子曰："苟有用我者，期月而已可也，三年有成。"

这一章是孔子自拟用世之效。

他充满自信，认为如果有人起用自己治理国家，他可以一年初见成效，三年大见成效。期月，周一岁之月。古有三年一考核政绩的制度，如《舜典》言："三载考绩"，所以孔子说"三年有成"。据《史记·孔子世家》，这是卫灵公晚年怠政，不用孔子，孔子发出的感叹。他有如此大才，而却不为世所用，从这感叹中，可以感受到他的抑郁和无奈。在社会上，有才无德者，往往身居高位；而才德兼备者，则多沉沦不起。原因在于有才德者考虑的是如何利国利民，而衰世之主考虑的则是如何利己；有才德者想用道义规正其主，而衰世之主则是想臣下奴才般服从自己。孔子所谓的"正名"、"自身正"、"正其身"、"政者正也"等一系列理论，没有一样是合执政者口味的。他遭冷落，也是必然的。然而也正是在这种冷落中，体现出了他不改君子之行的松柏般风骨。

13.11　善政久化可废刑

子曰："'善人为邦百年，亦可以胜残去杀矣。'诚哉是言也！"

这一章讲善政持久之效。

孔子在这里重述的当是一句古话。大意是说：善人治理国家，累世相继至于百年之久，盛德积厚，人心归化，也就可以消除残暴，废除刑杀了。这句话确实是对的。这句话显然是针对当时的"法令滋彰"现实而言的，言外之意是：德政久行，民心自化，何必严刑？指斥当时统治者不知积德，唯知刑杀，即如《老子》所说："法令滋彰，盗贼多有。"据记载，周初王季、文、武、成、康，累世行善，"成康之际，天下安宁，刑错四十余年不用"。（《史记·周本纪》）故孔子才有"诚哉是言"之叹，因为这句话经过了历史验证。刘宗周《论语学案》说："善人之治，以忠厚为本，虽德教未纯，而刑罚非所恃者。至于相继百年，而善政之所浃洽者深矣，胜残去杀，庶几小康之治云尔。夫子目击当时好杀滥刑之弊，而致思于善人之化，若有左券然，故曰'诚哉是言'也。"

13.12　王化须时

子曰："如有王者，必世而后仁。"

这一章讲王政经久方可化民。

在儒家的理论中，"王"是高于"霸"的一个政治概念。王者是圣人受命而兴的天下之主，他们不是像五霸那样以力服人，而是靠仁德来服天下的，所以《说文解字》说："王，天下所归往也。"儒者的政治理想就是实行王道，德化天下。但真正使天下的人归于仁德，是很难的，故孔子说：如果有圣王出现，也必须用三十年的时间才能实现仁政。这里提出了一个"世"的概念，一世为三十年。这应该是孔子对世风变化三十年一个周期的规律性的认识（社会变化规律三十年一个周期，近世以来表现最为突出，如从一八八八年康有为第一次上书光绪皇帝请求变法，到一九一九年五四运动三十年；从一九一九中华革命党改组为中国国民党，到一九四九年国民党退出大陆三十年。此后则社会主义思潮三十年，改革开放三十年等）。也说明了王道化民非朝夕可得，是有个过程的。

13.13　上梁不正下梁歪

子曰："苟正其身矣，于从政乎何有？不能正其身，如正人何？"

这一章讲领导的带头作用。

如果自身端正，治理国政便不会有什么困难。自身不正，搞歪门邪道，如何使别人端正呢？这句话的重心在后半句。言下之意：国政不治，官吏腐败，百姓欺诈，问题都出在"上梁不正"，所以上梁不能责怪"下梁歪"，而要先看自己是否正。关于"正"，是孔子反复讲到的话题。如"必也正名"、"其身正"、"政者正也"等，其目标指向，都在"不正"，如从统治者到下层民众，都不走正道，全社会都充满了歪风邪气，因此孔子才大声疾呼要"正"。"政者正也"，是要整治，使人走正道；正名是要名与实正当，君就是君，臣就是臣。"正其身"是要统治者端正自己的行为，正立直行，带领社会走向健康发展的方向，让正气通畅，邪气消散。当然这也是历史上许多正直的君子重复了无数次而且还会继续重复的话题。

13.14　政与事有别

冉子退朝。子曰："何晏也？"对曰："有政。"子曰："其事也？如有政，虽不吾以，吾其与闻之。"

这一章是讥刺季氏专权的。

冉求做季氏的家臣，退朝回来，孔子问他为什么回来得晚了，他回答：有政事要处理。孔子马上说：应该是一般的事务吧，如果有政事，虽然国君不用我了，我也应该知道的。这里的"朝"，指的季氏家的私朝。晏，晚。《左传·昭公二十五年》杜注注："在君为政，在臣为事。"也就是说，君国之事才叫政，大夫的家事，只能叫事，不能称政。根据周礼的规定，大夫虽然不当职，但国家政事还是要知道的。孔子曾是鲁国的大夫，如果有国政大事，应该通知。所以孔子才如此说。

孔子此番言论有两个意思：第一是讥刺季氏专鲁，第二是教冉求正名之义。即如朱熹所说："是时季氏专鲁，其于国政，盖有不与同列议于公朝，而独与家臣谋于私室者。故夫子为不知者而言，此必季氏之家事耳。若是国政，我尝为大夫，虽不见用，犹当与闻。今既不闻，则是非国政也。语意与魏征献陵之对略相似。其所以正名分，抑季氏，而教冉有之意深矣。"

13.15　一言兴丧

　　定公问："一言而可以兴邦，有诸？"孔子对曰："言不可以若是，其
几也。人之言曰：'为君难，为臣不易。'如知为君之难也，不几乎一言而
兴邦乎？"曰："一言而丧邦，有诸？"孔子对曰："言不可以若是，其
几也。人之言曰：'予无乐乎为君，唯其言而莫予违也。'如其善而莫之违
也，不亦善乎？如不善而莫之违也，不几乎一言而丧邦乎？"

这一章言君主听言之重要性。

鲁定公是鲁昭公的儿子，鲁国第二十五任君主。这段话大意是说：定公
问孔子：一句话就可以使国家兴盛，有这样的事吗？孔子回答：话不可以如此
说，但也差不多。时人有言："做君难，做臣不易。"如果听信此言，从中悟到
了为君之难，明白了君之一身系乎天下安危，一念不慎，致患无穷。这不近乎
于"一言兴邦"吗？鲁定公又问：一句话可以亡国，有这样的事吗？孔子做了
相同的回答：话虽不能这样说，但也差不多。时人有言："我不以做君主为乐，
而以君主的话没人敢违抗为乐。"如果听信此言，照此去做，那么，说得对，
没有人违抗，当然好；说得不对，臣下也要奉行不怠，如此则会使生民遭殃，
社稷倾危，国将不国，那不就近乎"一言丧邦"吗？

　　孔子对鲁定公的回答，实际上是肯定了"一言兴邦、一言丧邦"的可能，
而其旨在劝定公慎于听言，防微杜渐。不可逞一己之能，而导致亡国灭族。故
谢良佐说："知为君之难，则必敬慎以持之。惟其言而莫予违，则谗谄面谀之
人至矣。邦未必遽兴丧也，而兴丧之源分于此。然此非识微之君子，何足以知
之？"（《论孟精义》引）

13.16　叶公问政

　　叶公问政。子曰："近者说，远者来。"

　　这一章讲以德政悦近来远。

　　叶公是楚国叶县的长官，他问孔子怎样管理政事。孔子回答：使近处的人喜乐，远处的人归附。孔子这是针对叶县的情况下的药方。据《孔子家语·辨政》篇说："子贡问于孔子曰：'昔者齐君问政于夫子，夫子曰'政在节财'；鲁君问政于夫子，夫子曰'政在谕臣'；叶公问政于夫子，夫子曰'政在悦近而来远'。三者之问一也，而夫子应之不同，然政在异端乎？"孔子曰："各因其事也。……夫荆之地广而都狭，民有离心，莫安其居，故曰'政在悦近而来远'。"如何使近处的欢悦，远处的人归附，这是一个大课题，孔子虽是为叶县开出的急诊药方，但对为政者来说，是不应该忽略的问题。商鞅是以发展经济的手段，吸引三晋百姓逃往秦国。孔子则是希望"修文德"而使远民乐归。

13.17　子夏问政

　　子夏为莒（jǔ）父宰，问政。子曰："无欲速，无见小利。欲速则不达，见小利则大事不成。"

　　这一章讲治道忌急功近利。

　　莒父是鲁国的一个县邑，地在今山东省莒县境内。子夏要去做莒县的长官，向孔子请教政务处理的问题。孔子根据子夏的性格特点和青年人容易犯的两个错误，做了两点回答，第一点是"无欲速"，意思是不要追求快速见效，任何事情的完成都有个过程，要有步骤地来，如果急于求功，只能"欲速则不达"，而达不到目的。第二点是"无见小利"，即不要贪求小利，被眼前的利益遮蔽了眼睛，而忽略了长远的大利益，否则便会"见小利则大事不成"，贪求小利丢弃大的利益，做不成大事。

孔子是在教子夏，实则有普遍的意义。"欲速"是"急功"，"见小利"是"近利"，急功近利，其失必多。然而这却是世人最容易犯的毛病。不可不戒。朝鲜魏伯珪说："夫子答政，每每异辞而义皆通于上下。'欲速不达'、'见小利'二句，何事不然？修身治家为学皆然。鄙而治农、服商、攻工、行路、牧养、求荣达皆然，是当熟思而戒者也。"（《读书札义·论语》）

13.18　父子相隐

叶公语孔子曰："吾党有直躬者，其父攘羊，而子证之。"孔子曰："吾党之直者异于是：父为子隐，子为父隐，直在其中矣。"

这一讲讲父子之道。

大意讲：叶公告诉孔子说，我们乡里有一个行为正直的人，别人家的羊跑到了他家院子里，他父亲就把羊藏了起来，他便向失主告发了他父亲。叶公的意思是要以此证明其乡党之正直。而孔子则回答说：我们家乡正直的人不是这样，父亲为儿子隐瞒，儿子为父亲隐瞒，正直也就在其中了。孔子的意思是，这顺天理，合人情，没有半点虚伪造作，自然也就是正直了。何晏注引孔安国曰："直躬，直身而行也。"引周生烈曰："有因而盗曰攘。"（《论语集解》）即言羊来入己家，父顺而取之。证，告。

关于孔子的这番言谈，近世以来，批判者很多，因为这与西方的法制思想相违，也不合于现代人所倡导的新观念。因此有人把"隐"字释做了"矫正"的意思。其实孔子讲的就是父子相隐瞒，他代表了古人的观念。汉宣帝曾有诏说："自今子首匿父母，妻匿夫，孙匿大父母，皆勿坐。"说明汉时对这种亲人间相为隐瞒的情况是不问罪的。皇侃《论语义疏》引范宁也说："今王法则许期亲以上得相为隐，不问其罪，盖合先王之典章。"张栻《癸巳论语解》："直者，顺其天性而不以人为害者也。父子之亲，性之理也，其更相为隐，是乃若其性之自然，而非有所加于其间也。若于所当隐而不之隐，则是逆天性之理，斯为不直矣。"需要说明的是，孔子曾讲过"事父母几谏"的话，也曾说闵子骞是个大孝子，因为他能承担很大委屈，为亲人隐瞒，自己背黑锅，使"人不间于其父母昆弟之言"。从孔子这些言论中可以看出，孔子所说的"隐"中，包含着谏亲之过而不扬亲之丑、隐亲人之恶而自己承担责任的意思。即父亲藏了人家的羊，要规劝归还。再不，被人发现，则自己承揽下来，为父隐过。这样做的目的，是为了维护人伦秩序，保持父慈子孝的家庭和谐。否则父子不相亲，表面上是大义灭亲，实际上是伤教破义，长不孝之风，只能使社会风气变得很坏。商鞅行法治，父子之间以法论，其结果是国势强了，民风却坏了。把后遗症留给了汉朝。这就是严重的教训。

13.19　仁者之行

樊迟问仁。子曰："居处恭，执事敬，与人忠。虽之夷狄，不可弃也。"

这一章讲仁者之行。

樊迟向孔子请教仁者之行。孔子谈了三点：第一，"居处恭"，此指自处时言，谦恭则不敢放肆。第二，"执事敬"，此指办事时言，慎重则不敢懈怠。第三，"与人忠"，此指待人时言，忠实则不敢欺慢。这就是说，为人能"恭"，办事能"敬"，接人能"忠"。有此三者，即使到了夷狄之地，也不可舍弃。这便是仁行了。这是要樊迟坚持这种行为，不可苟且。

孔子提出的这三点行为要则，对每一个人都适用。只要能做到这三点，便会受到人的尊重。因此，对于最后一句"虽之夷狄，不可弃也"，也可以理解为：即使生活在野人区里，也不会为人厌弃。与《卫灵公》篇所说的"虽蛮貊之邦，行矣"，意思大略相同。

有人认为"樊迟问仁"应该作"问行"，因为孔子的回答讲的是行，因为它和《卫灵公》篇中的"子张问行"内容上有些相似。这是有一定道理的，但是没有确凿的根据。故还是依旧说为妥。

13.20　子贡问士

子贡问曰："何如斯可谓之士矣？"子曰："行己有耻，使于四方，不辱君命，可谓士矣。"曰："敢问其次。"曰："宗族称孝焉，乡党称弟焉。"曰"敢问其次。"曰："言必信，行必果，硁硁（kēng）然小人哉！抑亦可以为次矣。"曰："今之从政者何如？"子曰："噫！斗筲（shāo）之人，何足算也？"

这一章是对新型知识群体的定义。

士是春秋之末兴起的一个新阶层，与周朝公卿大夫士的"士"，大不相同。对这个新型的知识群体，在孔子的时代人们虽还不能完全认识，但却引起了社会的关注。子贡向孔子提出"怎样才能叫作士"的问题，这也是当时很多人都想要明白的一个问题。在子贡的反复追问中，孔子把这个新型知识群体分成了三个层次。第一个层次是一国之士，其表现是："行己有耻，使于四方，不辱君命。"即就其行为言，有廉耻之感；就其能力言，出使他国，能够完成君命。这种人既有高世之节，又有济世之才。第二个层次是一乡之士，其表现是："宗族称孝焉，乡党称弟焉"，即言虽未能出仕，但在宗族与乡里有良好的声誉，表示其德足以取信于人。第三个层次是一介之士，其表现是："言必信，行必果。"言必有信，行必果断，这种人"硁硁然"如石之坚固，虽固守一节，属小人之见，也算是一节之士。至于子贡特意提出的"今之从政者"，孔子则认为这些人只是些"斗筲之人"。斗是酒器，筲是盛饭食的竹器，相当于今说"酒囊饭桶"。这种人自然不能算数。

"行己有耻"，是不为不义的说明；"不辱君命"，是才能的说明；宗族乡党中的孝弟之称，是德行的说明；"言必信，行必果"，是能够自守的说明。可以看出孔子对于士的认识，首在德，次在才。而"今之从政者"，在德、才上一样儿都算不上，故不可次于士之列。其目的是激励子夏之徒在进德修业上下功，勿以出仕为急，步"斗筲之人"的后尘。胡炳文《论语通》

说："须看本末二字，盖士之所以为士者，行其本也，才其末也。志有所不为，而才足以有为，是本末俱有可观。其次则孝弟，但取其本立。又其次则信言果行者，本末皆无足取，而犹不失为自守。故曰下此则市井之人，不复可为士。呜呼今之为士者，诞谩苟贱，往往多市井之人，而名之曰士，可乎？不可乎？"

13.21　孔子要交的三种人

子曰："不得中行而与之，必也狂狷（juàn）乎！"（狂者进取，狷者有所不为也。）

这一章孔子讲自己的交友原则。

与，交往。孔子提出自己愿意结交的三种人。第一种是"中行"者，即有中正之行的人。这种人奉行中庸之道，行为得体。如果得不到"中行"者与之交，那就求其次，与狂狷者交。第二种是"狂者"，即积极进取的人。这种人的特点是为善不遗余力，但容易冒进，行为过激。第三种人是"狷者"，即行为拘谨的人。这种人的特点是行为退缩，但绝不为恶，即《孟子·尽心下》所说的"不屑不洁之士"。狂者能进，狷者能守，虽不合于中庸，都不失为善之道。"狂者"以下十一字，周悦让《倦游庵椠记》以为"乃古《论》之原注，而非夫子之言也"，此说可从。

孔子这里关注的是一个人的德行。而这也是交友应该把握的原则。朋友以义合，只有与有德者交，才能相互协同向善。在孔子心目中，与美好品德相联系的有四种人，一是"中行"者，二是狂者，三是狷。在这之外还有一种伪善的人，孔子称作"乡原（即"乡愿"），这种人是"德之贼也"（《阳货》）。原因在于他们"同乎流俗，合乎污世，居之似忠信，行之似廉洁，众皆悦之，自以为是，而不可与入尧舜之道"（《孟子·尽心下》），而乡愿则是要特别注意的。

13.22 有恒才有成

子曰："南人有言曰：'人而无恒，不可以作巫医。'善夫！""不恒其德，或承之羞。"子曰："不占而已矣。"

这一章主在讲成事在有恒心。

《广雅·释诂四》说："医，巫也。"巫医是以请神方式为人消灾治病的人。春秋时，南方吴楚之地巫风盛行，所以南方便有了人没有恒心，就不能做巫医的谚语。没有恒心，反复无常，即占又疑，疑而再占，这是亵渎神灵，自然不会灵验，神灵也不会保佑。孔子对南方的这句谚语很赞成。"善夫"就是他赞许的话。"不恒其德，或承之羞"，意思是用心无常，一事无成，丢人败兴，自会蒙羞。这是《易经·恒卦》的爻辞，孔子引来以戒人无恒心的。之所以说"不占而已矣"——不占卦也罢了，是因为这种人绝不会有成就，这种德行，神也救不了他，占卜也是白占。

这段话前后两句有递进关系。前半句言人若没有恒心，什么事都做不成。后半句言，用心无常，不但不能成事，还会蒙羞。《日讲四书解义》说："此可见天下无难为之事，唯贵有纯一之心。君子恒其德，则可以为圣贤；圣人久其道，则可以化天下。若朝为夕辍，有初鲜终，其于天下之事，务蔑克有济也，可不戒哉！"

13.23 君子和而不同

子曰："君子和而不同，小人同而不和。"

这一章讲君子小人与人相处之不同。

"和"是和谐，协调，不同的东西和谐地处于一起，这就是"和"。"同"

是一样。"和而不同"，是指和谐相处，但各自保持着不同的个性。也就是说，虽然相互之间存在着分歧，但能够和谐地处于一起，就如同五味调和构成美味、五音和谐构成美妙的乐曲一样。"和"是一种处理事务的方式，而"不同"则是对原则的坚持。"和，则不失物；不同，则不失己。"（伊藤仁斋语）君子无论何时也不会丢弃原则，随意附和，只是考虑如何减少摩擦达到和谐状态而已。只有"不同"，才能相互补充；只有"和"，才能够减少摩擦。所以"和而不同"是君子的处事合作原则。小人的处事则相反，他们没有独立的见解，只求利益相同，却不能和谐相处。所以为了利益可以随意附和，丢弃原则，同流合污。

朱熹说："君子之和者，乃以其同寅协恭，而无乖争忌克之意；其不同者，乃以其守正循理，而无阿谀党比之风。若小人则反是焉。此二者外虽相似，而内实相反。乃君子小人情状之隐微，自古至今，如出一轨，非圣人不能究极而发明之也。"（《四书或问》）孔子的这一语录，已成为格言，不仅成为君子的行为原则，也成了识别君子、小人的法器。

13.24　众论未可定是非

子贡问曰："乡人皆好之，何如？"子曰："未可也。""乡人皆恶之，何如？"子曰："未可也。不如乡人之善者好之，其不善者恶之。"

这一章讲"观人不以众而以类"的问题。

从子贡与孔子的对话中，可以看出，子贡倾向于以"众"论定是非，即以一乡人都说好，或一乡人都说坏来评定一个人。而孔子则主张以"类"论，都说好，未必就好；都说坏，也未必是好。要看是什么人喜欢，什么人讨厌。好人都喜欢他，坏人都厌恶他，这样的人才是好人。

孔子在这里指出了一个很本质的问题，对于一个人的评价，不能只看公众议论的形式，而要看公众议论的本质。众人都说好、都喜欢的人，那是没有是非原则的乡愿式的人物；众人都没有好感、都讨厌的人，说不定是不与世俗同流合污的特立独行者。即朱熹所说："善者好之而恶者不恶，则必其有苟合之行；恶者恶之而善者不好，则必其无可好之实。"也就是说，民议选出来的未必就好，落选者未必就不好。只有分清公论人群的性质，认清楚评价他好或不好的究竟是些什么人，然后才能做出正确的判断和评价。

13.25　君子取人之道

子曰："君子易事而难说也。说之不以道，不说也；及其使人也，器之。小人难事而易说也。说之虽不以道，说也；及其使人也，求备焉。"

这一章讲君子小人选取人才之道的不同。

这里的君子和小人，是从品德上分的，所指都是当时的官场老爷。易事，易于侍奉，一说容易共事；说，通"悦"，"难说"是难讨欢心；"器"是器具，有固定的用途，"器之"指取其一技之长而器重之。大意讲：在官场上，君子容易侍奉但难讨好。不走正道，想用歪门邪道的手段来讨他欢心，那是办不到的。可是他在用人上，却显得很宽容，能够量才而用，使人各尽其才。小人正好相反，难以侍奉，却容易讨好，虽然不走正道来讨好他，他也会喜欢。但他在用人上，却求全责备，显得很苛刻。

为什么君子"易事"？因为君子看到的是人的优点，"见人之一善，而忘其百非"（《说苑·杂言》记曾子言）。为什么小人"难事"？因为小人看到的是人的缺点，见人之小疵而掩其大美。从本质上言，君子悦人之守道，若是违背了道，你即使再讨好他，他也不会买账；小人悦人之顺己，只要你讨他欢心，即使背离道义，他也不在乎。君子守道，因此能顺道而行，取人之长，舍人之短，能使才尽其用；小人违道，故不顾大局，对人苛责挑剔，求全责备。即如辅广所说："君子持己之道甚严，而待人之心甚恕；小人治己之方甚宽，而责人之意甚刻。君子说人之顺理，小人说人之顺己。君子贵重人材，随才器而使之，而天下无不可用之人；小人轻视人才，故求全责备，而卒无可用之人。"（《四书近指》引）

13.26　君子泰而不骄

子曰："君子泰而不骄，小人骄而不泰。"

这一章讲君子小人神情上的不同。

泰，安舒、大气之貌。君子无索于人，无愧于心，因此安舒坦然，显得很大气。但因能内省自修，为学若有不及，故不管做出多大成绩，都能保持平和心态，不敢矜己傲物。小人则不然，他们汲汲于利益，悲喜系于得失，一得势便纵欲逞气，目空一切，不知天高地厚，故俗有"小人得志"之说。这种人只是自大而器量不大，故难表现出安舒坦然的神情来。

《论语》中频繁将君子、小人对言，这意义主要在于给人确立一个"君子人格"的榜样，而引小人以自戒。当然也有如何区分君子、小人的意义在。

13.27　近仁有四德

子曰："刚、毅、木、讷，近仁。"

这一章讲近于仁的四种品德。

这四种品德是：刚强、果敢、朴实、言难。邢昺《论语注疏》说："仁者静，刚无欲亦静，故刚近仁也；仁者必有勇，毅者果敢，故毅近仁也；仁者不尚华饰，木者质朴，故木近仁也；仁者其言也切，讷者迟钝，故讷近仁也。"这里只是说这四种品德与仁相近，而并不是说这就是仁。因为仁是一种心灵的状态与境界，其外在的表现形式与刚、毅、木、讷有些近似，不同于去仁甚远的巧言令色。有刚、毅、木、讷这四种品德的人，其质底甚好，只要加强内心修养，其去也只是一步之遥。

13.28　子路问士

子路问曰："何如斯可谓之士矣？"子曰："切切偲偲，怡怡如也，可谓士矣。"（朋友切切偲偲，兄弟怡怡）

这一章讲的是士平居时的神情态度。

切切，敬重；偲偲，勉励；怡怡，和乐。这是指与人交往，能相互敬重，相互勉励，和气相处。"朋友切切偲偲，兄弟怡怡"，这应当是注释文字衍入正文的。可能是根据《大戴礼记·曾子立事》："兄弟憘憘，朋友切切"做出的解释，"憘憘"犹"怡怡"。

子贡问士，孔子讲的是"行己有耻"，是针对子贡下的药，即如戴溪所说："大抵圣人教人，皆是因人之才成就之。《史记》载子贡一出，存鲁、乱齐、破吴、强晋而霸越。此事固不可信，然以辩闻，恐亦未免有权以济事处，如《史记》所载，虽曰足以存鲁，其实亦非士君子之事，所谓不辱君命者，承命而行，有死无二而已。若曰反复变诈，此苏张之事，是行己而无耻也，可以为士乎？"（《石鼓论语答问》引）子路问士，则答以"切切偲偲怡怡"，是针对子路粗鲁的个性下的药。朱熹说："圣人见子路有粗暴底气象，故告之以此。"（《朱子语类》卷四三）

13.29　善人教民

子曰："善人教民，七年，亦可以即戎矣。"

这一章讲善人为政之法。

即，就，参与；戎，战事。善人为政，以教化为本。教民七年之后，民也就可以上战场。

这里有一个本与末的问题。道德教化是本，讲武用兵是末。善人存心仁善，所教百姓的是做人的根本，如仁义礼智、孝弟忠信等。若把根本培植起，百姓便懂得了君民一体的大义。加之古代寓兵于民，百姓三时务农，一时讲武。三年考绩为一个周期。两个周期之后，到七年便会有大成，若遇战事，百姓上战场便不是什么难事。即如刘宗周所说："善人之治，以教化为本。教以仁，则民不遗其亲；教以义，则民不后其君。至于七年之久，而上下之所感孚者深矣，岂有难于即戎哉。"（《论语学案》）

13.30　不教之民不可战

子曰："以不教民战，是谓弃之。"

这讲的是用民之法。

没有经过教育的百姓使之去作战，那等于是抛弃他们。

上章言七年受教之民可使从戎，此章则言不教之民难以使战。关于教民而后可战的事，《左传·僖公二十七年》有很好的说明：晋文公结束流浪生活回到晋国后"教其民"。过了两年，便想动用百姓。子犯说：不行，百姓还不懂得道义。于是晋文公便做了"定王"、"利民"的系列工作，示民以道义。"将用之"，子犯说：不行，百姓还不懂得讲信用。晋文公于是以攻打原国来示信于百姓。子犯认为这还不够，百姓还不知道礼仪。于是晋文公举行阅兵盛典，示百姓以礼仪，建立执秩官来规定官员职责。等到百姓知义、知信、知礼，听从号令而不疑惑之后，再用民以图霸业，最后"一战而霸"。《左传》评价说此"文之教也"。由此可见，这里的教并不是教作战，而是教道义。故侯仲良说："教民，教其孝悌忠信尔，非特战阵也。然战阵在其中矣。"（《论孟精义》引）

宪问第十四

14.1　不可仕无道

> 宪问耻，子曰："邦有道，谷；邦无道，谷，耻也。"

这一章讲做官应当看时世。

宪指孔子的弟子原宪。"谷"指俸禄，即现在所谓的工资。他问孔子什么是可耻，孔子回答：国家有道，就出来做官，做点事，这是可以的；如果国家无道，还做官拿俸禄，那就是可耻的行为了。也有人将此理解为：不管国家是有道还是无道，只顾照常拿俸禄，这就是可耻。

孔子这话，世人容易误解。因为孔子是主张改变世道的人，如果逢乱世，正人君子都不出来做官干事业，那天下如何能恢复正道呢？而且当时孔门弟子出仕的人很多，难道都不知耻吗？显然孔子这话不带有普遍性意义，而是针对原宪一类人言的。原宪没有左右君主决策的才能，只能干一般工作。即如朱熹所说："只是一个吃菜根的人，一事也做不得。"（《朱子语类》）因而对他来说，就存在一个清静守节的问题。清节之士出仕，目的在行其义非利其禄。"邦有道，则谏行言听，膏泽下于民"，这是很荣耀的事。"邦无道，则谏不行，言不听"，如果此时不知退身，而是"富其禄"，这便难以自守，清誉受损，蒙耻难免（参《四书集注》引范氏说）。故孔子才以择时而仕，以教原宪自守之道。据《史记·仲尼弟子列传》说，孔子卒后，原宪隐身草泽。《游侠列传》又说他"终身空室蓬户，褐衣疏食不厌"，显然是奉行孔子的教诲，深以仕于无道为耻的。

14.2 难得未必就是仁

> 子思曰："克、伐、怨、欲不行焉，可以为仁矣？"子曰："可以为难矣，仁则吾不知也。"

这一章讲行仁之难。

今本原无"子思曰"三字，今据《史记·仲尼弟子列传》补。子思是原宪的字。此章与上一章都是原宪与孔子的对话，因属同一人所问，故传本并为一章。《史记》所采当是别一本。今从《史记》。原宪问好胜、自夸、怨恨、贪欲都没有的人，是否可以算作仁？孔子的回答是：这可以说是难能可贵的，至于是否仁，那就不知道了。似乎原宪是有所指的。朱熹认为原宪是"以其所能而问"的，这很有可能。在《公冶长》篇中，孟武伯分别问到子路、冉求、公西华是否算得上仁时，孔子都是用"不知"来回答的。看来这是孔子勉励弟子的一种方式。

"克"是争强好胜，"伐"是自我夸耀，"怨"是怨恨，"欲"是贪欲。好胜则不能礼让，自夸则不能谦虚，怨恨则不能宽容，贪欲则不能爱人，这四种行为是人精神修养的大害。能克服这四种毛病，对一个人来说是很不容易的，所以孔子说"难矣"。但仁是精神达到的一种境界，与能克服缺点是两个概念。达到仁的境界的人肯定没有这四种毛病，没有这四种毛病的不见得就是"仁"。但由"难矣"而进之，则可以顺利地进身于仁。孔子之意正是以此勉励原宪，告诉他只要再向前努力，就可至于仁域。

14.3 好男儿志在四方

> 子曰："士而怀居，不足以为士矣。"

这一章讲士行。

"怀"是怀念，留恋；"居"是家居，安居。作为一名士子，如果留恋家庭生活，那就不配做士。这意思是，士就应当有大志向，大抱负，并为实现自己的理想抱负行走四方，寻找用武之地，即俗所谓"好男儿志在四方"。伊藤仁斋说："居处富足，无所忧苦，乃世俗之所乐。然为士者，当有经营四方之志，而不可专求安逸之乐。苟于此恋恋不能弃去，则于义之所当为者，必畏避退缩，不能勇为，岂足以为士邪？"（《论语古义》）

14.4 乱世全身须慎言

子曰："邦有道，危言危行；邦无道，危行言孙。"

这一章言君子持身之法。

"危"是正直、高峻；"孙"同"逊"，是谦卑、恭顺。大意是说：国家有道时，直话直说，正道直行，这是可以的。国家无道时，行为还要保持正直，只是说话则要谦卑恭顺。

"危行"并非锋芒毕显，只是正道直行而已；"言孙"并非阿谀献媚，只是全身远祸而已。这话的重点在后半句，旨在教君子学会保护自己。就原则而言，不管国家有道无道，发生怎样的变化，处于怎样的环境中，都要正道直行，不能丢失正直的品格，像墙头草那样随风倾折。但说话的方式是可以根据情况变化的。原因很简单，行为关系着道的践行，只有行合于道，才能体现出一个人的品质，因此不可随意改变，改变了就是"变节"，会为人所不齿。而语言关系着一身之荣辱，一言不慎，便可以惹祸上身，为了减少不必要的麻烦，便可以因时因地，或"危"或"孙"，随时变化。这是持身之法，也是处世之道。

14.5　德必有言，仁必有勇

> 子曰："有德者必有言，有言者不必有德。仁者必有勇，勇者不必有仁。"

这一章讲有仁有德者之行。

大意是说：有道德的人，一定有自己的一套言论；有一套言论的人则未必有道德。仁者一定勇敢，但勇敢的人未必有仁德。

这里关涉外在形式与内在本质的关系问题。"仁"与"德"是内在的本质，是根本；"言"和"勇"是外在的表现，是枝叶。根深者枝叶必茂，即如《乐记》所说："和顺积中，英华发外。""德"、"仁"内充，则必有出言有章、见义勇为的行为表现。这种表现是由内发出来的，而不是装出来的，它的意义在于驱邪扶正，保持社会与人际关系的和谐。但"德"与"言"、"仁"与"勇"毕竟不是一个概念，"有言者"或只是巧舌如簧而已，"勇者"或只是逞血气之强而已，与"德"、"仁"脱节的"言者"、"勇者"，不仅不能给社会带来和谐，甚而至于滋生是非与乱端，是非常有害的。因此孔子此言，一方面是讲有仁有德者的行为表现，一方面则提醒人要鉴别"言者"、"勇者"的性质，不可以莠乱禾，因紫夺朱。

14.6　天祚有德

> 南宫适问于孔子曰："羿善射，奡（ào）荡舟，俱不得其死然。禹稷躬稼而有天下。"夫子不答。南宫适出，子曰："君子哉若人！尚德哉若人！"

这一章赞南宫适之德。

南宫适即南容，孔子弟子。羿是传说中有穷国的国君，以善于射箭闻名，逐夏后相于斟灌、斟鄩，篡夺了夏朝政权。后来被他的臣子寒浞杀死。寒浞夺取了羿的政权，并占有了他的妻室，而生下了浇。浇（《左传》作浇，古音相近可通）伐斟灌、斟鄩，经过水上激战，消灭了夏后相。后来为夏后相的儿子夏少康所杀。荡舟，指驾舟水战。禹是传说中的治水英雄，疏理水道，平治水土，使百姓恢复生产，有功于万民，故舜把天下让给了他。稷是周人的先祖，传说中他发明农业新技术，天下得其利。传到周武王时终于得了天下。南宫适拿这两种不同的行为与不同的结局问孔子：羿善射箭，浇善水战，他们虽一时得势，可是最后却死于非命。禹和稷勤苦耕作，最后却得到了天下。孔子虽没有应答南宫适，可是内心对南宫适十分称许，认为他是君子，是崇尚德行的人。

　　这里有两个问题：一是南宫适的提问是什么意思？二是孔子为什么盛赞南宫适而不应答？就南宫适之问而言，其核心精神是"天祚有德"四字。羿、浇都是有才无德、恃力以行、篡权夺位的乱臣贼子，禹、稷都是为天下勤苦而不谋私利的大德之人。有德者不谋天下，而最终有了天下；乱德恃力者想得天下，而却丢了性命。"皇天无私，惟德是辅"，南宫适在对历史的审视中，看到了"天祚有德"的规律，因而暗点出了时下篡臣、昏君不尚德而尚力必不得其终的结局。孔子深许南宫适，是许其认识问题的深刻，许其知为时君讳而不直道破其事。而孔子之不答，是因为孔子已不必应答，应答便会破题，即如凌鸣喈《论语解义》所云："适疾时君好力战，不修民事而问。夫子为尊者讳，故不答。夫子善其不斥言时事，得古人援古讽今之义，知有天下以德服，不以力服也。"

14.7　提防假仁

　　　　子曰："君子而不仁者有矣夫，未有小人而仁者也。"

　　这一章是专为假仁而发的。

　　作为君子而不仁的，这常有；但从没有小人而仁的。这话的重心在后半句。前句是后半句的陪衬。"小人而仁"，定是假仁。君子、小人是对其品德的评定。"仁"是一种最高的道德境界，即古人所谓的"全德"。仁人、君子、小人代表着三个德行层次。仁人一定是君子，但君子未必就是仁人。至于小人，则去仁甚远，其本质即如《周易·系辞传》所说："小人不耻不仁，不畏不义，不见利不劝。"如果出现"小人而仁"的情况，如街市行骗者，对你表现出特别仁爱，那多半是假仁以获利者，因为这与小人的本质不合，"未有小人而仁者"，要特别小心上当。

14.8　民之父母

　　子曰："爱之，能勿劳乎？忠焉，能勿诲乎？"

　　这一章讲民之父母当有忠爱之心。

　　劳，慰劳；诲，教诲。"忠"是尽心尽力之谓，即《左传·桓公六年》"忠于民"、"上思利民，忠也"的"忠"。爱百姓，就必然能对他们关心、慰劳；忠诚于民，就必然会教诲、引导他们向善。

　　"忠"和"爱"的对象都是民，孔子用反问语气，显然是针对做官者不忠不爱而发的。"岂弟君子，民之父母"（《诗经·大雅·泂酌》），大概古以"民之父母"自居，犹如今以"人民公仆"自封一样，是官场的堂皇语。但若为民父母，则必忠爱百姓，"爱之，则母之亲者也"，必能体恤百姓之劳，而予以关怀、恩惠、救助，如《康诰》所云"若保赤子"。"忠之，则父之教者也"（范祖禹语），必能施以教化，诱民向善，即孟子所谓"教人以善谓之忠"。而今之为民父母者，声称"爱民"、"忠于民"，实则视民如草芥，"勿劳"、"勿诲"，故孔子反问道："爱之"、"忠焉"能如此吗？

14.9　制命须慎

　　子曰："为命，裨（pí）谌（chén）草创之，世叔讨论之，行人子羽修饰之，东里子产润色之。"

　　这一章重在强调命辞之慎。

　　"命"指政令、国书等一类的政府公文。这种公文或要发布于国民，或要交接于邻邦，因政策性甚强，一旦措辞不慎，便会因理解上的偏差导致行为上的不当，或引起外交误会，或导致国中混乱。因此郑国在子产执政期间，对命辞草写极为慎重，有点像老子所说的"治大国若烹小鲜"的味道。裨谌、世叔、子羽都是郑国的大夫，东里是地名，子产是东里人，所以称东里子产。郑国的公文，每次都要经过四道手，先是裨谌起草草稿，其次是世叔定夺是非，其三是子羽做文辞修饰，最后由子产修改润色。这种谨慎态度，堪称楷模。子产执政五十年，能使处于晋楚两个大国之间的郑国，保持国际国内平稳，与他的这种谨慎不能没有关系，这与朝令暮改者，何啻天壤！故胡炳文《论语通》说："以子产之相郑，凡一辞令，必集众人之长而用之，相天下者可鉴矣。"

14.10　春秋三相

　　或问子产，子曰："惠人也。"问子西，曰："彼哉！彼哉！"问管仲，曰："人也。（夺伯氏骈邑三百，饭疏食，没齿无怨言）"

　　这一章是对春秋时期三位名相的评论。

　　子产是郑国的相国，他为政理念是："有德者以宽服民，其次莫如猛。"据《史记·循吏列传》，他"为相一年，竖子不戏狎，斑白不提挈，僮子不犁畔。二年，市不豫贾。三年，门不夜关，道不拾遗。四年，田器不归。五年，士无尺籍，丧期不令而治。治郑二十六年而死，丁壮号哭，老人儿啼"。孔子听到子产的死讯，也为之下泪，称他是"古之遗爱也"。子西是楚国令尹公子申的字。他曾击败吴军，辅佐楚昭王复国。昭王本有意让他做王位继承人，他坚持不受。昭王死后，他拥立昭王之子熊章为君。出于同情，把流亡国外的楚平王之孙熊胜召回国，封于白邑，人称白公。却不能洞察白公的篡位野心，最终导致了白公之乱，自己被杀。管仲是齐桓公之相，曾辅佐桓公九合诸侯，尊王攘夷，一匡天下，在抵御四夷入侵上，其功甚大，孔子曾说"民至于今受其赐"。惠人，施恩惠于他人的人；彼哉彼哉，直译就是他呀他呀，其实是没办法说的意思。"人也"当作"仁也"。（见朱彬《经传考证》）《孔子家语·致思》："子路问于孔子曰：管仲之为人如何？子曰：仁也。"可证。伯氏，齐国的大夫。骈邑，伯氏的采邑。三百家，指食邑的户口，下大夫食邑三百户。没齿，终身，到死。管仲把伯氏的采邑夺走充公，但伯氏终身没有怨言。说明管仲的行为，让他心服口服。最后一句话，是对"仁"的评价的解释，怀疑是注释文字衍入的，因为与前评价子产、子西的风格不合。

子产、子西、管仲，都是春秋时期的名相，三人都有令名，有功于国。"或问"实际上是要把这三人放在一起比较高低，想听听孔子意见的。孔子的评价，管仲最高，评语一个字："仁"。表示他已达到了一个较高境界，其原因在于管仲攘夷之功，泽及万民与后世，使华夏文明不至于中坠。非仅有功于齐而已。至于使伯氏"没齿无怨言"，也可以说明他在国内治理上的成功。其次是子产，评语两个字："惠人"。虽不能及于仁，但能有功于国，施惠于民，死后让人民怀念，这也是很了不得的。最次是子西，评语四个字"彼哉彼哉"，让人没有办法说。他确实有让德，两次辞让王位，而且复国有功，但没有政治远见，招致白公之乱。管仲功在天下，子产功在一国，子西功过参半。可以看出，孔子评价政治人物的标准，不完全在自己的德行，更重要的是政治贡献。

14.11 贫而无怨

子曰："贫而无怨难，富而无骄易。"

这一章重点在"贫而无怨"，后半句是陪衬。处富易，处贫难。阔人做到不骄傲，这容易，只要注意收敛，不要张扬就可以了。处贫穷而没有怨恨之心，这却是很难。此当是有所指的，其指向是当时"士"中的某人，他能"贫而无怨"，孔子感到很难得，所以说了这番话。若对于一般百姓，则不存在"无怨"的问题了。

　　对于一位有志向的"士"来说，对待贫穷有三种态度：一是怨，像汉朝出现的大量"悲士不遇"的作品，所表现出的都是"怨"，是生不逢时的怨恨。二是"无怨"，这就是孔子此处所说的一种人，也就是"人不知而不愠"的君子，这种人有一定的修养，故而能安时处顺，不为贫穷而懊恼。三是"安"，像颜回、原宪一类人，他们之所以能"安贫"，是因为能"乐道"，在道的追求中淡化了对物质利益的要求，身处贫穷，心游道域，这是一种很高的境界，也是孔子所推崇的一种境界，孔子正是在这样的境界中"乐以忘忧，不知老之将至"的。简言之，对于贫穷的态度，体现着人不同的精神修养层次。

14.12　用人须明

　　　　子曰："孟公绰为赵、魏老则优，不可以为滕、薛大夫。"

　　这一章讲用人当量才的问题。

　　孟公绰是鲁国大夫，德高望重，无欲无求，孔子很敬重他。大夫家臣中地位最高的称老。赵和魏是晋卿之家，在晋国权势很大。滕和薛是两个小诸侯国家，在今山东滕县境内。"优"是有余的意思。孔子的意思是：像孟公绰这样的人，做晋国赵氏、魏氏这样大家的首席家臣，绰绰有余，但做不了滕、薛这样小国的大夫。因为"大家势重，而无诸侯之事；家老望尊，而无官守之责。"而"滕、薛国小政繁，大夫位高责重"（《四书集注》）。孟公绰有廉静寡欲之德，理繁治剧自然非其所长，其所任职，当宜简不宜繁。也就是说，人各有所能，为政者当懂得知人善任，量材而用。

　　这里的问题是，为什么孔子突然提到了孟公绰？孟公绰不能胜任滕、薛大夫，那么何以为鲁大夫？宋儒饶鲁说："公绰为鲁大夫不称职，故圣人谓止可为赵魏老。"（《论语集注大全》引）这话是有道理的。孔子不愿显斥鲁国国君不能知人善任之过，故委婉地表达了自己的意见。

14.13　礼乐成人

　　子路问成人。子曰："若臧武仲之知，公绰之不欲，卞庄子之勇，冉求之艺，文之以礼乐，亦可以为成人矣。"曰："今之成人者何必然？见利思义，见危授命，久要不忘平生之言，亦可以为成人矣。"

这一章讲人之才德成于礼乐。

　　"成人"指人格健全的人。臧武仲是鲁国大夫，矮小多智，有"圣人"之号。公绰即上章的孟公绰，他以"不欲"出名，"不欲"就是不贪，也就是廉洁。卞庄子是鲁国的一位力能刺虎的勇士，冉求即孔子的弟子冉有，孔子曾说他"求也艺"，是一位多才艺的人才。这四位各以智、廉、勇、艺而闻名。"知足以穷理，廉足以养心，勇足以力行，艺足以泛应。"（《四书集注》）在孔子看来，这四者任何一长，有礼乐作文饰，都可称得上是"成人"。这与孔子所说的"立于礼，成于乐"是相联系的，也即《左传·昭公二十五年》郑子太叔所说："人之能自曲直以赴礼者，谓之成人。"《礼记·礼器》说："礼也者，犹体也。体不备，君子谓之不成人。"也就是说，成为一个健全的人，最关键的是礼乐。有了礼乐，人才能"文而化之"，成人的修养才能体现出来。只有才能，没有威仪，没有礼乐修养，那不算一个健全的人。但孔子的时代，礼乐已经崩坏，如果一定要有礼乐修养才能称作"成人"，那么就百不余一了。所以孔子又说：在当下，只要见到钱而能想到义，遇到危险而能挺身而出，久处逆境而不忘平日诺言，这也算得是成人了。授命，付出生命；久要，久处穷困。后一段话有人认为是子路说的，恐怕不妥。疑是当时子路又问，孔子又答，记录者只记下了孔子的话，而没有记子路之问，故而使人产生了误会。

　　孔子在这里实际上是把"成人"分成了两个层次：第一个层次是由礼乐文化培养出现的才德兼备的人，第二个层次是没有礼乐修养但有道德意识的人。无论是"见利思义"，还是"见危授命"、"久要不忘"诺言，所表现的都是道德精神。后者是礼乐丧失时代的标准，虽不能以礼乐文身，但与时下那种见利忘义、见危而退、出尔反尔的小人，还是不可同日而语的。孔子可能是在针对粗野的子路说的，给子路提出了两个不同的目标，要他加强礼乐修养，并要求他不能丢了德行。

14.14　不可轻信传言

> 子问公叔文子于公明贾曰："信乎，夫子不言、不笑、不取乎？"公明贾对曰："以告者过也。夫子时然后言，人不厌其言；乐然后笑，人不厌其笑；义然后取，人不厌其取。"子曰："其然，岂其然乎？"

这一章讲孔子听言之慎。

公叔文子是卫国的大夫，卫献公的孙子，名拔，"文"是他的谥号。公叔文子的为人，史书失载，不得其详。但从孔子与公明贾的对话中可以知道他是一位"廉静之士"。公明贾是卫国人，对公叔文子很了解，所以孔子才向他询问公叔文子的情况。在传说中，公叔文子不说、不笑、不贪取，孔子对此表示怀疑，所以说："信乎"——是真的吗？"夫子"指公叔文子。公明贾告诉孔子：是告诉你的人把话说错了。公叔文子该说的时候才说，人们不讨厌他的话；开心的时候才笑，人们不讨厌他的笑；合于道义的时候才获取，人们不讨厌他获取。这就是说公叔文子言、笑、取都很得体，不多说一言，不苟笑一声，不贪取一文，因此才有了"不言、不笑、不取"的传说。"其然，岂其然乎"，既表示将信将疑，又表示对此种行为的敬意。

前人以为此章讲公叔文子的德行。其实记录者的重点不在言公叔文子，而在记孔子对于传言的态度。"不言、不笑、不取"，作为一个正常的人，这几乎是不可能做到的，故而孔子要怀疑，要求证。通过对公明贾的采访，证明了传言非实。进而又怀疑"岂其然乎"，因为要做到"时然后言"、"乐然后笑"、"义然后取"，非常难。朱熹说："此言也，非礼义充溢于中得时措之宜者不能，文子虽贤，疑未及此。但君子与人为善，不欲正言其非也，故曰'其然岂其然乎'，盖疑之也。"在疑问中，又包含了对果能"其然"的敬佩。

14.15　君臣不能讲条件

　　子曰："臧武仲以防求为后于鲁，虽曰不要君，吾不信也。"

　　这一章责臧武仲恃智害直。

　　防是臧武仲的封地，在今曲阜市东。臧氏是鲁国三桓之外的又一支地位显赫的贵族。臧武仲是一位聪明闻名的人，他因介入了鲁国大贵族季氏与孟氏的矛盾冲突中，最终被诬告造反，逃离鲁国。在离开鲁国前，派人给鲁襄公说：希望不要因为自己，剥夺了臧氏世袭贵族的地位。如果襄公答应他，他甘愿把防邑之地还给国家。防邑地处与齐相接的鲁国边境，襄公若不答应臧武仲的要求，他就有可能携邑归齐。这带有要挟鲁君的意味。所以孔子说：即使说他没有要挟国君，我也不相信。

　　孔子的意思有二：一是臧武仲与襄公是君臣关系，君臣只有指示与服从的关系，而不能讨价还价。封邑本来就是国君给的，国君自然有权力收回，臧武仲据以与君谈判，讲条件，如此便失去了君臣之义。丢失君臣大义，是一大罪。二是臧武仲的行为看似聪明，实是不直之行，尽管他言辞委婉，但无法掩盖其要挟国君的本质。他完全可以求鲁君宽恕，不必以防邑来谈条件。故饶鲁说："武仲只当请后，不当据邑。夫子不罪其请，罪其据邑也。使武仲请后，果以防为言，则要君之迹彰而易见。唯不以防为言，则要君之心隐而难知。既用智以要君，又欲逃罪以欺世。此夫子之言，所以为《春秋》诛意之法也。"（《论语集注大全》引）

14.16　齐桓晋文，出招不同

　　子曰："晋文公谲（jué）而不正，齐桓公正而不谲。"

这一章讲齐桓晋文的兵法。

诡诈善变谓之"谲"，堂堂正正谓之"正"。关于"春秋五霸"，有不同的说法，但没有争议的就是齐桓公与晋文公，因为他们的霸业最为显著。他们以强大的兵力优势号令天下，会盟诸侯，攘夷狄以尊王室。但他们获得成功的用兵之道各不相同。无论齐桓公、晋文公，他们霸业上的最大敌人都是强楚。齐桓公南服强楚，是以堂堂正正的问罪之师而出征的，最后迫使楚国在召陵订立了和平盟约，完成了"德绥诸侯"的大业。晋文公不同，他与楚战，用的是诡道，因为他在流浪中楚国给予他"礼遇"，他是没有理由与楚开战的。但不战败楚国他则不能称霸。于是千方百计引逗楚人来挑战，用离间计破坏楚军联盟，用激将法使楚军主将失去理智判断，用退避三舍之法积蓄士兵斗志。最终城濮一战，大败楚军。无论谲、正，其结果都是一样的，也是形势所决定的。因此孔子在这里没有批评谁、褒扬谁的意思。有人认为孔子这里是指的齐桓晋文的行事，恐怕不然。辅广说："桓公责楚以'包茅不贡'及'昭王不复'二事，进次而不遂战，既服而与之盟，是仗义执言，不由诡道也。文公始则伐曹、卫以致楚师之救，终则复曹、卫以携二国之交。是伐卫以致楚，而阴谋以取胜也。就霸者之中论桓、文之事，则文谲而不正，桓正而不谲。"（《论语纂疏》引）

14.17 评价人须看大端

子路曰："桓公杀公子纠，召忽死之，管仲不死。"曰："未仁乎？"子曰："桓公九合诸侯，不以兵车，管仲之力也。如其仁，如其仁。"

子贡曰："管仲非仁者与？桓公杀公子纠，不能死，又相之。"子曰："管仲相桓公，霸诸侯，一匡天下，民到于今受其赐。微管仲，吾其被发左衽矣。岂若匹夫匹妇之为谅也，自经于沟渎而莫之知也。"

以上这两段都是辩管仲之仁的。皇侃《论语义疏》、朱熹《四书集注》等离为两章，因内容相从，故今合为一处解说。

公子纠是齐桓公的哥哥，在桓公哥俩争夺国君中，被桓公杀死。召忽和管仲原先都是公子纠的师傅，当公子纠被杀后，召忽为主殉身自杀，而管仲却归服了齐桓公，做了桓公的相辅。"九合诸侯"，指多次召集诸侯盟会。"不以兵车"，指不用武力。如，乃，就是。微，非，没有。"被发左衽"是夷狄之俗，"被发"是披散着头发，"左衽"指衣襟向左侧开。孔子当时华夏民族的发式是束扎的，衣襟是向右侧开的。谅，守信。自经，上吊自杀。渎，小沟渠。大意是讲：孔子认为管仲有仁德，子路、子贡都不理解，因为在一般人眼里，管仲属变节者，召忽才是大忠臣，于是都拿管仲不能为公子纠死节来说事，认为管仲"未仁"、"非仁"。孔子则分别从两个方面回答了他们两个人的疑问：第一是"尊王"之功。桓公不用武力而能多次召集诸侯会盟，以尊王室，这是管仲的功劳，这说明管仲是有仁德的。第二是"攘夷"之功。要不是管仲，天下恐已为夷狄之风所化。管仲不为公子纠死节，这种选择是对的。毫无价值的死节，那是匹夫匹妇之见。

子路、子贡与孔子的分歧，主要在看问题的角度上。子路、子贡看到的是小节，是世人层面上的忠义，恪守的是"事君以忠"、"臣死君难"的教条式道德规范。而孔子看到的则是大端，是超越世俗层面的大抱负、大胸怀。"臣为君死"这是世俗层面的基本原则，但面临死亡时，必须分析这种所谓的死节有没有意义。死并不难，难的是对死的选择，为何而死，何时而死，如何去死，即司马迁所云："非死者难也，处死者难。"如果恪守小节不顾大义，那将如匹夫匹妇在阴沟里上吊自杀一样，是没有任何价值的。管仲正是在国家的重大变化中，超越了世俗狭隘的道德观念，从大局出发，做出了重大选择，才有了"尊王攘夷"的巨大贡献，使之德泽后世，"民到于今受其赐"。正如伊藤仁斋所说："天之生豪杰岂偶然哉？其可无所自任不爱其身乎？当春秋之时，生民之涂炭极矣！得一管仲，斯民犹中国之民；不得一管仲，斯民即夷狄之民。管仲岂可无乎？其不死，盖有所抱负而然，故曰'岂若匹夫匹妇之为谅也'。"（《论语古义》）

14.18　荐贤美德

> 公叔文子之臣大夫僎（zhuàn），与文子同升诸公，子闻之，曰："可以为文矣。"

这一章讲公叔文子之德。

公叔文子即公孙拔，是卫国有名的贤大夫，僎是他的家臣，等于是奴才。主人把奴才推荐到公室，让他与自己同朝为官，平起平坐，这种美德，古今罕有。反思历史与当下，有几人能够做到？正因这样，孔子才许以"文"字。关于这个"文"字，前人有多种解释，或根据《谥法》"锡民爵位曰文"来说事，或以为贵贱相杂故谓之文，或以为"无媚嫉上人之心，故能举贤才，谓之文，谥法有如此者"（《论孟精义》引），这恐怕都靠不住。《国语·周语下》："夫敬，文之恭也。"韦昭注说："文者，德之总名也。"郑玄注《乐记》"以进为文"云："文犹美也、善也。"也就是说，"文"代表的是一种美德。

"可以为文矣"，这句话很无来由，需做背景还原。这当是公孙拔死后，关于谥号的问题不好确定，卫国人请教孔子，并把公叔文子荐贤之事告诉了孔子，孔子听了后说："可以给他文的谥号。"因为他"志在上贤，而不萌媚忌之心"（张栻《论语解》），有此一善，足以当得起这个"文"字所代表的美德。朱熹引洪氏说："家臣之贱，而引之使与己并，有三善焉：知人，一也；忘己，二也；事君，三也。"（《四书学论》）

14.19　治国在用人

> 子言卫灵公之无道也，康子曰："夫如是，奚而不丧？"孔子曰："仲叔圉（yǔ）治宾客，祝鮀治宗庙，王孙贾治军旅，夫如是，奚其丧？"

这一章讲治国用人的重要性。

奚,何;丧,亡。孔子在鲁讲到卫灵公无道的情况,季康子就说:既然如此,为什么他不亡?孔子说:因为有仲叔圉、祝鲍、王孙贾三位有才能的臣子在支撑。仲叔圉管理外交事务,祝鲍管理宗庙祭祀,王孙贾能治理军队。这三个重要部门,用人得当,国家的安稳便基本有了保证。

这里有两点值得注意:第一点,国家的兴亡重在用人。用人得当,虽危不亡;用人不当,非乱即丧。即如刘宗周说:"宾客主邻国之聘问者,宗庙以治内,军旅以治外。文事武备,皆得其人,国奚丧之有?主德虽昏,而犹明于任人,得计安国家之要者,国之不亡非幸也。愚观后世若齐文宣帝荒淫狂背,甚于桀纣,然能知杨愔之贤,委以国事,卒保首领。宋南渡诸君,颇无失德,只因奸臣柄国以亡。故曰:二老归而周炽,三仁去而殷墟,子胥死而吴亡,种蠡存而越霸。"(《论语学案》)第二点,孔子对于祝鲍、王孙贾的为人并不称许,在《八佾》、《雍也》篇中曾提到过,王孙贾窃权,祝鲍善佞。但对他们的才能,孔子却做了肯定。这反映了孔子实事求是的态度。

14.20 大言不惭兑现难

子曰:"其言之不怍(zuò),则为之也难。"

这一章讲大言不惭者无力行之志。

"怍"是惭愧的意思。"为之也难",指实践起来难。凡事说起来容易做起来难。如果人要有羞惭之心,必然会考虑到言行一致、名实相称的问题。凡夸海口、说大话而不知羞惭的人,多是无耻之徒,他们压根就没有想到言行兑现,故说"为之也难"。胡炳文《论语通》说:"夫子尝曰:'古者言之不出,耻躬之不逮。'又曰:'君子耻其言而过其行。'此所谓言之不怍,则是言而无耻者也。"

孔子此言可从两个方面理解:一是鉴人:凡大言不惭者,皆不可轻信,与不可信"巧言令色"者同。二是激人力行,"孔子非欲人缄口结舌,正欲人竭力有为,故以愧悔之心,发其勇行之气"。(《日讲四书解义》)

14.21 只求当言，不求其果

陈成子弑简公。孔子沐浴而朝，告于哀公曰："陈恒弑其君，请讨之。"公曰："告夫三子。"孔子曰："以吾从大夫之后，不敢不告也。君曰'告夫三子'者。"之三子告，不可。孔子曰："以吾从大夫之后，不敢不告也。"

此一章讲孔子求讨有罪正君臣之义的事。

陈成子是齐国的大夫，名恒，史又称田成子。公元前481年，他杀死了齐简公，夺取了齐国的政权。鲁、齐同盟，分灾救患为其所当，因此齐国内乱，鲁国应当出兵讨逆。又根据当时的礼，臣下凡有事想报告、请示君主，必须先沐浴斋戒，然后才能见君主。因此孔子听到陈成子弑简公的消息后，沐浴斋戒，朝见鲁哀公。他认为君臣是人伦大节，弑逆属大逆不道，天理难容，要求哀公出兵讨伐田成子。当时鲁三家专权，哀公自己做不了主，要孔子去向三位大夫报告。"三子"即指三家的孟孙、叔孙、季孙。孔子感到虽然自己是退休的大夫，遇到这种法所当诛的大逆之事，义不容缄默不言，可是君主不下令出讨，却要自己去向三位大夫报告。心中不快，却难说出口。于是奉君命往告"三子"。之，往。"三子"的回答是"不可"，不愿意出兵。孔子很有感叹地说：因为自己忝为大夫，不敢不报告！"从大夫之后"是自谦之词，表示自己在大夫之列。

鲁国的"三子"，与齐国的陈成子是一类的人物。孔子报告哀公，本知道哀公不能做主；告"三子"，也知道"三子"不会答应。但他要把自己该说的话说出来，既要尽自己作为一个退休大夫的责任，也要亮明自己正君臣大义的政治立场。也就是说，说不说是自己的事，行不行是执政者的事，自己只求言所当言，并不一定要追求结果。这种行为，尽管不能诛陈成子之类、乱臣贼子之身，当可遏制"三子"之流不臣之心，同时可立范后世。

14.22　不可欺君，但可犯颜

　　子路问事君。子曰："勿欺也，而犯之。"

　　这一章讲事君之道。

　　"欺"是欺骗，"犯"即犯颜直谏。

　　关于侍奉君上的问题，人屡问孔子，孔子屡做回答，但内容都不一样。这中间自然有一个语境问题，在怎样一种情况下问、针对怎样一种情况作答，现在都已不可知。但这中间有一种基本精神可以把握。这就是一个"道"字，在何种情况下，都不能背离"道"。不欺骗自己的上级，这是起码的道德要求；不欺而顺从，有过不敢谏，这便是"无道"。犯颜直谏是坚持道的一种方式。君主只有守道才配做君，因此一旦背离了道，为臣就应当"犯"，用这种强硬的态度使君行道。由此而言，"不欺而犯"是一种美德，这种美德只属于正义的人们，与阿谀取宠者无缘。太宰纯说："勿欺，信也；犯之，忠也。信而且忠，为臣之能事毕矣。然必见信然后可以犯其颜色耳。"（《孔子家语》注）

14.23　君子小人，各有所好

　　子曰："君子上达，小人下达。"

　　这一章讲君子小人之异。

　　"达"在这里应该是通达、行进的意思。《说文》说："达，行不相遇也。"行不相遇表示没有障碍。意思是君子向上，故在"日日新"中可达于高明之所；小人下趋，故在随俗逐利中日沉于下流之中。上与下的内涵很丰富，我们可以把"上"理解为道德追求，"下"理解为随俗逐流。

　　君子小人对言，《论语》中多次出现。都是因语境不同而做出的答案。这里是从行为趣向的角度说的。德者登也，是向上的；俗者人欲也，是向下的。向上追求道德精神的提升，是"上达"，其人必是君子；一味追求物欲，向下滑，是"下达"，其人必是小人无疑。处世交往，不可不明此道；人生修养，也不可不知此理。朝鲜魏伯珪说："君子小人，初何尝如天壤哉？一则鸡鸣而为善，一则鸡鸣而为利。及其朝昼，已分舜跖。一则慎之于一念之几，一则无伤于独知之隐。及其事为，则便成君子、小人，是所谓'上达'、'下达'也。譬如正面向山而进步者，必达于山顶高明处；反身背山而跌下者，必达于深谷污下处。"（《读书札义·论语》）

14.24　学以美身

> 子曰："古之学者为己，今之学者为人。"

这一章讲两种不同的学习目的。

"古之学者"，是指传统的学人；"为己"，指为了提高自己。"今之学者"，指在当时社会变革与利益驱逐中出现的学人；"为人"，指为了向别人卖弄。荀子则把孔子所说的这两种不同的学习目的，分别名之曰"君子之学"、"小人之学"。《劝学》篇说："君子之学也，入乎耳，着乎心，布乎四体，形乎动静。……小人之学也，入乎耳，出乎口，口耳之间，则四寸耳，曷足以美七尺之躯哉。"又说："君子之学也，以美其身；小人之学也，以为禽犊。"所谓"禽犊"，指向别人讨好、馈赠的礼品。这是对孔子为己、为人之学的最佳解释。

孔子所说的"为己"之学，乃是千百年来的传统读书人所秉持的一种读书态度与目标。故而在中国传统村落，随处可见"耕读传家"之类的牌匾，"耕"的目的是要养身，"读"的目标则在养心。在这种环境中，根本不存在所谓"读书无用"的论调。一旦"读书无用论"猖獗，就意味着"小人之学"变成了学府主流，"君子之学"的精神追求为功利目的所取代，意味着中国人坚守了几千年的道义精神在学人中流失。

14.25　日期寡过

蘧（qú）伯玉使人于孔子，孔子与之坐而问焉。曰："夫子何为？"对曰："夫子欲寡其过而未能也。"使者出，子曰："使乎！使乎！"

此一章赞蘧伯玉之德行。

蘧伯玉是卫国的大夫，名瑗，伯玉是他的字。他是孔子的好朋友，孔子到卫国时，曾在他家住过。孔子返回鲁国，蘧伯玉派人来看望。这里记述的便是孔子和使者的谈话。孔子因敬重蘧伯玉，因此让他的使者与自己平坐而谈。"夫子何为"，是孔子问使者的话，意思是蘧先生近来做什么？夫子指蘧伯玉。使者的回答是：蘧先生想要少犯错误，但恨做不到。在这句话中藏着深意，人若有"欲寡其过"之心，必不自以为是，定会时时检点自己，这表示蘧伯玉日日以进德修身为念，每事必慎，未尝有一日放纵。这种向上之心只有贤者才能有，也只有贤者才能明白。蘧伯玉的使者能够表达出这种意思，而且如此明白蘧伯玉的内心，显然他不是一般的送信人，是因近朱而赤的贤者。所以他退出后，孔子大加赞许。"使乎使乎"，意思是：真不愧是使者。因为他准确地传递了蘧伯玉的信息。

在对使者的赞许中，表达着孔子对蘧伯玉"日期寡过"、孜孜自修的赞许，也表达着他对蘧伯玉的怀念以及对蘧伯玉以德化人的敬佩。这一节的关键词是"欲寡其过"，饶鲁说："'欲寡其过而未能'一句，意味深长，学者常存此心，乃进德之本也。"

14.26　且勿越权

子曰："不在其位，不谋其政。"

此章重出。见《泰伯》篇。当是因非一人所记，编辑时去重工作没有做好。

14.27　君子守职

曾子曰："君子思不出其位。"

这一章讲君子守职之义。

意思是：君子考虑问题，不超越自己的职位范围。这句话又见于《周易·艮卦象辞》，当是孔子之言，由曾子传述的。因与孔子"不在其位，不谋其政"意相似，故今本《论语》编辑者将它们放在了一起，朱熹《四书集注》本则为两章。这句话的深意在于让在位者各司其职而不相滥，针对的是乱世名实相违、官不守职的越权现象。有利的事，人总想插手；没利的事，人人不想过问。该管的不管，不该管的却要管，导致管理混乱，百姓手足失措。故孔子强调"思不出其位"，在位者只要尽心尽力把职分内的事办好，少管分外的事，百姓也就安宁了，天下也就太平了。

14.28　君子耻言过其实

子曰："君子耻其言之过其行。"

这一章讲君子黜浮崇实之心。

"之"字，《十三经注疏》本作"而"，今据皇侃《论语义疏》本改。君子认为话说得过头，行为跟不上，言行不能相符，这是可耻的。就其反者而言之，言过其实而不知耻，其必是小人无疑。言行一致是君子最基本的道德原则。话易说，事难做，吹牛不上税，躬行须吃苦，故人最易犯的错误是说得多，做得少。在官场，尤其多虚话、大话、空话、假话。针对这种情况，孔子多次谈到"言"与"行"的关系问题，要人们贵实行而耻虚言，黜去浮夸之气，培养崇实之心。

14.29　君子三品

子曰："君子道者三，我无能焉：仁者不忧，知者不惑，勇者不惧。"
子贡曰："夫子自道也。"

这一章讲君子的三种品德。

"君子道"可以有两种理解：一是读作"君子之道"，二是"道"作"遵行"讲。二者皆可，而以后者为长。孔子大意是说：君子践行的三件事，自己都未能做到。这三件事是：仁者不忧愁，智者不迷惑，勇者不畏惧。子贡认为：不忧、不惑、不惧，正是孔子所长，孔子是在自述。

这里出现了认识的反差，孔子认识自己没有做到不忧、不惑、不惧，而子贡则认为孔子已经做到，而且似乎是只有孔子能做到。这主要是标准不同。孔子的自谦反映了孔子在这方面有更高的要求。"仁者不忧"三句分析见《子罕》篇。

14.30　少责别人，管好自己

子贡方人，子曰："赐也贤乎哉？夫我则不暇。"

这一章责子贡品骘人是非。

"方"是比的意思，是比量、评论人的长短是非，因此郑玄把"方"字读作了"谤"。"贤"训多，《玉篇》："贤，多也。"与"不暇"相呼应。伊藤馨《学半楼十干集甲篇》说："子贡好短长人，夫子为其多事而讥之。盖君子急于自修，而人之短长，初不关己事，何用心之有？"孔子的意思是责备子贡多事，自己没有闲工夫操这些心。

孔子何以说"不暇"？其目的是在教子贡应该把时间用在自修上，多想想自己哪些地方做得不够，不要淡吃萝卜闲操心，把目光盯在别人的是非上。陆陇其《四书讲义困勉录》引张彦陵说："要知自治之功，无穷无尽，何得暇时？'暇'字便是学者大病痛。圣人终身于学之中，即从心不逾，亦仍是学生，安到老亦困勉到老，何尝有暇时？若子贡知此，即自治不暇，又何暇方人哉？"

14.31　人怕没本事

子曰："不患人之不己知，患其不能也。"

这一章勉人自修。

大意是说：不怕不被人了解，但怕没本事。类似的话，孔子不止说过一次。"不患人之不己知，患不知人也。"（《学而》）这是从相互理解的角度言的；"不患莫己知，求为可知也。"（《里仁》）这是针对贪位恋爵者言的；"君子病无能焉，不病人之不己知也。"（《卫灵公》）这是从君子自修心态角度言的。此处则是针对自己无能而却怨天尤人言的。在现实中常见这种情况，自己没本事，大事做不来，小事不想做，还责怪上司不了解、不信任自己，抱怨命不好，发泄怀才不遇的牢骚。但却不知自己本来就没有什么本事，即使机会在前，也不堪重用。故孔子认为，对于有心进德修业的人来讲，这种心态是可怕的，因为这会妨碍自己进步。这就要求人们，多在自己提高上下功夫，少怨天尤人，是金子总会发光的。

14.32　防人疑人不是贤人

子曰："不逆诈，不亿不信，抑亦先觉者，是贤乎！"

这一章讲贤者有洞察之明，针对的对象是那些时时有设防之心的人。

"逆"是事未发生而主动出迎，"亿"是未见其踪而以意猜度，"诈"是欺诈，"不信"是不可靠。"不逆"、"不亿"言心之诚；"先觉"言智之明。大意是说：不预先防备别人的欺诈，不预猜别人不可靠，诚心待人，而却能发现别人的欺诈、不诚，这是贤人的作风。潜台词是：相反，时时提防别人的欺诈，时时怀疑别人对自己诚实，把人都当作不可靠的人，甚至怀疑任何人，像俗话说的"防人之心不可无"，这其实是对自己利益过于关注的表现，"逆诈"、"亿不信"，其心必然会处于"长戚戚"的状态，那就不是贤者之为了。

这里强调的是真诚之心，以善气迎人；而不主张以"逆"、"亿"之心对待人。"逆"、"亿"之心对待人，其实是把人当作了坏人刻刻提防。《管子·心术下》说："善气迎人，亲于弟兄。恶气迎人，害于兵戈。"不可不戒。

14.33　面对误解

> 微生亩谓孔子曰："丘，何为是栖栖者与？无乃为佞乎？"孔子曰："非敢为佞也，疾固也。"

这一章是孔子自言其奔波之由的。

微生亩是鲁国人，可能年长于孔子，并且与孔子非常熟悉，如乡党类人物。栖栖，忙碌奔波的样子；佞，能言善辩；疾，疾恨；固，愚陋。微生亩对孔子栖栖遑遑，到处奔走游说不理解，于是当着孔子的面说：你何故如此，不是想靠卖弄嘴皮子而求宠于时君吗？孔子解释说，自己不敢卖弄嘴皮子，只是讨厌世人的固陋，想化掉他们。

这里反映出的是时人对孔子的不理解，认为孔子是在为"自售"叫卖，而不知孔子是在为天下的纷乱苦口婆心。"何为"是不理解，"为佞"是误解，"栖栖"表现的是奔波之苦，"固"字反映的是执政者的浅陋固执而少远见，"疾"字反映了孔子救时针弊之心。从微生亩的疑问与孔子的回答中，我们可以感受到孔子所承受的"人莫我知"的孤寂。而值得注意的是孔子面对误解的态度。微生亩直呼其名,且以其为"佞",话很尖刻,带点挖苦。但是孔子对乡间长者却表现得极为冷静,平和以对,显示出了仁者的胸怀。所以朱熹说:"圣人之于达尊礼恭而言直如此,其警之亦深矣。"

14.34 德比才更重要

> 子曰:"骥不称其力,称其德也。"

这一章以骥劝人进德。

"骥"是千里马,这里是以骥比君子。骥固有致达千里之力,但人所赞许的并不是它的力,而是它驯良之德。也正是这种德行,才能护主人之身,知主人之心,与主人很好配合,进退急徐,皆能如意,它的千里之程才有了意义。否则,虽有千里之才,可是又踢又咬,人无法靠近,这对人有什么意义呢?比之君子,虽非无才,而非以才称,人称许的是其高尚的道德情操。若有才而无德,也只能是小人一个,难登君子之堂。所以孔子说:对于千里马,人不是称赞它的气力,而是称赞它的品德。德比才更重要。饶鲁说:"骥者,良马之称。马中之骥,如人中之君子。骥非无力,然其所以得骥之名者,以德不以力。君子非无才,然其所以得君子之名者,以德不以才。"(《论语集注大全》引)

14.35 如何报怨

> 或曰:"以德报怨,何如?"子曰:"何以报德?以直报怨,以德报德。"

这一章讲报施之道。

"以德报怨"是用恩德来报答怨仇,拿甜果给仇人吃;"直"是正直、公正，"以直报怨"，是以公正的态度对待怨恨。大意是说：有人问孔子"以德报怨"这种做法如何？孔子觉得如果要用德报怨的话，那该如何报德呢？这不公平，应该以正直之道来对待怨恨，当德以德，当怨以怨。

人在生活中，总会有意无意间与人结下怨恨。如何来应对怨恨，有三种不同方略：第一种是"以德报怨"，老子即主张此。这是用一种完全相反的方式来应对对方，其目的是要化解对方的怨恨情绪，消除相互间的摩擦，从而使自己不受伤害，获得最大利益。但这样做的最大弊端是有害于道义，没有了是非原则。故孔子认为不可行。第二种方式是"以怨报怨"，即所谓以眼还眼，以牙还牙，这是纯感情的用事方式，非但没有是非原则，而且还会永远结下仇怨，即世俗所说的"冤冤相报何时了"，自然也非上策。第三种便是"以直报怨"，这是孔子所主张的。要"直"就要分析其原因，辨明其是非曲直，不以私害公，不以曲害直，不伤义，不害理。这才是人间正道。

14.36　知我者其天

子曰："莫我知也夫！"子贡曰："何为其莫知子也？"子曰："不怨天，不尤人。下学而上达，知我者其天乎！"

这章讲孔子安命传道之心。

"莫我知"，是感叹没有人了解自己。因孔子用心高远，所思所求非常人所能理解，更非当世执政者所能明白。子贡对孔子的感叹感到疑惑，因为在他看来，孔子天下扬名，无人不知，何得言"莫我知"？以子贡的聪明，都不知孔子之心，何况他人？孔子对时人之"莫我知"，自然是无力、无奈，但也无所谓，因为他相信上天了解自己，也会给自己以合理安排。因此说：不埋怨天，不责怪人，只求下学人事，上达天命。知道自己的应当只有天了。尤，责怪。其，应当。

"下学"旨在治己，"上达"旨在知天。知天则"不怨"，治己则"不尤"。孔子数次言"不患人之不己知"，这里所表现的即是如何对待"不己知"的态度。他之所以面对"莫我知"，能"不患"、"不怨"、"不尤"，就在于他相信"知我者其天乎"。他要努力完成自己应当完成的事情，而不乞求这个世界给予他什么。日本学者物茂卿说："天命孔子以传先王之道于后世，而不使行道于当世，是天之知孔子也。"这也是孔子的一个信念，故他几次言及天使自己承传"斯文"之责。(《论语征》)

14.37　人奈何不了天命

> 公伯寮愬（sù）子路于季孙。子服景伯以告，曰："夫子固有惑志于公伯寮，吾力犹能肆诸市朝。"子曰："道之将行也与，命也；道之将废也与，命也。公伯寮其如命何！"

这一章讲人当安命而不必责怪人。

公伯寮姓公伯名寮，相传是孔子的学生，看来是孔子门中的叛徒。曾任季氏的家臣，因此有机会在季氏面前讲子路的坏话。愬，告发，诽谤。子服景伯是鲁国大夫，与季孙氏同宗。夫子指季氏，"肆诸市朝"指被处死，横尸街头。也与，助词，表示疑问。这当是孔子为鲁国大司寇时的事，当时子路为季氏的管家。孔子根据礼制规定，以国家命令的形式，让三桓拆除自己不合规制的城墙，以此打击大夫的势力，来强化公室。子路配合孔子落实这项措施。可能公伯寮把孔子的意图告给了季孙氏，出卖了子路。所以才有了子服景伯向孔子的表态。他告诉孔子：季孙氏已经被公伯寮这小子迷惑了，我能干掉这小子。孔子的回答很淡定，说：我的主张能实现，这是天命；不能实现，也是天命，靠公伯寮是改变不了的。

公伯寮出卖子路，实际上也是出卖自己的老师，因此子服景伯来请示孔子是否把他做掉。而孔子的淡然，反映的正是孔子对于天命的顺从。在孔子看来，做自己应该做的事，这是义；成与不成，这是命，人力难以改变天命。张尔岐说："君子以义安命，故其心常泰；小人以智力争命，故其心多怨。……圣人之于命安之矣，实不以命为准也，而以义为准。故虽力有可争，势有可

图，而退然处之，曰：义之所不可也。义所不可，斯曰命矣。"（《蒿庵闲话》）
这可以帮助我们理解孔子所谓的"命"。

14.38 君子的逃避术

子曰："贤者辟世，其次辟地，其次辟色，其次辟言。"

这一章讲君子守死善道之行。

"辟"同"避"，逃避，是义不得行而采取的处世方式。这里提出了四种逃避术。第一是"辟世"，指天下无道而隐退，这所要避的不是一个人，而是世道，像伯夷、叔齐，便是辟世。第二种是"辟地"，这所逃避的是乱国，只要择国而居就可以了。第三种是"辟色"，执政者脸色难看，不善之意见于颜面，即可离去，不可自讨没趣。第四是"辟言"，觉得话头不对，即可离去。脸难看，话难听，说明自己失去信任，留下也没有用，不如早点离开。

"辟"即可保护自己不受伤害，还可以独善其身，保持清高。当然这也是君子不得已而采取的方式。孔子之所以要提出"四辟"之行，是因为世上失节阿党的政客太多了，只拿薪水钻营奔走之徒比比皆是，他们眷恋富贵之心如同爬在腐肉上的苍蝇，何能辟色、辟言？孔子"四辟"之说，实是对嗜富贵而忘廉耻之徒的蔑视。同时孔子赞成"四辟"之人，而自己却不去做，他只能做到辟地、辟色、辟言，却难做到辟世，因为他要救世。

14.39 圣者七人

子曰："作者七人矣。"

这一章言古之创制者。

原与上章相并。但首言"子曰"，显然别是一章。故今别立为一章。"作者"指创制者,即《乐记》所谓"作者之谓圣,述者之谓明"的"作者"。刘敞《七经小传》以为七人指尧、舜、禹、汤、文、武、周公,云:"其意盖言,已独不得位,而无所制作云尔。"日本物茂卿也认为:"尧舜之前,虽有圣人,孔子不取焉。所以不取者,以其所作止利用厚生之事也。是孔子删《书》断自唐虞之意。曰'七人矣'而不斥其名者,人皆知之也。"(《论语征》)此说可采。

14.40　知其不可而为之

> 子路宿于石门。晨门曰:"奚自?"子路曰:"自孔氏。"曰:"是知其不可而为之者与?"

这一章讲时人对孔子的评价。

"石门"是鲁国都城的外门,"晨门"是负责早晚开闭城门的人。这当是孔子游列国时,家里有事,让子路回国办理,因赶路晚,城门已闭,所以便宿在了城外的石门。第二天一大早他来到城门前,看门的刚开门便看到了他,惊其如此之早,所以便问他从哪里来,他回答从孔氏那里来。看门的便说:就是那个明知做不到却还要去做的人吧。这位看门人,可以说是深知孔子之心者。孔门弟子之所以记录此事,原因正在此。

孔子为什么要知其不可而为之?其间驱动孔子的是一种责任,一种社会良心。孔子只追求做自己应该做的事,尽自己作为一位文化人的社会职责,而不愿做功利的成本折算。从道义的角度讲,行为有时比结果更重要。捡破烂的老人收养残疾、智障弃婴数十人,养育他们长大成人。如果从经济的角度讲,这样实在不合算,因为残疾、智障,很难使他获得回报。然而这种行为,代表了这个社会的良心,唤起了无数人的良知,其意义要远大于结果。孔子正是一个代表社会良心的人。因此,在智者的眼中,天下事有不可为之时,因才力有限。在仁者的眼中,天下事无不可为之时,因良心所在。

14.41　孔子击磬

　　子击磬（qìng）于卫，有荷蒉（kuì）而过孔氏之门者，曰："有心哉，击磬乎！"既而曰："鄙哉！硁硁乎！莫已知也，斯已而已矣。深则厉，浅则揭。"子曰："果哉！末之难矣。"

　　这一章记荷蒉者对孔子的评论及孔子的反应。

　　"磬"是石制的乐器，"蒉"是草织的筐子。鄙，浅陋不通；硁硁，浅陋固执的样子。"深则厉，浅则揭"出自《诗经·卫风·匏有苦叶》，"厉"是连衣渡水，"揭"是撩起衣服。因古人是开裆裤，如水深撩衣过高，就会露出阴部，所以要连衣渡。末，无；难，辨难。朝鲜丁若镛《论语古今注》说："果哉者，许其言之中理也（果然如所言）。末之难矣，谓无辞可答也。难者诘辨也。"这件事发生在孔子在卫的时候。孔子打石磬以抒泻自己的心怀。有肩挑草筐的人从门前走过，听出了这乐声中深藏的心事，先是感慨击磬者的深心，接着又感到了其心志的执着和世莫我知的孤寂。他觉得，世莫我知，也就算了，不必如此坚持。就像渡河，水深就连衣渡，水浅就撩起裳裙渡，何必一定要采取一种方式呢。孔子听到荷蒉者之言，觉得他说的对，自己无话可说。

　　击磬是地位高的人的情趣，肩荷草筐是地位低的人的营生。音乐使他们中间有了沟通。荷蒉者显然是一位避世的高人，他知孔子的心但不理解孔子的行。而孔子是知其中的道理而却不能停止自己的行为，因为他的文化使命感与道德责任感，使忧民忧世之心欲罢不能。孔子伟大之处也正在于此。他的这种行为，虽然不能显贵于当时，而却可以立伟绩于万代。"微孔子，吾其胡言蛮语矣。"

14.42 武丁居丧

子张曰："《书》云：'高宗谅阴，三年不言。'何谓也？"子曰："何必高宗？古之人皆然。君薨（hōng），百官总己以听于冢宰三年。"

这一章讲天子诸侯居丧之礼。是针对丧礼之废而发的。

高宗，指殷高宗武丁。谅阴，又作"梁阍"，指居丧时住的草庐。诸侯死称"薨"，"冢宰"是最高行政长官，相当于宰相、总理。子张问孔子，《尚书》上说，殷高宗居丧时，三年都没有说话，这是什么意思。孔子解释说：不只是高宗，古人都是这样。国君死了，新君三年内不发布诏令，百官各守其职，来听命于冢宰指挥。

孔子要说明两个问题：一是三年居丧之礼不可废。古时不仅普通百姓坚持这种礼俗，就连政事在身的天子、诸侯也要如此，这是天经地义。二是天子、诸侯居丧并不废政，而是由冢宰代为裁决。殷高宗"三年不言"，并非是有意守礼，而是孝子之至情使然。丧亲之痛，使他心乱神伤，政事只能委任于冢宰。所谓"古之人皆然"，意味着今之人已不然。刘宗周说："父母之丧，达乎天子。上古圣人以孝治天下也。天子有天下之责，故制为冢宰听政之礼，使孝子之情申于上，而天下晏然。观古人皆然，则知此礼为万世不易之经矣。后世丧礼隳坏，襄公以墨衰临戎，则在天子可知。故圣人垂训，以示天下万世云。"（《论语学案》）

14.43 礼以安民

子曰："上好礼，则民易使也。"

这一章讲治国安民当以礼。

上，指各级官员。当官的好礼仪，老百姓就好指挥。

乱世当官的大约有一种共识，认为百姓多是刁民，不好指挥。殊不知这问题出在当官者自己不能以礼自持上。如果当官的视、听、言、动皆能以礼自持，以礼待民，则百姓不敢不敬，自然没有不听令一说。故孔子特提出了上好礼以使民的问题。明儒蔡清《四书蒙引》说："若自家不好礼，而但以礼驱人，则所令反其所好，而民不从矣。"朝鲜丁若镛说："民易使者，如身使臂，如臂使指，血脉邕通，无僵硬不仁之病也。"（《论语古今注》）

14.44　修己以敬

> 子路问君子。子曰："修己以敬。"曰："如斯而已乎？"曰："修己以安人。"曰："如斯而已乎？"曰："修己以安百姓。修己以安百姓，尧舜其犹病诸？"

这一章讲君子修己之道。针对的对象是子路。

修己，自我修养；敬，恭敬、慎重；斯，这样；其犹，尚且；病，忧虑。子路是一个好学善进的人，也是一个性格直爽粗鲁、行事少敬的人，问起问题来，往往不知满足，连续追问。"问政"如此，"问君子"也是如此。孔子针对他的情况，做了三层回答。第一，君子以修己为第一要义，而修己之要在一个"敬"。无事收敛身心，有事检点言行，使自己的言行举止皆合于礼的规范，这是基础。其次是修己的功效在安人。能敬以持身，必能恭以待人，使周围的人获得安乐和顺。其三功效之大者则可以安百姓，德泽于天下。修己以敬，持身必正，心敬身正，则可以率天下以敬、以正，使天下百姓获得安宁。但做到这一步很难，所以孔子说，连尧舜都担心自己难做到。

这里关键在一个"敬"字。敬者，不懈慢之谓。对己、对人、对天地万物，都怀着一种敬意，不敢有半点怠慢，这样一切便可安然无恙。君子能如此，安人、安百姓自然不在话下，何患天下不治？而世之混乱不安，正在于君子不知"敬"。不敬则天地失和，争端纷起，天下不宁。

14.45 孔子戏骂原壤

原壤夷俟。子曰:"幼而不孙弟,长而无述焉,老而不死,是为贼。"以杖叩其胫。

这一章是责备原壤无礼。

夷,蹲踞,指双腿分开耸膝而坐。俟,等待。孙弟,同"逊悌",这里指原壤小时不知谦逊敬长。无述,指没有什么可称道的。原壤是孔子的老朋友,为人放浪,不守礼法,母亲死了,还要登木而歌(《礼记·檀弓》),大概是一位愤世嫉俗的狂士,是嵇康、阮籍一流的人物,他用这种特殊的方式来表达他对混浊现实的不满。他知道孔子要来,不是出门相迎,而是屁股蹲地,两腿八字张开等着孔子。这种特殊的迎宾式,招来了孔子的臭骂。孔子说他:小时不懂礼,长大不成器,老了还不死,你这不是白糟蹋五谷吗!说着用手杖敲了几下他的小腿。

原壤与孔子,代表着处世态度完全不同的两种人。他们在对时务的认识上有相同点,所以他们能成为朋友;而在如何对待现实上,则是采取了相反的方式,所以孔子要骂他。孔子臭骂他、敲打他,表达了孔子对于不守礼法的态度,所骂、所打、所垂戒的不是原壤,而是万世的人心。从骂中我们看到了他们朋友间的亲狎、和谐,可说是君子和而不同的典型。故龟井南冥说:"余于此章,见君子恺悌之德,而知孔子门无异同坚白之辨也。"

14.46 想长大不等于求上进

阙党童子将命。或问之曰:"益者与?"子曰:"吾见其居于位也,见其与先生并行也。非求益者也,欲速成者也。"

这一章戒少年不知礼者。

古五百家为党，"阙党"是党的名字，即阙里。"童子"是未成年人。将命，旧以为指在宾主间传话。日本伊藤馨以为："此将命，犹请教云也。《诗·郑风·将仲子》毛传曰：'将，请也。'《孟子·滕文公篇》：'怃然为问曰命之'，注曰：'命，教也。'……盖童子执束修来，而请教于夫子，故或以为求益者。"（《学半楼十干集甲篇》）此说较善。益，上进；先生，指成人；欲速成，指急于成人。这是说：阙党有一位少年，来向孔子求教。有人问孔子，这是否是一位追求上进的少年。孔子做了否定的回答。原因是这少年，坐在成年人的位子上，又与长辈并肩而行。这是不明事理、不懂礼义的行为。他不是要求上进的人，只是急于成为成人角色的人。

急于长大，成为成人的角色，这是一般少年儿童共同的心理。想成为成人，模仿大人说话、做事，这在表面上好像是积极学习追求上进，实则有"益者"、"欲还成者"之别。"益者"即追求长进者，其主要表现是积极学习如何做人，力求明是非，懂礼义，知谦让。"欲速成者"则只是想在形式上充当大人的角色，无心于礼义是非。这位少年，即属于后者。孔子将二者做区别，目的在说明"不学礼，无以立"，少年若欲成人，必须学会做人。宋儒黄干说："礼之于人大矣！老者无礼，则足以为人害；少者无礼，则足以自害。夫子于原壤、童子，皆以是教之。述《论语》者以类相从，所以着人无老少，皆不可以无礼仪也。"（《论语集注大全》引）《论语》编辑者将此一则编于"原壤夷俟"之后，目的是要说明："原壤老而为贼，是从幼不逊弟来。今童子得以驯揉其气，而因习于礼，则可免于原壤矣。"（胡文炳《论语通》）

卫灵公第十五

15.1 孔子辟言

卫灵公问陈于孔子。孔子对曰："俎（zǔ）豆之事，则尝闻之矣；军旅之事，未之学也。"明日遂行。

这一章讲孔子在卫不贬道苟容之事。

陈，同"阵"，"阵"是后起字，指布阵行军之事。俎豆，古代祭祀时盛食物的礼器，这里指行礼之事。灵公向孔子问布阵用兵之法。孔子说：自己从小学礼，典礼仪式方面的事情，还听说过；至于用兵打仗，从没学过。于是第二天离开了卫国。

这个故事与《左传·哀公十一年》记载的文子问攻大叔的事很相似："孔文子之将攻大叔也，访于仲尼。仲尼曰：'胡簋之事，则尝学之矣；甲兵之事，未之闻也。'退，命驾而行，曰：'鸟则择木，木岂能择鸟？'"孔子的治国理念是："安上治民，莫近于礼。"对兵戎之事，自然不愿意多说。孔子既说"未学"，即在表示灵公不当问；既说"尝闻"，即在表示灵公当问之事在此。贵礼贱兵的意思已在不言之中。卫灵公之"问"与孔子之"对"，体现着两种不同的价值取向，卫灵公之所以"问阵"，其心中所思必是攻伐之事，凡攻伐者，其心必在利益的争夺上，是以追求利益最大化为价值核心的。孔子之"对"，表示其心中所关注的是如何以礼安民的事，是以道义为价值核心来考虑国家安定和平问题的。价值观的分歧，决定了卫灵公不可能重用孔子。而孔子的目的是在"行义"，而不是做官，故不愿意枉道以苟容，屈节以求荣。"明日遂行"，表示了他的决绝态度。孔子曾谈到贤者避世的四种逃避术，其中有"辟言"一项。这则故事便是辟言的典型。话音不对，即可离去，不须白费心思。

15.2 君子固穷

在陈绝粮，从者病，莫能兴。子路愠见曰："君子亦有穷乎？"子曰："君子固穷，小人穷斯滥矣。"

这一章记孔子厄陈之事。

从者，指跟从的弟子；病，指因饥饿而病倒；兴，起；愠，怒，怨恨；固穷，固守穷困；滥，胡作非为。这是孔子离开卫国后，辗转到陈发生的事情。大意是说：因在陈国绝了粮食，大家没饭吃，都病倒了，起不了身。子路带着一脸的不高兴来见孔子，问孔子：君子也有穷困如此之时吗？孔子回答：君子遇穷困，固守节操；小人一遇穷困，则便失节操，胡作非为。

子路的责问，充满不平之气，认为以孔子之崇高品德，不应当遭受这样不公平的待遇。而孔子的淡定回答，则表现出了君子面对困境以义安命的态度。困窘是任何人都有可能遇到的问题，但在困境面前，君子与小人会有完全不同的表现。君子看重的是做人的原则，是道义；小人看重的是利益，是活命。通过孔子与子路面对困境不同态度的对比，突出地体现出了孔子高深的精神修养和道德情操。在死亡威胁面前，他能临危不惧，安守道义，顺应天命而不改其操行。生死问题，人不能改变；而人格坚守，则在自己。宋儒所谓"饿死事小，失节事大"，正是从这个意义上说。

15.3 学贵知要

子曰："赐也！女以予为多学而识（zhì）之者与？"对曰："然，非与？"曰："非也。予一以贯之。"

这一章讲的是学习方法。是针对子贡讲的。

识，记住。子贡是孔门中少有的聪明人，正是因为聪明，才以聪明自恃，敢于羡慕、效法孔子的博闻强记，学习他那种无所不知的风采，这才有了师徒间的这番对话。孔子的意思是说：你看见我对天下事物无所不知，皆能道其原委，就以为我是学得多而又能一一记住的人吗？子贡做了肯定的回答，但又觉得孔子之问话中有话，于是又说：难道不是吗？孔子说：不是。我是用一个根本的东西把它们贯彻起来的。

这里所强调的是把握事物本质要害的问题。"多学而识"与"一以贯之"，这是学习的两种境界。"学"博"识"广这只是事物的表面，关键的是"一以贯之"，用一种基本的精神把零散的知识贯穿起来，也就是要秉要执本。子贡可能缺少"贯"的精神，他对于孔子的认识，也多关注在孔子对知识把握的层面上，而对于孔子所以然的基本精神有所忽略，所以孔子才提出"一以贯之"的问题。康熙儒臣言："学问之道，以明理为要。而后世学者，率皆用力于记诵辞章以夸多斗靡。故以圣学论之，则不精；以王道论之，则无用。此皆逐末务外，而不知本实之过也。所以为学图治，必在知本。"（《日讲四书解义》）当下西方学术思想与研究方法盛极一时，有学者嘲笑中国学为"只有散钱，没有钱绳"，认为不系统。殊不知欧美的研究方法，固然在知识上系统化了，好像是"一以贯之"了，可是只是知识层面上的"一"——系统性，却把最重要的内在精神的"一"——即价值核心的东西，丢到了一边。孔子这里谈的"一"，恰恰是精神的"一"，中国传统类似散钱的学术研究，恰恰呈现出的是内在的"一以贯之"的精神。

15.4　世人少知德中味

子曰："由！知德者鲜矣。"

这一章感叹世人不知德之妙。

这是孔子对子路发的感叹，认为当世真正懂得"德"的人太少了。"鲜"是少的意思。所谓"德"，指的是学有所得内化为自己的东西，即所谓"德者，得也"。学问之道，在于有得于心而知其味，就像饮食而知其味一样，就会主动去求取。但世上更多的人只说"德"，而却不知"德"中之味。不知德味，自然也不能修德，自然也难达到由修德而获得的精神境界，不知这种境界中不忧不惧、优游自得的乐趣。张栻《论语解》说："知德者鲜，以其践履之未至，故不能真知其味。夫子以此告子路，使之勉进于德，而不以聪明强力为可恃也。"

15.5　无为而治

子曰："无为而治者，其舜也与？夫何为哉？恭己正南面而已矣。"

这一章言舜之盛德。

"无为而治"，是盛德化民的一种理想境界。"无为"，不须有任何作为，什么治理措施、任务指标、法治礼治之类的政策，统统用不上。"恭己"是修己敬德，朱熹说："恭己者，圣人敬德之容。"这种敬德之容，即体现着他的修己功夫。"南面"指君主的位置，"正南面"即正君位。大意言：能够无所作为而治理天下的人，大概舜算一个。他做了些什么呢？只是修己敬德、端坐听政罢了。

为什么舜能达到此境界？其因约有三：一是盛其德。《吕氏春秋·先己》篇说："昔者先圣王成其身而天下成，治其身而天下治。故善响者不于响，于声；善影者不于影，于形；为天下者不于天下，于身。《诗》曰：'淑人君子，其仪不忒。其仪不忒，正是四国。'言正诸身也。故反其道而身善矣，行义则人善矣，乐备君道，而百官已治矣，万民已利矣。三者之成也，在于无为，无为之道曰胜天。"即说明了正己之功。二是得其时。因为舜是继承的尧，尧把该做的事都做了，他只要循尧之道即可，不须多生事端。三是得其人。刘向《新序》卷四说："王者劳于求人，佚于得贤。舜举众贤在位，垂衣裳恭己无为而天下治。"也就是说，修德、绍圣、得人，是舜能无为而治的三个主要原因。

后之想"无为而治"者，弃此三者则无由达。

"无为而治"是老子有名的治国理念，孔子此论，反映了孔子和老子有共同的思想渊源，并不见得是孔子继承了老子的思想。

15.6 人生通行证

> 子张问行。子曰："言忠信，行笃敬，虽蛮貊（mò）之邦，行矣。言不忠信，行不笃敬，虽州里，行乎哉？立则见其参于前也，在舆则见其倚于衡也，夫然后行。"子张书诸绅。

这一章讲立诚为通行天下之本。

蛮貊，指南北未开化的少数民族。州和里都是古代的基层行政编制，里相当于村，州相当于乡，这里指本土。参，罗列；衡，车辕前面的横木；绅，腰间的大带。"子张问行"，是问如何才能通行天下而无所障碍。孔子的回答是：说话真诚信实，做事踏实恭敬。这样，即使到了蛮夷之地，无一相知，也会为人所接受，而畅行无阻。反之，言不由衷，话不靠谱，做事耍虚招，就是在本乡本土，满眼都是老熟人，人也不会买你的账。要做到站着就好像这信条就立在前面，乘车就好像这信条就在你眼前的横木上。这样才行。子张感到孔子说得太精彩了，于是便把这话记在了腰带上。

忠是发自于心，信是合之于事，笃是专注于行，敬是戒谨于失，这都是君子修身所要获得的品德。孔子在这里等于是开出了一张人生通行证，人要具备了忠信笃敬，就可以手持这张通行证，走遍天下无阻碍；没有它，那便会步履维艰。许多暴发户，其兴也骤然，其亡也忽然，大多是失去了这张通行证。

15.7 守正的两种方式

> 子曰："直哉史鱼！邦有道，如矢；邦无道，如矢。君子哉蘧伯玉！

邦有道，则仕；邦无道，则可卷而怀之。”

这一章赞卫之二大夫的为人。

史鱼名鳅，字子鱼，是卫国大夫。《孔子家语·困誓》说："卫蘧伯玉贤而灵公不用，弥子瑕不肖反任之。史鱼骤谏而不从。史鱼病将卒，命其子曰：'吾在卫朝，不能进蘧伯玉退弥子瑕，是吾为臣不能正君也。生而不能正君，则死无以成礼。我死，汝置尸牖下，于我毕矣。'其子从之。灵公吊焉，怪而问焉。其子以其父言告公，公愕然失容曰：'是寡人之过也。'于是命之殡于客位，进蘧伯玉而用之，退弥子瑕而远之。孔子闻之，曰：'古之列谏之者，死则已矣。未有若史鱼死而尸谏，忠感其君者也。可不谓直乎！'"《弟子行》篇说："外宽而内正，自极于隐括之中，直己而不直人，汲汲于仁，以善自终，盖蘧伯玉之行也。"如矢，言其直如箭；卷而怀之，像绢画帛书一样卷成一卷揣在怀里藏起来。

史鱼和蘧伯玉，是卫国两位正直的大夫，他们都能坚守正道，但守正的方式却不同。史鱼，不管国家有道还是无道，他都会用正直如矢的方式表现出来。即是死了，我也要以直正君之过。这样的人，生前可能会很倒霉，尽管文献失载，但他那临死前的激愤之情，已经告诉了我们他的不平之气，勇气可嘉。蘧伯玉则表现得不那么矜持，他是国家有道时就出来做官干事，国家无道时则明哲保身，只要求自己直，不要别人也直。这是两种守正的方式，前者不委曲以从俗，见心之忠诚，但非明哲之举，其能免于乱世，乃属有幸。后者既不忤逆于人，又不失君子独善之旨。孔子因称史鱼"直哉"，称蘧伯玉"君子哉"，后人便有了优劣之论。蔡清则说："然圣人之称二子云云，非有品题其高下之意。大抵卫之贤大夫，只有此二子，故夫子称之，而各言其贤。"（《论语蒙引》）

15.8　说话看对象

子曰："可与言而不与言，失人；不可与言而与之言，失言。知者不失人，亦不失言。"

这一章讲言语当因人而发。

这里列举了三种情况：第一种是"可与言而不与之言"，该给说的人而没有给说，这样的结果是"失人"——错过了人。第二种情况是"不可与言而与言"，不该给说的人却给说了，这样的结果是"失言"——说错了话。第三情况是"知者"的行为，给该说的人说该说的话，这样的结果是既不错过人，也不说错话。

孔子的本意，是教人说话要看对象，言所当言。徐干《中论·贵言》篇对此有详细地阐释。他说："若与之言，必以其方，农夫则以稼穑，百工则以技巧，商贾则以贵贱，府史则以官守，大夫及士则以法制，儒生则以学业。"也就是说，要考虑什么话对什么人该说，什么人不该说；对什么人该说什么话，不该说什么话。徐干又说："君子之与人言也，使辞足以达其知虑之所至，事足以合其性情之所安，弗过其任而强牵制也。苟过其任而强牵制，则将昏瞀委滞，而遂疑君子以为欺我也。不则曰：无闻知矣。非故也，明偏而示之以幽，弗能照也；听寡而告之以微，弗能察也。斯所资于造化者也，虽曰无讼，其如之何？故孔子曰：'可与言而不与之言，失人；不可与言而与之言，失言。知者不失人，亦不失言。'夫君子之于言也，所致贵也，虽有夏后之璜、商汤之驷，弗与易也。今以施诸俗士，以为志诬而弗贵听也，不亦辱己而伤道乎！是以君子将与人语大本之源，而谈性义之极者，必先度其心志，本其器量，视其锐气，察其堕衰，然后唱焉以观其和，导焉以观其随。"这样"知人"便非常重要。故蔡清《四书蒙引》说："观此章者，其用工不在于语默上，而在于知人。"

15.9　仁比命重

子曰："志士仁人，无求生以害仁，有杀身以成仁。"

这一章言志士仁人之用心。

志士，指有志之人；仁人，指仁德之人。仁在这里是成德之称。

"求生害仁"与"杀身成仁"，这是两种不同的对待生命的态度，代表着两种不同的人生选择和价值评断。凡夫俗子把命看得最重要，"仁"对于他们来说，只是人的天性中带来的一点良知，因而面对利益、面对生死的时候，他们往往会选择生、选择利，而父母之恩、再造之德、道义等，统统都可抛弃。而有志之士，他有理想；仁德之人，他有道德原则。在他们的心中，生命固可贵，但做一个真正的人，还有比生命更重要的东西，这就是"仁"。在儒家的解释系统中，"仁者，人也"，这是经典诠释，细会其意，或可绎之曰：当一个人意识到自己是人而履行做人的职责，这就是仁。命只能证明活着，只有"仁"才能证明"人"的存在。因此他们在生死选择面前，会毫不犹豫地选择死亡而成全"仁"。如果害了仁，即使活着，也不能算作是人了，因为人格已经丧失。仁比命更重要。宋张栻《论语解》说："人莫不重于其生也，君子亦何以异于人哉？然以害仁，则不敢以求生；以成仁，则杀身而不避。盖其死有重于生故也。夫仁者，人之所以生者也。苟亏其所以生者，则其生也，亦何为哉？"

15.10　人须有师友

子贡问为仁。子曰："工欲善其事，必先利其器。居是邦也，事其大夫之贤者，友其士之仁者。"

这一章讲做人需取资于师友。

这里的"仁"字，当读作"人"，子贡所问的是关于做人的问题。孔子先是打了个比喻：比如做工的人，想把活儿做好，就必须有得力的"器"——工具。要做一个成德之人也一样，需要有"器"帮助完成，这器就是两种人，一种是"师"，一种是"友"。住在那个国家，就要以那个国家的"大夫之贤者"为师，以"士之仁者"为友。"事"读如《史记·老子韩非列传》"与李斯俱事荀卿"之"事"，指从师。

荻生徂徕以为这段话是针对子贡"子贡多智，有自用之失"而言的（《论语征》）。有一定道理。对想成为一个有道德修养的人来说，离不开师友的指导、切磋。辅广说："事大夫之贤者，则有所观法而起严惮之心；友其士之仁者，则有所切磋而生勉励之意，则其所以为仁者力矣。"（《论语纂疏》引）对一个既无师也无友的人来说，恐怕是很难成为一个有修养的人的。

15.11　继承优秀传统是治国良法

颜渊问为邦，子曰："行夏之时，乘殷之辂（lù），服周之冕，乐则《韶》、《舞》，放郑声，远佞人。（郑声淫，佞人殆。）"

这一章讲礼乐治国。

颜回是孔门中的翘楚，故当他问到如何治理国家时，孔子告给的则是平治天下的大计划。这里主要谈了两点，即建制度、除时弊。关于建制度，孔子从四个方面讲了继承优秀文化的问题。

第一，行夏之时。夏之时即夏朝的历法。三代历法不同，夏历合于时令，故《逸周书·周月解》说："夏数得天，百王所同。"至今中国农村仍行夏历。推行夏历，是为了便于农业生产。

第二，乘殷之辂。殷之辂指商人所乘坐的大车。车子是用以致远的工具，商代的车子俭朴耐用，没有华美的装饰。乘用殷代的车子，目的是实用。

第三，服周之冕。冕是礼帽。周代的礼帽分不同的款式、颜色，配不同的衣服，有不同的用场，代表着"郁郁乎文哉"的礼制文明。戴周代的礼帽，有利于强化礼制意识。

第四，乐则《韶》、《舞》。《韶》是舜时的舞乐，"舞"通"武"（用俞樾说），指《武》乐，是周得天下的乐曲。这两种乐曲都是彰显盛德的。"则"是效法。效法《韶》、《武》，有利于道德教化。

夏时代表把握天道，殷辂代表生活工具实用原则，周冕代表对礼治理念，《韶》、《武》代表文教政策。

关于除时弊，孔子主要讲了两点：

第一，放郑声。郑声是春秋时郑流行的乐曲，这些乐曲，多为男女相思的靡靡之音，即所谓之"淫"。此为时俗所好，使人精神萎靡，失去上进追求，不利于道德教化，所以要"放"——禁绝。

第二，远佞人。佞人是巧言善辩、只耍嘴皮不掏心的人。春秋时一批没有作为的君主，被这些人所玩弄，很危险，即所谓的"殆"，故要疏远。

"郑声淫"等六字，为解释文字，疑为注文衍入。

孔子这里体现出的治国理念，主要是学习、继承优秀传统，而不是去追求创新。新不一定有效，不一定就好，而这些传统则是被历史证实了有效性的东西。

15.12　做事要留后路

子曰："人无远虑，必有近忧。"

此一章讲远虑的重要性。

远虑，长远的考虑；近忧，指近期的祸患。人如果没有长远的考虑，祸患就会在眼下出现。俗话说："做事要留后路。""留后路"便是远虑的一种表现。在要做一件事情前，应该考虑到他的后果，如何做才不至于出问题。南宋冯椅说："虑在事未来之先，忧在事既至之后。虑不远，则备不豫而忧近矣；虑远而备豫，则有以弭忧矣。"（《论语通》引）春秋时，虞公在晋国的利诱之下，假给晋国伐虢的路，最终导致亡国。这便是无远虑而至近忧的典型。

15.13　好德与好色

子曰："已矣乎！吾未见好德如好色者也"。

这一章重出。见《子罕》篇"好德与好色"分析。

15.14　何谓窃位

子曰："臧文仲其窃位者与！知柳下惠之贤，而不与立也。"

这一章责备不称职的官员。

臧文仲是鲁国大夫，僖公、文公时执掌朝政，在当时他的声誉并不坏，他做过些让人称道的事，也有些不好的表现，所以人说他"有仁而亦有不仁，有智而亦有不智"（臧志仁《四书人物类典串珠》）。柳下惠也是鲁国的贤人，姓展名获，又名禽，受封于柳下，惠是私谥，所以人称柳下惠。他是一个德才兼备的人，一次齐国伐鲁，臧文仲一时无着，柳下惠则派人用不卑亢的一席话，使齐退师。又一次，海鸟集于鲁东门，臧文仲以为神，让国人祭献，柳下惠则认为根本不是什么神，而是海鸟预知海风，为避灾来到鲁国的，并用一套理论对臧文仲进行了批评。后来果然海风大作，使臧文仲心服口服。但是臧文仲明知柳下惠才智过人，而却不给他官职。立，当读作"位"，周金文"位"书作"立"，这里指官位。

孔子为什么说臧文仲是"窃位者"？所谓"窃位"，就是窃取其位，即朱熹所说的"不称其位而有愧于心，如盗得而阴据之"。《史记·日者列传》说："才不贤而托官位，利上奉，妨贤者处，是窃位也。"孔子说臧文仲，也是在警世。元郝经《寓兴》诗言："有才或不德，有武或无文。小智私已甚，窃位徒自尊。患失以持禄，往往植祸根。"说明尸居素餐的情况在官场是普遍的。

15.15　解怨妙法

子曰："躬自厚而薄责于人，则远怨矣。"

这一章讲解怨之道。

躬自，自己；厚，指重；薄，指轻；远，消除。重责自己，轻责别人，也就是多检查自己，少埋怨别人，这样就可以消除怨恨。

孔子这话，应该产生在一个劝解矛盾的环境中。人与人之间矛盾的产生，往往是因为不能自我批评导致的。出了问题，双方相互埋怨，指责对方的过失，这样只能加大矛盾，使双方怨结越积越深。如何化解怨结？孔子提供了妙方：各自都深刻地检查自己，做自我批评，而对对方则少指责，要宽容。蔡清《四书蒙引》说："人之常情，责己常轻，责人常重，此其所以来怨之多也。""责己厚则身益修，而无可怨；责人薄则人易从，而不招怨。"朝鲜丁若镛说："责己厚则我不怨，责人薄则人不怨。"《中庸》说："正己而不求于人，则无怨。"意略相近。

15.16　凡事要问个为什么

子曰："不曰'如之何，如之何'者，吾末如之何也已矣。"

这一章旨在劝人多思考。

这几个"如之何"，大多人认为是一样的意思，以为是"怎么办"，恐怕不妥。前两个"如之何"，意思是为什么，与《孟子·梁惠王上》"如之何其使斯民饥而死也"的"如之何"意思相同。后一个"如之何"，意思是怎么办。末，莫，不能。这是说：遇事不动脑子，不知道问为什么的人，对他们是没有办法的。意思是凡事都要问个为什么，这样才能对问题进行深刻的思考，刨根问底，打破砂锅纹（问）到底，抓住事物的本质。对于做学问来说，这是非常好的一种方法。凡是频频追问为什么的人，他对于知识的把握一定是很牢固的，这种学生是最堪造就的。如果不动脑筋，四平八稳，不知道提出问题，更不知道问题所在，一位再有经验的老师，面对这样的学生，也是没招的。在生活中遇事问为什么，便会清楚事物的来龙去脉，把握本质，采取措施。否则糊里糊涂，死都不知道怎么死的。自然圣人对这种人也是没招的。

15.17　群居者戒

子曰："群居终日，言不及义，好行小慧，难矣哉！"

这一章讲小人群处之状。

整天一群人聚在一起，貌似和气，实是瞎混。听其言，聊的全是瞎话，没有一句涉及大义；观其行，卖弄的是小聪明，无一不是欺世盗名。面对这样的一群人，神仙也没有办法。"难矣哉"，表示没办法，因为这些人压根就没有想着长进。只要看看他们的这种表现，就知道这是怎样的一群人了。

物茂卿说："是必指当时卿大夫言之。"确实这很像末世官僚的庸俗情态，但同时群居欢饮的游手好闲之辈，何尝不是如此？孔子此言，正是"为群居设也"（《石鼓论语答问》卷下）。君子当以小人的这种表现为戒。朋友相聚，"不可辜负了群居的好气象，不可坐失了终日的好光阴"（《四书镜》），当相互切磋，规过长善，不断提高。

15.18　君子四得

子曰："君子义以为质，礼以行之，孙以出之，信以成之。君子哉！"

这一章讲君子德行的细目。

讲了四点：一是"义以为质"。质指本质、根本，这也是一个原则，合于义则行，不合于义则止。二是"礼以行之"。即在义的原则下，行要合于礼的规范，不可不备礼文，疏略苟简。第三是"孙以出之"。"孙"通"逊"，指言辞要谦逊，即虽行以礼，但不可不以谦和的言辞，来表达雍容之意。第四是"信以成之"。事无信不成，故要赖诚信以获得成功。如此则可为成德的君子，可以成天下之务。龟井南冥说："君子行事，义为之质干，礼所以行义，孙所以出义，信所以成义。四者相得，而其事行矣，可谓君子也。"也就是说，君子行事，必此四者相得才可。这四者的关系，义是根本，礼、孙、信都是为行义而设的。没有了义这个根，礼便成了虚的，逊成了假的，信成了空的。而这四者，在君子这里获得了统摄，成就了君子的品格。明周宗建《论语商》卷下说："此章全是想象君子应用之妙。四句相连叠说，正是叙他好处。故末以'君子哉'一句，深致赞美之词。首尾二'君子'，正相呼应。"

15.19　君子怕没本事

子曰："君子病无能焉，不病人之不己知也。"

此章讲君子之忧无能。当是针对那些自认为"怀才不遇"者说的。

病，忧虑，担心。对一个想有作为的君子来说，最担心的是自己没有学到真本领。至于人知道不知道自己，那都是次要的。正因如此，所以才有"学以为己"、"学而不厌"、"发奋忘食"的学习态度，以求不断进步，学得大本领，有望派上大用场。若处不遇之境，怨天尤人，也毫无意义，不如自修。这一章与《宪问》篇"不患人之不己知"章意思相类，可以参看。

15.20　君子重声名

子曰："君子疾没世而名不称焉。"

这一章讲扬名后世之望。

没世，指死后；疾，担忧；称，称扬。这是说君子担心死后无闻，不能名垂后世。

名有两种，即生前名与身后名。生前名为浮名、虚名，身后名是实名、善名。虚名多半为富贵而设，如戴暠《度关山》"且决雄雌眼前利，谁道功名身后事"；司空曙《送王使君赴太原拜节度副使》"岂作书生老，当封万户侯"等，追求的即是富贵之名。而实名则只有有德行者能之。在孔子看来，生前可以无名，即所谓"不患人之不己知"，而身后绝对不敢无名，"没世而名不称"，那就说明"无能"了，所以"君子病无能"。在很多人的眼里，身后名是假的，没有用，只有生前富贵才是实在的。如李白《少年行》说："遮莫姻亲连帝城，不如当身自簪缨。看取富贵眼前者，何用悠悠身后名。"所以世俗更多的人不择手段，沽名钓誉，邀取名利。然而生前红极一时，死后三五年便无闻于世者，岂在少哉！孔子所说的君子则不然，他们始终坚持学以为己，不求知于世，只求德化斯民，为善于斯民，传先王之道于斯民。宋儒饶鲁说："此章不言生前而言没世，何也？盖棺万事定，生前或可干誉求名，如道古今而誉盛德者，没后却妆点不得，非有可称之实者，必不见称于人，没后有名可称，则是真有名矣。"（《论语通》引）《论语集注大全》引齐氏说："求有为善之名，固君子之所羞；终无为善之实，亦君子之所恶。故长而无述，孔子责之；四十、五十而无闻，孔子叹之；没世而无称，孔子疾之。然则学者亦可以勉矣。"

15.21 君子自立

　　子曰："君子求诸己，小人求诸人。"

　　这一章讲君子小人之分。

　　诸，之于。一个人能不能自立，这也是鉴别君子小人的一个方法。"君子求诸己"，君子自强、自立，不贪求于人，不怨责于人，凡事靠自己，用自己踏踏实实的努力，实现自己的目标。而小人则不然，遇过先责人，遇事先找人，拉关系，走后门，不从正道来。也可能在一种不正常的社会环境中，小人更能成事，但这种成事的方式、手段，这种作风，则为君子所不齿。君子更看重的是行为方式和过程，不以成败论英雄。小人看重的是结果，因人成事，最易沦为所因之"人"的奴才，失去独立人格。

15.22　君子不争不党

子曰："君子矜（jīn）而不争，群而不党。"

这一章讲君子持己处众之得宜。

矜，通"兢"，《汉书·韦贤传》"兢兢元王"，《文选·韦孟〈讽谏诗〉》作"矜矜元王"。《说文》："兢，竞也。……读若矜。"意为强劲、坚强。《庄子·齐物论》"有竞有争"，竞有似于争而非争，犹群似于党而非党（周悦让《倦游庵椠记·论语》）。小人强劲则必至于争，相与则必至于党，而君子则能把握好分寸，虽然以礼法自持，强劲不移，并不是有意立异以自高而与众相争；虽然仁心宽厚，与人和睦相处，但不会失去原则而结党营私。故张栻说："君子非与人异也，处己严而不失其和，故矜而不争；君子非与人同也，待物平而不失其公，故群而不党。惟敬者为能处此，而弗失也。"（《论语解》）

15.23　君子审言

子曰："君子不以言举人，不以人废言。"

这一章讲君子用心之公。主在治"官僚病"。

"言"和"人"是两个概念，但官僚主义往往混为一体，只看表面，不看本质。巧舌如簧，自己听起来顺耳，便觉得他有真本领而提拔重用；自己厌恶的人，即使说得再对，自己也不愿意听。因言举人，因人废言，这成了他们的一贯作风。故孔子特意指出君子不因言举人，不因人废言，而是分辨是非，用心公正。用人时，是看其人之善不善而决定，不是看他嘴上的功夫；征求意见时，是看其言之善不善，而不管是谁说的。审其言，辨其实，择善而从，公心无蔽。这样自然便清正廉明。日本伊藤仁斋《论语古义》说："以言举人，则恐得小人；以人废言，则恐遗善言。"朝鲜丁若镛《论语古今注》说："易言之人，君子不取；狂夫之言，圣人有择。"皆属善读《论语》者。

15.24　"恕"字真谛

子贡问曰："有一言而可以终身行之者乎？"子曰："其恕乎！己所不欲，勿施于人。"

这一章讲以恕为纲的修身之道。

子贡才思敏捷，博识寡要，所以才向孔子请教修身纲要之所在，而且希望孔子用一个字概括，并要求这一个字可以终身行之而不变。他曾向孔子问及"多学而识"的问题，孔子说：多学而识并不是自己的长处，自己的专长是"一以贯之"，即提醒子贡，学贵知要。这次孔子告子贡则是修身之要。"恕"字孔子说过多次，但这次做了最明确的解释，其真谛八个字："己所不欲，勿施于人"，即：自己不愿意的，不要强加给别人。

人最怕的是只考虑自己，不能从自己身上去体会别人的感受，故孔子强调修身之要是把握一个"恕"字。"恕"者"如心"，王逸《离骚》注解释为"以心揆心"，即将心比心，非常得要。自己"欲"，要想到别人也会"欲"；自己"不欲"，别人也多半"不欲"，这样自然也就不会强加于人了。刘宗周说："如心为恕，心合是这样，还他这样；如心之爱以为仁，固恕也。如心之宜以为义，如心之别以为礼，如心之知以为智，亦恕也。此易简之道也。"（《论语学案》）人如果能把握住这个"恕"字而行事，天下的事情就都好办了。故明周宗建《论语商》卷下说："人莫近于己身，莫约于己身之反求。只向己身求痛痒，觉得天下之痛痒皆通；只向己身观分量，觉得天下之分量毕显。此身不能一日与人无交，即此'恕'不能一日与身相隔。真正有顷刻离之不得，终身行之不尽者，此一字真足受用一生。"

15.25　孔子不妄誉人

子曰："吾之于人也，谁毁谁誉？如有所誉者，其有所试矣。"

这一章讲不妄誉人。

"毁"是诋毁人，"誉"是称誉人。大意是说：他对于人的态度是，不随意诋毁或称美。如果称美，那赞美之处也一定是经过验证的，绝不会虚美。

诋毁人非君子之行，这是一般人都明白的，所以说"君子不扬人之恶"。但是称誉人，却会被认作是"君子扬人之善"的美行，所以现实生活中不乏面誉者，他们奉承起人来，会使旁听者浑身发麻，活现出小人的嘴脸，故孔子不齿。丁若镛以为，这当是孔子誉某人，"人有疑其阿好者，夫子自明之"。这也有道理。也正是为此，孔子才有了这番言论，明确自己的原则。在孔子看来，是和非是天下之所公，毁和誉是一人之所私。不分是非的毁誉，都是要不得的。

15.26　古今百姓无二

斯民也，三代之所以直道而行也。

这一章讲民随上化。

此章原与上章为一章，但前后的意思很难连贯起来，前人做了多方面的弥合诠释，还是难以服众。王若虚《论语辨惑》卷四说："记者以此属于圣人无毁誉之下，义终龃龉。疑是两章而脱其子曰字。"元陈天祥《四书辨疑》曾举"四不可通"以驳旧说，亦另别为一章。今从之。程石泉《论语训读》将"斯民也"以下与"吾犹及史之阙文"章合为一处，并举《论语·阳货》篇"古者民有三疾，今也或是之亡也"章，以证"斯民也"至"今亡矣夫"为一章其亦说可参。

斯民指此民，这些百姓。大意说：今天的百姓，与夏商周三代的百姓并没有什么两样，在三代时行为都正直。言外之意，现在的行为大变了，不正直了。张栻《论语解》说："春秋之时，风俗虽不美，然民无古今之异，三代所以直道而行者，亦斯民也。"这意味着什么呢？君子如风，小人如草，风行草偃，在上者吹的是邪风，百姓便会随之而邪。罪在为官者。

15.27　人心不古

> 子曰："吾犹及史之阙文也，有马者借人乘之，今亡矣夫。"

这一章叹古道之亡。

阙文，书中空缺的文字。古史官记事，遇到有疑问的地方便暂缺不记，或者古籍中残缺，没有根据也不敢轻易妄补，这便形成了阙文。"有马者借人乘之"这句话，有人认为与前文不相连贯，《汉书·艺文志》引也无此句，当属错简。前人所谓"有马不能调良则借人乘习"之说，显属牵强附会。《论语集注大全》引齐氏说，以为"借人乘"谓车马与朋友共。此说较他说为优。疑这本是两章，谈两件事，其末皆有"今亡矣夫"，后误合为一了。就文本而言，孔子的大意是说：自己还看到过史书保留阙文的地方，还有把车马借给别人用的精神，这种严谨的作风和敦厚的风气，今天已经没有了。史书的阙文被人妄补上了，有马的人也不肯借给人了。也就是说，世风日下，人心不古。面对这种情况，只能长叹而已。

孙奇逢《四书近指》说："史阙文、马借人，亦细事耳，而犹及见，今亡已夫，何慨叹之无穷也！试想阙之之时，不欲有一字罔人于地下，正是无毁誉处。按史学自《春秋》而外，非佞则谤，卒莫有得其正者，此孔子所以叹也。史阙文，犹不挟己见以自是；马借人，犹不挟己有以自私，总是一厚。芑山曰：二者关系国史疑信，风俗厚薄，正人心世道之大者，不可谓之细故。"

15.28　眼小坏大事

> 子曰："巧言乱德，小不忍则乱大谋。"

这一章讲听言处事之法。

这里讲了两个问题：一是"巧言"之害。巧言是悦耳动听之言，最易变乱是非，人德行修养不够，便会把持不住，为其所利诱，败坏德行，所以其能"乱德"。二是"小不忍"之害。不忍是不能忍耐怒、辱、痛、耻之类，往往因情绪冲动，因泄一时之愤而坏了长远的计划。

"巧言"是他人之言；"小不忍"是自家的"不忍"。"巧言乱德"，是为利所动；"小不忍则乱大谋"，是为情绪所动。其弊都是只图眼下，不顾长远。俗所谓"眼小坏大事"，也是这个意思。而其根本点皆在于修养不够。故这一章的目的是勉励人心性修养，加深涵养。陆陇其《四书讲义困勉录》引李衷一说："'自家平素无知言工夫，心自摇惑，故巧言得而乱也，理明自不至于丧所守。自家平素无养气工夫，心为气使，故小不忍得而乱也，气定自不至于败所谋。然则已乱之道何如？亦曰定心、知言、养气而已矣。'须知为巧言所乱，亦缘不能养气；为小不忍所乱，亦缘不能知言。"

15.29　众论不等于公论

> 子曰："众恶之，必察焉；众好之，必察焉。"

这一章讲不可以众论评定人。是针对执政者考察人才而说的。

恶，讨厌；察，明辨，详审。大意言：对于一个人，大家都讨厌的人，他未必真不好；大家都喜欢的人，他未必就真好。这都需要明察详审。

善言以逢迎的，人便多说他好；正行不苟于众的，便会招人厌恶。故王肃说："或众阿党比周，或其人特立不群，故好恶不可不察也。"（《论语集解》引）"阿党比周"，往往会为世俗人所喜欢，但绝不是什么贤人。"特立不群"，很容易招人的厌弃，但未必不是贤人。众人的议论未必就是公论，因此必须认真考察，了解众人讨厌他或喜欢他的原因，而后再做出评断。不可因随从大流，失察人才。如《管子·明法解》说："乱主不察臣之功劳，誉众者则赏之；不审其罪过，毁众者则罚之。如此者则邪臣无功而得赏，忠正无罪而有罚。"

15.30　道须人行

子曰："人能弘道，非道弘人。"

这一章劝人行道。

"弘"是弘扬、张大的意思。"道"是圣人之道，这是寂然不动的东西。人是天地间最活泼的生命，这是使天地生彩的灵魂。道无为而人有行，因此，只有人才能弘扬大道，使得道的光辉照亮人生。但道不能弘扬人，如果一个人以自己得大道而傲然于世，其结果非但不会抬高自己，反而使自己人格迭价。故蔡谟说："道者寂然不动，行之由人。人可适道，故曰人能弘道；道不适人，故曰非道弘人也。"（《论语义疏》引）

物茂卿《论语征》说："道者，先王之道也。道不虚行，必存于人。孔子之所以云尔者，不容徒守道则已，必当盛大之。"所谓"天下无道"，并不是道消失了，而是弘道无人了。

15.31　知错改错不算错

子曰："过而不改，是谓过矣。"

这一章劝人改过。是针对那些文过饰非的人讲的。

"过"是失当之谓，一件事做得不合适、一句话说不合适，这都叫过错。有过错不知悔改，这才真叫过错。

在生活中，面对过失，相当多的人采取的是为自己过失辩护的态度，他们要为错误找正当的理由，使错误合理化。这是一种自欺欺人的态度。这就意味着错误还会继续，这样的人恐怕一辈子也不会长进。知过能改，体现的是一个人的品质，人就是在不断地改正自己错误的过程中获得进步的。所以说"有过能改，善莫大焉"。

15.32　唯学益人

子曰："吾尝终日不食、终夜不寝以思，无益，不如学也。"

这一章讲学之为贵。是针对只思考而不知学习者而发的。

"学"是获取新知，"思"是消化知识，是两种"益"——收获、长进的方式。"学"是"思"的基础，思而不学，就如同没有吃上饭而用力消化，毫无意义。哪怕整天不吃饭、彻夜不睡觉地思考，也会一无所获。只有学习才能补充能量，学才是第一性的。不学而思的人，多半是懒汉。孔子的意思是要人勤奋好学，不要做无"益"之"思"。《孔丛子·杂训》篇说："吾尝深有思，而莫之得也，于学则寤焉。吾尝企有望，而莫之见也，登高则睹焉。是故虽有本性而加之以学，则无惑矣。"可为此章注脚。

15.33　君子谋道

子曰："君子谋道不谋食。耕也，馁在其中矣；学也，禄在其中矣。君子忧道不忧贫。"

这一章讲君子为学的目的在行道。

谋，谋求，考虑；馁，饥饿；禄，俸禄。大意是说：君子考虑的是立身安国之道的问题，不必考虑吃饭问题。农夫耕种，本为求食，若遇年岁不登，则无所得食，不求饥饿而饥饿便来了。君子为学，本为明道，若道明德立而见用于时，则不求俸禄而俸禄便在其中了。所以君子所担的是道的问题而不是无饭吃的问题。

这一章分两层意思看。第一层是君子"谋道"的问题。道是天下间的正义所在。君子"谋道"，是考虑如何推行这大道；"忧道"，是怕天下失去了正义。因而这道便成了他们追求的目标、学习的目的。他们"不谋食"、"不忧贫"，并不是不怕"馁"，不厌贫，而是在他们的心目中，"道"比"食"更重要，比"贫"更可"忧"。"食"是肉身赖以生存的保证，而"道"则是人立足于世的依据。人若仅为"食"而生，那无异于行尸走肉；只有以"道"立身，才是堂堂正正的人。

第二层是"馁"和"禄"的问题。人之耕是为了免除冻馁之苦，而未必能免；君子之学并非为禄，而禄则在其中。耕是一家的生计，难免侵剥之患；道是济世的根本，道行则非但得禄，也可拯济天下。江熙说："董仲舒曰：'遑遑求仁义，常患不能化民者，大人之意也；遑遑求财利，常恐匮乏者，小人之意也。'此君子小人谋之不同者也。虑匮乏，故勤耕；恐道阙，故勤学。耕未必无饿，学未必得禄。禄在其中，恒有之势，是未必。君子但当存大而遗细，故忧道不忧于贫也。"（《论语义疏》引）

15.34　化民四德

子曰："知及之，仁不能守之；虽得之，必失之；知及之，仁能守之，不庄以莅（lì）之，则民不敬。知及之，仁能守之，庄以莅之，动之不以礼，未善也。"

这一章讲为君临民之法。

这里重点讲了安国化民的四种德行。其一是"知","知"同"智",即智慧。智慧能使人对事物了然于胸,随而获取成功。这应该是获得天下者最基本的素质。但仅凭智慧获得尊位,而不能用仁德保持它,即使得到,最终也必然会丧失。因此"仁"是万万少不得的。此其二。用智谋得到了,而又能用仁德以持守,但如果不能"庄以莅之",即正其威仪,以庄敬之态君临百姓,那也得不到老百姓的尊重。故这个"庄"也是万万不可没有的。此其三。"莅"是临的意思。如果这三者都做到了,但不能以礼来规范行为,那也是不完善的。因此"礼"也是万万少不得的。此其四。

智是办事的才能,仁是内在的品德,庄是威仪的表现,礼是行为的规则,四者不备,则难化民。故颜延之说:"智以通其变,仁以安其性,庄以安其慢,礼以安其情。化民之善,必备此四者也。"(《论语注疏》引)

15.35　不可以小用责君子

子曰:"君子不可小知,而可大受也;小人不可大受,而可小知也。"

这一章讲用人之道。

"知"是掌管的意思,"小知"是掌小事,"大受"是担大任。君子不见得能把细小的事办好,但可以委以重任。小人不可委以重任,但可以把细小的事办妥。这当是有人指责某人无用,连细末之事也不会,就如同一位农民责备一位大学生不会修半导体收音机一样,孔子故说出了这番话的。意思是君子是办大事的,不能用小事来考虑他的才能。小人只是为了陪衬君子,虽不能办大事,小事还是可以办的。

丁若镛《论语古今注》说:"大才小用,则知有所不周而不善其职;小器大用,则力有所不胜而必败乃事。"这个解释较他说通畅。《淮南子·主术训》说:"是故有大略者,不可责以捷巧;有小智者,不可任以大功。人有其才,物有其形,有任一而太重,或任百而尚轻。是故审毫厘之计者,必遗天下之大数。不失小物之选者,惑于大事之举。譬犹狸之不可使搏牛,虎之不可使搏鼠也。"因此，用人者首当审才，大材小用是浪费资源，小才大用必不堪任。

15.36　末世民心

子曰："民之于仁也，甚于水火。水火，吾见蹈而死者矣，未见蹈仁而死者也。"

这一章讲民之违仁太甚。

关于这句话，马融、朱熹等，多以为是说百姓们对于仁的需要，比对于水火还要迫切。但这不符合事实，因为在现实生活中，没有仁德，人能活；没有了水火，人便要死。孔子这话的意思，只是感叹百姓躲避仁甚于躲避水火之灾。这个意思，最早是王弼指出的，他说："民之远于仁，甚于远水火也。见有蹈水火死者，未尝见蹈仁死者也。"（《论语义疏》引）丁若镛引葛屺瞻说："今世民之于仁也，甚于畏水火。殊不知水火蹈之而死者有之，从未见人有蹈仁而死者也。"这应该是孔子的本意。

避水火之灾，是因为水火能要人性命，但仁不但不会要人的命，还会使人的精神高大起来，为什么却避之如此之甚呢？很简单，社会上的人追求的是个人利益，而"仁"却要让自己捐出眼下的一份利益。物质利益才是最实在的，仁所获得的荣誉，不过是画饼而已。对于急功近利的人群来说，谁愿意以实际利益换取画饼呢？正是面对这样的末世人心，孔子发出了无奈的感叹。

15.37　当仁不让

子曰："当仁，不让于师。"

此讲仁之不可不力行。

这是孔子对他的弟子们说的话。就弟子事师之礼言，对老师事事当让，如让吃让坐，等等，唯独成仁之事不能让，必须抢着去做。因为成就仁德，是君子人生的绝大目标。为师传道，主要传的是成仁之道；学生求学，主要学的是成仁之学；尊师重道，所重的便在仁道。如果为了尊师当仁而让，那便是舍本逐末。更何况仁乃周穷济急之谓，是迟缓不得的呢？陆陇其《四书讲义困勉录》引《四书读》说："天下事事可让，仁不可让。微言之，神明心术之间，一让而千古之脉遂绝；显言之，忠臣孝子之事，一让而五常之任俱隳。"

15.38　信要服从正义

子曰："君子贞而不谅。"

这一章讲君子守正道而轻小信。

"贞"是坚守信仰而不更移之谓；"谅"是坚守信诺而不改变之谓。二者同是坚守，但其别昭然。"贞"有正邪是非之辨，为了真理、正义，守之不易，这是天下之所公。而"谅"则无是非之分，只是拘守小信，这是一己之所私。故获生徂徕说："贞者，谓存于内者之不变也。""谅者，谓求信于人也。"《论语征》君子坚持真理，不拘于小节求信于人。也就是说，君子不会为了所谓信誉，而违背天下正道。真理不可放弃，小信可以权变。宋儒冯椅说："历万变而不失其正者，贞也；谅则固守而不知变者也。故曰贞者，事之干也，岂若匹夫匹妇之为谅也？"（《论语集注大全》引）

15.39　君子先劳后禄

子曰："事君，敬其事而后其食。"

这一章讲的是工作态度问题。

春秋时变，世风浇薄，人心驱利，为拿俸禄而出仕者不在少数。"人多以食为重，而反以事为轻，于是利禄之念动于中，而朝夕营谋皆其身家之计。其于职分之所当为，竟付之不问"（《日讲四书解义》）。孔子感伤于这种时风，故而特意提出，君子出仕，参加工作，应当首先"敬其事"，认真谨慎的对待工作，做出成绩。官有尊卑，位有轻重，而"敬其事"之心则是一样的，也是不应该改变的。至于俸禄问题，则放在后面，即所谓的"后其食"。"食"指俸禄。范祖禹说："君子之仕，以行其义，非谋食也。有官守者修其职，有言责者尽其忠，则受禄而不愧矣。先事后得，先劳后禄，事君之义也。"（《论孟精义》）

如何对待职守，是否"后其食"，这反映着一个人的品质和境界。故刘挚说："君子、小人之分，在义、利而已。小人才非不足用，特心之所向不在乎义。希赏之志，每在事先；侍奉之心，每在赏后。"（伊藤仁斋《语论古义》引）凡工作不先考虑如何"敬其事"，而先考虑"先其食"者，皆非君子之为。

15.40　有教无类

子曰："有教无类。"

这里讲的是孔子的教育思想。

教育面前，人人平等，没有类别差异可言。这句话有两个意义：一是任何人都应该有受教育的权利。周朝有国、野之分，国人要接受教育，野人则没有受教育的权利。这个老规矩应该打破，实行全民教育。二是教育可消除类别差异，无论是贤与不肖，无论职业异同，都可以通过教育，使他们懂得仁义礼智，健全人格。伊藤仁斋说："此言天下唯有教之可贵，而无类之可言。教法之功甚大，而世类之美恶不在所论。盖人性本善，虽其类之不美者，然有学以充焉，则皆可以化而入于善矣。此孔子所以开万世学问也。至矣大哉！"（《论语古义》）

15.41　异道不相谋

子曰："道不同，不相为谋。"

这一章讲异道不相谋。

"道"包括的面很广，如职业、志趣、学说、方法、主张等都在其内。"谋"是谋划。道不同，如孔子提到的"谋道"与"谋食"的两种追求，这就是"不同"。这种"不同"，就等于没有共同的语言，是无法说到一起的，自然也商量不出什么结果来。故俗话说：异道不相谋，同行好商量。但孔子这里，恐怕有特殊的意思。如朱熹就把这"不同"释为"善恶邪正之类"，张栻就解释为君子小人的不同，陆陇其《四书讲义困勉录》也说："此章专为待小人异端者发。小人异端，自成一道，为我儒者化之可也，教之可也，拒之可也，与之谋不可也。要玩'谋'字。"根据他们的诠释，孔子此言等于说：与小人没有什么好说的。

15.42　用辞的原则

子曰："辞达而已矣。"

这一章是讲言语之法。

"辞"在这里可做两种理解：一是指言辞、言语；二是指辞令、政令之属。荻生徂徕说："春秋时，率虚夸成俗，竞以文饰相高，两国之情，因以不达，故孔子云尔。"(《论语征》)孔子的目的是指导学生，勿以虚辞相尚。他提出的"达"的概念，可说是用辞的原则。所谓"达"，就是传递、表达。能够通畅地把要说的意思表达出来，也就可以了，不必要做过多的修饰，不能让华丽的言辞外衣掩盖了真实的内容。故朱熹说："辞取达意而止，不以富丽为工。"焦袁喜《此木轩四书说》卷六云:"孔子所谓辞者,谓夫有用而不可废者也。如春秋列国,使命往来,一言之间,即关国家安危,生民休戚,岂空言而已乎?辞不足以达意,败事之端乃在乎此,故圣人特立此言。"

15.43　孔子礼待残疾人

师冕见,及阶,子曰:"阶也。"及席,子曰:"席也。"皆坐,子告之曰:"某在斯,某在斯。"师冕出,子张问曰:"与师言之道与?"子曰:"然,固相师之道也。"

这一章记孔子招待盲乐师的事。

师冕是一位乐师,在春秋时称"师某"者,都是盲人乐师。孔子这里接待的就是一位盲人乐师。"相"是帮助的意思。大意是说:乐师冕来见孔子,走到台阶跟前,要上台阶了,孔子就告诉他说:这儿是台阶。走到座席旁,孔子告诉他说:这里是座席。大家都坐定后,孔子又告诉他:某某在这里,某某在这里。师冕走后,子张问孔子:这是给盲乐师谈话的规矩吗?孔子回答:帮助盲乐师的方法本来就是这样。

盲人是社会的弱势群体。在功利的社会里,这个群体是受轻视、挤压的。但孔子却对这部分人表现出了特别的尊敬、关爱。见到"齐衰"者、"瞽者",都定要起身示礼。经过他们身边时也不敢惊扰。对师冕这位盲乐师,孔子自始至终,都用诚恳、恭敬的态度来礼待他、帮助他,没有丝毫的懈怠,也没有丝毫的做作虚伪,一切皆行之自然。既体现了孔子的礼仪修为,也反映了他的仁者心肠。焦袁喜说:"言阶、言席、言某某,若以为周旋世故宜然,即人欲之私也;若以为礼如此不得不然,则是循道之迹而遗其意,非所以学圣人也。圣人节节从恻怛中自然流出,无不曲当,即所谓夫子之道,忠恕而已矣。"(《此木轩四书说》卷六)

季氏第十六

16.1　季氏将伐颛臾

季氏将伐颛（zhuān）臾。冉有、季路见于孔子曰："季氏将有事于颛臾。"孔子曰："求！无乃尔是过与？夫颛臾，昔者先王以为东蒙主，且在邦域之中矣，是社稷之臣也。何以伐为？"

冉有曰："夫子欲之，吾二臣者皆不欲也。"孔子曰："求！周任有言曰：'陈力就列，不能者止。'危而不持，颠而不扶，则将焉用彼相矣？且尔言过矣，虎兕（sì）出于柙（xiá），龟玉毁于椟中，是谁之过与？"

冉有曰："今夫颛臾，固而近于费。今不取，后世必为子孙忧。"孔子曰："求！君子疾夫舍曰欲之而必为之辞。丘也闻有国有家者，不患寡而患不均，不患贫而患不安。盖均无贫，和无寡，安无倾。夫如是，故远人不服，则修文德以来之。既来之，则安之。今由与求也，相夫子，远人不服而不能来也，邦分崩离析而不能守也，而谋动干戈于邦内。"

"吾恐季孙之忧，不在颛臾，而在萧墙之内也。"

这一章讲孔子反对季氏欲灭颛臾之事。

这是《论语》少有的长篇记述。可分如上四段。第一段是从颛臾的角度，言其不当受伐。颛臾是鲁国的附属国，其地在今山东省费县西，与季氏的采地费邑离得很近。季氏为了扩大自己的势力，与鲁君抗衡，因而想出兵灭掉颛臾。"冉有"即下文孔子称呼的"求"，季路即子路。此时子路与冉有都在季氏手下做官，冉有还做着季氏的大管家，故把这事告诉了孔子。这件事不见于经传，龟井南冥怀疑是因孔子的反对，二子劝阻没有形成事实。"有事"指有用兵征伐之事。"无乃尔是过与"，这恐怕是你的过吧，意思是责备冉有不制止季氏的行为。东蒙，指蒙山，因在鲁东，故称东蒙。"以为东蒙主"，指周天子让颛臾之君主持蒙山的祭祀。鲁国七百里之封，颛臾在其中，故说"在邦域之中"。因是鲁之附庸国，所以说是"社稷之臣"。"何以伐为"，即斥责为什么要攻伐它？

第二段是从冉有作为家相的角度，言其当制止季氏攻伐。"夫子欲之"二句，是说：季孙大夫想去攻打，他们两个人并不愿意。夫子指季氏。冉有这是推卸责任。故孔子引用了周任的话来批评他。周任是古之良史。"陈力就列，不能者止"，"陈"是排布，"列"是军伍行列。古代作战布阵之法，根据人的才力情况排列阵势，才力不足者则不敢入编。此处的意思：没有那本事就不要吃那碗饭，要不行就辞职。"危而不持"三句大意是说：作为人的辅相，当保护主不要让有什么危险，搀扶主人不要让摔了跟头，否则，要相辅干什么？兕，雌性犀牛；柙，关野兽的木笼，椟，匣子。老虎、犀牛从笼子里跑出来，龟甲、玉器在匣子里毁坏了，这是谁的过错呢？这是把冉有比作了看守，指责他若季氏有过失，那就是他的失职。丁若镛说："虎兕喻季氏之暴戾；龟玉喻季氏尊贵。出而搏噬，则守柙者之罪也；毁而破坏，是守椟者之罪也。明季氏行恶作孽，则家相不得不任其咎。"（《论语古今注》）

第三段从治国理论上讲，季氏不应当出兵攻伐。冉有替季氏出伐辩护，以为颛臾城墙坚固，而且离费邑很近，如果季氏不把它夺取过来，必遗患于子孙。孔子批评说：君子痛恨那种不肯说自己想如此，还要为自己的这种行为辩解的做法。疾，恨；舍，不肯；为之辞，找说辞辩护。以下孔子提出一个重要的政治理论。这个理论分两层：第一层是安民之道。有国者指诸侯，有家者指卿大夫。"患寡"、"患贫"原倒，今据俞樾说订正。这是说：对于诸侯和大夫来说，不怕国、家贫穷，而怕财富不均；不怕人口稀少，只怕境内不宁。而季氏之伐，正是为了"患贫"、"患寡"的欲望，所走的正是一条"不均"、"不安"的路。故孔子提出了"均无贫，和无寡，安无倾"的治国策略。财富均匀，就消除了贫穷；境内团结，就不会感到人少；境内安定，就没有倾覆之忧。第二层是徕民之道。因古代人口稀少，人口繁盛，反映着一个地方的政治状况，因此孔子这里提出了如何招徕远民的问题。他提出的办法是"修文德"，这"文德"便是仁义礼乐孝悌忠信之德。他的意思是营造一种清明祥和的人文生态，把域外在阴霾中难以生存的百姓吸引过来。来了的，就安顿好。接着孔子批评了子路与冉有的失职，其失职的表现有三：第一，不能"来远"，也就是不能"修文德"使远民归服。第二，不能"安邦"，使国家"分崩离析"，四分五裂。因季氏为执政大臣，冉有为季氏相，所以孔子才提到了安国的问题。第三，"谋动干戈"，发动内战。

第四段指出季氏的真正用心。认为季氏的野心不在掠夺颛臾的地盘，而在对付鲁君。所谓"萧墙"，即指国公宫室内作为屏障的矮墙。何晏《集解》引郑玄曰："萧之言肃也；墙谓屏也。君臣相见之礼，至屏而加肃敬焉，是以谓之萧墙。""萧墙之内"即指鲁君。

总括来讲，此一章的核心是止季氏伐颛臾。先以是非论，颛臾不当伐；再以职守论，二子当止伐；三以治平论，季氏不应伐；四从阴谋论，点破季氏野心之所在。最值得注意的有两点：第一点是孔子的反战和平理论。争夺土地人口的战争冲突，无益于和平安定，完全可以用"文德来民"的方式来取代。以"文德"而来民，获取的是民众的心；战争则无法解决人心的问题。人心问题不解决，隐患便永远存在，所谓"和"、"安"皆不可得。第二是治国安民理论，即"均无贫，和无寡，安无倾"的理论。财富分配不均，使民众心理失衡，这是导致社会动乱的主要原因。古今内乱及改朝换代的战争，多因此而起。故孔子说"不患贫而患不均，不患寡而患不安"。不均则下怨，不安则虽富必倾（获生徂徕说）。要使社会稳定，就要解决"均"、"和"、"安"的问题。吴省庵说："均非财富之有增也，只是各享其所入，便不见有贫；和非人民之加益也，只是各统其所属，便不见为寡。"

16.2　春秋世衰三变

孔子曰："天下有道，则礼乐征伐自天子出；天下无道，则礼乐征伐自诸侯出。自诸侯出，盖十世希不失矣；自大夫出，五世希不失矣；陪臣执国命，三世希不失矣。"（天下有道，则政不在大夫。天下有道，则庶人不议。）

这一章讲东周世变的大走向。

"天下有道"、"无道"，分别指的是治世与乱世。"礼乐"指制度言，"征伐"是出兵言。"大夫"指诸侯之臣，"陪臣"是大夫之臣。西周东迁之后，周王朝统治力开始衰落。在周平王时期，天子还能做主，此勉强可算作"有道"时代。这个时间近半个世纪。平王四十九年后，进入春秋时代，这便是所谓"天下无道"的时代了。孔子把这个无道时代的衰变，分成了三部曲。第一步是诸侯出令，即天子微弱，诸侯上僭，自作礼乐，专行征伐。所谓"十世希不失"，是指这种情况难以维持十代。希，少；失，失去。像齐国自桓公称霸，历十世至齐简公，陈氏专国，简公被杀，即其一例。第二步衰变是"自大夫出"，即诸侯之权落入大夫之手，如鲁国大权便为季氏所操控。这种情况一般维持不了五代。像季文执秉国政，五代至季桓子，为家臣阳虎所因，即其一例。第三步衰变是"陪臣执国命"，即诸侯奴才的奴才掌控了国政。这种情况维持时间会更短，一般超不过三代。也即民俗所说的"富不过三代"。

由"自诸侯出"到"自大夫出"、"陪臣执国命"，就是一部春秋政治衰变史。冯李骅《春秋三变说》即对此有详述。至于衰变过程中维持时间的长短，如十世、五世、三世之类，只是说其大概，而其要旨是在说明衰变加速的规律。伊藤仁斋说："此章盖记夫子所以作《春秋》之由也。'礼乐征伐自诸侯出'，世道之初变也；'自大夫出'，世道之再变也；'陪臣执国命'，变之极也。诸侯以为可以此而制天下，大夫以为可以此而专国政，陪臣以为可以此而永执国命。殊不知上以惠下，下以奉上，而后上下叙而国安。若夫逆理愈甚，则其失之也愈益速也，《春秋》之作欲遏乱臣贼子之欲，而挽之于治古之隆，故明其迹以昭诸后世。其虑也至深切也，人君至于庶人不可不鉴。"（《论语古义》）

"政不在大夫"、"庶人不议"两则，内容与前不相贯，且有重复。当别是二章，编者因其内容相近，编于一处。庶人不议，指百姓不议论政事。言外之意，若"庶人议政"，那便是天下无道之世了。

16.3　鲁国衰变

> 孔子曰："禄之去公室五世矣，政逮于大夫四世矣，故夫三桓之子孙微矣。"

这一章专论鲁国政衰变化。

五世，指鲁国宣公、成公、襄公、昭公、定公五世。四世，指季孙氏文子、武子、平子、桓子四世。三桓，指出自鲁桓公的三支贵族，即仲孙、叔孙、季孙。逮，及。微，衰落。大意言：鲁君失去官爵的任免权已经五代，政权落在大夫之手已经四代。根据衰变规律，三桓的子孙气数也该结束了。

这话显然是针对季氏说的，凡事有定数，季氏气数已尽，必走向灭亡。这也是在警告后世的窃居权位的民贼，非其有而有之，最终必然会失去。

16.4　益友与损友

> 孔子曰："益者三友，损者三友。友直，友谅，友多闻，益矣。友便辟，友善柔，友便佞，损矣。"

这一章讲择友。

朋友有两种，一种是益友，一种是损友。"益"者增其所不能，"损"者害其所本有。益友有三种：直、谅、多闻。"直"是正直不阿，"谅"是固守诚信，"多闻"是见多识广。损友也有三种：便辟、善柔、便佞。"便辟"是邪辟不直，"善柔"是柔媚取宠，"便佞"是巧言似知。

交直友，可以正自己的过失；交谅友，可以培养自己的诚信，交多闻，可以增加自己的见识，所以说是"三益友"。以便辟者为友，会流于邪曲；以善柔者为友，会流于虚伪；以便佞者为友，则会知识日昏而流于寡陋，所以说是"损友"。故择友不可不慎，处人当明损益。但在生活中，益友往往是逆己的，损友则是顺己的。故孙奇逢说："益者三，令人难近；损者三，令人易亲。"（《四书近指》卷十一）

16.5　担心不良嗜好

> 孔子曰："益者三乐，损者三乐。乐节礼乐，乐道人之善，乐多贤友，益矣。乐骄乐，乐佚游，乐晏乐，损矣。"

这一章讲人认真对待自己的喜好。

"乐"指喜好。这是说，人有益的喜好有三种：一是"节礼乐"，即用礼乐来规范自己的行为。"节"指节制、规范。二是"道人之善"，即称扬别人的好处。三是"多贤友"，即多贤良的朋友。这三种喜好，或使人遵守规矩，或使人生心向善，或使人众辅成德，因此说是"益矣"。有害的嗜好也有三种，一是"骄乐"，即骄纵享乐；二是"佚游"，即放纵游荡而无节制；三是"晏乐"，即沉溺于宴饮取乐。

孔子虽损、益的喜好各举了三种，而其重点实在于"损"上。"损者三乐"："乐骄乐"会使流于狂放而不知礼义，"乐佚游"则使人玩物丧志，"乐宴乐"则会使堕落于酒色之中。这些不良嗜好，其初不觉得其害，时间久了，不仅会消磨人的志气，还会断送人的事业，断送人的性命。不可不慎。

16.6　侍尊三愆

> 孔子曰："侍于君子有三愆（qiān）：言未及之而言谓之躁，言及之而不言谓之隐，未见颜色而言谓之瞽。"

这一章讲陪侍尊长之道。看来是对青年学子们说的。

"君子"指的是有身份地位的人。"三愆"指三种过失。瞽，盲人。这是说陪侍尊长，要避免犯三种臭毛病：一种是不该说的时候乱说（像抢话头，打断别人说话，最是可恶），这叫浮躁；第二种是该说的时候却又不说（像长者问及却知而不言，没有坦诚之心），这叫隐瞒；第三种是不看尊者的脸色瞎说（像旁边人踢脚拽衣想拦都拦不住的胡说，最是没头脑），这是瞎眼。

这三种毛病，涉世未深的年轻人最容易犯，因为何时该说，何时不该说，什么能话说，什么话不能说，这有个火候把握的问题。"躁"有放肆之弊，"隐"有不诚之嫌，"瞽"有失查之病。这些毛病只有平日勤心修身，检束自己，推己及人，才能克服。所以孙淮海说："三愆之失，亦只是平日无治心检身之功，而临事又无审己识时之智，所以如此。"（陆陇其《四书讲义困勉录》卷十九引）

16.7　君子有三戒

孔子曰："君子有三戒：少之时，血气未定，戒之在色；及其壮也，血气方刚，戒之在斗；及其老也，血气既衰，戒之在得。"

这一章讲君子以理御气之功。

所谓"血气"，指的是人的精神、元气。人的一生可分为青少年、壮年、老年三个不同阶段，这三个年龄阶段由于血气盛衰的生理特征，形成了不同的性格特征和性情表现。孔子根据这种情况，提出了应该戒慎的三种行为。年少时候，如二十岁上下，血气尚未稳定，自制力也弱，这时容易犯的毛病是对女色的迷恋，因此要戒慎；到壮年三十来岁时，处于精神的旺盛期，这时容易犯的毛病是争强好斗，因此要戒慎；到上了五六十岁时，精力已经衰弱，这时容易犯得毛病是敛财，即俗话所说"人老爱财"，因此要戒慎。得，贪得。

"君子"的这"三戒"，是从生命健康的角度说的。贪色则伤生，贪斗则伤身，贪得则伤神。在儒家的知识系统中，如何使生命健康、长寿，是一个被时常关注的问题。所谓"身体发肤，受之父母，不可毁伤，孝之始也"，是一种极端的表述，但也反映了他们对于生命的珍爱。

16.8　君子有三畏

孔子曰："君子有三畏，畏天命，畏大人，畏圣人之言。小人不知天命而不畏也，狎大人，侮圣人之言。"

这一章讲君子小人在敬畏问题上的不同。

君子敬畏之事有三项。第一是"畏天命"。所谓"天命"，就是自然法则对人的规定，这是人无法违抗的，违抗必有殃报，所以不可不敬畏。第二是"畏大人"。所谓"大人"，就是身居高位者，因他操握着生死之权，故不可不敬畏。第三是"畏圣人之言"。因为"圣人"能洞察人之所不能知，晓知成败吉凶之迹，故其言不可不敬畏。至于小人，则不懂得天命之难违，不明白大人具有的权威，不晓得圣人的超人智慧，故而不知敬畏，且或有不敬之举，轻侮之行。"狎"和"侮"都有轻慢的意思。

关于孔子所言的"三畏"，董仲舒《春秋繁露·郊语》解释说："不谨事主，其祸来至显；不畏敬天，其殃来至闇……孔子同之，俱言可畏也。天地神明之心，与人事成败之真，固莫之能见也，惟圣人能见之。圣人者，见人之所不见者也，故圣人之言，亦可畏也。"

16.9　智分四等

孔子曰："生而知之者，上也；学而知之者，次也；困而学之，又其次也；困而不学，民斯为下矣。"

这一章讲人天赋之性分四等。

第一等是"生而知之者"，即天生就懂的人。这是最上等的。第二等是"学而知之者"，即经过学习才知道的人，这指的是主动学习求知的人。第三等是"困而学之"者，也就是形势所迫才学习的人，缺少主动学习的积极性。第四是"困而不学"者，即遇到困境不学不行而也不知道学习的人。这一等人是最下等的，这实际上就是愚人。

这四等天赋之性，就是四等人的智力。"生而知之"是圣人，"学而知之"是贤人，"困而学之"是常人，"困而不学"是愚人。孔子的这番话当是对学生们讲的。他的目的是要勉励学生努力，积极主动地追求知识。

16.10　君子有九思

孔子曰："君子有九思：视思明，听思聪，色思温，貌思恭，言思忠，事思敬，疑思问，忿思难，见得思义。"

这一章讲君子思虑的九个方面的事情。

"思"在这里有想到、追求的意思。这九个方面是：第一，"视思明"，观物追求清楚，不可为物所遮蔽；第二，"听思聪"，听话追求明察，不可偏听偏信；第三，"色思温"，表情追求温和，不可冷面如铁，拒人千里之外；第四，"貌思恭"，态度追求谦恭，不可以倨傲之态向人；第五，"言思忠"，说话追求忠实，不可花言巧语；第六，"事思敬"，办事追求认真严谨，不可敷衍塞责；第七，"疑思问"，遇到难题要想到多问人，不可想当然耳；第八，"忿思难"，愤怒时要想到后果，不可逞匹夫之勇；第九，"见得思义"，见到利要想到义，不可见利忘义。

这一番话也像是对学生们说的，这九个方面，视、听是接受外在的信息，色、貌是接触外物的反应，言、事是自己的行为表现，疑、忿是心理反应，"见得"则关涉价值判断。这可说是存心治身之要。李光地说："九思杂发于日用之间，而圣人言之，盖自有序。耳目之官不思，则蔽于物，虽欲用其存养省察之功不可得也，故视、听居首。外诱既防，则应物者不可不慎，故色、貌、言、事次之。此六者，皆所以闲邪存诚涵养之事也。至于问辨而不蓄疑，惩忿窒欲而不迷于利害之机，则又穷理修身之要，为学之至切者，故以是终焉。"（《读论语札记》卷下）

16.11　经世大才难得

孔子曰："'见善如不及，见不善如探汤'，吾见其人矣，吾闻其语矣。'隐居以求其志，行义以达其道'，吾闻其语矣，未见其人也。"

这一章讲经世之才难得。

"语"指古语。探汤，指用手探开水，人不敢为。隐居求志，指伊尹、吕望之类的人物。大意是说：见善事争着做，不善之事唯恐避之不及，这样的话和这样的人，都是可以听到、见到的。隐居山野而成就自己的志向，推行道义而实现自己的主张，我听说过这样的话，但没有见到过这样的人。

孔子在这里把修德之人分成了两种类型：一种是笃信自修而行仁义者，这可说是行好独善的君子。另一种则是立志卓然而求大用于世者，这种人未遇时隐居伏处，但凡治世安民之学，皆求备于一身。一旦遭逢知遇，则可致君尧舜，达其道于天下。这种经世大才，是孔子最希望的。孔子这话是在讲给学生听的，希望他们储备好知识，以求遇知济世，不能只满足于自修独善。

16.12　仁德使人不朽

齐景公有马千驷，死之日，民无德而称焉。伯夷、叔齐饿死于首阳之下，民到于今称之。其斯之谓与？

这一章讲德义比富贵更重要。

这一段话，显然有阙文。开首应该有"子曰：《诗》（？）云'……'"等字。这样最后"其斯之谓与"一句才有着落。或以为《颜渊》篇的"诚不以富，亦祇以异"两句当在此处。可备一说。这段话的大意是说，齐景公是千乘之国的君主，他的一切荣耀随着死亡便都结束了，老百姓不再提及。伯夷、叔齐穷得要命，饿死在首阳山下，可是老百姓至今仍称道不绝。

　　这里要说明的道理是，富贵是一时的虚荣，像齐景公之类"当时则荣，没则已焉"的人，何在少数？只有德行品格，才能使人永恒不朽。

16.13　孔子教子

　　陈亢问于伯鱼曰："子亦有异闻乎？"对曰："未也。尝独立，鲤趋而过庭，曰：'学《诗》乎？'对曰：'未也。''不学《诗》，无以言。'鲤退而学《诗》。他日又独立，鲤趋而过庭，曰：'学礼乎？'对曰：'未也。''不学《礼》，无以立。'鲤退而学《礼》。闻斯二者。"陈亢退而喜曰："问一得三。闻《诗》闻《礼》，又闻君子之远其子也。"

这一章讲孔子对儿子的教育。

陈亢即前面提到过的陈子禽，也是孔子的学生。他怀疑孔子在教育问题上，对儿子会有特殊，所以才有"异闻"之问。伯鱼是孔子儿子孔鲤的字。异闻，指其他学生没有听到的特殊的学习内容。"独立"指孔子言。"趋"是快步行走，是从尊者面前走过时的一种礼貌行为。孔鲤向陈亢述说了孔子的两件事，都是在堂前偶遇自己时说的。第一是嘱咐他："不学《诗》，无以言。"即不学《诗》，就不懂得怎样说话。第二是嘱咐："不学《礼》，无以立。"即不学《礼》，就不懂得怎样立身。"退"指离开，"远其子"指不偏爱其子。所谓"问一得三"，是指孔子对《诗》、对《礼》、对其子的态度三个方面。

　　从这段对话中，可以获得两个方面的信息：第一，孔子从事教育，他的儿子是与学生一起学习的，与其单独在一起的机会并不多。第二，在孔子的教学内容中，《诗》和《礼》分量最重。《诗》与乐相联系，可以调和、培养性情，学习语言的艺术，是一个基本能力与内在素质培养的需要。《礼》是肃整容体的，是外在行为规范的需要。这二者的学习，对一个人整体素质的提高，有很重要的意义。故而中国古代许多人家的门匾上写着"诗礼传家"四字。荻生徂徕说："《诗》、《书》者，义之府，而《诗》又悉人情，凡言语之道，《诗》尽之矣。故学《诗》则可以言也。《礼》、《乐》者，德之则，而礼又事事而立之防，凡先王之道，《礼》尽之矣。不知《礼》则无以立于君子之间。"

16.14　　正名一例

邦君之妻，君称之曰夫人，夫人自称曰小童；邦人称之曰君夫人，称诸异邦曰寡小君；异邦人称之亦曰君夫人。

这一章正国君夫人之名。

张栻说："春秋之时，以妾母为夫人者多矣。其甚则以妾为夫人，如鲁惠、晋平之为者。又其甚则有若鲁昭之娶同姓者，其实之乖一至于此。"正是由于这种情况，孔子特意就不同人对国君夫人之称呼做了归正。国君的妻子，国君称她为"夫人"。夫之言扶也，能扶成人君之德。不能称妻，因妻者齐也，君不能与臣齐。夫人自称为"小童"，是童蒙无知之意，这是谦称。国人称她为"君夫人"；对别的国家的人提起来，则称她为"寡小君"，这也是一种谦称。别国的人也称她为"君夫人"。

对这一章的归属，前人多有怀疑。因为他不像其他各章前有"子曰"。或以为"子曰"二字误脱。荻生徂徕、太宰纯等以为这是古《礼经》的逸简，孔门弟子得之，附记于此的。可备一说。

阳货第十七

17.1 孔子遇阳货

阳货欲见孔子，孔子不见，归（kuì）孔子豚（tún）。孔子时其亡也，而往拜之，遇诸涂。谓孔子曰："来！予与尔言。"曰："怀其宝而迷其邦，可谓仁乎？"曰："不可。""好从事而亟失时，可谓知乎？"曰："不可。""日月逝矣，岁不我与。"孔子曰："诺，吾将仕矣。"

这一章重在讲孔子应世权通之法。

阳货又叫阳虎，本为季氏的家臣，怀有野心，后来曾一度囚禁季桓子，秉执国政，因此是孔子非常讨厌的一个人物。他想见孔子，希望孔子能为他办事，而孔子却不愿意见他。他趁孔子不在家的时候，送给了孔子一只小熟猪。归，通"馈"，赠送。豚，小猪。因"有来无往非礼也"，其目的也是想让孔子去回访他。孔子采取了同样的方式，"时其亡也而往拜之"，即等他不在家的时候去拜谢。时，通"待"，等待。亡，指外出。不凑巧"遇诸涂"，在路上遇上了。涂，同"途"。这时阳货摆出了一副官僚架势，而孔子则表现出了十分谦恭的姿态。阳货以命令的口气要孔子上前来，接受训话。他连续向孔子发出两个质问。第一，自己有本事不用，却听任国家迷乱，这能叫仁吗？第二，想做官却屡次错过机会，这能叫智吗？亟，屡次。因孔子时常讲仁与智，所以阳货以仁、智相质问孔子，意思是孔子目前的行为既不仁，也不智。接着又教训孔子：日月如流水，时间不等人。潜台词是：你看着办吧，聪明点就出来跟我干。与，待。孔子三次的回答，共用了九个字。完全是顺着阳货来的。两"不可"，是承认了阳货的批评；"吾将仕矣"，是肯定了阳货的观点。

从表面上看，阳货说得确实都很对，因此孔子不必要辩驳。孔子似乎是百依百顺，显得很卑弱，而实则是最顽强、最巧妙的抵抗。阳货的句句话都盯在孔子身上，而孔子若无所知，却把他的话句句都转移在理上。你说得在理，我不能给你辨；你说得全对，我不能增益半句；我答应"将仕"，并没有答应仕谁。孔子的目的是怎么把阳货打发走。我们可想当时的阳货，想说不好再说，想待不好再待，想笼络不知该怎样下手，只能离去。朱熹说："阳货之欲见孔子，虽其善意，然不过欲使助己为乱耳。故孔子不见者，义也；其往拜者，礼也；必时其亡而往者，欲其称也；遇诸涂而不避者，不终绝也；随问而对者，理之直也；对而不辩者，言之孙而亦无所诎也。"

17.2　性近习远

　　　　子曰："性相近也，习相远也。"

这一章讲先天之性与后天之习对人的作用。

就一般人而言，有生之初，人的生性相差别并不大，故说"性相近"；而因后天的习染，如教育、学习、环境等的不同，便形成了很大的差别，所以说"习相远"。孔子的意思是，人的善恶贤不肖，主要是后天造成的，先天的因素少之又少。此旨在劝人努力向上，进德修业，以学习改变、创造属于自己的人生。

17.3　智愚天定

　　　　子曰："唯上知与下愚不移。"

这一章讲人的天赋之质的差异。

上知，即极聪明的人，知，智；下愚，极愚蠢的人；移，改变。

上章重在言人之善恶之性，此章重在讲智愚之质。一般的人，先天差异很小，故可以通过学习改变人生。唯只有绝顶聪明的人与极端愚蠢的人，这是天定的，是不可改变的。

此与上章合看，既承认人有先天的差别，同时又强调后天学习的重要。

17.4　牛刀小试

子之武城，闻弦歌之声。夫子莞尔而笑，曰："割鸡焉用牛刀？"子游对曰："昔者偃也闻诸夫子曰：'君子学道则爱人，小人学道则易使也。'"子曰："二三子，偃之言是也。前言戏之耳。"

这一章讲以道化民的政治方略。

武城是鲁国的一个小城。孔子的学生子游在这武城做长官，孔子到武城，便听到了弹琴唱歌的声音。之，往；弦，指弦乐，如琴瑟之类；歌，歌唱。这声音不是来自子游自己，而是来自市街民巷，是子游以礼乐化民的结果。孔子在这战尘劫灰之中，突闻弦歌之声，有如见尧天舜日的景象，见子游牛刀小试，即见成效，故不觉喜形于色，莞尔而笑。"割鸡焉用牛刀"，是孔子的玩笑话。意思是，杀小小的一只鸡，用小刀就可以了，不必用杀牛的大刀。比喻治理小地方用不着用礼乐大道。子游对孔子这话有些不解，因为他是遵照老师的话才这样做的。孔子从前说过：君子学习礼乐之道，可以养其仁心，爱及于人。小人学习礼乐之道，可以和顺服事，听从指挥。礼乐可以养中和之德而化乖戾之气，是君子小人都需要的。子游把自己的认识告给了孔子，孔子马上给弟子们解释说：子游说得对。自己刚才只是开个玩笑而已。表示道化天下，不分大小，无处不适。牛刀可以杀牛，同样也能杀鸡。

在孔子的观念中，礼乐化民强过刑法万倍，刑法治表不治本，礼乐则可以使人心在不知不觉中变化向善，使社会从根本上获得治理。孔子的玩笑，是在考验子游对礼乐教化的认识与自信，而其"莞尔"之喜悦实发自内心，前喜子游能行礼乐教化于一方，后喜子游能信礼乐教化而不疑，再教二三子，望其能效法子游而行礼乐于四方。张栻说："莞尔而笑者，闻弦歌而喜也；割鸡焉用牛刀者，谓其治小以大也。君子学道则有以养其仁心，故爱人；小人学道则亦和顺以服事其上，故易使。夫子闻子游之语，恐学者疑于前言，以国小民寡为可忽也，故告二三子以子游之言为是，而谓前言为戏之。辞气抑扬之间岂弟和平，无非教也。"

17.5　孔子想借鸡下蛋

> 公山弗扰以费畔，召，子欲往。子路不悦，曰："末之也已，何必公山氏之之也。"子曰："夫召我者，而岂徒哉？如有用我者，吾其为东周乎？"

这一章讲孔子急于复兴周道的心情。

公山弗扰是季氏的家臣，又称公山不狃，字子泄，曾联合阳虎对付季氏。阳虎兵败逃亡后，公山弗扰盘踞费邑，并想让孔子帮助他成就事业。孔子蠢蠢欲动，遭到了弟子子路等人的反对。"末之也已"，末，无；之，往；已，止。此句意思是没有地方去也就算了，何必要到公山氏那里去呢？因为季氏虽不是什么好货，但公山氏自己也不是什么好东西。孔子的意思是：他既然来召自己，不会是白白来召，当是想用自己。自己可以借鸡下蛋，利用这个机会和公山氏的力量，复兴周礼，建设一个与西周相对应的东周。徒，徒然。为东周，建造一个东方之周。

《史记·孔子世家》对此事有记载，说公山不狃据守费邑反叛季氏，让人来请孔子出山，"孔子循道弥久，温温无所试，莫能己用，曰：'盖周文武起丰镐而王，今费虽小，傥庶几乎！'欲往。"司马迁的记载应该是有道理的。孔子想应聘的主要原因，一是因"循道弥久，温温无所试"，看到了这是一个机会；二是想借鸡下蛋，以费作据点，复兴文武之道。既然文王、武王可以据丰镐而建西周，为什么现在就不能据费邑以成东周呢？虽然在弟子们的反对下没成其行，但也反映了孔子急于用世的迫切心情。焦袁喜认为公山不狃与阳货为人不同，根据他"身在吴师，乃心宗国"的行为看，是有"君子之心"的人，所以孔子想答应他。这也不无道理。

17.6　仁的五项具体品德

子张问仁于孔子。孔子曰："能行五者于天下为仁矣。"请问之，曰："恭、宽、信、敏、惠。（恭则不侮，宽则得众，信则人任焉，敏则有功，惠则足以使人）"

这一章讲仁的具体品德行为。

在孔子门中，子张是善问的学生，他学干禄，问政、问行，多是着眼于外面的功夫，即如张彦陵所说："子张一生病痛，只是务外。"（《四书讲义困勉录》卷二十引）正是针对子张的这个毛病，在他问仁时，孔子"因病立方"，把抽象的仁具体为五项具体品德。即：恭、宽、信、敏、惠。恭是恭敬，是就礼上说的；宽是宽容，是就心胸上说的；信是诚信，是就取信于人上说的；敏是勤快，是就敬业上说的；惠是慈惠，是就关心人上说。恭以敬人，宽以容人，信以示人，敏以为人，惠以德人。仁是宏大的课题，五者是切实的事情。有此五种品德，无论是做人还是做官，无论是齐家还是治天下，都可以畅行无碍。

"恭则不侮"以下五句，是解释五德的文字，根据《论语》记录孔子说话的习惯，一般是不做此种解释的，因此有可能是后人注文衍入。日本田中颐解释说："恭敬而守己，则身不敢惢礼仪，故人不慢侮；宽容而待人，则贤愚各有所为，适其所欲，故能得众心；忠信而与人交，则人知其可赖，故人委任焉；勤敏而不怠，则能不失时，故必有成功；惠恕而使人，则人亦答其恩，故足以使人也。"（《论语讲义》卷四）

17.7　孔子的新原则

　　佛肸（bìxī）召，子欲往。子路曰："昔者由也闻诸夫子曰：'亲于其身为不善者，君子不入也。'佛肸以中牟畔，子之往也，如之何？"子曰："然，有是言也。不曰坚乎，磨而不磷（lìn）；不曰白乎，涅（niè）而不缁（zī）。吾岂匏（páo）瓜也哉？焉能系而不食？"

　　这一章讲孔子急于用世之意。

　　佛肸是晋国大夫范氏的家臣，与鲁国的阳货、公山弗扰是一类的人物。他在中牟做地方官，故据中牟而叛范氏。与公山氏一样，他也来召孔子，想让他帮助自己治理一方。孔子跃跃欲试，结果仍遭到了子路等弟子的反对。子路反对孔子的理论根据就是孔子自己的主张。因为孔子说过：自身为恶的人那里，君子是不去的。现在佛肸据中牟反叛，显然就是自身为恶者。孔子如果应佛肸之聘，就等于违背了自己的一贯主张，这无法解释。孔子的解释是：自己确实说过这样的话。但是坚硬的东西，磨也磨不坏；洁白的东西，染也染不黑。只要自己坚守正道，在多恶劣的环境中，也能够卓然自立。同时他觉得自己不能像苦葫芦一样，只能看不能吃。应该用世，有所作为才是。磷，减损；涅，黑色染料；缁，黑色；匏瓜，苦葫芦；系，用绳子吊起来。

　　孔子年过五十，而自己所学得的治国安民的大本领，却无处可试。"日月逝矣，时不我与"，确实他有一种急迫感，故而有不择地而仕的倾向。这时，他改变了原初"亲身为不善者君子不入"的主张，认为只要坚守正道，到什么地方都可一试锋芒。若等明王贤君问世，恐百世不得一遇，此生便无望了。昔日所言，是君子的守身之法，是旧主张；而现在要考虑的，是君子的用世之策，是新原则。显然孔子是在人生中不断根据形势需要调整自己的主张与方向的。在历史上，浊世多而清世少。身处腐败成风、老鼠成群之世，履行正道、"不磷"、"不缁"，这是孔子留给后之君子的处世原则，也是一道难题。

17.8　好德不学易成害

子曰："由也，女闻六言六蔽矣乎？"对曰："未也。""居，吾语女。好仁不好学，其蔽也愚；好知不好学，其蔽也荡；好信不好学，其蔽也贼；好直不好学，其蔽也绞；好勇不好学，其蔽也乱；好刚不好学，其蔽也狂。"

这一章讲学以成德的问题。

子路是粗人，勇于为善，而失在不能认真学习领会，所以孔子对他讲述了六言六蔽。孔子先问子路是否听说过六言六蔽。子路听老师提问，便站起来回答"没有"。孔子于是让他回到座位坐下，然后徐徐与之道来。蔽，弊；居，即坐，是让子路坐下。"六言"即仁、知、信、直、勇、刚，"六蔽"是愚、荡、贼、绞、乱、狂。

"六言"、"六蔽"相互对应，其关系是：

第一，"仁"与"愚"。仁者爱人，不理解其精神而徒讲仁，就会失去是非判断，变为妇人之仁，受人愚弄。

第二，"知"与"荡"。知识旨在解决问题，如不能理解其本质而徒讲知，就会远离人伦日用，流入无用之学。荡，指空荡。

第三，"信"与"贼"。信是坚守允诺，如不能明辨礼义而徒讲信，就会有伤道义，像尾生、荀信之类的信。孔子讲"君子贞而不谅"，正是要防其弊。

第四，"直"与"绞"。直是正直不曲，如不明礼义而徒讲直，就会成尖刻之弊。绞，绞直、尖刻。

第五，"勇"与"乱"。勇者好进取，如不知循礼而徒讲勇，就会犯上作乱。

第六，"刚"与"狂"。刚是不屈之谓，如不知礼义而徒讲刚，就会凌世傲物而成狂妄。

"六言"、"六蔽"似是而非，故孔子特让子路通过学习，明白事理，以礼节之，掌握分寸。杨时说："仁而不学，不知时措之宜，故其蔽愚；知而不学，过而不知所以裁，故其蔽荡；信而不学，不知义之所在，故其蔽贼；直而不学，径情而不知以为讦，故其蔽绞；勇而不学，不知自反而缩，故其蔽乱；刚而不学，则果于进为，故其蔽狂。"（《论孟精义》引）

17.9　孔子的诗教

子曰："小子何莫学夫《诗》。诗，可以兴，可以观，可以群，可以怨。迩之事父，远之事君；多识于鸟兽草木之名。"

这一章讲诗的功用。这是孔子关于《诗》教的最著名的理论。

小子，指弟子；何莫，何不。这是督促弟子们为什么不学习《诗》。他讲了诗的三个方面的功能。第一从艺术功能言，可以兴、观、群、怨。"兴"是引喻连类，由此及彼，如赋诗言志之类；"观"是观政治得失盛衰之迹，如季札观乐之类；"群"是调动群体情绪，和而不同；"怨"是抒泻心中的怨悱之情。第二从社会功能言，诗中温柔敦厚的品格和以礼为核心的人伦道德观念，对于君臣、父子、夫妇、朋友等各种关系的处理，都有指导意义，故说近可以用来侍奉父母，远可以侍奉君主。迩，近。第三从生活功能言，"多识于鸟兽草木之名"，可以了解许多生活知识。刘宝楠说："鸟兽草木所以贵多识者，人饮食之宜，医药之备，必当识别，匪或妄施，故知其名，然后知其形，知其性。"（《论语正义》卷二十）

17.10　二南密旨

子谓伯鱼曰："女为《周南》、《召南》矣乎？人而不为《周南》、《召南》，其犹正墙面而立也与？"

这一章讲《二南》的重要性。

伯鱼是孔子的儿子。女，汝，你。《周南》、《召南》是《诗经·国风》中开首的两部分，是《风》诗之始，属《正风》。为，犹学；正墙面而立，即面正对着墙站立，比喻永远不会有什么长进。在《毛诗》的解释系统中，《周南》讲文王后妃闺门之化行于南国，《召南》讲诸侯夫人与大夫妻皆被文王后妃之化而成其德。这两部分所言"皆修身齐家之事，于人伦日用，最为切要"。（《日讲四书解义》卷十一）所以孔子问伯鱼学习《二南》了没有？人若不学《周南》、《召南》，便不能正性情，笃伦理，其他的更谈不上。就像面墙而立，无法进步。

古人认为："君子之道，造端乎夫妇"（《中庸》），《二南》义在"正夫妇"，故而能成为"正始之道，王化之基"（《诗序》）。"正夫妇"，就是要使"夫妇有别"，这"别"就是各就其位而不相乱。"夫妇有别则父子亲，父子亲则君臣敬，君臣敬则朝廷正，朝廷正则王化成"（《毛传》）。这种意义，在传统人伦道德几乎丧失、"夫妇有别"的观念被彻底批判的今天，自然不好理解了。

17.11 礼乐的本质

子曰："礼云礼云，玉帛云乎哉？乐云乐云，钟鼓云乎哉？"

这一章伤时俗失礼乐之本。

玉、帛是行礼时所用的两种礼物，但礼的本质在恭敬，而不在玉、帛；钟、鼓是行乐时所用的乐器，但乐的本质在和乐，而不在钟、鼓。到春秋后期，只追求礼乐的形式，忽略了礼乐的本质，犹如近世婚丧之礼只求隆盛，而不顾婚礼主谨、丧礼主哀的本质一样，故而孔子对这种本末倒置的现实进行了讥讽。大意是说：所谓礼，难道是指玉帛吗？所谓乐，难道是指钟鼓吗？

孔子的目的是要人们深思礼乐之本，而不可徒求形式。如徒行玉帛之礼而没有恭敬之心，即使玉帛再盛，也没有意义。徒有钟鼓铿锵之声，而没有和乐之情，即使钟鼓再隆，也没有价值。故孙奇逢说："礼乐无处无之，玉帛何尝非礼？然不可执玉帛以为礼；钟鼓何尝非乐？然不可执钟鼓以为乐。人而不

仁，如礼何？如乐何？”（《四书近指》卷十二）

17.12　官乎盗乎

子曰：“色厉而内荏，譬诸小人，其犹穿窬（yú）之盗也与？”

这一章主在讽刺腐败官员。

“色厉”指外表威严，“内荏”指内心虚弱。“穿窬之盗”，指挖洞翻墙的小偷。穿，挖洞；窬，通“逾”，指翻墙。外表威严，内心虚弱，以小人做比，这些人和挖洞翻墙的小偷有什么两样呢？

“色厉”，说明他们装腔作势；“内荏”，说明做了见不得人的事；“譬诸小人”，说明这些人的身份不属于小人；“其犹穿窬之盗”，说明他们的本质与窃贼没有什么两样。伊藤仁斋一针见血地指出：“此为在位者言。”那些在位的官员，虽一个个“色厉”——道貌岸然，而其本质实则无异于“穿窬之盗”。他们到底属于官还是属于盗？谁也搞不清，其实比穿窬之盗更凶险，更可恶。穿窬之盗是在暗中行窃，而他们却行窃于光天化日之下，将大量民脂民膏刮为己有；穿窬之盗所窃的是财物，而他们则连名利、权力一并窃取，甚至还以权力审斥“穿窬之盗”，大谈礼义廉耻。然而他们内心虚弱，唯恐被人揭穿。刘宗周说：“色厉内荏，方泰然，自以为君子矣，无乃小人之尤乎！比诸小人中，其犹穿窬之盗也与？其善匿而畏人知一也。此等情状，如揭肺肝，觑破时不值半钱，虽小人亦不齿之。”（《论语学案》）

17.13　伪君子比真小人更可恶

子曰：“乡原，德之贼也。”

这一章是专讲伪君子本质的。

　　"乡原"指同流合污以媚世的人，大约如今人所说的好好先生。至于为何称作"乡原"，各家之说则不同，且难说清。这种人，没有是非原则，无论好人坏人，都是以笑脸相迎。表面上对谁都好，实际上真正好的只有他自己。他不伤害别人的目的，是为了换取别人对他的宽容。这种人貌似仁人，实是一身媚骨。"仁者，人也"，仁人是为别人着想的，而这种人，则完全是为了保护自己的利益而周旋于世俗之间的。孔子认为这种人是"德之贼"，是因为他们能以伪善乱真善，实比小人还可恶。人见小人的不良行为，还可引以为戒；而与这种人交往，受其熏染，则会渐使自己放弃德行修养，泯灭是非判断，忘却仁义礼智，最终与世俗同流合污。残害德行修养，败坏一乡风俗，其非贼而何？上章之"盗"，犹怕人知；此章之"贼"，则是肆行无忌，其非比小人更可恶乎？

17.14　小道消息非小事

　　　　子曰："道听而途说，德之弃也。"

　　这一章讥讽时人传播小道消息的风习。

　　在路上听到的消息，心中不加思考，不辨真伪，随口又传播给行路的人。轻听妄传，是一种废弃道德原则的行为，故孔子说是"德之弃也"。

　　孔子在这里斥责的并不是一种个人行为，而是衰世风习。"道听而途说"者，实即小道消息。"小道消息"见不得阳光，这阳光便是道德信仰，是价值判断，故而在崇尚道德的清明之世便会绝迹。而政治昏暗之日，价值观缺失，世风浇薄，浮躁成俗，道听途说之言便会批量地酝酿出来。因此消息虽自小道，而却非小事，它反映了群体信仰丧失、人心失去维系的群体精神状态。正是因为这个原因，孔子才对此与以关注，并表现出了忧虑，故伊藤仁斋说："此夫子叹后世道德之下衰也。"

　　如何挽救这种世风，只有从自己做起，蓄德积学，善言存乎心而养乎身，妄言入乎耳而不出乎口。如何对待小道消息，这与个人的修为是相联系的。有道德修为的人，绝不会轻传小道消息，而热心于传播小道消息者，绝非有道德修为的人。

17.15　官僚心态

子曰："鄙夫可与事君也与哉？其未得之也，患得之。既得之，患失之。苟患失之，无所不至矣。"

这一章疾官僚政客之流。

"鄙夫"是对庸俗鄙陋之人的蔑称。这种鄙陋之人，在官场上的表现，便是面对利禄尊位，没有得到时，百般设计，营营追求，惶惶未恐不得，即所谓"其未得之也，患得之"。既得到时，则又唯恐复失，故阿意求容，行私罔上，唯保位守爵是务，即所谓"既得之，患失之"。所谓"无所不至"，就是什么事都干得出来，即朱熹所说："小则吮痈舐痔，大则弑父与君，皆生于患失而已。"所以孔子说，这样的人实在不能共事。

孔子这里画出的是千古官僚政客的心态。古今眷恋利禄，贪图富贵者，无一不是如此。因他们唯得失是患，故什么卑鄙无耻的事情，都能做，也敢做。严格地说，他们只是官，不是人，因为他们只要官，不要人。随着欲望的发展，身上的人味也渐渐消失了。

17.16　人心不古

子曰："古者民有三疾，今也或是之亡也。古之狂也肆，今之狂也荡；古之矜也廉，今之矜也忿戾；古之愚也直，今之愚也诈而已矣。"

这一章伤世道之变。

古人与今人身上，都常犯有三种毛病，一是狂，二是矜，三是愚。"狂"

是轻狂，"矜"是自尊自大，"愚"是笨拙。但这三种毛病在古人与今人的身上却有了不同的表现。古人的"狂"表现出的是"肆"，即我行我素；而今人的"狂"表现出的则是"荡"，即放荡无礼。古人的"矜"，表现出的是"廉"，即直而难犯；今人的"矜"表现出的则是"忿戾"，即蛮横暴戾。古人的"愚"表现出的是"直"，即憨直无邪；而今人的"愚"则表现为"诈"，即以诈取利，挟私妄为。

古今的这种变化，所变的不仅仅是一种行事方式，而是人心，是世道，是价值观。在肆、廉、直的行为表现中，有一种道德原则存在，其所坚守的是自我的高洁与端直。故虽为"疾"，但德行还在。而荡、忿戾、诈则变成了恶行，其所失去的是道德原则，暴露出的则是礼义缺失。这无疑是世风日下、道德沦丧的说明。道德沦丧，阴阳失调，怨怒之气郁积，于是人人"荡"，个个"忿戾"，处处"诈"，故夫子深叹之。

17.17　巧言令色

子曰："巧言令色，鲜矣仁。"

这一章重出。详《学而》篇。

17.18　伤邪乱正

子曰："恶紫之夺朱也，恶郑声之乱雅乐也，恶利口之覆邦家者。"

这一章伤邪乱正。

"朱"是正红色，"紫"是蓝红合成的颜色，"郑声"是郑国流行乐，"雅乐"是正统的古典音乐。"邦"指国，"家"指卿大夫的领地。恶，憎恶；夺，取代。孔子认为：紫色比朱色虽更鲜艳，但毕竟是杂色，不是正色；郑声比雅乐虽更能满足人口耳之欲，但毕竟格调低俗萎靡，不能激人向上，不是正乐；伶牙俐齿虽然好听，但毕竟是巧言，而非实情。而这些，恰恰是最可恶、最可怕的，因为它们能变乱视听，混淆是非，以邪压正，倾覆家国。

孔子处在一个是非变乱的时代，看到天下的正道为世俗所弃置，鱼目混成了珍珠、王八混成了太岁、小人混成了君子、淫乐变成了主流，故深恶痛绝而又无可奈何。在他对颜色、音乐和语言的评断中，体现着以道德为原则的价值取向。无论是鲜艳的紫色，还是悦耳的郑声、动人的"利口"，人从中所获得的只是感官上的享受，体现着人欲的追求，而失去的则是是非判断，是道德坚持，是正确的价值导向，这危害是无穷的。林次崖说："朱色淡而紫色艳，紫与朱并陈，决然压倒朱；雅声正而郑声淫，雅郑并奏，决然压倒雅；利口之人变乱是非，正与夺朱乱雅对，覆邦家推出一步。"（《论语古今注》引）而这"覆邦家"，正是变乱是非的恶果。

17.19　不言之教

子曰："予欲无言。"子贡曰："子如不言，则小子何述焉？"子曰："天何言哉？四时行焉，百物生焉。天何言哉？"

这一章讲心悟之要，是专为礼乐之教而发的。

这应当是孔子晚年的言论，自己一辈子苦口婆心，实在不想再说了。这自然有些伤心，因为当政者并不听他说。子贡安慰孔子：如果老师不说，我们这些做学生的拿什么传述于世呢？孔子打了个比喻：天不说什么，可是四季运行，百物生长，这是不说之说，天的意思全在其中了。

孔子此处的思想与老子有点像，老子说："圣人处无为之事，行不言之教。"孔子也是想行不言之教，即让事实说话。孔子一生倡导礼乐，但礼乐的意义语言难以尽述，只有从礼乐的行事中才能充分体会到。礼乐不言，而先王之治已明其功，犹如天不言，而万物皆显其成。因此孔子希望弟子们能从礼乐中心悟其义。荻生徂徕说："盖先王之教，礼乐而已矣。……及孔子时，礼乐存而人识其义，故孔子明其义以教之，于是乎学者皆以为义止是焉。岂知言之为益小也，不可以广包莫所遗也。"（《论语征》）这个理解应该是对的。

17.20　不教之教

　　孺悲欲见孔子，孔子辞以疾。将命者出户，取瑟而歌，使之闻之。

　　这一讲孔子教诲之一法。

　　孺悲是鲁国人，鲁哀公曾派他向孔子学习士丧礼。这样说来，也算是孔门中人了。疾，病；将命，传话的人。孺悲不知什么地方做错了，故来见孔子，孔子却以病为由，推辞不见他。当传话的人刚出门，孔子拿起瑟弹唱起来，故意让孺悲听到。

　　孔子这种行为，完全不合于正常待客之道，故有人以为孔子疾恶之甚，甚至认为孔子有失礼数，因为按中国传统礼仪，"有拳不打上门客"。但要知道孔子面对的是一个不省事、不记心的学生，不用这种过激的方式，便不能让他长记性。上一章是不言之教，这一章是不教之教。老师生了气，学生心里自然怕；气生得越大，学生心里越怕，不由不刻骨铭心，痛改前非。这也是一种教育方法。故《日讲四书解义》说："圣人之教思无穷，于此可见一端云。"《论语》记孔子对学生，有严斥痛骂者，有拒而不见者，这都是根据不同对象、不同情况所采取的不同教育方法。

17.21　三年之丧解

　　宰我问："三年之丧，期已久矣。君子三年不为礼，礼必坏；三年不为乐，乐必崩。旧谷既没，新谷既升，钻燧改火，期（jī）可已矣。"子曰："食夫稻，衣夫锦，于女安乎？"曰："安。""女安则为之。夫君子之居丧，食旨不甘，闻乐不乐，居处不安，故不为也。今女安，则为之！"
宰我出，子曰："予之不仁也！子生三年，然后免于父母之怀，夫三年之
丧，天下之通丧也。予也有三年之爱于其父母乎？"

这一章讨论三年之丧礼。

宰我名予，是孔门中观念与孔子有诸多不同的学生。没，完；升，登，成
熟。"改火"指改换取火的木头。古人钻木取火，每季所用木头不同，每年换
一轮。期，指一周年；旨，美食；居处，日常生活；免，离开；通丧，通行的
丧礼。宰我认为，父母死后，服丧三年，时间有点太久。因为服丧期间，在饮
食起居方面有许多禁忌，礼仪不能正常行，音乐不能正常作。这样，三年不为
礼，不作乐，礼乐也会为之崩坏。不如改为一年。这一年，旧粮吃完了，新谷
登场了，取火的木头也换一轮了，这样也就可以了。孔子对宰我的说法很是反
感，但没有直接反驳，而是质问：仅一年你便结束对父母的哀思，吃白米、穿
绸缎，享受起生活来，你心能安吗？宰我毫不思索地直接回答说：这没有什么
不安的。于是孔子没有好气地说：只要你心安，你就去做吧！君子守丧，是因
为再好的东西吃着也不觉美，再好的音乐听着也不觉得开心，至于铺草苫、枕
土块，仍坐不能宁、卧不能安，思亲之心，切切于怀，所以不去那样享受生
活。你既觉得心安，你就去做！宰我受了老师的训斥，不服气，也不好争辩，
只好离开。这时孔子真发火了，他骂宰我"不仁"！子爱其亲，本属天性，没
想到宰我对生养自己的父母竟然如此薄情。孔子认为：人为父母必须守丧三年
的原因，是因他生下来三年之后，才能离开父母的怀抱。服丧三年是为了报答
父母之恩。故三年服丧便成了天下的通则。宰我也是做儿子的，难道他的父母
对他就没有三年怀抱之恩吗？然而他却耐不得三年，像完成任务似的一年就想
了事，其心何其忍也！

这里值得注意的有三个问题。第一，三年之丧的理论根据，是回报"三年
怀抱之恩"。父母为子，三年全身心投入，子也应当以三年时间，全身心为
父母服丧。父母之于子女的恩德，远远不是三年能报尽的，三年只是一个最
低限的报答。第二，不能守丧便是"不仁"。在这世界上，对自己最有恩的
人就是父母，如果连父母之恩都可以轻易忘记，为了父母，自己都受不得委

屈，不能牺牲利益，他还会以仁心待别人吗？孔子责宰我，实是教天下万世。

第三，孔子与宰我的矛盾，主要是价值观的冲突。孔子是从情感与道德的角度来认识三年之丧问题的，认为不如此不足以尽孝思之情，不如此也不足以安孝子之心。宰我则是从功利的角度考虑的，认为三年废时失日，影响正常工作、生活，不值。他把服丧看作是单纯的形式，认为是一种负担，完全忽略了其中蕴含的道德意义。孔子是为万世计，是要用这种方式保全人的良心，培植人的德行。捉住人的这一点感恩之心进行教育，人心才能厚道，风俗才能淳朴起来。宰我则是为眼下计，只觉得三年麻烦，而不知他所采用的减法，减去的并不只是守丧的日期，而是人的良心。照他的说法去做，以功利为原则，世风必日趋浇薄。中国社会周期性的世风败坏，无一不是因功利主义高扬造成的。败坏的世风对人心造成的伤痛，是获得的丁点物质利益根本无法补偿的。

17.22　没法治的老爷病

子曰："饱食终日，无所用心，难矣哉！不有博弈者乎？为之，犹贤乎已。"

这一章讥刺无所事事的贵族老爷。

整天吃饱了饭没事干，什么心也不操，这样的人是没得治的。连街边闲得下棋的人都不如。博，六博；弈，围棋，这是古代的两棋类游戏。贤，强，胜过。指下棋游戏比无所用心都强。

"饱食终日，无所用心"，这八个字，活画出了官场养尊处优的老爷态。每个人都有应该做、能够做的事，但这些人却从来不思考，天下、国家全不在心上。老百姓还要为衣食发愁，而他们则锦衣饱食，万事不忧，无所用心，如同走肉。"神仙不治无心人"，面对这种没有心肝的人，孔子一是表示无奈，二是表示不屑。而孟子则干脆骂这类人："饱食暖衣，逸居而无教，则近于禽兽。"

17.23　君子尚义不尚勇

　　子路曰："君子尚勇乎？"子曰："君子义以为上。君子有勇而无义为乱，小人有勇而无义为盗。"

　　这一章讲以义制气的学问。

　　子路好勇过人，也希望老师能对自己的这一优点做出肯定，所以提出"君子尚勇"的问题，请教孔子。孔子则有意压制子路的好勇之心，因此很干脆地把这个"勇"字按倒，而抬出了"义"字。并指出：君子如果有勇而无义，就会犯上作乱；小人如果有勇而无义，就会做盗贼。君子、小人在这里是指地位言。

　　这就是说，君子尚义不尚勇，"勇"必须以道义为原则。义者，为当为之事，有了"义"自然就有了"勇"。义而勇，是仗义的勇，如舍己救人之类；无义之勇，是血气之勇。一味地"勇"，其结果必然是"为乱"、"为盗"，是绝对要不得的。

17.24　七种讨厌的人

　　子贡曰："君子亦有恶乎？"子曰："有恶。恶称人之恶者，恶居下流而讪上者，恶勇而无礼者，恶果敢而窒（zhì）者。"曰："赐也亦有恶乎？""恶徼（jiǎo）以为知者，恶不孙以为勇者，恶讦（jié）以为直者。"

　　这一章讲圣贤所厌恶的七种人。

　　这是孔子与子贡关于憎恶问题的讨论。子贡提出了命题：君子是否有所憎恶。孔子回答说有，子贡说自己也有。于是师徒分别列举，共提出了七种犯人恶的人。孔子举了四种：

第一种，"称人之恶者"。即宣扬别人坏处的人。这种人心眼不好。

第二种，"下流而讪上者"。即诽谤上级的人。这种人目无尊长。下流，指居下位；讪，诽谤。

第三种，"勇而无礼者"。即勇敢而不懂礼节的人。这种人好犯上作乱。

第四种，"果敢而窒者"。即固执而凶狠的人。这种人不明事理。窒，通"恎"，凶狠。

子贡举了三种自己所讨厌的人：

第一种，"徼以为知者"。即抄袭他人成果的人。此即今所说的窃取别人知识产权者，这种人是文化窃贼。徼，窃取，抄袭。知，同"智"。

第二种，"不孙以为勇者"。即把傲气当勇气的人。这种人爱吹牛。孙，同"逊"。

第三种，"讦以为直者"。即揭别人隐私而自以为直率的人。这种人不厚道。讦，揭人隐私。

这七种人，也是世人所讨厌的。孔子所讨厌的四种是悖德之人，子贡所讨厌的三种是乱德之人，更多了一层作伪之心。乱德、悖德都是缺德，若要不被人憎恶，只有修德。朝鲜魏伯珪说："众人之好恶，一己之同异而已；圣贤之好恶，公天下之善恶，好恶之正也。读书者苟能以圣贤所恶七事惕然自省，而化其气质，则上可以为君子，下不失全身保族。七事有一于身，亡身破家；其或幸生，六亲俱离，乡里共弃。"（《读书札义·论语》）

17.25　爱妾娇子最难教养

子曰："唯女子与小人为难养也，近之则不孙，远之则怨。"

这一章讲齐家问题。

女子指婢妾。小人指小孩，是对大人而言的。养，教养，调教。在齐家问题上，最难调教的两种人，一是婢妾，一是孩子，这都是自己身边至亲至爱的人，在自己面前，他们共同的表现是，爱撒娇、爱弄赖，可是还必须对他们教育。爱须亲昵，而教育又必须严厉。太亲昵了，他们便会对你无礼，拔胡子、捏鼻子，无法施教。太严厉了，又会生怨气，以为你不爱他们了。小老婆难管，孩子难教，这是旧日士大夫齐家所遇到的最大难题，当然也是孔夫子的亲身体验。所以冯班说："家不齐多由女人，女人最难安放。"(《钝吟杂录》卷二)

今人多以此处的女子泛指女人，小人指奴仆，故据此认为孔子轻视女性，蔑视劳动人民。需要说明的是，孔子此言是从生活中总结出来的，一定要有这样的生活经验才会有这样的结论。那么孔子接触的女性是什么人呢？而且是与他有怎样关系的女性，才敢对他"不逊"和"怨"呢？显然不会是长辈如姑、姨之类，也不会是姐妹或他人之妻，只有他自己的女人，而且小妾的可能性最大。看今之二奶、小三之类，有几个不是"不逊"与"怨"兼施的？其次关于"小人"，如果说是奴仆，鞭挞受责本属常见，何来"不逊"与"怨"的问题？在礼制社会里，哪个奴仆敢对主子"不逊"？又有哪个敢"怨"？这些问题，只要抛弃成见，从自己的生活中认真体会，自然便会明白。就普遍情况而言，对一个男人来说，在这个世界上最难对待的人是谁？就是自己的女人和孩子。别的人都能放得下，唯独这两种人深不得浅不得，近不得远不得。给这两种人很难讲理，此即所谓的"难养也"，难道不是吗？于是人们便得出了"老婆要哄"、"子不自教"的经验。

17.26　四十岁没长进，一辈子就完了

　　子曰："年四十而见恶焉，其终也已。"

这一章责人恶习不改。

见恶，被憎恶；终，结束一生；已，完了。大意是说：如果到四十岁了，还无长进，恶习不改，那一辈子就完了。

在古人看来，四十是一个道明德立的年龄，所以有"四十不惑"、"四十不动心"、"四十强而仕"之说。人四十岁就完全成熟了。对身边的许多事情

都能看清、看透了，同时进德修业，一些原来的毛病也会在学习、生活中逐渐克服，迁过改善。否则便一生无望。孔子这话显然是有所指的。他看到了身边此人，一直没有长进，所以发出了这样的感叹。同时以此来勉励人们及时进德修业，不可徒贻老大之悲。范祖禹说："四十者，君子成德之时也，故无闻不足畏，见恶则终身无善矣。是以君子学如不及，犹恐失之，进德修业，欲及时也。"（《论孟精义》引）

微子第十八

18.1　殷末三人

微子去之，箕子为之奴，比干谏而死。孔子曰："殷有三仁焉。"

这一章论殷朝的三位贤人。

微、箕是两个国名，子是爵号。微国之君微子是殷纣王同父异母的兄长，箕子和比干是纣王的父辈。殷朝末年，纣王无道，微子数谏，因不听，便远离而去，殷亡后，被封于宋；箕子数谏，因不听，便佯狂为奴，被纣关了起来，武王灭商后，才被放出来；比干数谏，因言辞耿直，结果被剖心而死。孔子称道这三人。"殷有三仁"依下文所言"周有八士"例，仁，当从另本作"人"。

前人以"三人"为"三仁"，认为"三人行异而同，称仁以其俱在扰乱宁民"，实则这种行为与孔子所倡导的"仁"难以凑合。孔子称道此三人，是因在衰世能遇此三人，甚是难得。微子智者，以"去"醒纣；箕子狂者，以"奴"怒纣；比干直者，以"死"警纣。此三人，足以使良知未泯者开悟，而免于灭亡。但纣顽恶不化，这也是天命。殷末有此三人，是殷之大幸；纣终不开悟，是殷之不幸。"周无三人焉"，更是大不幸！

18.2　柳下惠守道

柳下惠为士师，三黜。人曰："子未可以去乎？"曰："直道而事人，焉往而不三黜？枉道而事人，何必去父母之邦？"

这一章讲柳下惠守道不违之行。

柳下惠是鲁国的贤人。"士师"是掌刑狱的官。柳下惠曾做过鲁国的典狱官，三次被罢免。黜，罢免。但他也没有因此怨恨而离开父母之邦。有人劝他离开，因为在当时，士择主而事，合则留，不合则去，已属常见。像孔子就离开了鲁国去别处谋职。柳下惠则认为：在那个时代，不改变正道直行的品格而从事工作，到哪里都会被罢免；如果屈节从事，阿意奉人，在鲁国也能做官，何必离开？

柳下惠坐怀不乱，守身如玉，成为千古美谈。这里所讲述的"三黜"故事与"坐怀"故事，本质是一致的，都是说他能坚守正道。他之所以会被"三黜"，是因为坚持"直道"；他之黜而不死心，有机会还要复出，是为了行"直道"；之所以三次打击也不肯离"父母之邦"，是因为知天下无处可行"直道"。他不是那种要官不要脸的人，而是把人格、把行道看得比官重要。做官是为了有权行"直道"，若道不能行，则官宁愿不要。这便是他的高尚处。这样的人在春秋之末实在太少了。此所以载之《论语》，正是为了立范于万世。

这一段话与孔子没有关系，必有脱文。或前有"子曰"，或后有孔子的断语。

18.3　孔子去齐

齐景公待孔子曰："若季氏，则吾不能；以季、孟之间待之。"曰："吾老矣，不能用也。"孔子行。

这一章讲孔子去齐之事。

孔子是当时国际知名度很高的人物。当日礼贤之风已在诸侯间兴起，故齐景公想礼待孔子。他向孔子表示了两个意思，一是待遇问题：像鲁国的季氏那样做上卿，这难办到；像孟氏那样做下卿，则有些委屈。介于二者之间，则还可以。二是实职问题：自己老了，也无力用贤了。意思是不能用孔子做事。孔子于是决定离开齐国。

　　齐景公的意思是，只让孔子做官，享受荣誉、待遇，不让孔子做事。而孔子到齐国的目的则是想干大事，做不做官倒无所谓。如果不能有所作为，再大的官也没有意义。齐景公显然是以世俗的心态来认识孔子的。因为世俗文士，名利重于事业。殊不知孔子是只要事业，不要名利。孔子之所以为孔子，正在于此。

18.4　孔子去鲁

　　齐人归女乐，季桓子受之，三日不朝。孔子行。

　　这一章讲孔子去鲁之事。

　　归，同馈，赠送。女乐，歌舞伎。季桓子，鲁国的执政大臣季孙斯。齐国赠送鲁国一群歌舞女伎，目的是要用声色侵夺鲁君臣之志。季桓子上钩了，接受这鸦片式的礼品，遂至于淫于声色，三天不上朝。鲁国没有希望了，孔子只好离开。

　　孔子去齐，是因为齐"不能用"；去鲁，则是因为虽能用而不能有为。孔子要的是大作为，复兴礼乐于东方。当时孔子在鲁做大司寇，相当于最高法院院长，官位显赫。然而他扔掉这顶官帽像扔掉一双草鞋一样容易。原因在于，他不是为了做官，而是为了做事。事做不成，官便没了意义。

18.5　楚狂接舆

　　楚狂接舆歌而过孔子曰："凤兮凤兮！何德之衰？往者不可谏，来者犹可追。已而已而，今之从政者殆而！"孔子下，欲与之言。趋而避之，不得与之言。

这一章讲接舆点化孔子。

接舆是楚国的一位因不满现实而装疯的人。孔子到楚国，遇上了他。他知道是孔子，便唱着歌从孔子车旁走过，专门让孔子听见。凤是一种吉祥鸟，传说只有天下有道时才出现。接舆把孔子比作凤鸟，但觉得现在天下无道，为何要出来求仕？所以说他为何如此"德衰"。并提醒他：过去的无可挽回，未来还可补救。不必要这样瞎折腾了，现在的执政者都很危险。孔子听着歌，下车想与他说话，他匆匆避而不见。殆，危险；辟，同"避"；而，语助词。

接舆显然不是普通人，他以凤比孔子，说明他知道孔子的才德；他避世不仕，说明他识时务。孔子想"与之言"，说明孔子也看出了他的才智；他不与孔子言，是因为他把该说的话已说了，知再多言也没用。从"今之从政者殆而"的歌唱中，可知他想劝孔子全身远世，而孔子却是舍己救世，哪能听他的？

18.6 长沮、桀溺

　　长沮、桀溺耦而耕。孔子过之，使子路问津焉。长沮曰："夫执舆者为谁？"子路曰："为孔丘。"曰："是鲁孔丘与？"曰："是也。"曰："是知津矣。"问于桀溺。桀溺曰："子为谁？"曰："为仲由。"曰："是鲁孔丘之徒与？"对曰："然。"曰："滔滔者天下皆是也，而谁以易之？且而与其从辟人之士也，岂若从辟世之士哉？"耰（yōu）而不辍。子路行以告。夫子怃（wǔ）然曰："鸟兽不可与同群，吾非斯人之徒与而谁与？天下有道，丘不与易也。"

这一章讲孔子遇长沮、桀溺之事。

长沮、桀溺是楚国两位隐士。耦而耕，指合力耕作；津，渡口。执舆，执辔；而，你；辟，同"避"；耰，本是平土覆种的农具，这里指覆种。怃然，失意貌。徒，同类；易，改变。大意言：孔子到楚国，遇到了合力耕作的长沮、桀溺。他让子路向他们打问渡口的事。长沮知道了是孔子师徒，便冷冷地说了一句：那他是知道的了！意思是，他把天下都跑遍了，还不知道渡口在哪儿吗？桀溺则说：如今世道滔滔，如江河日下，不可复返，这种情况谁能改变呢？你跟着他，今天躲避昏君到齐，明天躲避乱臣到楚，现在的人都坏透了，你能躲得来吗？与其跟着躲避人的人，还不如跟着逃避世道的人离群远俗，也不会有那么多的烦恼了。桀溺回答完子路，头也不抬地劳动起来，表示对子路很冷漠。子路把这情况告给了孔子，感到很失落。因为对方不理解自己。他认为：人不能与鸟兽为伍，只能生活在人间，与人打交道。说什么天下无道"谁以易之"，而自己正是因为天下无道才如此奔波的。如果真是民安物阜，天下有道了，自己也就不必要这样了。

　　沮、溺之意有二：一，天下乱透了，谁也治不了；二，到处奔走去躲避不善之人，不如避世自好。孔子的意思亦有二：一，人不能脱离社会独自生活，一个人成不了世界；二，天下有道便用不着自己费心，修复世道人心正是自己的责任。这里体现出的是孔子的社会责任感与担当精神。孔门后学记载这个故事，主在以沮、溺避世自洁之行，来陪衬孔子的救世苦心。孔子乐以天下乐，忧以天下忧，至于避天下以自洁，显然他是不愿意的，因为他心里放不下天下苦难的人。

18.7　荷蓧丈人

　　子路从而后，遇丈人，以杖荷蓧（diào）。子路问曰："子见夫子乎？"丈人曰："四体不勤，五谷不分，孰为夫子？"植其杖而芸。子路拱而立。止子路宿，杀鸡为黍而食之。见其二子焉。明日，子路行以告。子曰："隐者也。"使子路反见之。至，则行矣。子路曰："不仕无义。长幼之节，不可废也；君臣之义，如之何其废之？欲洁其身，而乱大伦。君子之仕也，行其义也。道之不行，已知之矣。"

这一章记子路遇荷蓧丈人之事。

子路从孔子出行，落在了后面，遇到一个老人，用拐杖挑着蓧。蓧是古代南方人耘田所用的竹器。子路向老人打听孔子的消息，结果被老人数落。"五谷不分"指不种植五谷。分，假为"粪"，即肥田。"孰为夫子"，即何得为夫子。这是指责他们不劳动到处乱跑，像是不务正业。"植其杖而芸"，指扶着拐杖除草。子路觉得老人非寻常人，故拱手而立，表示敬意。过后老人把子路领回家，留他住下，并杀鸡蒸黍招待他，又叫两个儿子与子路见面。第二天，子路赶上孔子，把这事告了老师。孔子一听就知是一位隐士，便叫子路再回去看看。老人不在家，子路便留让他的儿子转告孔子的意思：不出仕不合于道义。长幼之节尚且不可废，何况君臣大义！不能因洁身自好，而破坏了君臣伦理关系。君子做官，并不是贪图利禄，而是要行义于天下。至于主张行不通，自己是早就知道的。

荷蓧丈人以隐居为义，孔子师徒则以出仕为义；荷蓧丈人以不仕乱世而自洁其身为高，孔子师徒则以不仕为乱君臣大伦。越南范阮攸说："丈人徒知不仕之为洁，而不知仕之为义；徒知长幼之伦不可废，而不知君臣之义无所逃。圣人惜其隐而固也。"（《论语愚按·仪圣类》）荷蓧丈人不仕是因为"道之不行"，而孔子求仕追求的不是"行道"而是"行义"。"行义"是为了"明道"，是为了证明天地间正义的存在。天下有道则"行道"，"道之不行"则"明道"，"明道"是为了使道不至绝。所以尽管已知"道之不行"，还是不辍其行。

18.8　无可无不可

逸民：伯夷、叔齐、虞仲、夷逸、朱张、柳下惠、少连。子曰："不降其志，不辱其身，伯夷、叔齐与？"谓柳下惠、少连，"降志辱身矣，言中伦，行中虑，其斯而已矣。"谓虞仲、夷逸，"隐居放言，身中清，废中权。我则异于是，无可无不可"。

这一章讲三类隐者之行。

逸民，指有德而不仕的人。这里举了七人，其中虞仲、夷逸、朱张、少连等四人身世无考。孔子把七人分为三类。第一类"不降其志，不辱其身"，即既不降志屈人，又不屈节辱身，像伯夷、叔齐就是这样。

第二类虽"降志辱身",在浊世之中,但能"言中伦,行中虑",即言合于义理,行当乎谋虑,柳下惠、少连即此类。丁若镛说:"伦,理也;虑,度也。言事必当于义理,则言中伦也;行己动合于虞度,则行中虑也。"(《论语古今注》)中,符合。斯而已,言仅此而已。

第三类"隐居放言,身中清,废中权",即隐居自适,肆意放言,但行为洁廉,取舍经过权衡,不害义伤教。虞仲、夷逸即此类。废,被舍弃的东西;权,权衡、称量。

这三类,第一类是"节而不屈"者,第二类"和而不同"者,第三类"放而不乱"者。这几种人品行都高,孔子把自己也放入了"逸民"之列,但与他们的选择不同,自己的原则是"无可无不可",即没有什么可以,也没有什么不可以,全在灵活处置。这是一个很高的境界,因为形式已被淡化,只求精神本质,只要不违背道义原则,怎么做都可以,不一定要坚持某种行为方式。故伊藤仁斋说:"'无可无不可'者,义之尽而道之全也。"(《论语古义》)

18.9 礼崩乐坏

大师挚适齐,亚饭干适楚,三饭缭适蔡,四饭缺适秦,鼓方叔入于河,播鼗(táo)武入于汉,少师阳、击磬襄入于海。

这一章讲周末乐人奔散的情况。

大师是乐官之长,亚饭、三饭、四饭都是乐官名。据《白虎通·礼乐》篇言,天子四饭,诸侯三饭,每食举乐。挚、干、缭、缺都是乐人的名字。鼓方叔、播鼗武、击磬襄分别是击大鼓、摇小鼓、击磬等乐师的名字。鼗,小鼓。少师也是乐官,阳是人名。这是说,因为礼乐崩坏,这些人也无职可守,于是都散伙了。太师挚去了齐国,亚饭干去了楚国,三饭缭去了蔡国,四饭缺去了秦国,打鼓的方叔去河内,摇小鼓的武到了汉水,少师阳和击磬的襄去了海滨。

这班人马,前人多认为是春秋鲁国的乐官。但这里有四饭乐官,不应当属于诸侯。根据《汉书·古今人表》注引郑玄说,师挚是周平王时乐师,这应该是平王后、春秋初"礼乐征伐，自诸侯出"的时代开始，王朝礼崩乐坏、乐人流散的情况。

18.10　周公家训

周公谓鲁公曰："君子不施其亲，不使大臣怨乎不以。故旧无大故，则不弃也。无求备于一人。"

这一章记周公教子。可视作周公家训。

鲁公指周公的儿子伯禽，封于鲁，故称鲁公。这家训共有四条。第一，亲亲。施，同"弛"，言怠慢。"不施其亲"，即不因自己地位高就怠慢亲属。因亲亲之道不笃，则九族难和，国本难固。第二，任贤。以，用。"不使大臣怨乎不以"，即不能让大臣抱怨自己的才不得其用。意谓：大臣是之股肱，必须大胆任用，使其各展其长，勿使有信任不专之疑。第三，录旧。"故旧无大故，则不弃也"，即旧友老臣无大过，不要抛弃。因为这些人与自家曾是休戚与共，有这层历史关系，故不可与常人一同对待，这样则不失忠厚之道。第四，用人。"无求备于一人"，即对人不要求全责备。若求全责备，求才之路就会变窄变小，大量人才便不得其用。

周公的家训，是为有国的设的。刘宗周说："圣人以仁厚培国脉，蔼然有一体充周而无间之气象。此其所以称隆与？亲亲，睦九族也；眷旧，叙勋庸也；敬大臣，重股肱也；量能任使，惜人才也。四者皆自君子至仁中流出，得王道致治之要矣。"（《论语学案》卷九）

18.11　周有八士

周有八士：伯达、伯适、仲突、仲忽、叔夜、叔夏、季随、季骓。

这一章记周八士。但所记八士，行事无考。故朱熹说："或曰成王时人，或曰宣王时人。盖一母四乳而生八子也。然不可考矣。"杨慎说："汲冢《周书·克殷解》：乃命南宫忽振鹿台之财，乃命南宫百达、史佚迁九鼎三巫。疑南宫忽即仲忽，南宫百达即伯达也。《尚书》有南宫括，疑即伯适也。则八士者，南宫氏也。以为成王时人近之。"（《丹铅续录》卷二）这当是叹周兴人才之盛，对比于周衰之时，孔颜野处，贤人隐遁，乐人流散，不禁叹息。

这一篇所记有几则与孔子无关。前人或以为是孔子口述之事，弟子记之，遂编于此。

子张第十九

19.1　士行四则

　　子张曰："士见危致命，见得思义，祭思敬，丧思哀，其可已矣。"

　　这一章讲士人行为、立身之则。

　　子张这里讲了四点，一，遇到危险敢于"致命"，即付出生命；二，见有利可图时不忘道义；三，祭祀时心怀恭敬；四，居丧时心念哀伤。只要做到这四点，也就可以了。

　　"见危致命"则不偷生，"见得思义"则不贪财，"祭思敬"则见心之诚，"丧思哀"则见情之真。蔡清说："世间惟利害至重，今见害不苟去，见利不苟就；世间惟丧祭最重，今祭能思敬，丧能思哀，则大节无亏，其亦可矣。"（《四书蒙引》卷八）

19.2　执德信道

　　子张曰："执德不弘，信道不笃，焉能为有？焉能为亡？"

　　这一章言学者之病。

　　弘，借为"强"，指坚强；笃，坚固。持守德行，信奉大道，孔门弟子都可以做到。但关键是，执守德行需要坚强，大道需要坚信不疑。而学者之病则大多出在"不弘"、"不笃"上。不知坚守德行，则便与世俗同流；不笃信大道，则便会随从道听途说之言。这种对道德"不弘"、"不笃"的人，对社会是没有意义的。焉，何，"焉能为有？焉能为亡"，言有他无他都没有关系。

子张的意思是要坚持道德，躬行用世，如果混同如凡夫，那便"枉为天下读书人"了。故宋儒饶鲁氏说："执德弘者器局大，信道笃者志操坚，如此方是世间一个卓然底人。若执德既不能弘，信道又不能笃，这般人虽有之，亦不足以为当世重；无之亦不足以为当世轻。"（《论语集注大全》引）

19.3 结交的四项原则

> 子夏之门人问交于子张。子张曰："子夏云何？"对曰："子夏曰：'可者与之，其不可者拒之。'"子张曰："异乎吾所闻：君子尊贤而容众，嘉善而矜不能。我之大贤与，于人何所不容？我之不贤与，人将拒我，如之何其拒人也？"

这一章讲子夏子张论交之异。

交指与人结交、交接。子夏的学生向子张请教结交人的事，并向子张介绍了子夏的意见。子张表示自己所知有所不同，于是发表了自己的看法。子夏的观点是"可与可拒"，即可与相交的就交，不能相交的就拒绝。子张觉得子夏的作风与自己从老师那里听来的不同。老师的教导是："尊贤而容众"，即尊重贤人，宽容普通人；"嘉善而矜不能"，赞美善行，同情弱者。矜，同情。自己很贤良，就应该能包容人，自己非贤，用不着拒绝别人，别人就已拒绝了自己。

这里重点要表述的是子张从孔子那里得来的交人的四项原则，即尊贤、容众、嘉善、矜不能。这表现出的是一种宽容大度的大乘气象。伊藤仁斋说："尊贤则道立，嘉善则学进。而亦能容众，则不弃人；矜不能则能济物，此圣门之法言，学者之所当尽心而受用也。"（《论语古义》）

19.4　"致远"者不为"小道"

子夏曰："虽小道，必有可观者焉，致远恐泥，是以君子不为也。"

这一章讲君子择业之严。

小道指技能，如农医工商之类。致，达到；远，指远大目标；泥，泥滞，妨碍。子夏的意思有两点：一，小道也有意义，因为他能对人的生活带来方便。二，君子不为小道，是因为怕妨碍远大目的实现。伊藤仁斋说："小道多便于事，且见效速，故俗士庸辈多悦为之。然致之于远，则泥而不通。故虽有可观者，君子不为也。"（《论语古义》）

19.5　日就月将

子夏曰："日知其所亡，月无忘其所能，可谓好学也已矣。"

这一章讲好学之法。

"所亡"指自己所未知；"所能"指自己已掌握的知识。大意言：每天知道所未知的知识，每月复习已学得的旧知识，这样就算得上是好学了。

"知其所亡"，必然努力去学；"无忘其所能"，则不会弃已所得。如此"日就月将"，日有所就，月有所进。这正是好学之法。丁若镛将此与"温故知新"联系了起来，认为"日知，知新也；月无忘，温故也。知新急，故言日；温故缓，故言月"。（《论语古今注》卷十）

19.6　求仁四法

子夏曰："博学而笃志，切问而近思，仁在其中矣。"

这一章子夏讲求仁之法。

如何进身于仁的境界，这始终是孔门中所思考、所追求的一个问题。子夏这里根据自己的体验，谈了四种方法：博学、笃志、切问、近思。即广泛的读书学习，牢固地树立志向，恳切地向人请教，思考身边的具体问题。这样仁便在其中了。

"博学"则不滞于陋，求之也精；"笃志"则不流于俗，信之也实；"切问"则无泛泛之弊，而可把握本源；"近思"则无务远之弊，而能不离实际。如此进德修业，自然不会去仁太远。

19.7　道由学成

子夏曰："百工居肆以成其事，君子学以致其道。"

这一章讲非学无以成道。

百工，指各行各业的工匠；肆，作坊。工匠通过作坊来完成产品，君子通过学习来把握大道。百工制器，君子成道，所从事的职业不同，其道理则一，都必须勤其业，才能成其功。道不远人，由人自致。要想明事理，通大道，则非学不能。

19.8　小人文过

子夏曰："小人之过也必文。"

这一章讲小人对待错误的态度。

文是掩饰。小人犯了过错一定要掩饰，为自己的错误辩护。不知错、不认错、不改错，这是小人的特点。"文过"是欺人，"文过"必不愿改过，这是自欺。认错、改错，需要明智，也需要勇气。小人鼠目、鼠胆，既不明，也无勇，只知眼下"逃生"，不图未来长进，因此永远也成不了君子。子夏之言，可以为文过饰非者戒。同时，凡"文过"者，皆小人之流也。

19.9　君子的三种状态

> 子夏曰："君子有三变：望之俨然，即之也温，听其言也厉。"

这一章形容君子的中和气象。

"三变"指君子状态的变化。俨然，庄重之貌；温，指面色温和；厉，指言辞严正不苟。这是说：君子有三种不同的状态：远看他神态庄严，接近他觉温和可亲，听他说话严厉不苟。这是君子修养所形成的气象。张栻说："望之俨然，敬而重也；即之也温，和而厚也；听其言也厉，约而法也。夫其望之俨然，若不可得而亲也，及其即之则温焉；即之也温，若可得而亲也，而听其言则厉焉。其为三变，岂君子之强为之哉，礼乐无斯须而去身，故其成就发见如此。"（《论语解》）

19.10　取信两头

> 子夏曰："君子信而后劳其民；未信，则以为厉己也。信而后谏，未信，则以为谤己也。"

这一章讲信任为事上下之道。

厉，伤害；谤，诽谤。这是说："信"是君子交接上下的法器。只有民信，才能使民出力劳役，否则便会被认为是虐待。只有君信，才能向君直言进谏，否则就会被认为是诽谤。

上取信于君，下取信于民，这样才能有所作为。事无信不成，但如何取信？这则要从自我做起。戴溪说："欲信人，先从自信起。自信甚难，所谓有诸己者是也。至于使人信己，是使他人之心如我之心也，不是自信得熟，何以及此？那件事不是信了，方做得成？故学问先从信起。"（《石鼓论语答问》卷下）

19.11　大体与小节

子夏曰："大德不逾闲，小德出入可也。"

这一章讲人当根据事之大小而采取不同态度。

大德，指大体；小德，指小节。闲，木栏，引申指界限。"逾闲"即超越界限。此言大是大非问题，不能苟且，必须按原则来。对于细节问题，则可以有所出入，不必太拘泥。

俗话说："成大事者不拘小节。"也是这个意思。而常人容易犯的毛病是，拘谨于小事小节，却忽略了大局。葛屺瞻说："道理虽要完全工夫，却难并进。若小处顾得太周匝，恐于大处却不免有违碍。"（《四书讲义困勉录》卷二十二引）

19.12　子夏的教育理念

子游曰："子夏之门人小子，当洒扫应对进退，则可矣，抑末也。本之则无，如之何？"子夏闻之，曰："噫，言游过矣！君子之道，孰先传焉？孰后倦焉？譬诸草木，区以别矣。君子之道，焉可诬也？有始有卒者，其惟圣人乎？"

这一章讲子夏论施教有序。

子游是子夏的老同学，他有点瞧不起子夏，认为子夏的学生，学得的都是"末"，而不是本。像洒水扫地、进退应对之类的小礼小节，固然还可以，而"本"则没有学到。他说的本，应该是指《诗》、《书》、《礼》、《乐》。小子，指学生中的年幼者；抑，但是，不过；洒扫，洒水扫地；应对，对答，指应对客人；进退，举止行为，指接待客人时的礼仪周旋。

子游的话传到了子夏耳朵里，子夏表示很不满，并给予子游激烈回应。大意是说："君子之道"，咱们俩是谁先学的？又是谁先停的？这像草和木一样，大小区别不是显而易见吗？"君子"和下面的"圣人"，都是指孔子。子夏入师门早，离开的晚，子游则是入门晚，离开的早，所以子夏才这样说。他把自己比作木，把子游比作草，表示自己受君子之教要比子游多得多，子游只是棵小草，没有资格批评自己。而且自己的这一种教育方式，就是从孔子那里得来的，子游不应该诬蔑。像如此根据规律按次序有始有终地教授学生的方法，也只有孔子才能创造出来。倦，罢；诬，诬蔑。参黄怀信《论语汇校集释》。

子夏之意有二：一，教育内容有先后、始终之序，不可颠倒。二，这套教育规律是孔子创制的，不可轻诬。子夏与子游理念的最大不同在于，子游把教育内容分为本末，认为应该抓"本"而舍"末"。子夏则易本、末为始、卒，认为教育内容有先教者，有后教者，不可厚此薄彼。蔡清说："'本'、'末'二字，子游以大学、小学言，差了。盖大学、小学可以分先后，而不可以言'本'、'末'。子夏以'始'、'卒'二字替他，便见子夏见识高于子游，此笃实之效也。"（《四书蒙引》卷八）

19.13　工作与学习

子夏曰："仕而优则学，学而优则仕。"

这一章讲工作与学习关系的处理。

优，有余力；仕，做官，工作。做官有余力则可以学习，学习有余力则可以做官。

子夏这里讲的是一种生活方式。有两层意思：一是"仕"和"学"应当先尽其事而后再及其余，二是"仕"与"学"不可偏废。学习是提高，工作是实践。因此，做官的一定需要学习，学习的一定要工作。凡"仕而优则学"的官员，都是追求上进的，即使差，也差不到哪里去。"仕而优不学"的官员，即使好，也好不到哪里去，因为他心里没有提高自己的概念。

19.14　丧致乎哀

　　子游曰："丧致乎哀而止。"

此言丧主哀戚之义。

致，通至，尽。言丧事做到尽哀戚之情就可以了。这话当是针对当时虚饰浮夸之风而言的。末世之风，往往追求形式而忽略实质，丧事务求隆重，好像声势越大，就越能表示自己的孝心，而却没有了哀痛的真诚。舍本逐末，所以子游有此言。其实办丧事，最主要的是哀痛之情，能表达这种哀情，虽仪式不足也无妨。相反，若丧礼盛隆而举丧的人却面带笑容，丧礼便变成一种夸耀了。

19.15　子游评子张

　　子游曰："吾友张也，为难能也，然而未仁。"

这一章是子游批评子张的。

子游认为：子张可以说是难得的了，但还没有做到仁。因为人是全德，是一种很高的境界，故难达到。

19.16　曾子评子张

曾子曰："堂堂乎张也，难与并为仁矣。"

这一章是曾子批评子张的。

曾子认为：子张外表堂堂，很严肃，似乎难以接近，故难和他一道追求仁德。

刘宗周说："子张盖贤智之过。其立心主于高远，若有为人所难能者，然以言乎仁，则未也。'未仁'之病，正坐'难能'中。堂堂气象，望而知其未仁矣。以德行言曰'为难能'，以气象言曰'堂堂'，其病一也。不曰'不仁'者，而曰'未仁'，曰'难与并为仁'，盖即此而反躬切已，从事于阐然之学，则仁矣。所谓如此是病，便知不如此是药也。此二贤忠告善道处。"（《论语学案》卷十）

19.17　亲情难造

曾子曰："吾闻诸夫子，人未有自致者也，必也亲丧乎。"

这一章讲人致诚之事。

"闻诸夫子"，是指从孔子那里听来的。致，尽。这是说：人平时很难尽情发泄，只有丧亲之痛例外。这句话当是有为而言的。可能孔子听到了哭痛之声，根据声音做出了这样的判断，因为这种丧亲之痛乃发自肺腑，伪装不出来。"亲情难造"，这带有普遍的意义，于是弟子们便记录下来。传说旧时北京人出殡，为了表达家族之盛，往往雇讨饭者插入出殡队伍中哭丧。这些被雇来的人面装哭容，嘴里却唱着："这关我什么事啊！"这个故事，可做"未有自致"的好注脚。

19.18　孟庄子之孝

　　曾子曰："吾闻诸夫子，孟庄子之孝也，其他可能也；其不改父之臣与父之政，是难能也。"

　　这一章讲孟庄子之孝。

　　孟庄子是鲁国的大夫，其父孟献子，相鲁五十年，鲁人谓之社稷之臣。孟庄子的孝行有很多，其他的别人也可以做到，但不更换父亲的旧臣及其旧政，这一点则是别人难以做到的。汤叔宁说："时三家僭妄，纷更多端。如季孙宿改季文子之行事者甚多，庄子独能不改于易改之家，所以为难能。使鲁国尽得如庄子之孝，公室其永无恙矣，夫子嘉之，亦维鲁意也。"（《四书讲义困勉录》卷二十二引）其余分析参见《学而》篇第十一章。

19.19　法与情

　　孟氏使阳肤为士师，问于曾子。曾子曰："上失其道，民散久矣。如得其情，则哀矜而勿喜。"

　　这一章讲乱世司法之道。

　　阳肤是曾子的学生，他做了管理司法的官。向曾子请教司法问题。曾子认为：做官的背离道义行事，老百姓人心涣散已经很久。在这种情况下，要更多地从百姓的角度考虑。如果百姓犯了罪，了解了犯罪的实情，则应当怜悯他们，而不要自鸣得意。士师，即司法官。矜，怜悯。

　　曾子的意思有两点：第一，民犯罪的根源在"上失其道"，罪不在民。第二，案件落实，不可以功自喜，而要以同情心对待民罪。他的潜台词是：没有上之无道，便没有民之犯罪。官逼民乱，形式上罪在民，根本原因罪在官。在上失其道的时代，司法者的同情心比法律更重要。如果不对百姓寄予同情，以严法治罪民，其冤必多，其乱必甚。

19.20　君子恶居下流

子贡曰："纣之不善，不如是之甚也。是以君子恶居下流，天下之恶皆归焉。"

这一章戒人为恶。

纣是商代的最后一位君主，是历史上有名的暴君。说到他的荒淫，有酒池肉林，男女裸逐于其间的传说；说到的残暴，有醢九侯、脯鄂侯的传说；说到他的残忍，有剖腹验化、剖心验窍的传说等。子贡认为：纣王的恶行，并不像传说的那样厉害。是因为他成了坏的典型，人们便把许多坏事都安在了他的头上，就像水往低洼处流一样。所以君子行为谨慎，以防陷于下流品类，让恶名归于一身。下流，水汇集之处。

子贡之意有二：一是历史传说并不完全可靠。这代表了战国疑古思潮兴起后，人们对于历史的怀疑。二是一失足成千古恨，不可不慎。希望君子以恶人为戒。

19.21　为官不可掩过

子贡曰："君子之过也，如日月之食焉。过也，人皆见之；更也，人皆仰之。"

这一章劝做官的改过迁善。

做官的过错好比日食和月食，全天下的人都能看见，想掩盖也掩盖不了。改正这过错，如同日月之食消失，全天下的人都在仰望着。"君子"指高居民上的统治者。

子贡之意是：做官的高居民上，犹如日月当空，众人所望。因此对待过错有两个原则：第一，不要想掩盖，掩则是自欺，因为"人皆见之"。第二，要勇于改正，改则是自明，因为"人皆仰之"。如果不明白此理，那便会沦为小人，有处"下流"之忧，而于后世"天下之恶皆归焉"。同时，掩盖过错实非明智之举，这只要看看一些为非作歹的官员，在事实面前，面对摄像镜头为自己错误做掩饰时的丑陋之态，一切都会明白了。

19.22　学无常师

> 卫公孙朝问于子贡曰："仲尼焉学？"子贡曰："文武之道，未坠于地，在人。贤者识其大者，不贤者识其小者，莫不有文武之道焉。夫子焉不学？而亦何常师之有？"

这一章讲孔子学无常师。

卫公孙朝指卫国的大夫公孙朝。他向子贡打问：孔子的学问是从哪里学来的？子贡介绍：孔子学的是文武之道，而文武之道，并没有失传，就在人间。其大的方面，贤者知道；其小的方面，不贤者知道。孔子从贤者那里学其大者，从不贤那里学其小者。道之所在，师之所在，他的学习是没有固定的老师的。

大概公孙朝的疑问是：像孔子如此的大学问家，天下是无人做得了他的老师的；而子贡的回答则是说：孔子是把天下人无论贤与不贤都当作老师了。正是因为他不自以为大，虚心向学，学无常师，有道则取，所以才能成就了他学问之大。相反，自以为大，以为天下莫我师者，则必不能成就其大学问。

19.23　圣人难知

　　叔孙武叔语大夫于朝曰："子贡贤于仲尼。"子服景伯以告子贡。子贡曰："譬之宫墙，赐之墙也及肩，窥见室家之好。夫子之墙数仞，不得其门而入，不见宗庙之美，百官之富。得其门者或寡矣。夫子之云，不亦宜乎！"

　　这一章讲圣德难知。

　　叔孙武叔是鲁国大夫，属三桓之一。他在朝堂之上公开说，子贡比孔子强。子服景伯把这话告给了子贡。子贡解释说：就好像宫墙，我的围墙只有齐肩高，所以一抬头，院子里家室之美即可一览无余。而老师的围墙有好几仞，外面根本看不到里头。如果找不到门进去，就无法知道里面庙堂的壮观，众多房舍的富丽。但能找到门的人很少。因此叔孙武叔那么讲，不也是很自然的吗。官，馆，房舍。

　　子贡是既会做官，又会发财，是一位多面手。他经商，则"家累千金"（《史记·仲尼弟子列传》），"所至国君无不分庭与之抗礼"（《史记·货殖列传》）。他从政，则"存鲁、乱齐、破吴、强晋而霸越"（《史记·仲尼弟子列传》）。因此叔孙武叔说他比孔子强。叔孙武叔的评价，代表了世俗的功利主义的价值观，他只看到了子贡发财、做官比孔子强，而却不知孔子在华夏文明史上的位置，是一百个子贡也抵不上的。子贡把自己比作民房，把孔子比作王侯宫殿，既说明了孔子之道的高深难测，也说明了认识孔子这样伟大人物是需要水平的，像叔孙武叔这样庸俗之辈不能认识孔子，"不亦宜乎"。伊藤仁斋说："人之与道，造诣浅者，人皆可得而知焉。造诣甚深，则非其人不能以知焉。故曰圣人难知。子贡于武叔之言，不非之而宜之，盖以言圣人之难知也。"（《论语古义》卷十）

19.24　孔子如日月

　　叔孙武叔毁仲尼。子贡曰："无以为也，仲尼不可毁也！他人之贤者，丘陵也，犹可逾也；仲尼，日月也，无得而逾焉。人虽欲自绝，其何伤于日月乎？多见其不知量也。"

　　这一章讲盛赞孔子之德。

　　了贡的回应主要有三点：第一，孔子不可诋毁。"无以为也"，意即不可以这样做。第二，孔子之德如日月，是不可超越的。后世言"天不生仲尼，万古如长夜"，也说明了孔子在文化史上"如日月"的地位。第三，诋毁孔子，只能说明自己的无知，丝毫无损于孔子之伟大。人自绝于日月的光辉，处于黑暗之中，并无损于日月之光。多，只；量，衡量。不知天高地厚，不知日月不可超越，这即是不知自量的表现。

　　《孔子家语·颜回》篇说："武叔多称人之过。"看来是一位喜欢说人坏话的人。龟井南冥根据《孔子家语》与《左传》的记载，得出了"武叔诚庸劣妄人"的结论。这样的人不能认识孔子之伟大并诽谤孔子，应该说与后世变革时期的"庸劣妄人"高喊打倒孔子，是有共同的认识角度与价值评断尺度的。

19.25　欲及孔子如登天

　　陈子禽谓子贡曰："子为恭也，仲尼岂贤于子乎？"子贡曰："君子一言以为知，一言以为不知，言不可不慎也。夫子之不可及也，犹天之不可阶而升也。夫子之得邦家者，所谓立之斯立，道之斯行，绥之斯来，动之斯和。其生也荣，其死也哀，如之何其可及也？"

　　这一章也是赞美孔子之德的。

　　子贡既富且贵，巴结的人自然就多，所以武叔、陈子禽之辈，便有了仲尼不如子贡的言论。子贡把自己比作民房、比作丘陵，把孔子比宫殿、比作日月，故陈子禽认为子贡是谦逊，才把自己的老师推在前面的。"为恭"，指其为了恭敬老师而谦逊的。子贡的回应有四层意思：第一，警告陈子禽评价人要谨慎，不可瞎说。一言之间即可表现出一个人的明智与无知，陈子禽的这种说法，就是无知的表现。第二，孔子的才德高不可及，要想赶上他，难于上青天。阶，阶梯。第三，孔子如得其位，必有立、行、来、和之验。"立之斯立"四句，是指民应孔子之化言，"之"指民，使民立身则民能立，导引民行则民能行，安抚远民则远民能来，鼓动百姓则百姓协和。即所谓"圣人之德，不可形容，即其感人，而见其神化之速"（黄干语）。第四，孔子生时使人快乐，死后使人哀伤，其影响之大，无人能及。荣，乐。（参黄怀信《论语汇校集释》）

　　叔孙武叔、陈子禽之流对孔子的贬低，可能反映着当时以功利观念评价人物的思潮。子贡在孔门中成就最为卓越，对孔子认识也最到位。孔子死后，其他弟子守丧三年，而子贡则为孔子守墓六年。因而在反孔子思潮中，他充当了孔子"护法"的角色。对孔子思想的维护和传播起到了很大的作用。

尧曰第二十

20.1　二帝三王之道

尧曰："咨！尔舜！天之历数在尔躬，允执其中。四海困穷，天禄永终。"舜亦以命禹。

曰："予小子履，敢用玄牡，敢昭告于皇皇后帝：有罪不敢赦，帝臣不蔽，简在帝心。朕躬有罪，无以万方；万方有罪，罪在朕躬。"

周有大赉（lài），善人是富。"虽有周亲，不如仁人。百姓有过，在予一人。"

谨权量，审法度，修废官，四方之政行焉。兴灭国，继绝世，举逸民，天下之民归心焉。所重：民、食、丧、祭。宽则得众，信则民任焉。敏则有功，公则说。

这一章历述先代圣王相传之道。

这当是弟子记录的孔子讲述《尚书》的内容。因是笔记，只记要点，故而内容零散，不系统。大约分为四节。

第一节自"尧曰"至"舜亦以命禹"，记尧舜命辞。尧传位给舜，向舜交代：上天已把大命交付给了你，你要真诚地把握中正之道，若使百姓受苦，天命就会终止。后来舜又以此命禹。咨，感叹词，无义；历数，指帝王继承的次序；允，真诚；执，把握；中，中正之道；天禄，天赐给的福禄。

第二节自"予小子履"至"罪在朕躬"，记汤伐桀告天之辞也。履是成汤的名字。成汤用黑公牛祭祀上天，表示自己不敢擅自赦免有罪之人，包括上帝之臣，如夏桀有罪，也不敢隐瞒，请上天来鉴察。自己如果有罪，不要牵连天下人；天下人若有罪，则由自己一个人承担。小子，自谦之称；玄牡，黑公牛；昭告，明白地告知；皇皇，伟大；后帝，上帝；帝臣，上帝之臣，指夏桀。夏桀代天打理天下，故称帝臣。简，核实；躬，自身；万方，天下人。

第三节自"周有大赉"至"在予一人"，言周家受天命及伐纣告天之辞。周武王灭商后，大封诸侯，使有功德的善人富贵起来。并禀告上苍：纣虽有至亲众多，但离心离德；不如周之仁人，同心同德。故而纣亡而周兴。今后如不教化百姓，使其有过错，那么罪便在我一人身上。赉，赏赐；周亲，至亲。

第四节自"谨权量"至"公则说"，总明二帝三王政化之法。认真管理度量衡，审定其标准，修复被荒废的机构，如此则四方的政令就会通行。复兴被灭亡的国家，延续被断绝的世族，提拔被遗落的人才，天下百姓便会归顺。把百姓吃饭、丧礼、祭祀这三件事重视起来。宽厚则能得到民众拥护，诚信则能得到民众信任，勤敏则能取得成绩，公平则能使百姓高兴。谨，严格；权，秤类量器；量，斗斛类量器；法度，度量衡制度。

这一章内容虽复杂，但中心内容则只有一个，即二帝三王治民之道。这即是古人所谓的王道，这王道的基本思想就是敬天爱民。王者替天安民，若使民"困穷"，天便会绝其"天禄"。成汤伐夏桀，周武伐殷纣，皆要上告于天，而且都表示要为百姓担当。这里体现的是天民一体的思想，天代表着民，民就是天。爱民是为了敬天，敬天必须爱民。而爱民必须为民担当，故无论是"万方有罪，罪在朕躬"，还是"百姓有过，在予一人"，所表现出的都是为百姓担当的精神。而谨权量审法度，兴灭继绝，重食丧祭，等等，无一不是在慎民事。这反映了中国传统的"民本"政治思想，与西方的"民主"是迥然有别的。民本坚持的是道义原则，这原则上合于天理，下顺乎民心。"民主"遵循的则是利益原则，即以集团内部大多数人利益为依据的原则。这种原则可以不要道义，不分是非。

20.2　五美四恶

　　子张问孔子曰："何如斯可以从政矣？"子曰："尊五美，屏（bǐng）四恶，斯可以从政矣。"子张曰："何谓五美？"子曰："君子惠而不费，劳而不怨，欲而不贪，泰而不骄，威而不猛。"子张曰："何谓惠而不费？"子曰："因民之所利而利之，斯不亦惠而不费乎？择可劳而劳之，又谁怨？欲仁而得仁，又焉贪？君子无众寡，无小大，无敢慢，斯不亦泰而不骄乎？君子正其衣冠，尊其瞻视，俨然人望而畏之，斯不亦威而不猛乎？"子张曰："何谓四恶？"子曰："不教而杀谓之虐，不戒视成谓之暴，慢令致期谓之贼。犹之与人也，出纳之吝，谓之有司。"

　　这一章讲遵美屏恶的从政纲领。

　　子张向孔子请教从政之事，孔子给他讲了五项应该遵循的美德和四项应当屏除的恶政。尊，通"遵"，遵循；屏，屏弃。这五项美德是：

　　一、"惠而不费"。即施于他人财物，而自己却不破费。其方法是"因民之所利而利之"，即顺应百姓想法，让他们去做对自己有利的事，这样既有利于百姓，自己还不用破费。

　　二、"劳而不怨"。即使人劳累，而人却不埋怨。其做法是"择可劳而劳之"，选择可以动用百姓的事情让百姓去做，百姓就不会有怨言。

　　三、"欲而不贪"。即有欲望而不贪婪。做法是"欲仁而得仁"，尽量满足百姓正常的需求，使他们感到得到了政府的仁爱，也就不会去贪求了。

　　四、"泰而不骄"。即庄重而不骄横。做法是"无众寡，无小大，无敢慢"，无论多少人，还是大小事，都要认真对待，不能怠慢。

　　五、"威而不猛"。即威严而不严厉。做法是"正其衣冠，尊其瞻视"，衣冠整齐，目光端正，庄重严肃，让人望之而生敬畏之心。

　　四项恶政是：

　　一、"不教而杀谓之虐"。即不教化百姓，而是以严法苛刑杀戮百姓。虐，这叫酷虐。

二、"不戒视成谓之暴"。即不提前提醒、警告，而看其结果。这叫凶暴。

三、"慢令致期谓之贼"。即命令不及时，却要百姓按期完成。这叫寇贼。

四、"出纳之吝谓之有司"。即有功当赏，而却缩手缩脚，小家子气，将有功与无功均等对待。这叫守财吏。犹之，均也；有司，此指管理财务的小吏。

孔子这里所提到的"五美"，是官员们少考虑的；而提到的"四恶"，却是做官的最容易犯的。不遵五美，则便会成为五恶。"九恶"之官，如同十恶，是不可饶恕的。但无论是"五美"还是"四恶"，都是针对官对民的态度、作风而划分的，是以民为中心来确定美恶的。反映了以民为本的政治思想。

20.3　君子三知

孔子曰："不知命，无以为君子也；不知礼，无以立也；不知言，无以知人也。"

这一章讲君子立身。

君子当有三知，知命、知礼、知言。言为心声，故辨察其言，则可以知其人。礼是人行为的准则，知礼则可以使行为符合规范，在社会上能自立起来。命是自然法则对人的规定，人懂得了天命，则会顺应天命。这样，第一不会生贪念，第二不会怕死，无忧无惧，便可以成为君子。辅广说："知命，则在我者有定见；知礼，则在我者有定守；知言，则在人者无遁情。知斯三者，则内足成己之德，外足尽人之情，故君子之事备。"（《论语集注大全》引）

朝鲜魏伯珪说："首章以人'不知不愠'之君子始之，此章以'知命'之君子终之，'知命'乃所以'不愠'也。则一书全是夫子一身之始终也。"（《读书札义·论语》）其说有一定道理，《论语》的这种编排当是寓有深意的。

后　记

2011 年，我养病于椿楸园。不能动电脑，动则头痛；不能用手机，用则头胀；不能写大字，写则头晕。好在短时间的读书，还可以勉强。

几十年养成的习惯，人不能得闲，得闲则无聊；书不能不读，不读则难受。妻子看着我，不让我工作。于是想了个通融的办法，大家一起读《论语》。正好外甥女贾娟娟也在。手头准备了几本《论语》的书，假期中三人坐在阳台上，每人拿两本。每学一章，各自把自己手头的注本读一遍，读完后谈自己的看法，最后由我来讲。这样讲了几次，都觉得收获很大，他们感到神比以前清了，气比以前爽了，心比以前透亮了，人也似乎高尚起来了。他们的这些感受，激起了我注《论语》的信心。但因身体康健原因，进展甚慢。

如果只给家人讲，这简单。要做新的《论语》解读本，给更多的人看，这就要特别慎重了。正好这些年，我留意于东亚经学著作的收集与整理，手边中日韩的《论语》注本有数十种之多。加之自己喜欢读古人的学术笔记，也曾留意过其中的经学资料。因此在解读《论语》中，便有了大量可供参考的东西。这项工作就这样开始了。不能用电脑，我便口述，由贾娟娟整理，或用毛笔写。

在参考的《论语》注本中，自己觉得，最简要明快而往往能一语破的的是朱熹的《论语集注》，训诂义理并重且引征丰富的是刘宝楠的《论语正义》，训诂考据义理分析皆不厌其详、征引异说不厌其多而又兼品其意味的是日本竹添光鸿的《论语会笺》，要言不烦而又能探奥开悟的是日本伊藤仁斋的《论语古义》，集中日韩三国之说而又能辨疑补缺、证是驳非的是朝鲜丁若镛的《论语古今注》，能绅绎其理而使之贴近生活日用的是康熙儒臣的《日讲四书解义》；

能联系现实而批判之锋芒毕露、引人深思的是民国江希张的《新注论语白话解》，文字注释最清楚的是同事白平先生的《论语详解》。因此在这个解读本中，受惠于以上数家较多。只是为免过繁，仅取其意，未能一一加注。至于其他几十家注本，若有好的理解，则皆尽可能采用。孔子说"述而不作"，只要能尽可能地把前人的精义"述"出来，那已经是很好了，至于"作"，实在不敢奢望。"不知而作之"，那当然很容易，但笔者实在不忍也不敢为，故只能融汇众说而已。

这个工作进行了四年，到 2015 元旦来临才告结束。元旦下午，如释重负。出门看到椿楸园那枣树上喳喳叫着的喜鹊，与二层窗栏上阳光照耀下的硕大瓠瓜，感到一种新的生机在酝酿着。在葡萄架下，看到了悬着的葫芦上刻的小诗："莫道悬匏老，可观不可尝。若君不我弃，江海犹横行。"不觉笑了。

2015 年元旦

补记：2014 年 10 月 31 日上午，《名作欣赏》张勇耀女士来访，她表示《名作欣赏》愿意连刊此稿，为此，初稿完成后，我便先修改出第一篇来给《名作欣赏》。随后又发给卫洪平君及朱眹晨、张德恒、武婷婷、尚亚荣等几位同学，请他们帮助校读一遍，同时提出意见。再根据他们的意见做修改。到 2015 年 6 月 22 日下午，始修改完毕。